365일
클래식이라는
습관

이 책을 읽는 법

1. 모든 곡들은 QR코드가 수록되어 있어 바로 감상할 수 있습니다.

2. QR코드가 제대로 인식되지 않을 경우 유튜브에서 쉽게 찾을 수 있도록 원제를 함께 표기했습니다.

3. 오늘의 음악이 〈한국인이 사랑하는 클래식〉 몇 위에 해당하는지 확인해보세요. KBS 클래식FM 〈한국인이 사랑하는 클래식〉 전체 순위는 권말 부록에서 확인할 수 있습니다.

4. 클래식을 좀 더 가깝게 느낄 수 있도록 내용의 이해를 돕고 시각적인 재미를 더하는 컬러 이미지를 풍성하게 수록했습니다.

5. 1일 1페이지 분량으로 각 작품과 작곡가에 얽힌 흥미로운 이야기를 소개합니다. 하루 5분이면 충분합니다.

어려운 클래식을 내 것으로 만드는 가장 쉬운 방법

365일 클래식이라는 습관

365 My Daily
Classical Music
Routine

조현영 지음

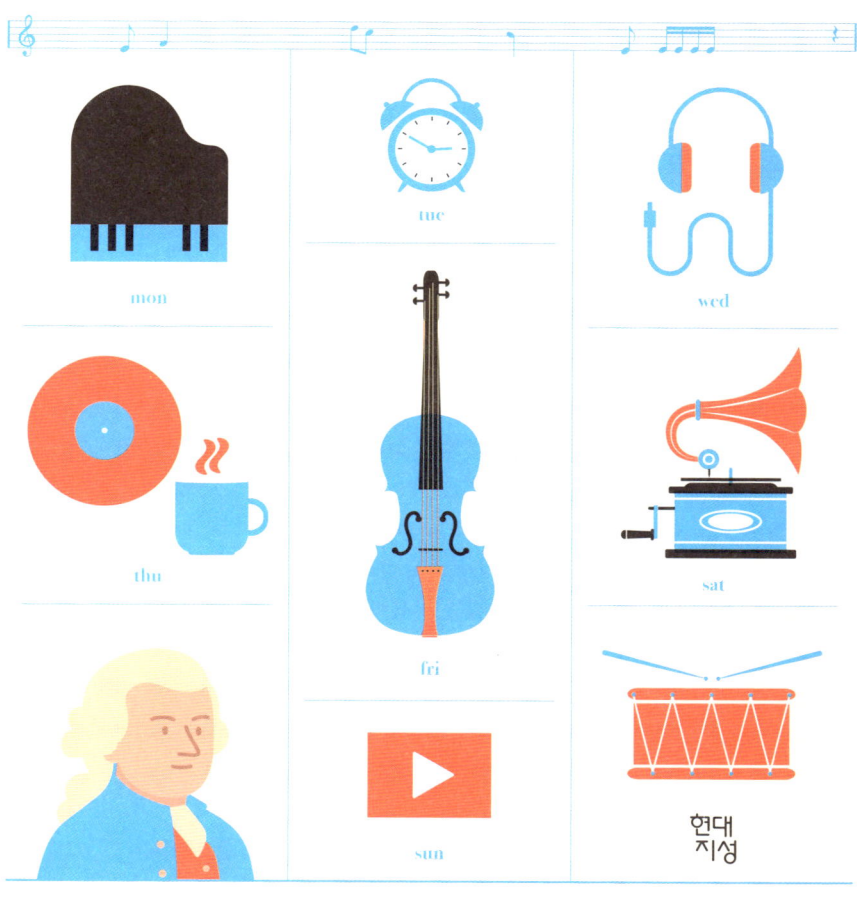

mon

tue

wed

thu

fri

sat

sun

현대
지성

수많은 문화와 놀이를 접하며 숨 가쁘게 흘러가는 현대인의 삶에서 클래식 음악이 다소 어렵고 고리타분한 무언가로 바뀐 것은 아닐까 하는 생각이 듭니다. 하지만 영화나 컴퓨터게임이 없던 시대에는 규모가 큰 오페라나 오케스트라 음악회가 엄청난 도파민을 주지 않았을까요? 클래식 음악은 변화가 많은 음악입니다. 단편적이거나 스케치같이 가벼운 작품도 있지만, 무수히 복합적인 감정과 큰 규모의 변화를 선보이는 음악이 대부분입니다. 한편으로는 이 때문에 직관적인 것이 우선으로 여겨지는 요즘 더더욱 진입하기 어려운 장르로 여겨지는 게 아닐까 싶네요.

다만, 우리가 살면서 느끼는 감정은 결코 평면적이지 않습니다. 슬픔만 해도 아련함, 처연함, 상실, 비애, 기뻐서 흘리는 눈물까지 아주 다양합니다. 다른 감정까지 포함한다면 감정이란 얼마나 깊고 다채로울까요? 이러한 입체적인 감정을 어떻게든 표현하고자 수많은 작곡가가 평생을 바쳐 작품을 만들었고, 그것이 현재로 넘어와 '클래식'으로 불립니다. 그래서 클래식을 듣는다는 것은 도파민이 뿜어져 나오는 놀이이면서 동시에 다양한 감정을 다루는 법을 배우는 일이죠. 물론 어릴 적 제가 우연히 바흐의 《건반악기를 위한 파르티타》를 마주하고 알 수 없는 이끌림에 클래식 음악에 매료된 것처럼, 모두에게 클래식 음악이 다가오는 순간과 작품은 다를 겁니다.

어디서부터 클래식을 내 삶에 들여야 할지 모르겠다면 『365일 클래식이라는 습관』은 아주 좋은 선택이 될 겁니다. 이 책은 어떤 날에는 기분 좋은 가벼움으로, 어떤 날은 무심한 위로로, 또 다른 순간에는 감동으로 다가오는 수많은 작품들을 만나게 해줍니다. 저 역시 이 책을 읽으면서 평소에 무심코 지나쳤던 음악들을 반갑게 마주했습니다. 그동안 당연히 안다고 생각했지만 사실 잘 몰랐던 좋은 작품들도 다시 알게 되어 좋더군요. 클래식을 가요나 힙합처럼 그저 여러 음악 장르 중 하나라고 여기고 듣는다면 생각보다 어렵지 않을 겁니다. 물론 모든 처음이 그렇듯이 시작은 쉽지 않을 수 있지만 이 책과 같은 훌륭한 입문서와 함께한다면 너무나 가뿐하게 발을 뗄 수 있지 않을까요? 헤헤.

♬ 12만 클래식 유튜브 채널 〈클래식좀들어라〉 운영자

나는 날마다의 저력을 믿는다

돌아보면 내 삶에서 이룬 모든 것은 하루하루 성실하게 쌓아올린 시간의 결과였다. 2016년에 첫 책을 낸 뒤로 벌써 아홉 번째 책을 출간하게 되었으니, 해마다 한 권씩 써온 셈이다. 서툰 글솜씨로 이 일이 가능했던 건, 날마다 기록한 클래식 일기 덕분이었다. 매일 음악을 듣고 노트에 적어 내린 짧은 감상들이 모여 어느새 한 권의 책이 되었다. 어릴 적 엄마에게 혼나면서 억지로 썼던 일기가 이제는 나의 삶을 지탱하는 튼튼한 기둥이 되어주고 있다.

습관의 힘은 강력하다. 이 책을 쓰면서 나는 하루도 빠지지 않고 매일 달렸다. 나에게는 숫자로 측정되는 기록보다 매일 달렸다는 사실이 중요했다. 조금씩 거리를 늘려가다 보니 이제 10km도 거뜬하다. 하프 마라톤을 몇 번이나 완주했고, 곧 풀 마라톤에도 도전할 계획이다(아마 이 책이 여러분의 손에 들렸을 때쯤 나는 첫 풀 마라톤 기록을 갖게 될 것이다). 달리기를 잘하지도, 좋아하지도 않았던 내가 마라톤이라니! 무언가를 매일같이 꾸준히 할 때 우리가 얻는 결과는 생각보다 놀랍다. 결국 중요한 건 속도가 아니라 꺾이지 않는 마음이었고, 매일의 작은 습관 하나가 나를 완전히 다른 사람으로 만들어주었다.

사람들은 종종 인생이 한순간에 바뀌길 바라지만 실제로 그런 일은 거의 일어나지 않는다. 사람이 변하는 일에도 갑자기란 없다. 변화는 대개 작고 사소한 반복에서 비롯되고, 그로 인해 우리는 날마다 단단해질 수 있다. 피아노 연습도, 클래식을 듣는 일도, 공부도, 글쓰기도, 달리기도, 하물며 업무 역량도 마찬가지다. 하기 싫고 어려운 일이라도 묵묵히 해야 달라진다. 어떤 분야에서든 혜성처럼 등장해 아무리 뛰어나 보이는 사람이더라도 그 근저에는 날마다라는 습관이 있었을 것이다.

클래식을 듣는 일도 그렇다. 클래식 음악은 어느 날 단번에 귀에 익지 않는다. 그렇다고 어렵고 멀게만 느낄 필요는 없다. 클래식은 오랜 시간 동안 사람들에게 천천히 뭉근하게 다가온 음악이니, 이런 음악이야말로 욕심내지 말고 하루에 한 곡씩 꾸준하게 들으면 좋을 것이다.

한편 클래식을 들으면 뭐가 좋은지, 대체 그 효능이 무엇인지 궁금해하는 분들이 많다. 솔직히 말하면 나에게 이런 질문은 참으로 난감하고 대답하기 어려운 질문이

다. 마치 "여행을 가면 뭐가 좋아요?", "사랑을 하면 뭐가 좋아요?"라고 묻는 것과 같다고 생각한다. 다시 말해 클래식을 듣는 일은 주식 동향을 보고, 부동산 설명회를 들어 투자의 효능을 기대하는 그런 영역의 일이 아니라는 뜻이다. 여행과 사랑이 그렇듯 클래식은 인간의 감정을 건드리는 일인 것이다. 클래식은 몸과 마음에 여유를 선물한다. 멍하게 쉴 수 있는 공간을 만들어주어 복잡한 현실을 이겨낼 에너지를 주기도 한다. 대답이 되었을지 모르겠다.

하루하루가 모여 한 해를 만들고 결국 나의 인생이 된다. 1년 365일에 어떤 음악을 소개할지 고민을 많이 했다. 그러던 중 좋은 가이드를 만났다. 2015년 KBS 클래식FM에서 홈페이지 설문조사로 꼽은 〈한국인이 사랑하는 클래식〉이었다. 순위에 있는 모든 곡을 의미 있고 어울리는 날에 배치했고, 나머지 날들은 순위에는 없지만 꼭 소개하고 싶은 곡들로 채웠다.

매번 책을 쓰면서 과연 음악을 글로 표현한다는 게 어디까지 가능할까? 독자들이 얼마나 공감하며 감정을 느낄까? 하는 문제로 벽에 부딪히지만, 적어도 좋은 음악을 소개하고 들어보게 할 수만 있다면 성공이라 생각하기로 했다. 클래식 듣는 일을 거창하게 여기지 않았으면 좋겠다. 클래식이 매일 먹고, 자고, 웃고, 울고, 직장 생활을 하며 살아 움직이는 여러분의 하루하루에, 가볍게 동행하는 친구 같은 음악이 되었으면 좋겠다. 오늘의 날씨가 궁금하듯 오늘의 클래식이 궁금하기를 기대한다.

책이 탄생하기까지에는 많은 이의 노력이 필요하다. 물심양면으로 도와준 이승미 편집자와 이지은 편집자께 깊은 감사를 전한다. 끝으로 언제나 나를 일으켜 세우는 아들 준서와 남편 그리고 나의 오늘을 만들어주신 존경하는 부모님과 네 형제들에게 사랑과 고마움을 전한다.

차례

바흐:
프렐류드 1번 BWV.846

⏩ ⏸ ⏪

Bach: The Well-Tempered Clavier No.1 in C Major, Prelude, BWV.846

요한 제바스티안 바흐(1685~1750, 독일)는 기본, 기초, 성실, 꾸준함 같은 단어와 어울리는 사람이었다. 그래서일까? 새해 첫날이면 가장 먼저 생각나는 작곡가가 바로 바흐다. 소소하고 뿌듯한 하루가 모여 한 달을, 1년을, 10년을 만든다. 대단한 계획이나 큰 포부를 세우는 것도 좋지만, 나이가 들수록 365일 날마다 일상에서 즐거움을 느끼며 하루하루를 잘 보내는 것이 더 소중하다는 생각이 든다.

요한 제바스티안 바흐

영화 《퍼펙트 데이즈》의 주인공은 그런 삶을 살았던 인물이다. 이른 새벽, 비질 소리에 눈을 뜬 뒤 반려 식물에 정성스럽게 물을 주고, 대문을 열고 나갈 때는 항상 하늘을 바라본다. 자판기에서 언제나 같은 캔커피를 뽑아 마신 뒤 올드팝이 흘러나오는 낡은 트럭을 몰고 출근한다. 하루의 노동을 마치면 동네 목욕탕에 들러 몸을 정갈히 씻고 단골 식당에 들러 식사를 하는 것이 그의 루틴이다. 어느 것 하나 화려하지도 대단하지도 않지만, 성실하게 리추얼을 수행하며 즐거움을 만끽한다. 영화 속 근면한 주인공을 보면서 이 곡이 떠올랐다. 바흐가 1722년 37살이 되었을 때 교육용 목적으로 작곡한 곡으로, 조성의 기본인 다장조부터 마지막 나단조까지 모든 장조와 단조를 사용해서 24곡씩 총 2권으로 묶어 《평균율 클라비어 곡집》으로 출간했다. 1권의 첫 곡(No.1 in C Major, BWV.846)은 조성의 기본인 다장조로 시작해서 마지막 곡(No.24 in B Minor, BWV.869)은 나단조로 느리게 마무리된다. 바흐의 곡으로 성실한 하루를 시작해보는 것은 어떨까?

모차르트: 오페라 《피가로의 결혼》 중 3막 〈저녁 산들바람이 부드럽게〉

▶▶ ❚❚ ◀◀

Mozart: Le nozze di Figaro, K.492, Act III. Sull'aria

뜻을 알 수 없는 외국어가 명료한 뜻을 전하는 모국어보다 더 큰 위로가 되는 순간이 있다. 모차르트(1756~1791, 오스트리아)의 대표 오페라 《피가로의 결혼》 중 3막 〈저녁 산들바람이 부드럽게〉가 많은 사랑을 받는 이유도 바로 그렇다. 이 곡은 영화 《쇼생크 탈출》에 삽입되어 더욱 유명해졌다. 감옥의 죄수들이 이해하지 못할 외국어로 된 노래에 자유를 느끼며 행복해하는 장면이 매우 인상적이다.

《피가로의 결혼》 초연 포스터

　모차르트는 멜로디의 천재였다. 한번 들으면 입에서 바로 읊조리게 만드는 위력 있는 멜로디로 음악을 쉽게 잊지 못하게 만든다. 특히 1786년, 모차르트가 사망하기 5년 전에 작곡한 이 오페라도 그렇다. 일명 "편지의 이중창"이라고도 불리는 이 곡의 원제 'Sull'aria'는 첫 가사에서 따온 것이다.● 수잔나(나중에 피가로의 부인이 된다)에게 치근대던 알마비바 백작을 골려주기 위해 백작부인 로지나와 수잔나가 편지를 쓰면서 하는 대화가 담겨 있다. 백작부인이 편지에 쓸 말을 부르면 수잔나가 받아 적는 식으로 전개되어 같은 가사가 두 번씩 반복되는 것이 특징이다. 가사가 꽤 우아하고 낭만적이다. "이 얼마나 달콤한 산들바람인가요/ 부드러운 산들바람이 오늘 밤 불어오네요/ 작은 숲에 있는 소나무 아래에서."

●　Sull'aria를 직역하면 '공기 위에'를 뜻하지만 이 작품에서는 '산들바람'으로 통한다.

베토벤: 피아노 소나타 23번
〈열정〉

▶▶ ❚❚ ◀◀

Beethoven: Piano Sonata No.23 in F Minor, Op.57,
Appassionata

잘 알려진 것처럼 베토벤(1770~1827, 독일)은 겨우 32세였던 1802년에 하일리겐슈타트에 가서 유서를 쓰고 세상과 이별하려고 했다. 유서를 자세히 들여다보면 베토벤이 얼마나 뜨겁게 인생을 살았는지, 사실은 얼마나 사람들을 좋아했는지 알 수 있다. 무뚝뚝하고 냉정해 보이는 외모와는 달리, 내면에는 활발하고 수다스러운 베토벤도 있었다. 누구나 가슴 안에 여러 명의 나를 데리고 사는 것처럼 말이다. 용광로처럼 자주 속이 부글부글 끓어오르는 나를 데리고 살아야 했던 30대에 베토벤의 피아노 소나타 23번 바단조 〈열정〉을 많이 들었다. 스스로와 싸우면서 생채기 내고 미워하던 쓸쓸한 시절에 나를 달래주었던 음악이다.

〈열정〉은 32곡의 베토벤 피아노 소나타 중 중기에 작곡된 곡으로, 이 외에도 잘 알려진 소나타 곡으로는 21번 〈발트슈타인〉, 26번 〈고별〉 등이 있다. 〈열정〉은 조용하게 시작되지만 불안하면서도 뜨거운 무언가가 느껴진다. 실제로 베토벤의 음악에는 PP(매우 여리게)에서 갑자기 F(강하게)로 변하는 패시지●가 여러 군데다. 12/8박자는 한 마디에 8분음표가 12개씩 들어가는 12/8박자로, 음표 하나가 불안한 마음을 표현하듯 출렁거린다. 한곳에 가만히 정착하기 힘들어하는 마음 상태를 표현한 듯하다. 마침 요제피네 브룬스비크와의 사랑싸움도 곡의 분위기에 한몫했을 것이다. 귀족이었던 요제피네와의 사랑이 쉬울 리 없었으니, 세상이 온통 자기 마음 같지 않았을 터다. 그 시절의 베토벤이 느꼈을 심정이 나의 30대에 고스란히 덧입혀져 나는 〈열정〉에 매료되었던 것이다. 다행히도 나는 이제 더 이상 나에게 상처 주지 않는다. 불안해하는 대신 뭐라도 실천하는 일상을 산다.

● 중요 악상들 사이에 나타나는 교량 부분. 기교적이고 빠른 움직임의 음형을 뜻하기도 한다.

페르골레시:
〈슬픔의 성모〉 1악장

▶▶ ❚❚ ◀◀

Pergolesi: Stabat Mater, P.77, I. Stabat Mater dolorosa

오늘은 이탈리아 작곡가 조반니 바티스타 페르골레시 (1710~1736, 이탈리아)의 생일이다. 그리고 요절한 천재 작곡가로 모차르트(35세 사망)와 슈베르트(31세 사망) 보다 훨씬 어린 26세에 결핵이 악화되어 죽었다. 페르골레시는 바이올린과 오르간을 능수능란하게 다루었고 작곡 능력 또한 매우 뛰어났다. 21세에 음악원을 졸업하고 23세에 나폴리의 오페라 극장에서 일하면서 유명한 막간극(본 오페라 막과 막 사이에 올리는 짧은 극) 오페라《마님이 된 하녀La Serva Padrona》를 발표했다. 그러니까 그가

조반니 바티스타 페르골레시

본격적으로 음악가로 활동한 기간은 불과 5년에 불과했다. 음악가로서 짧은 생애를 살았지만 후대에게 큰 위로와 감동을 전하는 종교음악 〈슬픔의 성모〉를 남겼다. 십자가에 못 박힌 아들 예수를 바라보는 성모 마리아의 슬픔을 노래한 곡으로, 12개의 악장으로 나뉘어져 있다. 1분가량의 전주가 흐른 뒤에는 알토와 소프라노가 조용히 "예수가 매달린 십자가 곁에 성모가 비통하게 울며 서 계시네"라며 노래한다. 평온하고 고요한 선율에 담긴 슬픔의 깊이가 깊어서, 유명한 오페라 작곡가 요한 아담 힐러(1728~1804, 독일)는 "〈슬픔의 성모〉를 듣고 아무런 감동을 받지 못했다면 사람이라고 불릴 자격도 없다"라고 말할 정도였다. 곡의 가사는 중세부터 내려오는 기독교 성가의 일부를 가져온 것으로, 총 20절 3행시로 구성된다. 여러 작곡가가 같은 주제와 제목으로 작곡을 했는데 페르골레시와 드보르자크, 로시니의 곡이 특히 유명하다.

생상스:
〈서주와 론도 카프리치오소〉

▶▶ ❚❚ ◀◀

Saint-Saëns: Introduction et Rondo Capriccioso
in A Minor, Op.28

카미유 생상스

화려하고 날렵한 음악을 즐기고 싶다면 카미유 생상스 (1835~1921, 프랑스)의 바이올린 독주곡 〈서주와 론도 카프리치오소〉를 추천한다. 생상스가 한창 음악적인 야욕에 불타오를 때인 28세에 작곡한 곡답게 열정적 느낌이 가득하다. 우연의 일치겠지만 곡의 작품 번호도 28번이니 기억하기 쉬울 것이다.

생상스는 1859년 스페인의 바이올리니스트 파블로 데 사라사테(1844~1908)와 처음 만났다. 당시 사라사테의 나이는 열다섯 살이었다. 어린 천재 바이올리니스트는 아홉 살 형인 생상스에게 협주곡 작곡을 요청했고, 이후 생상스는 두 곡의 바이올린 협주곡(1번, 3번)과 이 곡을 사라사테에게 선물했다. 그래서 악보 첫 장에도 사라사테의 이름이 기록되어 있다.

이 곡은 1867년 4월 4일 파리에서 사라사테의 바이올린 독주와 생상스의 지휘로 처음 선보였고, 그 후 사라사테가 자주 무대에서 연주했다. 느리고 긴장감이 도는 서주(전주)로 시작해서 자유롭고 환상적인 연주를 하라는 카프리치오소에 맞게 진행된다. '카프리치오소'란 변덕·공상을 뜻하는 이탈리아어로, 음악을 들어보면 카프리치오소의 즉흥적이고 변덕스러운 음악적 특징을 단박에 이해할 수 있다. 한 곡이지만 완전히 다른 두 가지 맛의 아이스크림이 섞인 민트 초코처럼 오묘하다. 두 마디의 전주가 끝나자마자 마치 돌진하는 듯한 리듬과 테크닉이 반복되다가 마침내 시원한 피날레가 펼쳐진다. 새해를 맞이하고 얼마 지나지 않아 성심껏 세운 계획들이 슬슬 무너지려 할 때, 마음을 다잡기 좋은 음악이다.

브루흐: 바이올린 협주곡 1번 Op.26 1악장

▶▶ ⏸ ◀◀

Bruch: Violin Concerto No.1 in G minor,
Op.26, I. Vorspiel

어렸을 때 살던 집, 첫 직장, 고된 하루에 위로가 되어주던 맛집, 소중한 사람과 떠난 여행지 등 어떤 장소는 인생의 특별한 순간을 무심코 불러온다. 나에게는 독일 쾰른이 그렇다. 라인강의 기적이 일어난 바로 그곳에 나의 20대가 있다. 쾰른은 기원전 38년 로마가 세운, 아주 오래된 도시지만 문화의 중심지 역할을 해 길거리는 현대적 세련스러움으로 가득하다.

막스 브루흐

쾰른과 인연이 있는 수많은 클래식 작곡가 중 막스 브루흐(1838~1920, 독일)가 있다. 14세에 이미 교향곡 1번을 완성했던 그는 쾰른에서 태어났지만 20대 중반부터 베를린, 만하임 등 여러 도시를 옮겨 다녔다. 1890년부터 약 20년 동안, 즉 은퇴하기 전까지는 브레슬라우대학교에서 작곡을 가르쳤고, 1920년 베를린에서 생을 마감했다.

브루흐 작품 중에서 가장 유명한 곡은 바이올린 협주곡 1번과 〈콜 니드라이〉, 〈스코틀랜드 환상곡〉이 있다. 그가 대학교수가 되는 데 가장 크게 기여한 곡이 바로 이 곡이다. 브루흐의 친구이자 뛰어난 바이올린 연주가였던 요제프 요아힘(1831~1907, 헝가리)에게 헌정된 곡으로, 바이올리니스트라면 누구나 한 번은 도전하는 곡이다. 1악장과 2악장이 쉬지 않고 바로 이어지고 6분쯤에 등장하는 당김음이 마음을 쿵하고 울리는 것이 특징이다. 클래식이지만 마치 드라마 하이라이트 장면에 흐르는 배경음악 같다.

모차르트: 플루트와 하프를 위한 협주곡 K.299 2악장

▶▶ ❚❚ ◀◀

Mozart: Concerto for Flute and Harp, K.299,
II. Audantino

때로는 하기 싫더라도 어쩔 수 없이 해야 하는 상황이 나를 움직이게 만드는 원동력이 된다. 학생에게 시험이 없으면 미래의 인재를 길러내기 어렵고, 작가에게 마감이 없다면 수많은 명작이 탄생하지 않았을 것이다. 당대 인기 있는 음악가로 하기 싫은 일은 하지 않고 살았을 것 같은 모차르트에게도 하기 싫지만 해야 하는 일이 있었다. 그 결과물이 바로 이 곡이다.

1778년, 22세의 모차르트는 구직을 위해 오스트리아에서 멀리 프랑스까지 달려간다. 그러나 당시 파리 사람들은 모차르트의 음악을 제대로 인정하지 않았다. 잘츠부르크의 궁정 음악가 자리를 내려놓고 떠돌았던 모차르트는 어떻게든 귀족들에게 잘 보여 그들의 후원을 받아야 하는 상황이었다. 마침 프랑스의 귀족 드 귀느 공작이 딸의 결혼식에서 쓸 협주곡을 의뢰했다. 아버지와 딸이 함께 연주할 곡을 만들어달라는 것이었다. 공작은 영국과 독일에서 지낸 적 있는 외교관으로, 여느 음악가 못지않게 플루트를 아주 능숙하게 연주했으며, 그의 딸 역시 하프에 소질이 있었다고 한다. 하지만 모차르트는 이 위촉을 썩 달가워하지 않았다. 작곡에 있어 악기는 중요한 요소인데, 당시 플루트와 하프의 조합은 아주 낯설었기 때문이다. 공작의 태도도 걸렸다. 공작은 모차르트를 작곡가로서 제대로 대우해주지 않았던 것이다. 작곡에 대한 보수를 차일피일 미뤄서 모차르트는 많은 정신적 고통을 받았다고 한다.

그럼에도 불구하고 모차르트는 이 일을 잘해냈다. 공작과 딸의 악기 연주 수준을 고려해 플루트가 주요 멜로디를 연주하게 하고, 하프에 장식음이 거의 없는 음악을 만들었다. 플루트의 멜로디와 하프의 펼침화음 반주가 안정적이고 밝은 분위기를 조성한다. 1주제는 두 악기가 동시에 연주하고, 2주제는 플루트가 먼저, 그다음에 하프가 주제를 연주한다. 이 작품은 모차르트가 작곡한 유일한 하프 연주곡이기도 하다. 딸은 아버지가 연주하는 플루트 선율을 들으며 얼마나 행복했을까? 그나저나 모차르트는 밀린 보수를 받았을까?

모차르트:
피아노 협주곡 23번 K.488 1악장

▶▶ ⏸ ◀◀

Mozart: Piano Concerto No.23 in A Major,
K.488, I. Allegro

모차르트의 피아노 협주곡 23번은 1786년, 그가 음악 인생의 절정기에 작곡한 대표적인 걸작이다. 대체로 단기간에 곡을 완성하기로 유명했던 모차르트인데 이 곡은 2년이라는 제법 긴 시간 동안 공을 들여 작곡했다. 모차르트는 작곡할 때 자신이 연주할 카덴차Cadenza•를 비워두곤 했다. 그런데 이 곡은 처음부터 오케스트라와 독주 피아노, 카덴차까지 완벽하게 악보를 써놓을 정도였다. 오케스트라와 독주 피아노의 멜로디가 계속 동일하게 반복되는 것이 이 곡의 특징이다.

모차르트의 가묘

모차르트는 이 곡을 만들 즈음 죽음에 관한 생각을 많이 한 듯하다. 스무 살 무렵에 어머니를 잃고, 결혼해서 낳은 첫 번째 아이 라이문트가 태어난 지 1년도 안 되어서 떠난 게 1783년이다. 게다가 1786년은 아버지 레오폴트의 건강이 몹시 좋지 않은 상황이었다. 그래서일까? 시칠리아 리듬에 의한 조용하고 멜랑콜리한 선율을 지니고 있는 이 곡을 듣다 보면 처연한 마음이 든다. 특히 2악장은 올림바단조의 오묘하고 복잡한 감성에 더해 아다지오로 연주되어, 삶이란 무엇인가라는 질문이 저절로 떠오르게 한다.

여담이지만 모차르트의 무덤에는 시신이 없다. 그가 묻힌 정확한 위치는 알려지지 않았고, 오스트리아 빈의 성 마르크스 공동묘지에 그의 가묘假墓만 남아 있을 뿐이다. 빈의 국립 중앙 묘지에도 베토벤과 슈베르트 사이 그의 비석이 존재하지만 진짜 무덤은 아니다.

● 협주곡에서 독주 악기의 연주력을 뽐내기 위해 오케스트라 반주 없이 혼자 연주하는 부분

무소륵스키:《전람회의 그림》 중 〈키예프의 대문〉

▶▶ ❚❚ ◀◀

Mussorgsky: Pictures at an Exhibition,
X. The Great Gates of Kyiv

작곡가 무소륵스키(1839~1881, 러시아)는 정통 러시아 색채를 강조한 '러시아 5인조'● 중 한 명으로, 공무원 일을 겸하던 생업형 작곡가였다. 고상하고 우아한 작곡가의 모습으로 그려지는 대신 술에 취한 빨간 코와 덥수룩한 수염으로 그려진 초상화가 인상적이다. 그의 나이 26세인 1865년에 어머니가 사망하자 큰 충격을 받고 심한 음주벽과 신경쇠약이 발발한 것이 그 이유가 아닐까 싶다.

무소륵스키

피아노 모음곡 《전람회의 그림》은 친한 친구였던 화가 빅토르 하르트만의 작품을 보고 작곡한 것이다. 하르트만은 1873년 동맥류 파열로 갑자기 죽었는데, 이듬해 그와 친분이 깊은 러시아의 예술사가 블라디미르 스타소프가 하르트만의 유작 중 중요 작품을 모아 추모 전람회를 개최했고 이 전시회에 방문한 무소륵스키가 10개의 그림에서 영감을 받아 같은 해에 이 작품을 완성한 것이다.

10번째 곡 〈키예프의 대문〉은 웅장한 멜로디 덕분에 가장 인기가 많다. 이 곡을 들을 때면 고막을 꽉 채우는 거대한 선율 덕분에 막힌 속이 뻥 뚫리는 듯한 기분이 든다. 관현악 버전에서는 심벌즈와 팀파니, 큰 북을 비롯해서 징처럼 생긴 탐탐, 튜바와 비슷하게 생겼지만 더 높은 음역대 연주가 가능한 유포니엄이라는 색다른 악기 소리까지 감상할 수 있다. 스트레스가 온몸에 쌓여 있다면 볼륨을 최고로 올린 후 들어보자.

● 19세기 중반에 러시아에서 활약한 5명의 국민악파 작곡가 그룹. 발라키레프, 림스키코르사코프, 무소륵스키, 보로딘, 큐이로 구성되었다.

시벨리우스:
교향곡 2번 Op.43 1악장

▶▶ ❚❚ ◀◀

Sibelius: Symphony No.2 in D Major, Op.43,
I. Allegretto

시리도록 추운 날이면 신기하게도 시벨리우스(1865~1957, 핀란드)의 음악이 듣고 싶다. 베토벤 이후 교향곡의 계보를 잇는 작곡가로 그를 빼놓을 수 없다. 시벨리우스는 리하르트 슈트라우스(1864~1949, 독일)와 함께 20세기 대편성 관현악의 대가로 손꼽힌다. 바이올린을 능숙하게 연주했던 작곡가답게, 그의 작품 중에는 상대적으로 피아노 독주곡보다 바이올린곡이나 관현악곡이 많다. 제일 유명한 곡은 1902년에 작곡한 교향곡 2번으로, 베토벤 교향곡 6번 〈전원〉과 비교되며 '시벨리우스의 전원 교향곡'이라는 별칭으로 불린다. 라장조의 조성을 띤 이 곡은 '올림 파'로 시작해서 현악기가 처음부터 동시에 같은 리듬으로 일사분란하게 연주된다. 활 사이로 흘러 나오는 소리가 '으스스 으스스 으스스' 해서 나무가 빼곡하게 들어선 검은 숲속을 활보하는 듯한 기분을 느끼게 만든다.

　이 곡의 구상은 후원자였던 악셀 카르펠란 남작의 도움으로 휴가차 떠났던 이탈리아 북부 해안 도시 라팔로에서 시작되었다. 당시 시벨리우스는 생후 16개월이던 딸이 세상을 떠나고 부인과의 관계도 소원해지면서 힘든 날을 보내고 있었다. 게다가 심각한 재정난까지 겹쳤다. 이를 안타깝게 여긴 카르펠란 남작이 1900년 그에게 격려의 편지 한 통을 보냈다. "오랜 시간 집에만 머물렀으니 이제 여행을 떠나야 할 때입니다. 모든 것이 아름다운 나라 이탈리아로 떠납시다. 그곳은 차이콥스키와 리하르트 슈트라우스에게도 선물 같은 곳입니다." 하지만 핀란드와 정반대로 따뜻한 이탈리아조차 그에게 마음의 안정을 가져다주진 못했다. 결국 작품을 완성하지 못한 채 고국으로 돌아와 몇 달 후에야 마무리 지을 수 있었고, 1902년 3월 헬싱키에서 시벨리우스가 직접 지휘한 초연에서 대성공을 거두었다. 이후 이 작품은 카르펠란 남작에게 헌정되었다.

모차르트: 두 대의 피아노를 위한 소나타 K.448 1악장

138위

▶▶ ▐▌ ◀◀

Mozart: Sonata for 2 Pianos in D Major, K.448,
I. Allegro con spirito

음악가들은 어려서부터 집안의 영향을 크게 받으며 성장하는 경우가 많다. 실제로 클래식 계보를 살펴보면 형제나 부자가 음악가로서 같이 활동한 사례가 흔하다. 음악가 남매 중에는 모차르트와 그의 누이가 가장 유명하다.

마리아 안나 모차르트

모차르트보다 다섯 살 위인 난네를Nannerl(1751~1829)의 본명은 마리아 안나Maria Anna다. 음악에 소질이 있었던 그녀는 아버지 레오폴트의 가부장적 사고 때문에 안타깝게도 어린 나이에 결혼하고 일찍이 경력이 단절되었다. 난네를은 그 시대의 대부분 여성처럼 집 안에서 아내와 어머니 역할을 하느라 사람들 앞에서 자유롭게 연주할 기회는 아주 드물게 가질 수 있었다. 만약 그녀가 18세기가 아닌 지금 태어났으면 어땠을까? 우리가 당연하게 '모차르트'라고 부르는 사람이 남동생이 아니라 난네를이 될 수도 있지 않았을까 하는 엉뚱한 상상도 해본다.

모차르트는 어려서부터 난네를과 종종 듀오로 연주한 덕분에 여러 대의 피아노를 위한 작품을 창작하고자 하는 의지가 있었다. 이 곡은 모차르트가 스물다섯 살쯤에 작곡한 피아노 소나타로, 두 사람이 각각의 피아노로 연주하는 곡이라서 한 대의 피아노 앞에 두 사람이 나란히 앉아 연주하는 연탄곡과는 차이가 있다. 듀오 연주는 독주 못지않게 상대방의 연주에도 귀를 기울여야 좋은 멜로디가 완성된다. 따라서 이런 곡은 연주자가 가족이나 사제처럼 밀접한 관계일 때 더욱 훌륭하게 연주된다. 모차르트는 이 곡을 자신의 제자와 함께 연주하기 위해 작곡했고, 초연의 반응은 뜨거웠다. 혼자만 잘해서는 소용없다. 세상살이와 비슷하지 않은가?

멘델스존:
〈노래의 날개 위에〉

▶▶ ❚❚ ◀◀

138위

Mendelssohn: 6 Gesänge, Op.34-2,
Auf Flügeln des Gesanges

오스트리아에 모차르트 남매가 있다면 독일에는 멘델
스존 남매가 있다. 음악사를 통틀어 펠릭스 멘델스존
(1809~1847)처럼 좋은 환경 속에 태어난 사람은 극히 드
물다. 할아버지는 당대 유명한 철학가였고 아버지는 대
단한 자산가였으니 일찍부터 인문학적인 소양을 쌓을
수 있었고, 먹고살 걱정 없이 하고 싶은 일을 실컷 할 수
있었다. 그래서일까? 그의 음악은 대개 밝고 여유가 넘
친다. 이 곡은 멘델스존이 1834년에 발표한 성악과 피아
노를 위한 가곡집《여섯 개의 노래》중 두 번째 작품으

펠릭스 멘델스존

로, 독일 낭만주의 시인 하인리히 하이네의 시집 『노래의 책Buch der Lieder』에 실린
동명의 시에서 영감을 얻었다. 하이네는 당시 많은 음악가가 사랑하는 시인이었다.
슈베르트와 슈만 역시 하이네의 열혈팬으로 그의 시를 읽고 각각 가곡집《백조의
노래Schwaneugesaug》와《시인의 사랑》을 작곡했다.

　제목부터 아주 낭만적인 〈노래의 날개 위에〉는 원래 가사가 있는 성악곡이지만
특유의 아름다운 멜로디 덕분에 바이올린이나 첼로, 플루트 등 다른 독주 악기로
편곡해서 자주 연주된다. 편곡의 대가 프란츠 리스트(1811~1886, 헝가리)는 피아노
독주용으로 이 곡을 편곡했고, 미국의 팝가수 도리스 데이(1922~2019)는 〈Till My
Love Comes to Me〉라는 곡으로 재탄생시켰다. 매일 오후 4시에 방송하는 KBS 클
래식FM《노래의 날개 위에》오프닝도 이 곡이다. 이 오프닝 버전은 플루트가 주요
멜로디를 연주하고 하프가 반주한다. 클래식은 절대 오래되고 고루하고 지루한 음
악이 아니다. 지금 여기 살아 숨쉬는 음악이다.

드뷔시:
두 개의 아라베스크 1번 L.66 1악장

▶▶ ❚❚ ◀◀

Debussy: Deux Arabesques No.1 in E Major, L.66,
I. Andantino con moto

드뷔시(1862~1918, 프랑스)의 음악은 비스듬히 앉거나 반쯤 누운 흐트러진 자세로 듣게 된다. 처음에는 그의 음악이 어딘가 나사가 덜 조여진 것처럼 불안하고 불편했다. 하지만 규칙을 잊고 그저 들리는 대로 편안하게 선율을 따라가니 아주 잘 들리기 시작했다. 그제야 드뷔시의 언어를 이해하게 된 것이다. 계획을 세우고 달성하면서 느끼는 쾌감도 좋지만 물 흐르듯 자연스러운 흐름에 몸과 마음을 맡기며 그저 살아내는 것이야말로 진짜 인생이라는 것을 어느 순간 알게 되었다. 내가 드뷔시를 이해하기 시작한 것도 그쯤이 아닐까 싶다. 실제로 자유로운 영혼의 파리지앵이었던 클로드 드뷔시는 음악이 일체의 과학적 장치로부터 자유로워야 하고 오직 쾌락만을 추구해야 한다고 언급한 적이 있다. "위대한 아름다움은 지극히 자연스럽고 자유로울 때 드러난다."

  드뷔시의 작품 중 〈두 개의 아라베스크〉는 1888년과 1891년에 작곡되었는데 그중 1번이 유명하다. 드뷔시 작품 번호는 'L'으로 표기하는데, 이는 프랑스의 음악학자이자 드뷔시 연구가인 프랑수아 르쉬르François Lesure의 이름에서 가져왔다. 아라베스크는 '아라비아풍으로'라는 뜻으로, 하나의 장르처럼 곡명으로 쓰이기도 한다. 이 곡은 아르페지오●로 연주되어서 듣고 있으면 물속에서 이리저리 헤엄치는 기분이 든다. 아주 오래전, 내가 어린아이였을 때 아버지가 자주 들으시던 라디오 프로그램에서 시그널 음악으로 이 곡이 흘러나왔다. 비눗방울이 '퐁퐁퐁퐁' 터지듯 이상야릇한 느낌의 전자음악이었는데, 그때는 원곡이 드뷔시의 아라베스크인 줄 미처 몰랐다. 나중에 알고 보니 일본의 유명한 신디사이저 음악가 토미타 이사오(1932~2016)의 작품이었다. 원곡과 비교 감상해보길 바란다.

● 화음을 동시에 연주하지 않고 각 구성음을 하나씩 차례대로 연주하는 기법. 분산화음 또는 펼침화음이라고도 한다.

엘가:
첼로 협주곡 Op.85 1악장
▶▶ ❚❚ ◀◀

Elgar: Cello Concerto in E Minor, Op.85,
I. Adagio-Moderato

영국을 빛낸 훌륭한 작곡가 엘가(1857~1934)는 달콤한 멜로디의 피아노 작품뿐만 아니라 중후하고 비장한 첼로 협주곡도 작곡했다. 그의 대표곡 〈사랑의 인사〉는 밝은 마장조지만 첼로 협주곡은 마단조다. 그는 마장조 음악 한 곡과 마단조 음악 한 곡, 이렇게 상반된 두 곡으로 에드워드 엘가만의 음악 세계를 확립한 셈이다. 보통 협주곡은 3악장 형식인 데 반해, 이 곡은 4악장 형식이고 1, 2악장과 3, 4악장이 각각 연결되어서 크게 두 부분으로 나뉜다. 첼로의 묵직한 독주로 시작되는데 시작 부분에서 첼리스트가 팔을 들어 활을 긋는 바로 그 순간을 나는 무척 좋아한다. 이 곡은 모든 첼리스트가 꼭 공부해야 할 필수곡으로 자리 잡았다. 연주자들 사이에서는 첫 음만 들어도 어떤 연주일지 가늠된다고 여겨지는 무서운 곡이기도 하다.

엘가는 1919년 그의 나이 61세에 이 곡을 완성했다. 노인으로서는 힘든 편도선 제거 수술을 받고 회복하는 동안 이 곡의 악상을 떠올렸고, 부인 앨리스가 옆에서 그의 음악을 받아 적었다. 1888년에 작곡한 〈사랑의 인사〉가 젊은 엘가의 사랑을 표현한다면, 31년 뒤에 작곡한 이 첼로 협주곡은 황혼의 작곡가가 느끼는 삶과 사랑의 정서를 담아낸 곡이다. 분초마다 죽음과 가까워지면서도 삶의 의지를 불태우려는 노년 작곡가의 감정이 엿보인다.

안타깝게도 이 곡이 초연된 지 다섯 달 뒤 엘가의 뮤즈이자 평생의 동반자였던 앨리스가 세상을 떠났다. 그리고 1889년에 결혼한 후 무한으로 커지던 엘가의 음악 세계는 그녀의 죽음 이후 성장을 멈추고 만다. 아마도 이런 사정이 이 곡을 더욱 애절하게 만드는 듯하다.

쇼팽:
발라드 4번 Op.52

▶▶ ▮▮ ◀◀

149위

Chopin: Ballade No.4 in F Minor, Op.52

'피아노의 시인'이라고 불리는 쇼팽(1810~1849, 폴란드)은 일평생 오로지 피아노만을 위해 살았다. 그는 네 곡의 발라드를 작곡했는데, 발라드라는 장르에서 슈만과 브람스를 비롯한 많은 작곡가의 표본이 되었다. 네 곡의 발라드에는 1831년부터 1842년 사이, 21세부터 32세 사이 청년 쇼팽의 열정이 잘 담겨 있다. 그 곡들은 망명 중이던 폴란드의 시인 아담 미츠키에비치가

『콘라드 발렌로드』 원본

1828년에 쓴 『콘라드 발렌로드Konrad Wallenrod』에서 영감을 받았다. 리투아니아의 영웅이었던 실존 인물 발렌로드의 이야기에 기반한 서사시다. 시의 구체적인 내용보다는 영웅적인 주제와 민족적 정서를 묘사했다고 한다. 네 곡 중에서 가장 극적이고 서정적인 넘버로는 마지막 4번이 독보적이다.

발라드 4번은 1842년 5월부터 11월까지 쇼팽이 6개월간 머물렀던 프랑스 중부 시골 마을 노앙에서 작곡되었다. 당시 쇼팽은 연인이자 프랑스의 소설가인 조르주 상드의 별장에서 지냈다. 연상의 여인이었던 상드는 쇼팽이 작곡에 전념할 수 있도록 많은 애를 썼다. 그러나 당시 쇼팽은 친한 친구의 죽음 그리고 첫 스승이었던 보이치에흐 지브니(1756~1842, 체코)의 사망 소식을 전해 듣고 큰 충격에 휩싸여 있었다. 그의 절망적이고 비참한 심정이 이 곡에 그대로 담긴 듯하다.

쇼팽의 음악은 절대 광폭하고 거칠게 다루어서는 안 된다. 유리처럼 아주 조심스럽고 세밀하게, 건반을 어루만지듯 연주해야 한다. 특히 이 곡은 네 개의 발라드 중에서도 가장 어려운 테크닉을 자랑해서 그의 소나타와 더불어 연주하기 힘든 곡으로 꼽힌다.

차이콥스키:
현악 사중주 1번 Op.11 2악장

▶▶ ⏸ ◀◀

Tchaikovsky: String Quartet No.1 in D major, Op.11,
II . Andante cautabile

표트르 일리치 차이콥스키(1840~1893, 러시아)는 두 살 터울 여동생 알렉산드라(애칭 '샤샤')와 매우 사이가 좋아서 샤샤가 결혼 후에 살았던 우크라이나의 카멘카 시골 별장을 자주 찾았다고 한다. 이 곡은 1869년 카멘카의 별장에서 우연히 페치카(러시아식 벽난로)수리공이 부르는 노랫소리에 영감을 받아 작곡했다. 수리공이 부른 것은 "바냐는 긴 의자에 앉아 술잔에 럼주를 가득 따른다. 잔이 반도 채워지기 전에 예카테리나를 그리워한다"라고 시작되는 느긋한 러시아풍 민요 〈소파에 앉은 바냐〉였

표트르 차이콥스키

다. 차이콥스키는 달콤하고도 애수에 찬 선율에 반해 이 민요를 그대로 스케치해두었다가 현악 사중주에 넣었다.

러시아의 대문호 톨스토이와의 일화도 유명하다. 같은 러시아 출신으로서 비슷한 정서를 공유한 덕분일까? 1876년 12월 모스크바음악원에 방문한 톨스토이가 연주회에서 이 곡을 듣고 눈물을 흘렸다고 한다. 톨스토이는 차이콥스키가 바로 옆에 앉아 있었지만 당시에는 아무 말도 하지 못하고 돌아간 뒤 차이콥스키에게 편지를 보냈다. "나를 감동시킨 것에 대해서 당신에게 아무 말도 하지 않았습니다. 그럴 틈이 전혀 없었기 때문입니다. 듣기만 해서 미안하군요. 모스크바에서의 마지막 날은 나에게 가장 아름다운 추억이 되었습니다. 나의 문학적 노고에 대해 그때의 훌륭한 연주보다 더 아름다운 보답을 받은 적이 없습니다." 그 후 10년 가까이 지난 1886년 7월 1일 일기에 차이콥스키는 이렇게 썼다. "그때만큼 작곡자로서 기쁨과 감동을 느꼈던 적은 내 생애에 두 번 다시 없을 것이다."

지아조토:
〈알비노니 주제에 의한 아다지오〉
▶▶ ⏸ ◀◀

Giazotto: Adagio in G Minor, Albinoni's Adagio

오랫동안 토마소 알비노니(1671~1751, 이탈리아)의 작품으로 알려졌던 〈아다지오〉를 소개한다. 지금은 실제 작곡가인 레모 지아조토(1910~1998, 이탈리아)의 〈알비노니 주제에 의한 아다지오〉로 정정해서 부르는데, 원래 알비노니가 작곡한 교회 소나타의 일부로 그가 전곡을 작곡한 것은 아니었기 때문이다. 알비노니를 연구하고 그의 자서전과 작품 목록을 작성한 음악학자 지아조토는 독일 드레스덴의 도서관에서 알비노니의 교회 소나타 악보를 발견한다. 그리고 그 주제를 바탕으로 곡을 만들어 완성했던 것이다. 후세의 연구가들이 이 곡을 알비노니가 아닌 지아조토의 작품으로 정정하기 시작한 것은 1950년대 무렵이다.

한편 토마소 알비노니는 바흐와 비슷한 시기에 활동한 바로크 작곡가로, 그는 남들이 부러워할 만한 삶을 살았다. 《사계》로 유명한 비발디의 고향이기도 한 베네치아에서 태어나 성공한 사업가인 아버지 밑에서 자랐다. 교양 있고 화려한 외모를 가진 데다, 그저 취미로 음악을 했을 뿐이지만 상당한 음악적 능력을 지녀 '베네치아의 딜레탕트dilettante'●라 불렸다. 알비노니는 직업 작곡가로 사는 것을 반대했던 아버지가 돌아가신 이후인 37세부터 드디어 본격적인 작곡가의 길을 걸었다. 거의 마흔이 다 되었으니 부유하고 안락한 삶에 안주했을 법도 한데 새로운 인생을 시작했던 것이다. 이후 기악곡집을 9권, 오페라를 50여 편이나 썼다.

지아조토의 〈알비노니 주제에 의한 아다지오〉와 더불어 알비노니의 원곡, 교회 소나타도 함께 감상해보는 것을 추천한다. 나아가 라라 파비안(1970~, 벨기에)의 노래 〈Adagio〉까지 들으면 훌륭하다.

● 　예술이나 학문, 특히 음악에 관심이 많지만 전문가는 아니고 열렬히 애호하는 사람을 칭한다.

베토벤: 피아노 소나타 32번
Op.111 2악장

▶▶ ❚❚ ◀◀

Beethoven: Piano Sonata No.32 in C Minor,
Op.111, II. Arietta

베토벤은 1795년부터 1822년까지 장장 27년이라는 세월을 피아노 소나타에 매진했다. 게다가 당시 베토벤은 《장엄미사》, 교향곡 9번 〈합창〉 같은 대작을 작곡하는 데에도 신경을 쓰고 있었다.

1823년의 베토벤

  베토벤의 피아노 소나타 32번은 다른 후기 소나타와 마찬가지로 푸가Fuga●적인 요소가 있어 연주하기 어려운 곡이다. 보통의 소나타는 3악장 구성인데 이 곡은 2악장으로 끝난다. 사람들은 왜 3악장을 작곡하지 않느냐고 물었고 베토벤은 시간이 없어서라고 답했다고 한다. 하지만 진짜 이유는 더 이상 전하고 싶은 말이 없을 정도로 폭발적인 에너지를 앞의 두 장에 다 쏟아부어서 3악장이 필요하지 않았던 게 아닐까? 1악장은 7분 정도, 2악장은 15분 정도이며 특히 2악장은 한 가지 주제가 다섯 개의 변주로 연주되는 변주곡 형식이다.

  베토벤의 이름 앞에는 항상 '위대한'이라는 형용사가 붙는다. 수많은 거장 중에서도 왜 베토벤은 더욱 칭송받을까 생각해본 적이 있다. 사람들은 어려움이 닥치면 대부분 포기하거나 도망치고 회피한다. 그러나 베토벤은 항상 정면 승부를 했다. 일례로 이 곡 역시 조카 칼의 양육 문제로 법정 분쟁을 겪으며 괴로웠던 때에 작곡한 것이다. 포기하고 싶은 순간에 오히려 전심全心을 다하는 일은 우리에게 필요한 자세일 것이다.

● 한 성부가 다른 성부에 이어 선율을 모방하는 기법. 쉽게 말해 기악적 돌림노래라고 할 수 있다.

슈베르트:
피아노 소나타 21번 D.960 1악장

▶▶ Ⅱ ◀◀

Schubert: Piano Sonata No.21 in B Flat Major,
D.960, I. Molto moderato

흔히 슈베르트(1797~1828, 오스트리아)를 '가곡의 왕'이라고 부르지만 그가 피아노에 품었던 애정은 간과할 수 없다. 슈베르트는 베토벤을 존경하며 닮고 싶어 했다. 그러니 그도 베토벤이 좋아하고 평생을 집중했던 피아노 소나타 장르의 작품을 남긴 것은 어쩌면 당연하다. 슈베르트는 세 개의 피아노 소나타 D.958, D.959, D.960를 1828년 봄과 가을 사이, 생애 마지막 몇 달 동안 완성했다.

그러나 당시 비평가들은 베토벤과 비교하면서 그의 음악이 구조가 허술하고 음악적 표현이 다양하지 못하다고 폄하했다. 반면 후대의 사람들은 슈베르트의 반복적인 형식이 그만의 음악적 특징이라고 호평했으니 아이러니한 일이다. 슈베르트가 사용한 반복은 겉으로 보기에는 같은 음표처럼 보이지만 전체 중 어느 부분에서 흐르는지에 따라 연주가 달라진다는 특징이 있다. 슈베르트 전문 연주자들은 반복되는 부분을 어떻게 연주할 것인지를 가장 고심한다고 말한다. 감상할 때도 각각의 차이에 귀 기울여 들어보면 좋을 것이다.

한편 슈베르트는 20대 초반인 1822년부터 건강이 악화되어 힘들어했다(매독에 걸렸다는 설이 유력하다). 두통과 현기증에 자주 시달렸는데 증상은 호전될 기미가 보이지 않아서 마지막 세 곡의 소나타를 작곡할 때쯤에는 극도의 피로감에 시달렸다. 설상가상으로 어렵게 완성한 소나타를 여러 출판사에 소개했지만 별 관심을 얻지 못했고, 슈베르트는 1828년 11월 19일에 31세의 나이로 눈을 감는다. 원래 슈베르트는 이 작품을 당시 유명한 고전파 음악가였던 요한 네포무크 훔멜(1778~1837, 오스트리아)에게 헌정하려고 했지만, 사후 출판이 되었을 때 훔멜 또한 이미 세상을 떠난 뒤였기 때문에 슈만에게 헌정되었다.

에이나우디:
〈아침의 별〉

▶▶ ⏸ ◀◀

Einaudi: Stella del Mattino

루도비코 에이나우디(1955~, 이탈리아)는 현대음악 작곡가다. 어릴 때부터 어머니에게 피아노를 배우며 음악과 친숙해졌고, 이탈리아를 대표하는 오페라 작곡가 지아코모 푸치니(1858~1924)와 피에트로 마스카니(1863~1945)가 졸업한 밀라노 베르디 국립음악원에서 공부했다. 그의 음악은 대체로 조용하고 잔잔해서 탈조성●과 기괴한 음색, 불규칙한 리듬으로 가득한 현대음악의 파도 속에서 안식을 가져다준다. 자신만의 음악 세계를 구축하기 위해 무용과 영화음악에도 관심을 쏟았고, 덕분에 많은 영화인이 사랑하는 작곡가이기도 하다. 《노매드랜드》, 《더 파더》, 《언터처블: 1%의 우정》, 《인시디어스》 등 수많은 영화에서 그의 음악을 쉽게 들어볼 수 있고, 우리나라에서는 LG 시그니처 광고 음악으로 〈프리마베라Primavera〉가 사용되었다. 특히 이 곡 〈아침의 별〉은 KBS 클래식FM 《김미숙의 가정음악》의 오프닝으로 쓰이면서 대중에게 그의 이름을 알리는 계기가 되었다.

에이나우디는 소탈한 외모와는 달리 부유한 집안 출신으로, 아버지는 유명 출판업자이고 할아버지 루이지 에이나우디는 이탈리아의 제2대 대통령(1948~1955)이었다. 그는 환경 문제에 관심이 많아 그린피스와 협업해 〈북극을 위한 비가Elegy for the Arctic〉라는 곡을 작곡했고, 빙하 위에서 연주하는 모습 덕에 '빙하 위의 피아니스트'라는 별명이 붙기도 했다.

네오 클래식Neo Classic(신고전주의) 작곡가인 그는 바흐나 쇼팽 같은 원조 클래식 작품을 공부하면서 그것을 바탕으로 20세기 현대음악으로 관심을 넓혔다. 다만 전형적인 현대음악이 아닌 자연과 명상을 지향하는 음악을 만들고 싶었다고 한다. 그의 음악을 듣고 있으면 정말로 차분해지고 자연 속에 있는 기분이 든다.

● 20세기 초의 전통적 화성과 조성에서 벗어난 자유로운 조성 체계

드보르자크: 〈어머니가 가르쳐주신 노래〉

▶▶ ❚❚ ◀◀

Dvořák: Gypsy Melodies, Op.55, B.104, No.4, Songs My Mother Taught Me

안토닌 드보르자크

안토닌 드보르자크(1841~1904, 체코)의 성악곡 〈어머니가 가르쳐주신 노래〉는 일곱 곡으로 묶인 《집시의 노래》라는 작품집에 속한 곡이다. 이 작품집은 체코어와 독일어로 쓰인 아돌프 헤이두크의 시에 멜로디를 입힌 것이다.

드보르자크는 여러모로 화려한 음악사에서 보기 드문 소탈한 사람이다. 체코의 수도 프라하 근처 작은 도시 넬라호제베스에서 태어나 생애 대부분을 그곳에서 보냈다. 14남매 중 맏아들로 태어난 그는 비록 가난했지만 화목한 분위기 속에서 많은 사랑을 받으며 자랐다. 또 당시에 알토 가수로 활동한 안나와 1873년에 결혼해 행복한 신혼 생활을 했다. 그러나 그의 음악 경력에 서광이 비출 무렵, 세 아이를 연달아 잃는 비극이 일어난다. 다행히 그의 곁에는 음악이 있었으므로 이 시기에 〈어머니가 가르쳐주신 노래〉를 작곡하며 이겨낸 것으로 보인다.

"지금은 늙어버린 어머니/ 예전에 내게 이 노래를 가르쳐주던 때 어머니 눈에는 눈물이 고였었다/ 그리고 지금 내 아이에게 이 노래를 가르치는 내 뺨 위로도 눈물이 흐른다"라는 가사를 읊조리다 보면 드보르자크의 애끓는 마음이 전해진다. 다행히 드보르자크는 그 후 여섯 아이를 더 낳았고, 가정생활에 충실한 모범적인 아버지이자 남편으로 살았다고 한다. 이러한 서사 때문인지 이 곡은 작품집에서 분리되어 독립적으로 자주 연주된다. 오스트리아 출신 작곡가이자 미국 국적의 바이올리니스트 프리츠 크라이슬러의 편곡이 유명하니 들어볼 것을 권한다.

말러:
교향곡 9번 4악장

▶▶ Ⅱ ◀◀

Mahler: Symphony No.9 in D major, IV. Adagio

구스타프 말러(1860~1911)는 체코 출신 후기 낭만파 음악가다. 1909년 여름, 말러는 교향곡 9번 4악장을 마무리하고 나서 아직 살아 있는 자신을 발견하고 안도의 한숨을 내쉬었을 것이다. 그도 그럴 것이 그는 9라는 숫자를 무서워했다. 베토벤이 교향곡 아홉 곡을 작곡하고 나서 죽은 이후로 작곡가들 사이에서 징크스가 되었던 것이다. 말러 역시 이 징크스를 피하려고 아홉 번째 작곡한 교향곡에 9를 붙이는 대신 〈대지의 노래〉라는 제목을 붙였다. 그리고 이 곡을 완성하고도 아직 살아 있자 그

구스타프 말러

야말로 진짜 '교향곡 9번'을 작곡하기 시작했다. 그런데 끝내 징크스를 피할 수는 없었던 걸까? 1909년 교향곡 9번 4악장까지 완성하고 열 번째 교향곡을 작곡하던 도중인 1911년 그는 심내막염으로 죽고 만다. 결국 교향곡 10번은 1악장만 완성되고 2악장은 스케치로 남은 채 미완작이 되었다. 그래서인지 교향곡 9번의 마지막 4악장을 들을 때면 늘 기분이 묘하다.

교향곡 9번은 보통 75~90분 정도 연주된다. 지휘자의 해석에 따라 템포의 변화가 상당한 편이다. 이 교향곡의 시작은 라장조지만 마지막은 내림 라장조로 끝난다. 특히 4악장의 시작 부분에 제1바이올린과 제2바이올린이 동시에 울리는 멜로디가 구슬프다. 말러는 이 곡의 자필 악보에 "아, 젊음이여, 사라졌구나! 아, 사랑이여, 떠나갔구나! 아, 세계여, 이별을!"이라고 썼다. 지휘자 빌렘 멩겔베르크(1871~1951, 네덜란드)는 〈대지의 노래〉가 친구에 대한 이별을 노래한다면, 교향곡 9번은 사랑하는 모든 것에 대한 이별, 즉 말러의 삶과 음악에 대한 이별을 포함하고 있다고 말했다.

쇼스타코비치:
〈로망스〉

▶▶ ⏸ ◀◀

Shostakovich: The Gadfly, Op.97, III. Youth

드미트리 쇼스타코비치

1942년에 신설된 퓰리처상 사진전은 영화보다 극적인 세계 각국의 현실을 시각적으로 생생하게 보여주어 지금까지도 매해 뜨거운 반응을 얻고 있는 사진전이다. 여기, 사진 못지않게 음악을 통해 효과적으로 시대의 기록을 남긴 작곡가가 있다. 드미트리 쇼스타코비치(1906~1975, 러시아)는 인생에서 두 번에 걸쳐 발생한 전쟁과 공산주의 사회 아래에서 철저하게 탄압당한 음악가였다. 소비에트 사회주의 공화국 연방, 줄여서 소련은 1922년부터 1991년까지 존재했던 세계 최초의 공산주의 국가였다. 공산주의 시절 많은 예술가가 독재 정권 아래서 자신의 진정한 목소리를 내지 못해 괴로워했다. 쇼스타코비치는 스탈린이나 레닌 같은 지도자의 귀에 거슬리지 않으면서도 자신만의 음악 세계를 구축해나가기 위해 여러모로 고심했다. 본심을 들키지 않고 음악을 계속하기 위해 그가 선택한 방법은 재즈나 영화음악을 만드는 일이었다.

쇼스타코비치는 1955년 봄에 영화《쇠파리》에 들어갈 음악을 작곡했다. 모음곡 형태로, 그중 세 번째 곡인 〈로망스〉가 유명하다. 이때 '쇠파리'는 사람들을 괴롭히고 어딘가 삐딱하고 이상한 사람들을 지칭하는 말이다. 유명한 여류 소설가 에델 릴리언 보이니치의 동명 소설을 영화로 만든 것이다. 이탈리아를 배경으로 혁명가의 삶을 담고 있는데, 영문판 작품 중 소련에서 가장 많이 읽힌 책이라고 한다. 쇼스타코비치의 회고록『증언』이라는 책도 같이 읽어보기를 추천한다.

푸치니: 오페라 《잔니 스키키》 중 〈오 나의 사랑하는 아버지〉

▶▶ ❚❚ ◀◀

Puccini: Gianni Schicchi, O mio babbino caro

지아코모 푸치니(1858~1924, 이탈리아)는 주세페 베르디 이후 이탈리아가 낳은 최고의 오페라 작곡가라는 명성을 지니고 있다. 그는 1893년 35세의 나이에 《마농 레스코Manon Lescaut》라는 작품으로 큰 성공을 거두기 전까지는 카페에서 간간이 피아노를 치면서 돈을 벌었던 가난한 음악가에 불과했다. 돈과 인간의 삶과 같은 현실적인 소재에 관심이 많아서 실제로 있을 법한 이야기를 주제로 대중이 공감하는 오페라를 작곡한 것이 성공의 요인이었다. 바로 이것이 베리스모 오페라Verismo Opera(사실

지아코모 푸치니

주의 오페라)다. 베르디와 바그너로 대표되는 낭만주의 오페라가 두 사람의 죽음으로 약화되면서 이야기의 초점이 신과 영웅, 왕자나 공주가 아닌 중산층의 삶으로 옮겨갔다.

이 곡이 실린 《잔니 스키키》의 배경은 1299년 이탈리아 피렌체다. 극은 부호 도나티의 임종에 친척들이 모두 모여 있는 장면으로 시작한다. 다들 도나티의 죽음을 진심으로 애도한다기보다 그의 유언장에 관심이 많다. 하지만 도나티는 이미 수도원에 모든 돈을 헌납하겠다고 유언했다. 이에 도나티의 조카 리누치오는 스키키에게 삼촌이 아직 살아 있는 것처럼 꾸미고 유언장을 다시 만들자고 제안한다. 한편 스키키의 딸 라우레타는 도나티의 조카 리누치오랑 결혼을 하고 싶지만 돈이 없었다. 그래서 그녀가 "사랑하는 아버지! 제가 그 남자랑 결혼하지 못하면 저 베키오다리에서 떨어져 아르노강에 빠져 죽을 거예요!"라면서 아버지를 협박하는 노래가 〈오 나의 사랑하는 아버지〉다. 잔니 스키키는 결국 사문서위조 등의 범죄를 저질러가면서까지 유언장을 다시 꾸며 딸과 리누치오가 결혼할 수 있도록 한다. 마지막은 그가 관객들에게 "이보다 더 유산을 잘 나눌 사람은 없겠죠?"라면서 웃음을 자아내는 것으로 끝난다.

쇼팽:
피아노 소나타 3번 Op.58 3악장
▶▶ ❚❚ ◀◀

174위

Chopin: Piano Sonata No.3 in B Minor, Op.58, III. Largo

쇼팽의 유일한 사진

나를 소중하게 아껴주고 싶은 날이라면 쇼팽의 피아노 소나타 3번을 들어보자. 전체 4악장 구성으로 연주 시간은 28분 정도다. 그의 음악은 조용하고 잔잔하지만 단단하고 강한 저력이 있다.

쇼팽의 피아노 소나타는 총 세 곡으로, 2번과 3번이 자주 연주된다. 2번의 3악장은 〈장송 행진곡Marche Funèbre〉이라는 부제로도 알려졌으며, 쇼팽의 장례식에서도 연주되었다. 쇼팽은 파리 사교계의 중심인물이었던 조르주 상드와 한창 사랑에 빠졌던 시기에 이 곡을 작곡했다. 1844년 프랑스 노앙에 있는 상드의 저택에서 작곡한 후 페르시우스 백작 부인에게 헌정했고, 이듬해 출판했다. 쇼팽은 바흐를 매우 좋아해서 이 작품을 작곡할 때도 바흐의 영향을 받았다. 매일 아침 바흐의 전주곡과 푸가, 인벤션 등을 연습하면서 바흐의 음악적 원류를 느꼈다고 한다. 그래서 쇼팽 피아노 소나타 3번의 1악장에는 바흐의 대위법적인 요소가 많이 들어 있다. 2악장은 스케르초(익살스럽게)로 빠르게 연주되고, 3악장에서는 아련한 멜로디가 조용히 울려퍼진다. 처음 두 마디는 포르티시모(매우 강하게)로 하강하는 음들이 웅장하게 연주되지만, 어느새 피아노(여리게)로 바뀌고, 네 번째 마디부터 칸타빌레(노래하듯이)의 감미로운 부점(점음표) 멜로디가 환상적으로 전개된다.

바로 여기에 쇼팽 음악의 묘미라고 할 수 있는 '밀고 당기기'의 매력이 숨어 있다. 마치 상드와 나누는 달콤한 사랑을 은근하게 보여주는 듯하다. 마지막 4악장은 매우 빠르고 격렬하게 연주된다. 고도의 테크닉을 보여주는 데다 첫 음부터 강렬한 악센트(강조음)가 있는 옥타브 음으로 연주되기 때문에 굉장히 화려하다. 따라서 독주회의 마지막 곡으로 자주 연주된다.

오펜바흐:
〈재클린의 눈물〉

▶▶ ❚❚ ◀◀

Offenbach: Harmonies des bois, Op.76, No.2,
Les Larmes de Jacqueline

자크 오펜바흐

독일 태생의 프랑스 작곡가 자크 오펜바흐(1819~1880)는 어릴 때 프랑스 파리로 넘어와 음악을 공부했고 오페라 코미크 교향악단에서 첼로 연주자로 활동하면서 많은 기악곡을 작곡한 음악가다.

이 곡은 오펜바흐가 처음 작곡했을 때만 해도 제목이 없었고, 단지 《저녁의 조화》라는 모음곡집의 두 번째 곡이었는데, 첼리스트 베르너 토마스-미푸네(1941~, 독일)가 〈재클린의 눈물〉이라는 제목을 붙이면서 새 생명을 얻었다. 여기서 재클린은 42세의 나이로 세상을 뜬 영국의 천재 첼리스트 재클린 뒤 프레(1945~1987)를 가리키며, 그녀의 사연을 알고 나면 이 음악에 눈물짓지 않을 수 없다. 뒤 프레는 이미 다섯 살 때부터 뛰어난 첼로 실력을 인정받은 음악 신동이었다. 1962년 영국에서 BBC 심포니 오케스트라와 협연해 엘가의 첼로 협주곡을 완벽하게 연주해내 폭발적인 인기를 끌기 시작했다. 그렇게 음악계에서 활동을 계속하다 평생 잊지 못할 사랑에 빠진다. 피아니스트이자 지휘자인 다니엘 바렌보임(1942~, 아르헨티나)을 만나게 된 것이다. 두 사람은 만난 지 6개월 만에 가족들의 심한 반대를 무릅쓰고 결혼한다. 아르헨티나 출신 러시아계 유대인인 바렌보임을 따라 유대교로 개종까지 하면서 말이다. 어렵게 한 결혼이니 행복한 결말이면 좋았을 텐데, 안타깝게도 둘의 사랑은 오래가지 못했다. 1971년, 재클린이 다발경화증을 진단받고 건강이 급속도로 나빠질 때 바렌보임이 다른 사랑을 찾아 떠난 것이다. 이후 그녀는 모든 연주 활동을 중단했고 기나긴 투병 끝에 1987년 생을 마감한다.

모차르트:
피아노 소나타 16번 K.545 1악장

▶▶ ‖ ◀◀

Mozart: Piano Sonata No.16 in C major, K.545, I. Allegro

오늘은 모차르트의 생일이다. 작곡가에 대한 애정이 넘치면 그의 생일까지 기억하게 된다. 연예인에게 그러하듯 클래식 작곡가를 덕질하게 되는 것이다. 실제로 모차르트 덕후이자 피아니스트였던 프리드리히 굴다(1930~2000, 오스트리아)는 모차르트를 너무 좋아한 나머지 모차르트의 생일에 죽고 싶다고 말했다. 그리고 그는 정말로 2000년 1월 27일에 세상과 이별했으니 놀라운 일이다.

볼프강 아마데우스 모차르트

　1월에 태어난 작곡가들이 몇 명 더 있지만 그중 최고의 사랑을 받는 작곡가는 아마 모차르트일 것이다. 클래식을 몰라도 모차르트의 이름을 안 들어본 사람은 거의 없다. 어릴 때 피아노 학원에서 바이엘을 떼고 체르니 30번을 배우면서 병행하는 대표적인 작품이 바로 이 곡이다. '소나타의 미니어처'라고 할 수 있는 소나티네sonatine를 익히고 나면 모차르트 소나타에 입성한다.

　이 곡은 전체 3악장으로, 모차르트가 활동했던 고전 시대의 소나타는 빠름-느림-빠름으로 구성된 3악장 형식이 기본이었다. 이 곡 역시 알레그로 마에스토소 Allegro maestoso(빠르고 장중하게)로 빠르게 시작한다. 길이가 너무 길어 전 악장 감상이 힘들다면 여유가 날 때마다 각 악장만이라도 따로따로 첫 음부터 끝 음까지 들어보는 것을 권한다. 그래야 작곡가가 이 곡을 통해 전하고자 했던 바를 정확하게 이해할 수 있다. 띄엄띄엄 대충 들으면 음악에서 느낄 수 있는 감동도 그만큼 반감된다.

차이콥스키:
교향곡 4번 Op.36 4악장

▶▶ ❚❚ ◀◀

174위

Tchaikovsky: Symphony No.4 in F Minor, Op.36,
IV. Finale. Allegro con Fuoco

차이콥스키는 1877~1878년 사이에 이 곡을 작곡했다. 그가 음악적 성과를 거둘 수 있도록 도와준 고마운 은인 중에는 러시아의 나데즈다 폰 메크 부인이 있었다. 차이콥스키보다 아홉 살 연상의 여성으로, 굉장한 부호였던 데다 홀로 12명의 자식을 키워낸 강인한 사람이었다. 그녀는 차이콥스키에게 영감을 주고 음악에 관해 심도 있는 대화를 나눌 수 있는 좋은 친구였다.

나데즈다 폰 메크 부인

　14년에 걸친 두 사람의 인연은 1876년에 폰 메크 부인이 차이콥스키에게 편곡을 의뢰하는 편지를 보내면서 시작되었다. 그녀는 편지에서 서슴지 않고 자신의 사사로운 감정을 표현하거나 그에 대한 찬사를 적었다. "오, 신이시여. 다른 사람들에게 그런 행복과 환희의 순간을 줄 수 있다니, 그 사람은 얼마나 위대한지요!" 차이콥스키 역시 폰 메크 부인을 향한 묘한 감정을 드러냈다. "당신을 만나고 싶을 때가 있습니다. 그러나 당신에게 마음이 향할수록 당신을 만나기가 두렵습니다." 차이콥스키는 자신을 후원하고 격려해준 폰 메크 부인에게 이 작품을 헌정했다. 차이콥스키의 교향곡 중에서 가장 밝고 다양한 음악적 요소가 등장하는 곡으로 인정받는다. 당시 차이콥스키는 아내 밀류코바와의 갈등 때문에 정신적으로 몹시 힘든 시기를 겪는 중이었고, 스위스와 이탈리아에서 요양하며 이 곡을 완성했다.

크라이슬러:
〈사랑의 슬픔〉

▶▶ ⏸ ◀◀

Kreisler: Liebesleid

프리츠 크라이슬러

"얼굴이 먼저 떠오르면 보고 싶은 사람이고, 이름이 먼저 떠오르면 잊을 수 없는 사람이다"라는 글귀를 읽은 적이 있다. 1월이 저물어가는 어느 쓸쓸한 겨울 저녁에 생각나는 사람이 있는가? 사랑은 마치 빨강과 파랑, 흑과 백의 선명한 대비처럼 사람을 한없이 기쁘게도 하고 끝없이 슬프게도 만든다. 이런 사랑의 양가적인 감정을 음악적으로 아주 잘 해석한 곡을 소개한다.

오스트리아 출신의 미국 바이올리니스트이자 작곡가인 프리츠 크라이슬러(1875~1962)의 〈사랑의 기쁨〉과 〈사랑의 슬픔〉은 빈의 오래된 옛 왈츠에서 선율을 빌려온 곡이다. 그중에서도 〈사랑의 슬픔〉은 전형적인 3박자의 빈 왈츠 형식을 따르지만 그 속도는 훨씬 느리고 명상적이다. 곡은 라단조의 쓸쓸한 주제로 시작한다. 하강하는 선율은 마치 눈물을 떨구는 듯하며, 미묘한 반음계적 진행은 마음속 회한과 미련을 섬세하게 표현한다.

크라이슬러는 루바토, 즉 템포를 미세하게 조절하는 기법을 적극적으로 사용해서 기계적인 왈츠 리듬을 넘어 인간적인 감정을 불어넣었다. 이것이 단순한 춤곡이 아닌 마치 한 편의 서정시와 같은 곡으로 승화시킨 핵심 요소다. 이 곡은 라흐마니노프(1873~1943, 러시아)가 편곡한 버전이 널리 알려져 있고, 피아노 독주회 프로그램에도 단골로 등장한다.

슈베르트:
네 개의 즉흥곡 Op.90 D.899 중 3번

▶▶ ‖ ◀◀

Schubert: 4 Impromptus, No.3 in G-Flat Major,
Op.90, D.899

이 짧은 피아노 즉흥곡은 슈베르트가 죽기 1년 전인 1827년에 작곡되었다. 슈베르트의 작품은 약 천 개에 달하지만 작품 번호 'Op'가 붙은 작품은 160여 개에 불과하다. 이 체계는 단순히 출판된 순서를 따르기에 작곡 순서와 출판 순서의 차이가 상당히 큰 슈베르트의 작품을 관리하는 데 여러모로 불편했다. 그래서 오스트리아의 음악학자 오토 도이치가 작곡 순서에 따른 체계를 만들어 슈베르트의 작품을 정리한 것이 'D'가 붙은 번호다. 966번 이후의 목록은 정리 당시에는 작곡 시기를 명확히 알 수 없어서 맨 뒤에 기재했다.

프란츠 슈베르트

즉흥곡이라는 제목 때문에 즉석에서 작곡된 곡으로 오해하기 쉽지만 소나타나 협주곡과 비교해 길이가 짧고 좀 더 자유로운 형식을 지닌 음악을 즉흥곡이라고 부른다. 슈베르트의 즉흥곡 3번은 오른손 위 성부의 멜로디를 중심으로 왼손의 아래 성부가 아르페지오를 연주하는데, 물결이 이는 듯한 평온한 분위기 덕분에 이 곡을 좋아하는 사람들이 많다.

여담으로 1827년 3월 19일 봄, 슈베르트는 평생 존경해온 선배 작곡가 베토벤과 드디어 처음 대면했는데, 이 자리에서 베토벤은 슈베르트에게 너무 늦게 만나 아쉽다면서 그의 음악이 분명 세상을 빛낼 거라며 찬사를 아끼지 않았다. 그리고 일주일 뒤, 베토벤은 세상을 떠났고 슈베르트는 그 인연으로 베토벤의 장례식에 참석해 운구를 도왔다고 한다. 비록 베토벤이 슈베르트를 직접 가르친 적도 없고, 만남도 짧았지만 그에겐 정말 큰 스승이었던 것이다.

슈베르트: 《겨울 나그네》 중 24번 〈거리의 악사〉

▶▶ ❚❚ ◀◀

Schubert: Winterreise, D.911, No.24, Der Leiermann

예술가는 시간의 흐름에 민감하다. 여름에는 여름의 햇살에 흥분하고, 겨울에는 차디찬 겨울바람을 맞으며 세상을 느낀다. 1월을 닫는 곡으로 연가곡집 《겨울 나그네》를 추천한다. 《겨울 나그네》는 1827년에 슈베르트가 서른 살이었을 때 작곡한 작품으로 스산한 겨울바람이 연상되는 곡이다. 연가곡이란 전체가 한 곡처럼 쉬지 않고 계속 이어지는, 연달아 부르는 가곡을 말한다. 《겨울 나그네》의 총 연주 시간은 90분 정도라 고즈넉한 겨울밤, 잠들기 전에 듣기 좋다. 포함된 곡들이 모두 유명해서 단독으로도 자주 불리지만 《겨울 나그네》는 뭐니 뭐니 해도 24곡을 통째로 계속해서 들어야 제맛이다.

연가곡집 《겨울 나그네》는 독일 시인 빌헬름 뮐러의 시에 음을 붙인 것으로, 전체적으로 어둡고 암울한 분위기다. 뮐러는 엄청난 인기를 끌지는 못했지만 음악으로 표현하기에 너무도 적합하고 아름다운 가사를 썼다. 비록 시 자체의 수명은 짧았어도 슈베르트가 음악이라는 옷을 입힌 순간, 그의 시는 지금까지도 생명력을 잃지 않고 살아남아 사랑받고 있다.

그중 〈거리의 악사〉는 길거리에서 손풍금을 연주하는 늙은 악사의 처량한 모습을 그렸다. 행인 누구도 악사에게 동전 한 닢을 던져주지 않았다. 늙은 악사의 모습에 슈베르트는 자신의 모습을 투영했을지도 모른다. 이 곡을 작곡한 시기에 비추어볼 때 그는 매독 판정을 받고 절망하고 있었다. 이듬해 친구에게 보낸 편지에서 그 슬픔을 엿볼 수 있다. "한마디로 나는 나 자신이 세상에서 가장 불행하고 비참한 존재라고 느끼고 있다네. 다시는 완전히 건강해질 수 없다는 사실 하나만으로 모든 일을 망치고 있는 한 인간을 상상해보게."

방겔리스:
〈March With Me〉

▶▶ ⏸ ◀◀

Vangelis: March With Me

매해 생일이 돌아오면 즐겨 듣는 곡이 있다. 그리스 작곡가 방겔리스(1943~2022)의 〈March With Me〉다. 이 곡을 들으면서 건강한 모습으로 다시 돌아온 생일을 맞이할 수 있음에 크게 감사하고, 사랑하는 사람들과 맛있는 음식을 먹고, 지금과 같은 하루하루가 이어지기를 간절히 기도한다.

외젠 틀라크루아, 〈민중을 이끄는 자유의 여신〉

방겔리스는 네 살 때 작곡을 시작한 천재로, 신디사이저(전자악기)를 이용한 음악과 행사용 음악을 주로 작곡했다. 2000년 시드니 올림픽 폐막식에서 그리스가 올림픽 깃발을 인수할 때도 그의 음악이 쓰였다. 특히 영화 《불의 전차》 삽입곡의 작곡가로 유명하다(달리기를 좋아하는 사람이라면 영화 감상을 추천한다). 〈March With Me〉는 아주 경쾌하고 웅장해서 힘을 내고 싶을 때 듣기 좋은 노래다. 힘들 때 손을 내밀어 주는 귀인이 주변에 있다면 좋겠지만, 어려움을 딛고 스스로 일어나는 경험은 더욱 의미가 있다. "좌절한 사람들이 승리하고 이 새로운 삶을 시작하게 하자to win those lost hearts and start this new life"라는 가사가 특히 마음에 박힌다.

인생이 노랫가락처럼 잘 흘러갈 때는 누구나 쉽게 명랑한 사람이 된다. 그러나 진짜 대단한 사람은 힘든 순간에도 좌절하지 않고 포기하지 않는 사람이다. 스스로를 의심하는 습관을 버리고 두 다리로 굳건히 버텨 선다면 충분히 다시 앞으로 나아갈 수 있다. 스페인의 전설적인 소프라노 몽세라 카바예(1933~2018)가 부르는 버전으로 들어보자.

브람스:
독일 레퀴엠 Op.45 1번

▶▶ ‖ ◀◀

149위

Brahms: Ein deutsches Requiem, Op.45, I. Chorus

브람스(1833~1897, 독일)의 어머니는 남편보다 열일곱 살이나 많았다. 사남매 중 장남으로 태어난 브람스는 어려운 집안을 이끌다 돌아가신 어머니를 생각하면 항상 마음이 아렸다. 콘트라베이스 연주자였던 아버지는 생계를 책임지기에 무능했고, 장남이었던 브람스와 어머니가 그 짐을 떠안는 수밖에 없었다.

어릴 때부터 어머니를 지켜봐온 그였기에, 나중에 성인이 되어서 열네 살 연상의 여인 클라라를 사랑하게 된 건지도 모른다. 클라라를 보면서 자신의 어머니를 겹쳐본 건 아니었을까? 브람스는 클라라의 남편이자 자신의 스승이었던 슈만이 1856년에 세상을 뜨자 레퀴엠을 구상한다.

레퀴엠은 '안식'이라는 뜻으로 말 그대로 죽은 이의 안식을 기원하는 종교음악을 말한다. 원래는 가톨릭 종교의식인 미사에 쓰이는 제례 음악이었지만 점차 독립적인 기악곡으로 무대에서 많이 연주되기 시작했다. 브람스의 레퀴엠은 슈만과 어머니를 위로하기 위해 작곡한 곡이라 처음부터 가톨릭 미사용이 아닌 연주용으로 작곡되었다. 첫 가사가 "레퀴엠 에테르남 도나 에이스 도미네Requiem aeternam dona eis Domine"(주여 저들에게 안식을 주소서)라서 '레퀴엠'으로 불린다. 전체적으로 차분하고 경건하다. 레퀴엠은 하나의 장르로 자리 잡아 모차르트, 베르디, 베를리오즈, 포레 등을 비롯한 많은 음악가가 작곡했다. 작곡가에 따라 악장 수를 줄이거나 원래의 레퀴엠과 다른 가사를 쓰기도 한다. 브람스의 레퀴엠은 라틴어 가사 대신 마르틴 루터가 번역한 독일어 성경을 바탕으로 작곡됐기 때문에 '독일 레퀴엠'이라는 제목이 붙었다. 각 곡마다 성경문이 가사로 쓰였는데, 대표적인 예시로 독일 레퀴엠 Op.45 1번의 가사는 마태복음 5장 4절 "애통하는 자는 복이 있나니 저희가 위로받을 것이요"에서 가져온 것이다.

멘델스존:
바이올린 협주곡 Op.64 1악장
▶▶ ❚❚ ◀◀

Mendelssohn: Violin Concerto in E Minor, Op.64,
I. Allegro molto appassionato

세실 장르노

멘델스존 하면 바로 떠오르는 곡으로 바이올린 협주곡이 있다. 산뜻한 기분으로 2월을 시작하게 해주는 곡이다. 멘델스존은 집안이 굉장히 부유했고, 어려서부터 교양 높은 철학자와 예술가와 교류할 기회가 많았다. 네 살 차이가 났던 누나 파니 멘델스존과 사이가 굉장히 좋았고, 후일 여덟 살 연하의 예쁘고 어린 아내 세실 장르노와 결혼해서 다섯 명의 자식을 낳고 다복하게 잘 살았으니 그야말로 최고의 인생이었다. 그러나 1847년에 누나가 세상을 떠난 직후부터 본인도 건강이 악화되어 같은 해에 사망한다.

멘델스존은 1838~1844년 사이에 바이올린 협주곡을 작곡했다. 그의 마지막 대규모 오케스트라 작품으로, 1845년 3월 13일 라이프치히 게반트하우스 오케스트라 악장이었던 페르디난트 다비드(1810~1873, 독일)에 의해 초연되었다. 총 연주 시간은 약 27분 정도로 전체 3악장이 쉬지 않고 단숨에 연주되는데, 당시에 이런 구성은 아주 특별한 것이었다. 게다가 악장 별로 기존에 보지 못했던 음악 기술들이 포함되어 있었다. 보통 협주곡이라고 하면 오케스트라가 전주를 여유롭게 연주하고 독주자가 나중에 등장하는데, 이 협주곡은 한 마디 전주 이후에 바로 독주 바이올린이 연주를 시작한다. 집중하지 않으면 자칫하다가 독주 인트로를 놓칠 수 있으니 관객들은 연주자가 무대 인사를 하는 순간부터 시선을 떼선 안 된다.

베토벤:
바이올린 협주곡 Op.61 1악장

▶▶ ❚❚ ◀◀

Beethoven: Violin Concerto in D Major, Op.61,
I. Allegro ma non troppo

베토벤은 그의 나이 36세였던 1806년에 이 곡을 작곡했다. 초연 당시, 베토벤이 악보를 너무 늦게 전달해서 협연할 독주 바이올리니스트가 초견으로 연주했다는 이야기가 전해진다. 현장에서 대본을 받아 연기해야 하는 배우처럼 즉석에서 연주해야 했다는 소리다. 악보는 또 얼마나 어려운가! 하지만 실력 있는 바이올리니스트였던 프란츠 클레멘트(1780~1842, 오스트리아)는 보란 듯이 멋지게 연주를 해냈다. 베토벤은 이 곡의 바이올린 연주자로 처음부터 그를 염두에 두고 있었다고 한다. 대단했던 그날의 연주에 대해 한 신문은 "강인하고 힘차며 대담하지만 말로 설명할 수 없는 섬세함과 상냥함과 우아함까지 곁들여져 있어, 클레멘트야말로 가장 완벽한 바이올리니스트라 할 만하다"라고 평했다.

이 곡은 베토벤의 유일한 바이올린 협주곡이다. 오케스트라의 전주 부분이 상당히 길어서 바이올린 독주는 꽤 뒤늦게 등장한다. 3악장 구성으로 전체 연주 시간이 45분 정도인데, 그중 1악장이 무려 25분을 차지한다. 베토벤은 독주 건반악기를 위한 곡, 교향곡, 현악 사중주, 다섯 개의 피아노 협주곡과 수많은 가곡까지, 손대지 않은 장르가 없을 만큼 다작한 작곡가인데 유일하게 오페라와 바이올린 협주곡은 각각 하나만 작곡했다. 그래서 바이올리니스트들에게는 이 바이올린 협주곡의 의미가 각별하다. 상당히 어려운 난이도를 자랑해서 아무나 쉽게 시도하지 못하는 곡이라는 걸 알만한 사람은 다 안다. 그러니 클래식 연주회에 베토벤의 바이올린 협주곡이 껴 있다면 흔치 않은 기회니 무조건 감상하러 달려가야 한다. 난해한 테크닉과 더불어 정신적인 성숙함도 요구해서 기교가 아무리 뛰어난 연주자라도 아직 나이가 어리다면 곡을 잘 소화하기 어렵다. 영국의 저명한 지휘자 에이드리언 볼트(1889~1983)는 이 곡을 두고 "가장 깊은 사고가 담긴 협주곡이다. 이 곡을 연주하려면 바이올리니스트는 위대한 연주가일 뿐만 아니라 위대한 사람이 되어야 한다"라고도 말했다.

쇼팽:
발라드 1번 Op.23

▶▶ ❚❚ ◀◀

Chopin: Ballade No.1 in G Minor, Op.23

쇼팽의 발라드 1번은 영화 《피아니스트》로 더욱 유명해졌다. 나치 시대를 배경으로 독일군에게 잡힌 주인공은 생애 마지막이 될지도 모르는 연주를 한다. 주인공의 연주에 깊이 감명받은 독일군은 유대인인 그를 보호해주기까지 한다.

가요뿐만 아니라 클래식에도 있는 장르 '발라드'는 자유로운 형식의 서사적인 음악, 쉽게 말해 이야기가 흐르는 음악을 말한다. 중세 프랑스에서 처음 발라드라는 말이 등장했으며, 이야기 형식상 서정시나 서사시 등의 문학 양식을 뜻했다. '춤추다ballare'라는 뜻의 라틴어를 어원으로 한다. 쇼팽 이후 브람스를 통해 더욱 발전한 발라드는 규모나 감정 면에서 크고 무거운 분위기가 특징이다.

이 곡은 1831~1835년 사이에 작곡되었고 총 연주 시간은 10분 내외다. 슈만은 이 곡에 대해 "쇼팽의 가장 거칠고 독창적인 작품으로, 그의 천재성을 잘 드러내는 곡"이라고 찬사를 보냈다. 건반의 아래 저음부에서부터 양손이 같은 음을 연주하는 유니즌Unison(병행 연주)으로 시작하고 라르고Largo(아주 천천히)와 페잔테Pesante(장엄하게)로 전개된다. 마치 마음속 깊이 담아두었던 중요한 이야기를 어렵게 꺼내는 듯한 느낌이다.

서주가 지나면 박자와 빠르기가 달라지면서 조용히 이야기를 읊조리듯 음악이 흐른다. 첫 음부터 끝 음까지 빈번하게 변화를 반복하면서 그 안에서 변화무쌍한 음악적 표현이 펼쳐진다. 휘몰아치는 격랑과 격랑 뒤 잔잔한 바다 물결을 떠올리게 하는 아름다운 멜로디가 한 곡에 모두 담겨 있다. 처음부터 끝까지 덤덤하면서도 뜨겁다. 쇼팽의 음악은 마치 영하 최저와 영상 최고를 오르내리는, 살아 움직이는 무언가인 듯하다.

브람스:
바이올린 협주곡 Op.77 1악장
▶▶ ❚❚ ◀◀

Brahms: Violin Concerto in D Major, Op.77,
I. Allegro non troppo

브람스의 아버지 요한 야코프 브람스(1806~1872, 독일)는 호른과 더블베이스 연주자였다. 브람스는 다섯 살 때부터 아버지에게 바이올린과 첼로를 배웠고, 일곱 살 때부터는 피아노도 배웠다. 어린 브람스는 음악에 뛰어난 재능을 보였지만 가정 형편이 어려워지자 결국 학교를 중퇴했다. 돈을 벌기 위해 술집이나 식당을 전전하면서 피아노를 연주해야 했고 개인 레슨을 하며 합창단을 지휘했다. 가난한 집안의 장남으로서 무거운 짐을 지고 묵묵히 나아가는 수밖에 없었다.

브람스는 굉장히 신중한 성격이라 웬만큼 마음에 들지 않는 한, 작품을 발표하지 않았다. 때문에 그의 작품은 상당수가 파기되었고, 1876년에서야 20여 년에 걸쳐 작곡한 교향곡 1번이 초연되었다. 누군가는 그 곡을 두고 "베토벤 교향곡 10번"이라고 비틀어 말하기도 하는데 이것은 음악적 유사성보다는 베토벤에 필적할 만한 음악적 성취를 이뤄냈다는 평에 가깝다.

브람스와 베토벤은 바이올린 협주곡을 단 한 곡씩만 작곡했고, 두 곡 모두 라장조다. 라장조 바이올린 협주곡은 악기 특성상 바이올린의 개방현•을 활용하기 때문에 밝고 경쾌하면서도 자연스러운 소리를 낸다. 화려하고 풍부한 멜로디를 연주하는 데 적격이다.

1878년, 브람스가 35세에 작곡한 바이올린 협주곡은 워낙 곡의 스케일이 큰 데다 깊이 있고 중후한 느낌이 있다. 브람스 스스로도 연주하기 어렵다고 인정한 이 곡을 작곡한 이유는 뭐였을까? 브람스가 진정 넘어서고 싶은 사람은 베토벤이 아니라 브람스 자신이었던 것은 아닐까 하고 추측해본다.

• 현악기에서 특정 현(G, D, A, E)을 손으로 짚지 않고 왼손가락으로 눌러 음정을 바꾸지 않은 상태에서 활로 연주하거나 뜯어서 소리를 내는 것을 의미한다.

슈베르트: 현악 사중주 14번
〈죽음과 소녀〉 2악장

▶▶ ❚❚ ◀◀

Schubert: String Quartet No.14 in D Minor, D.810,
Der Tod und das Mädchen, II. Andante con moto

슈베르트는 세상을 떠나기 4년 전인 1824년에 현악 사중주 14번 〈죽음과 소녀〉를 작곡했다.

에곤 실레, 〈죽음과 소녀〉

건강에 위협을 느끼고 갈수록 병이 심각해져 극도의 불안감에 떨던 시기였다. 슈베르트는 자신의 곡을 다른 장르로 편곡하거나 주제를 차용하는 작업을 많이 했는데, 이 곡의 선율 역시 자신의 동명의 가곡 〈죽음과 소녀〉의 전주에서 가져온 것이다.

독일 시인 마티아스 클라우디우스가 가사를 쓴 〈죽음과 소녀〉에는 소녀와 사자使者가 등장한다. 소녀가 간절하게 "나는 아직 어려요. 그냥 지나가 주세요"라고 노래를 부르면 사자는 달콤하게 "나는 친구란다. 괴롭히려고 온 게 아니야. 내 팔 안에서 꿈결같이 편히 잠들 수 있단다"라고 답한다. 라단조로 시작해서 아주 조용하고 느리게 흘러가 마치 서서히 죽음이 찾아오는 듯한 느낌이 든다.

2악장은 주제와 다섯 개의 변주, 코다Coda(종결부)로 구성된다. 전체적으로 어둡고 애잔해서 죽음을 피할 수 없다는 사실을 인정하고 체념하는 과정을 보여주는 것만 같다. 중간중간에는 이렇게 죽을 수는 없다며 버럭 화를 내듯이 격정적이고 몰아치는 부분도 등장한다.

슈베르트는 가곡 〈마왕〉과 〈죽음과 소녀〉에서 어린 소년·소녀의 죽음을 다루었다. 순수한 청년이면서 가곡의 왕으로 잘 알려진 그의 낙천적인 모습 이면에는 죽음에 쫓겨 늘 불안하고 불완전했던 또 다른 슈베르트가 있었던 것이다.

하이든:
첼로 협주곡 1번 Hob.VIIb:1 1악장

▶▶ ‖ ◀◀

Haydn: Cello Concerto No.1 in C Major, Hob.VIIb:1,
I. Moderato

고전의 선구자이자 교향곡의 아버지로 불리는 하이든 (1732~1809, 오스트리아)은 108개의 교향곡, 68개의 현악 사중주, 52개의 피아노 소나타 등 다양한 장르의 곡을 작곡했다. 그중에서도 이전까지는 오케스트라의 부속 악기로 여겨졌던 첼로를 독주 악기 반열에 올린 아름다운 음악이 바로 이 곡 첼로 협주곡 1번이다.

하이든이 작곡한 첼로 협주곡은 전부 두 곡으로 1960년쯤에 발견되었다. 1765~1767년 즈음에 작곡했다

요제프 하이든

고 하니 거의 200년 만에 빛을 본 것이다. 첼로 협주곡 1번은 2번보다 악보가 더 늦게 발견되었지만 2번보다 더 많은 사랑을 받고 있다. 전체 3악장 구성의 다장조로 단순하지만 명쾌한 답을 주는 듯한 느낌이다. 처음 오케스트라 전주가 시작되고 1분 30초쯤이 지나면 첼로 독주가 멜로디를 그대로 이어받아 경쾌하게 등장한다. 1악장은 모데라토(보통 빠르게), 2악장은 아다지오(매우 느리게), 3악장은 알레그로 몰토(더욱 빠르게)로 전개되는데, 1악장과 2악장 모두 독주자의 기교를 드러내는 카덴차가 포함된다. 오케스트라 오디션에서 드보르자크나 차이콥스키의 첼로 협주곡만큼이나 자주 연주되는 곡이다.

하이든의 작품은 그의 음악을 장르별로 분류한 네덜란드의 음악학자 안토니 판 호보켄의 이름을 따서 'Hob'이라는 작품 번호를 쓴다. VII은 현악 협주곡을 의미하고, 바이올린 협주곡은 a로, 첼로 협주곡은 b로 분류해 표기한다.

하이든:
첼로 협주곡 2번 Hob.VIIb:2 1악장

▶▶ ❚❚ ◀◀

Haydn: Cello Concerto in D, Hob.VIIb:2,
I. Allegro moderato

취향에 따라 선호하는 음악이 저마다 제각각이겠지만, 보통 첼로 소리를 좋아하는 사람들은 사람처럼 안고 연주할 수 있는 첼로가 주는 안정감 있는 중저음에 매력을 느낀다. 실제로 음악하는 친구들 중에서 첼리스트들은 대체로 진지한 듯 따뜻하고 다정한 면모를 보여준다.

귀스타브 장 자케, 〈첼로 연주자〉

하이든은 첼로 협주곡 1번을 작곡하고 15년이 넘어서야 2번을 작곡했다. 그의 자필 악보에 따르면 첼로 협주곡 2번은 1783년에 그가 평생을 몸담았던 에스테르하지 후작의 오케스트라 첼리스트이자 제자였던 안토닌 크라프트(1749~1820, 체코)를 위해서 작곡했다. 작곡가들은 뛰어난 연주자를 위해 기꺼이 작품을 헌정하곤 했다.

악기 편성은 간단하게 독주 첼로와 제1, 2 바이올린, 비올라, 베이스 그리고 두 대의 오보에와 두 대의 호른이 등장한다. 빠름-느림-빠름의 전형적인 3악장 고전 협주곡의 형식을 취하고 있다.

첼로 협주곡 2번은 1번에 비해 전체적으로 선율이 서정적이고 우아해서 조금 더 어른스러운 분위기를 풍긴다. 1번과 2번의 1악장을 나란히 연결해서 감상하면 차이를 느끼기 쉽다. 2번 역시 1번처럼 1악장이 시작되고 1분 50초쯤에 첼로 독주가 오케스트라의 주제를 이어받아 등장한다. 두 곡의 첼로 협주곡은 형식과 곡의 길이는 비슷하지만, 요구되는 기량은 현저히 다르다. 협주곡 2번을 연주하기 위해서는 첼로 독주자의 훨씬 높은 기술과 성숙함이 필요하다.

드보르자크:
《8개의 유머레스크》 중 7번

▶▶ ‖ ◀◀

Dvorak: 8 Humoresques, Op.101, B.187, No.7

드보르자크는 총 여덟 곡의 유머레스크 피아노 곡을 작곡했다. 1894년 휴가차 들른 작은 시골 마을 비소카에서 레일을 달리는 기차 바퀴를 보고 영감을 얻은 것이다. 여덟 곡의 유머레스크 중 일곱 번째로 작곡된 이 곡은 원래는 내림표(♭) 여섯 개가 붙은 내림 사장조의 피아노 곡이지만, 주로 바이올린과 첼로 등 여러 악기와 조성으로 편곡되어 연주된다. 초보자들이 연주하는 피아노 명곡집과 바이올린 기초 교본 스즈키 3권에도 편곡된 곡이 실려 있는데, 올림표(♯)가 하나만 있는 사장조라 훨씬 연주하기 쉽다.

　드보르자크는 슬라브 무곡으로 영국과 미국에서도 큰 인기를 얻었고, 1891년에는 프라하음악원의 교수로 임명되었다. 그리고 한 번 더 큰 행운이 찾아오는데, 바로 뉴욕국립음악원 원장으로 초빙된 것이다. 음악원 측에서 프라하음악원 연봉의 25배에 달하는 높은 월급을 제시하자, 드보르자크는 가족들과 함께 미국으로 건너갔다. 그러나 그는 언제나 고향을 그리워했고, 향수병이 심해져서 휴가철마다 체코를 찾았다. 그러던 중 유머레스크가 큰 인기를 끌자 결국엔 계약을 중도파기하고 귀국했다.

　19세기 낭만주의 시기에 등장한 유머레스크는 '자유로우면서도 유머 있게'라는 뜻 그대로 변덕스러운 성격을 강조한 기악곡이다. 가볍게 뛰는 듯한 부점 리듬(점음표) 가락이 등장하고 중간에는 슬프고 부드러운 선율이 이어지다가 다시 처음의 신나는 부점 리듬으로 돌아와 마무리되는 것이 특징이다.

　드보르자크의 작품은 B와 Op로 표기한다. 주로 Op가 단독으로 붙는 경우가 많지만 B 번호가 함께 기록되기도 한다. B는 드보르자크의 작품을 정리한 체코 출신 음악학자 야밀 부르그하우저Jamil Burghauser에서 따온 것이다.

모차르트:
피아노 협주곡 20번 K.466 1악장

▶▶ ▕▌ ◀◀

Mozart: Piano Concerto No.20 in D Minor, K.466,
I. Allegro

1785년경 모차르트는 경제적으로 몹시 힘든 시기를 보내고 있었다. 돈 앞에서 자존심을 내려놓고 출판업자인 호프마이스터에게 돈을 빌려달라는 편지를 쓸 정도였다. 나아가 그는 생계를 위해 연주회를 기획하고 그곳에서 피아노 협주곡 20번도 작곡했다.

모차르트는 피아노를 사랑하는 작곡가였다. 피아노를 위한 소나타를 18곡 작곡했고, 피아노 협주곡도 27곡이나 작곡했다. 피아노 협주곡 20번은 출판 순서로는 20번째지만 14번째로 작곡한 곡이고, 그의 피아노 협주곡 중에서 24번과 더불어 유일하게 단조다. 전체 3악장 구성으로 1악장 끝부분에는 독주자가 자신의 재량을 마음껏 뽐낼 수 있는 카덴차가 있다. 모차르트는 자신의 협주곡에서 대부분 카덴차를 빈 마디로 남겨두었다. 때문에 연주자들은 후일 베토벤이 자신의 감성에 심오한 영향을 미친 이 곡을 위해 작곡한 카덴차를 주로 사용한다. 비록 모차르트의 현실은 비루했지만 음악은 결코 비루하지 않았다. 모차르트 음악에서 우리가 느껴야 할 것은 순풍을 타고 항해했던 천재의 삶이 아니라, 삶의 비애를 우아하게 바꾸는 그의 내공이다. 때론 세상에 불평불만을 토로하거나 화를 내는 대신 묵묵히 버텨내야만 하는 순간이 있다. 나는 그럴 때 이 곡을 들으며 안톤 체호프의 『바냐 아저씨』의 다음 구절을 떠올린다.

"바냐 아저씨, 우리는 살아갈 거예요. 길고 긴 낮과 밤 들을 살아갈 거예요. 운명이 우리에게 가져다주는 이 시련을 꾹 참고 견뎌낼 거예요. (…) 나는 착한 우리 삼촌과 함께 아름답고 찬란하고 멋진 삶을 보게 될 거예요. 우리는 기뻐하면서 지금의 불행을 감격과 미소 속에서 돌아볼 거예요."

모차르트:
바이올린 협주곡 3번 K.216 1악장

▶▶ ❚❚ ◀◀

Mozart: Violin Concerto No.3 in G Major, K.216,
I. Allegro

1775년은 모차르트에게 가히 '바이올린 협주곡의 해'라고 해도 과언이 아니다. 모차르트는 이때 바이올린 협주곡 네 곡을 한꺼번에 작곡했다. 이 네 곡과 2년 전에 작곡한 바이올린 협주곡 1번까지 포함해 《잘츠부르크 협주곡》이라고 부른다. 그가 잘츠부르크에서 궁정 악장으로 활동하고 있을 때 연주회용 음악으로 작곡했기 때문이다. 다섯 곡의 바이올린 협주곡이 모두 다 명쾌하고 우아함이 넘쳐나지만, 특히 3번이 가장 사랑받고 있다.

3번은 2번 협주곡을 작곡한 후 3개월이라는 짧은 시간 안에 완성되었다. 음악학자이자 비평가인 알프레드 아인슈타인은 이 곡을 두고 "분명 파가니니가 들으면 매우 좋아했을 것이다"라고 평했다고 한다. 위대한 바이올리니스트이자 '악마의 바이올리니스트'라고 불리는 니콜로 파가니니가 칭찬할 정도로 뛰어난 곡이라는 뜻이다.

모든 협주곡이 그렇지만 특히 이 곡은 독주자와 오케스트라가 친한 친구인 것처럼 연주를 주고받아서 보고 듣는 이의 마음에 더욱 생기를 돌게 한다. 1악장이 처음 시작되고 사장조의 기본음인 솔이 짠! 하고 등장하면 슬그머니 미소가 지어진다. 오케스트라의 활기찬 주제가 끝나면 바이올린 독주가 같은 멜로디를 이어받는다. 2악장은 듣고 있는 것만으로도 마음이 차분해지고 명상하는 기분이 든다. 평온이라는 말이 상투적이기는 하지만, 이 곡을 표현하기에 이보다 더 어울리는 단어는 없다. 3악장은 하나의 주제가 다른 주제와 같이 반복되는 론도 형식인데, 당시 열아홉 살 소년이었던 모차르트의 머릿속에 이런 멜로디가 모두 들어 있었다는 게 믿기지 않을 정도다. 햇살이 쨍하게 드는 장면이 상상되는 이 곡으로 지루한 겨울을 우아하게 건너가길 바란다.

바그너: 오페라 《발퀴레》 중 〈발퀴레의 기행〉

▶▶ ❚❚ ◀◀

Wagner: The Valkyrie, Ride of the Valkyries

〈발퀴레의 기행〉은 오페라 《발퀴레》에서 가장 유명한 곡이자 3막의 전주곡이다. 발퀴레는 전쟁의 여신이자 황금을 보호하는 여신으로, 이 곡은 발퀴레가 말을 타고 하늘을 나는 장면을 묘사한 곡이다.

19세기 작곡가 리하르트 바그너(1813 ~ 1883, 독일)는 독일의 옛 전설을 빌려와 악극Musik Drama, 《니벨룽겐의 반지》(WWV.86B) 시리즈를 만들었다. 일명 '링 사이클Ring cycle'이라고 불리는 이 오페라 극은 총 4부로 구성된다. 순서대로 1~3부인 〈라인의 황금〉, 〈발퀴레〉, 〈지크프리트〉는 북구 전설에 소재를 가져왔고, 마지막 4부 〈신들의 황혼〉은 독일의 영웅 서사시 〈니벨룽겐의 노래〉에서 소재를 가져왔다. 편집본의 총 연주 시간이 16시간에 달하는 대작으로, 한 부당 평균 4~5시간이 소요된다. 어마어마한 힘을 지닌 반지를 중심으로 펼쳐지는 대서사의 줄거리를 알아두는 것도 의미 있는 일이므로 간단하게 소개한다.

니벨룽은 독일 북부에 살았다고 전해지는 전설 속 소수족이다. 키가 무척 작았던 이 종족은 막대한 황금과 보물을 지키고 있었는데, 불을 뿜는 용 파프너가 그것들을 약탈해 동굴에 숨긴다. 용이 빼앗아간 가장 귀중한 보물이 바로 반지였다. 이 반지를 차지하는 사람은 세상의 모든 권세와 부를 갖게 되지만 동시에 저주받은 운명을 맞이한다. 반지와 황금을 빼앗긴 니벨룽 족속은 보물을 되찾을 기회가 오기만을 기다리는데, 그때 지그프리트가 영웅처럼 등장해서 그가 가진 무적의 칼로 무서운 용을 물리친다. 그는 그렇게 니벨룽을 구하고는 아이슬란드 여왕 브륀힐데를 만나 영원한 사랑을 약속한다. 그러나 지그프리트가 색슨족의 왕 군터와 그의 간악한 신하들의 간계에 빠져 죽고 말고 이에 아내 브륀힐데는 스스로 목숨을 끊는다. 지그프리트는 바이킹 배에서 화장되고, 니벨룽의 반지와 황금은 깊은 강으로 가라앉으며 끝을 맺는다.

푸치니:
오페라 《라 보엠》 중 〈그대의 찬 손〉

▶▶ ❚❚ ◀◀

174위

Puccini: La bohème, Act I. Che gelida manina

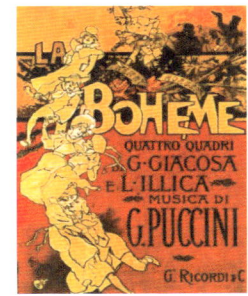

《라 보엠》 초연 포스터

오페라 역사에서 가장 중심적인 인물 네 명을 꼽으라면 모차르트, 베르디, 바그너, 푸치니가 거론된다. 그중 푸치니는 인간의 희로애락에 큰 관심을 보였고 자신의 본능적인 감각을 살려 관객을 만족시킬 줄 알았던 작곡가였다.

1896년에 초연된 오페라 《라 보엠》은 푸치니의 네 번째 오페라로, 가난한 연인 로돌포와 미미의 이룰 수 없는 애절한 사랑을 담고 있다. 보엠bohème이란 보헤미안 bohemian의 어원으로, '자유로운 영혼'을 뜻한다. 프랑스 작가 앙리 뮈르제의 소설 『보헤미안의 삶Scenes de la vie de boheme』을 원작으로 하지만, 푸치니는 원작 내용을 똑같이 쓰지 않고 자유롭게 각색해서 더 큰 인기를 끌었다. 푸치니는 밀라노에 살면서 가난한 보헤미안처럼 산 적이 있기에, 그들의 삶을 더욱 사실적으로 묘사할 수 있었다. 1막에서 로돌포가 부르는 〈그대의 찬 손〉과 미미가 부르는 〈모두들 저를 미미라 불러요〉, 그리고 2막에서 뮤제타가 부르는 〈거리에 나 홀로 나갈 때〉('뮤제타의 왈츠'라고도 한다) 등이 유명하다.

이 곡을 들을 때면 사랑과 관련해서 인상 깊게 본 영화 《코렐리의 만돌린》 속 대사가 떠오른다. "누구나 사랑에 빠질 땐 얼이 빠져요. 그대를 향한 나의 감정을 어떻게 표현해야 할지 모르겠어요."

글린카:
오페라 《루슬란과 류드밀라》 서곡

▶▶ ⏸ ◀◀

Glinka: Ruslan and Lyudmila, Overture

미하일 글린카

작곡가 미하일 글린카(1804~1857, 러시아)는 러시아 음악의 아버지라고 불린다. 유럽의 클래식을 노골적으로 모방하기보다 러시아 국민성을 살린 음악을 추구해 국민악파를 창시했다. 19세기 후반 러시아 음악을 선도했으며, 그 음악을 서유럽에 알리는 역할도 했다. 후대 차이콥스키, 러시아 5인조와 같은 음악가들에게 많은 영향을 끼쳤다고 알려져 있다. 글린카는 1830년에 이탈리아로 건너가 3년을 머물면서 빈첸초 벨리니(1801~1835, 이탈리아)와 가에타노 도니체티(1797~1848, 이탈리아)를 만나 이탈리아 오페라를 접했다. 그러나 그의 취향과는 영 맞지 않아 거부감을 느끼고는 고국에서 자신만의 오페라를 만들고자 결심한다.

　이 오페라는 러시아의 대문호 푸시킨이 쓴 동명의 원작을 바탕으로 만든 것이다. 그런데 안타깝게도 푸시킨의 동화는 오페라의 이야기로 적합하지 않았던 데다, 극적인 짜임새도 떨어져 크게 성공하지 못했다. 당시 인기를 끌었던 오페라 대부분은 권선징악 또는 이루어질 수 없는 남녀의 슬픈 사랑 이야기였던 것에 반해,《루슬란과 류드밀라》의 두 주인공은 행복한 결말을 맞기 때문이다. 악당에게 딸 류드밀라를 빼앗긴 키에프 대공이 누구든 딸을 구해오는 사람과 결혼시키겠다고 공언하자, 용감한 기사 루슬란이 공주를 구출하고 둘이 결혼하는 결말이다.

　전체 5막 8장으로 구성된 이 오페라는 서곡이 특히 유명하다. 5분 정도로 짧은 곡이지만, 졸릴 때 들으면 잠이 번쩍하고 깰 정도로 빠르고 신난다. 여기서 조금 더 힘을 내고 싶다면 로열 필하모닉 오케스트라가 연주하는 팝 〈Can't Stop the Classics〉도 들어보길 권한다.

슈베르트:
〈물 위에서 노래하다〉

▶▶ ❚❚ ◀◀

Schubert: Auf dem Wasser zu singen, D.774

슈베르트는 이미 18세에 약 145개의 가곡을 썼다. 괴테의 시에 곡을 붙인 〈마왕〉, 〈들장미〉 등의 명작도 이때 작곡되었다. 그는 매우 사교적이어서 사람들과 자주 어울려 지냈고, 친구들이 그가 작곡한 곡을 칭찬해주면 그것에 힘입어 또 다른 곡을 썼다. 작품을 관리하는 일을 귀찮아했던 그를 위해 친구들이 대신 정리

루이스 할로우, 〈저녁 황혼〉

해서 책으로 출판하기도 했다. 19세인 1816년에는 슈베르트와 신학교를 함께 다녔던 요제트 슈파운의 중개로 시인 프란츠 폰 쇼버를 만난다. 슈베르트의 부모님과 다른 친구들은 그가 방탕한 생활을 일삼고 너무나 자유분방했던 쇼버와 가까이 지내는 것을 몹시 못마땅하게 여겼다. 하지만 슈베르트는 쇼버에게 많은 예술적 영감을 얻을 수 있었다. 그를 통해 1817년 당시 최고의 성악가였던 요한 미하엘 포글을 만났고, 1818년에는 가곡 〈죽음과 소녀〉, 〈송어〉를 작곡했기 때문이다.

가곡 〈물 위에서 노래하다〉는 그의 창작열이 최고조에 이루었던 1823년 작곡되었다. 총 3절로 구성되며 피아노 반주가 흐르는 물소리를 아름답게 표현한다. 노을이 지는 저녁에 물결 위로 비치는 석양 빛을 보며 든 감상이 가사로 담겨 있다. 독일의 시인이자 법률가이면서 괴테와도 친했던 슈톨베르크 백작이 쓴 시를 그대로 차용한 것이다.

슈베르트의 가곡은 가수의 감미로운 목소리도 아름답지만 피아노 반주에 귀 기울여 들어보길 권한다. 이것은 리트Lied(독일 가곡)의 특징으로 마치 성악가가 노래하듯이 피아노가 연주된다. 따라서 슈베르트의 가곡을 공연할 때는 피아니스트의 역할이 매우 중요하다.

말러:
교향곡 6번 〈비극적〉 1악장

▶▶ ⏸ ◀◀

Mahler: Symphony No.6 in A Minor, Tragie, I. Allegro energico,
ma non troppo

이 곡은 말러 인생을 통틀어 가장 행복한 시기인 1904년에 작곡되었지만 제목은 〈비극적〉인 아이러니한 곡이다. 말러는 1902년에 당대 유럽 예술계의 유명 인사였던 알마 쉰들러와 결혼했으며 이 작품을 작곡하는 과정에서 둘째 딸을 맞이했다. 당시 말러는 당대 최고의 지휘자로 명성을 누리고 있었으니 분명 그의 인생에서 부족할 것 없이 편안한 시기였을 것이다. 그러나 교향곡 6번의 분위기는 어둡고 허무주의적이다. 시작하자마자 첼로와 더블베이스의 '라' 음의 행렬이 이어지는데, 마치 무장한 군인들이 일렬종대로 발맞춰 행진하면서 쫓아오는 듯하다.

초연 이후 말러는 직접 2악장과 3악장의 배치를 바꿨다. 때문에 어떤 버전을 사용할지는 지휘자에 의해 결정된다. 초연 때처럼 2악장이 스케르초, 3악장이 안단테 구성으로 연주되기도 하고, 2악장이 안단테, 3악장이 스케르초인 구성으로 연주되기도 한다. 다만 여기서 스케르초는 익살스럽게 연주하라는 보통의 지시와 다르게 마치 악마의 춤 같은 어두운 느낌이 강하다. 말러는 교향곡 6번에서 다양한 타악기를 사용해 각 악장의 분위기를 다르게 했다. 1악장에선 카우벨(워낭)이, 4악장에서는 해머(망치)를 비롯해 15종의 타악기가 등장한다. 놀라운 점은 말러가 이 곡을 작곡한 후 3년 뒤 1907년에 사랑하는 딸 마리아를 잃는 비극을 겪었다는 것이다. 그리고 자신도 심각한 심장병을 진단받았으며 10년간 몸담았던 빈 오페라 극장에서 사임했다. 가수의 인생은 그가 부르는 노래 제목을 따라간다는 속설을 들어보았는지 모르겠다. 말러 역시 그러했던 것일까? 자신이 작곡한 음악 제목처럼 그는 비극적인 인생을 맞이했다. 따라서 나중에 알마가 자신의 회고집에 실은 이 곡에 대한 해설은 꽤 설득력 있게 들린다. "교향곡 6번은 가장 개인적인 작품이며 예언적인 작품이다. 그는 제6번에서 그의 인생을 음악적으로 예견했다. 그는 또한 운명으로부터 세 번의 타격을 받았고 세 번째 타격은 그를 쓰러뜨렸다."

베토벤:
삼중 협주곡 Op.56 1악장

▶▶ ⏸ ◀◀

Beethoven: Triple Concerto in C Major, Op.56, I. Allegro

삼중 협주곡은 피아노, 바이올린, 첼로 세 독주 악기가 오케스트라와 어우러진 독특한 협주곡이다. 바로크 시대 협주곡 형식으로 당시 베토벤의 작곡 형식에서 많이 벗어났기에 베토벤 음악의 고전으로의 회귀를 뜻했다. 다만 바로크 시대에도 세 악기를 연주하는 삼중주는 실내악으로 자주 연주되었지만, 오케스트라가 함께 연주되는 일은 드물었다.

베토벤의 친구이자 전기 작가였던 안톤 쉰들러에 의하면 피아노는 루돌프 대공, 바이올린은 대공이 고용한 칼 자이들러, 첼로는 에스테르하지 가문 전용 오케스트라의 수석 주자였던 안토닌 크라프트를 물망에 올리고 썼다고 한다. 베토벤은 자신을 후원하는 루돌프 대공에게 음악으로 보답하고자 이 곡을 작곡 직후에 바로 출판하려고 했다. 하지만 출판사의 반응은 미적지근했고, 루돌프 대공은 개인적인 목적으로 악보를 가져갔다. 그 바람에 작곡한 지 4년이 지나서야 출판되었다. 작품의 초연은 그 이듬해인 1808년에 베토벤의 후원자였던 로브코비츠 후작의 집에서 이루어졌다. 루돌프 대공이 악보를 너무 늦게 돌려줘서 베토벤의 마음이 상했던 것일까? 처음 그를 위해 작곡되었던 이 곡은 후일 로브코비츠 후작에게 헌정되었다.

이쯤에서 클래식에서 헌정이 무엇을 의미하는지 궁금하리라 생각한다. 헌정은 크게 두 가지로 해석할 수 있다. 하나는 존경과 사랑의 의미를 담은 것이다. 슈만이 결혼식 전날 아내가 될 클라라에게 연가곡집《미르테의 꽃》을 작곡해 선물한 것이 대표적이다. 다른 하나는 클래식 작곡가의 경제적 상황과 관련이 깊다. 예를 들어 모차르트나 하이든의 경우 헌정곡이 손에 꼽지만 베토벤은 거의 모든 곡을 헌정했다. 그 차이는 무엇일까? 하이든은 에스테르하지 가문에 소속되어 있었고, 모차르트는 궁정 음악단에 소속되어 있었다. 반면 베토벤은 소속이 없었다. 그러니까 모차르트와 하이든은 회사원이었고 베토벤은 프리랜서였다고 보면 이해가 쉽다. 유료 연주회 출연료와 악보 출판이 수입의 전부였던 베토벤은 끊임없이 왕족이나 귀족들에게 음악을 헌정해야 생계를 이어나갈 수 있는 상황이었던 것이다.

베토벤:
현악 사중주 15번 Op.132 3악장

▶▶ ‖ ◀◀

Beethoven: String Quartet No.15 in A Minor, Op.132,
III. Molto adagio

러시아의 니콜라이 갈리친 공작이 1823~1825년 사이에 베토벤에게 세 곡의 현악 사중주를 의뢰했고, 그중에서 두 번째로 완성된 곡이다. 12번(Op.127)이 처음으로 완성되었고 이어 15번이, 마지막으로 13번(Op.130)이 완성되었다.

베토벤은 1817년 청력을 완전히 잃고, 1824년에는 황달이 발병했다. 청력 상실이 가장 널리 알려져 있지만, 그외에도 그는 만성 설사와 조울증과 알코올의존증으로 고통받았다. 빈에서 이 곡의 초연이 있을 당시인 1825년 11월에도 베토벤의 건강은 심히 좋지 않았기 때문에 조카를 통해 현황을 전달받아야 했다. 두 사람이 주고받은 편지를 보면 그날의 연주가 훌륭했음을 엿볼 수 있다. "사중주는 많은 박수를 받았습니다. 매우 조화로웠고, 링케●는 그 어느 때보다 잘 연주했습니다."

현악 사중주 15번은 3악장의 악보에 적힌 "건강을 회복한 자가 신에게 감사하는 신성한 노래, 리디안 선법을 따름"이라는 메모로 인해 '성스러운 감사의 노래'라는 별칭이 붙었다. 메모는 사중주의 2악장까지 작업하고 건강이 악화되어 작업을 중단한 채 병상 신세를 져야 했던 베토벤이 3악장을 완성하고 쓴 것이다. 전체 다섯 개의 악장으로 이루어져 있고 총 50분 정도로 연주되는데, 그중 3악장이 18~20분 정도로 매우 긴 것도 눈여겨볼 만하다. 3악장은 가단조로 느리게 시작했다가 라장조로 전환하는데, 경이롭고 신성한 느낌을 불러온다. 초판은 베토벤이 1827년 3월 죽고 난 직후인 그해 4월 마인츠의 쇼트 출판사를 통해 이루어졌다.

● 　요제프 링케(1783~1837, 폴란드)는 슈판치히 사중주단의 첼리스트다.

모차르트:
피아노 협주곡 27번 K.595 3악장

▶▶ ❚❚ ◀◀

Mozart: Piano Concerto No.27 in B flat, K.595,
III. Allegro

이 곡은 모차르트가 작곡한 27곡의 피아노 협주곡 중 마지막 곡으로, 그의 인생에서 가장 험난한 때인 1788년에 작곡되었다. 당시 모차르트는 경제적으로 위태로운 날들을 보내고 있었다. 1788년 빈에는 경제 불황이 닥치고 폭동이 일어났다. 게다가 러시아가 터키를 침공하자 오스트리아의 황제 요제프 2세는 러시아의 영향력 확대를 우려하여 터키에게 선전포고를 했다. 반강압

페르디난드 게오르그 발트뮐러,
〈빈Vienna 숲의 초봄〉

적으로 전쟁 자금을 대야 했던 귀족들은 더 이상 음악가를 후원하지 않았다. 관객들도 잘츠부르크 출신이었던 모차르트에게 그리 우호적이지 않았다. 또한 빈의 궁정 음악가 지위를 유지하기는 했지만 아무도 더 이상 그를 천재로 대하지 않았다. 그저 하인과 비슷한 대우를 받았을 뿐이었다.

　그럼에도 불구하고 그 당시 작곡한 이 곡에서는 모차르트 특유의 낙천적인 성격과 희망을 꿈꾸는 아이 같은 마음이 곳곳에 보석처럼 숨어 있다. 초연은 1791년 3월 궁정 요리사 이그나츠 얀의 집에서 열렸는데, 이것은 모차르트가 피아니스트로 협연한 마지막 무대였다. 이듬해 이 곡은 가사를 붙여 가곡 〈봄을 기다리며〉로 재탄생했다. 클래식FM 등에서 시그널 음악으로 자주 쓰이는 평온한 곡이다.

모차르트:
〈봄을 기다리며〉

▶▶ ∥ ◀◀

Mozart: Sehnsucht nach dem Frühling, K.596

추운 겨울, 우리는 봄을 기다리는 마음으로 하루하루를 보내곤 한다. 모차르트도 경제적으로 춥고 힘들었던 시기를 희망에 찬 음색이 가득한 피아노 협주곡 27번을 작곡하며 보냈다. 그렇게 작곡한 피아노 협주곡 27번의 3악장에 가사를 붙여 탄생한 것이 가곡 〈봄을 기다리며〉다.

파울 폰 스폰, 〈봄의 개울〉

　가사는 오스트리아의 목사이자 시인인 크리스티안 아돌프 오버벡의 시에서 가져왔다. 아주 오래 전에 우리나라 음악 교과서에도 이남수 지휘자가 편곡한 버전으로 실리기도 했다. 가사의 일부를 감상해보면 다음과 같다. "오라, 사랑스런 5월이여/ 나무들을 다시 초록빛으로 물들여다오/ 시냇가의 작은 제비꽃들도 나를 위해 만발하게 해다오!"

　모차르트는 여섯 살때부터 아버지와 함께 유럽 여러 나라를 돌아다니면서 각지의 다양한 음악 형식과 장르에 호기심을 보였다고 한다. 특히 이탈리아를 자주 방문하면서 성악에 큰 관심을 비추었다. 때문에 모차르트를 잘 알려면 기악곡과 함께 성악곡도 반드시 살펴봐야 한다.

　모차르트는 베토벤부터 슈베르트와 슈만, 브람스, 리하르트 슈트라우스 등으로 이어진 독일 가곡의 시작점으로서 큰 의미가 있다. 모차르트는 단순하며 순수한 멜로디로 사람의 마음을 건드리는 가곡을 작곡하곤 했다. 특히 목소리와 피아노 연주를 결합하고 가사에 맞춰 음악을 구성하는 독일 예술 가곡의 전형을 만들었다. 12세부터 가곡을 쓰기 시작해서 〈장미 같은 볼이 있는 다프네〉, 〈우정을 위하여〉, 〈고독한 숲에서〉 등 30여 곡의 예술가곡을 남겼다. 그중 대중에게 가장 널리 알려진 곡으로는 〈제비꽃〉과 〈클로이에게〉가 있다.

바흐: B단조 미사
BWV.232 중 1번

▶▶ ❚❚ ◀◀

Bach: Mass in B Minor, BWV.232,
No.1, Kyrie, Kyrie eleison

바흐의 음악 중에서 "인류가 남긴 가장 숭고한 음악"이라고 평가되며 바흐 음악의 정점으로 불리는 이 곡은 그가 64세에 완성한 것이다. 바흐는 토마스 교회 음악 감독을 맡게 되면서 1723년 4월에 가족과 함께 라이프치히에 정착했다. 그 후 교회와 토마스 학교의 임무에 관한 14조의 서약서에 서명하고, 27년 동안 개신교회의 음악 개척을 위해 노력했다. B단조(나단조) 미사는 개신교회의 예배를 위해 작곡된 곡으로 완성되는 데만 무려 25년(1724~1749)이 걸렸다.

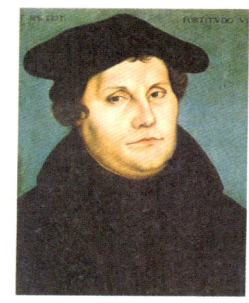

마르틴 루터

바흐는 16세기 마르틴 루터의 사상을 따르는 개신교 교파인 루터교 신자였지만, 이 곡은 통상적인 미사곡 형식인 키리에, 글로리아, 크레도, 상투스, 아뉴스 데이의 다섯 곡 구성을 따랐다. 종교를 넘어선 보편적인 신앙과 감동을 표현하려고 했던 것이 아닐까 싶다. 한편 루터교는 부패한 로마 가톨릭이 면죄부를 판매한 일을 지적하기 위해 마르틴 루터가 발표한 95개조의 반박문에 그 뿌리를 두고 있다. 이를 계기로 대규모 종교개혁 운동이 일어난 것이다. 그 후 1784년부터 라이프치히에 있는 니콜라이 교회가 작센주의 개신교 본부 역할을 하게 되었는데, 나단조 미사는 니콜라이 교회에서 자주 울려 퍼졌다.

깊이 있으면서 감동적인 합창곡의 정수로 불리는 나단조 미사는 다섯 곡이 각각 다른 시기에 작곡된 것이며, 바흐가 살아 있을 때 한데 묶여서 연주된 적은 없다. 또한 그중에서 키리에와 글로리아는, 1733년에 로마 가톨릭으로 개종한 작센 선제후 아우구스트 3세가 등극하자 헌정되었다. 이것은 자신을 궁정 작곡가로 임용해달라고 부탁하는 구직 신청서와 같은 것이었다. 1736년 끝내 바흐는 원하던 "작센 선제후 궁정 작곡가"라는 칭호를 얻었다. 예나 지금이나 예술가의 밥벌이는 녹록지 않은 듯하다.

라흐마니노프:
피아노 협주곡 3번 Op.30 1악장

▶▶ ‖ ◀◀

29위

Rachmaninoff: Piano Concerto No.3 in D Minor, Op.30,
I. Allegro ma non tanto

1909년 무렵 라흐마니노프는 미국 진출을 앞두고 고국 러시아를 떠나 자신의 입지를 증명해 보일 입이 쩍 벌어질 정도의 완벽하고 훌륭한 곡이 필요했다. 새로운 출발을 위한 발판으로 작곡한 것이 바로 이 곡 피아노 협주곡 3번이다. 러시아 탐보프에 있는 가족 별장인 이바노프카에서 1909년 9월 23일 완성되었다. 연습할 시간이 충분하지 않아서 미국으로 가는 배 안에서 휴대용 악음 키보드로 연습했다는 이야기가 전해진다.

피아노 협주곡 3번은 "라흐마니노프만 연주할 수 있는 곡"이라는 평을 들을 정도로 엄청난 기교를 요구하는 곡이다. 원래 이 곡은 유명 피아니스트 요제프 호프만(1876~1957, 폴란드)에게 헌정되었지만 호프만은 "나를 위한 곡이 아니다"라며 거절했다고 한다. 후에 블라디미르 호로비츠(1903~1989, 우크라이나)가 완벽하게 연주해 낸 것을 계기로 라흐마니노프와 호로비츠는 오랫동안 끈끈한 사이를 유지한다.

1909년 11월 28일 뉴욕에서 라흐마니노프가 직접 피아노를 연주해 초연을 올렸고, 몇 주 후에 구스타프 말러의 지휘로 다시 한번 연주되었다. 악보는 1910년에 출판되었다. 총 연주 시간 40분, 전체 3악장 구성으로 1악장은 오케스트라 반주 없이 잔잔하게 시작해서 여린 피아노(P)로 잔잔하게 사라진다. 보통의 피아노 협주곡은 엄청난 볼륨의 강한 포르테로 1악장을 끝맺곤 하는 것과 다른 방식이다.

이 곡은 처음에 등장한 주 멜로디가 마지막에도 다시 그대로 반복되어서 기억하기 쉽다. 러시아 정서가 물씬 풍기는 멜로디와 한 번 들으면 영화음악처럼 각인되는 서정적인 멜로디 그리고 강력한 타건을 보여주는 리듬이 감상 포인트다. 피아니스트 아르투르 루빈스타인(1887~1982, 폴란드)은 연주하기에 난이도가 높고 연주 시간도 길다고 해서 '코끼리 협주곡'이라는 별명을 붙였다고 한다. 우리나라에서는 2022년 반 클라이번 콩쿠르에서 임윤찬 피아니스트가 우승한 곡으로 널리 알려져 있다.

바흐:
바이올린 협주곡 2번 BWV.1042 1악장

▶▶ ‖ ◀◀

Bach: Violin Concerto No.2 in E Major, BWV.1042,
I. Allegro

쾨텐에 있는 바흐 동상

토마스 교회 음악 감독을 맡기 전인 1720년경 바흐는 독일의 쾨텐에서 평소 시도해보고 싶었던 여러 장르의 음악을 작곡한다. 쾨텐의 영주는 음악을 그닥 좋아하지 않아서 종교 행사에 음악의 비중을 많이 두지 않았고, 덕분에 바흐에게는 여분의 자유시간이 주어졌던 것이다. 이 곡 바이올린 협주곡 2번과 더불어 독주 바이올린을 위한 협주곡 1번(BWV.1041), 두 대의 바이올린을 위한 협주곡(BWV.1043)이 대표적이다.

전체 3악장 구성으로 1악장은 활력, 2악장은 명상, 3악장은 기쁨을 표현하는 식으로 대비가 뚜렷하다. 바흐가 쓴 다른 협주곡들과 마찬가지로, 기교적인 화려함보다 음악적 구조와 대화에 초점이 맞춰져 있는데, 이때 바로크 협주곡의 전형적인 양식인 리토르넬로 ritornello를 사용한다. 리토르넬로란 오케스트라가 연주하는 주제가 반복적으로 등장하면서 그 사이사이에 독주 악기의 변주가 들어가는 형식을 의미한다. 마치 오케스트라와 독주 바이올린이 대화하듯 음악이 전개되는 것이다. '돌아오다'라는 뜻을 지닌 이탈리아어 ritorno를 어원으로 한다. 바흐나 헨델이 활동했던 바로크 시기에는 리토르넬로가 협주곡의 기본 형식으로 여겨졌다.

바로크 시기 작곡가들은 다른 작곡가의 작품을 서로 편곡하기를 즐겼으며, 그보다 더 많이 자신이 작곡한 곡을 다른 악기로 편곡하곤 했다. 이 곡 역시 하프시코드•를 사용해 바흐가 편곡한 하프시코드 협주곡(BWV.1054)이 있다. 같은 멜로디를 서로 다른 악기가 연주하는 것을 비교 감상하는 재미를 느껴보길 바란다.

● 하프시코드는 피아노의 전신으로 16~18세기에 유럽에서 가장 번성한 건반악기다. 지금의 피아노와 다르게 내부의 잭이 현을 튕겨서 소리를 낸다.

리스트:
피아노 협주곡 1번 S.124 1악장

▶▶ ∎∎ ◀◀

Liszt: Piano Concerto No.1 in E Flat Major, S.124,
I. Allegro maestoso

프란츠 리스트의 피아노 협주곡 1번을 한마디로 요약하면 '오케스트라의 음색을 지닌 피아노 소리와 독특한 리듬, 트라이앵글의 신선함!'이라고 하겠다. 이 곡은 세상에 나오는 데 장장 25년의 세월이 걸렸다. 1830년에 주선율을 작곡했지만 1849년에 최종본을 완성했고 1855년이 되어서야 2월 17일 바이마르에서 리스트와 엑토르 베를리오즈(1803~1869, 프랑스)의 지휘로 초연되었다. 이 곡을 완성했을 당시 리스트는 바이마르 궁정 악단에 소속되어 있었다. 화려한 피아니스트의 생활을 멈추고 오롯이 작곡에만 몰두하던 시기였다.

이 곡은 전체 4악장 구성으로 전체 연주 시간은 20분 정도다. 1악장은 힘찬 팡파레로 시작하며, 2악장은 연주 지시어 아다지오에 맞게 서정적으로 진행된다. 3악장에서는 트라이앵글이 경쾌하게 등장해 산뜻한 분위기를 자아낸다. 당시 트라이앵글은 흔히 사용하지 않았던 악기로 귓가에 청아하게 울리는 소리가 인상적이다. 4악장은 피아노와 오케스트라의 에너지가 극대화되면서 역동적이고 화려하게 마무리된다. 네 개의 악장으로 구분되지만 쉼 없이 연주되기 때문에 모르고 들었을 땐 마치 교향시(한 악장 형식의 교향곡) 같은 느낌도 든다. 어떤 비평가는 이 곡을 두고 "트라이앵글 협주곡"이라고 폄하하기도 했지만 오히려 듣는 이에게 깊은 인상을 남기는 탁월한 악기 선택이 아니었나 싶다.

리스트는 19세기 낭만주의 시대 당시 최고의 인기를 누렸던 악기인 피아노의 성능을 최대한 드러낼 수 있는 곡을 만들고자 했다. 다만 협주곡이라는 장르의 특성상 피아노와 오케스트라의 대결 구도는 피할 수 없다. 따라서 리스트는 피아노의 기교와 오케스트라의 다채로운 효과를 극대화시키며 피아노가 오케스트라와 대등하게 맞서는 듯한 인상을 주었다.

한편 이런 그의 의도와 다르게 리스트는 생전에 피아노 협주곡을 많이 작곡하지는 않았다. 그가 작곡한 피아노 협주곡은 세 곡으로 그중 1번과 2번은 그가 살아 있을 때 발표했고, 3번은 사후에 발견되었다.

타르티니:
〈악마의 트릴〉

▶▶ ❚❚ ◀◀

Tartini: Violin Sonata in G minor, Il Trillo del Diavolo

주세페 타르티니(1692~1770, 이탈리아)는 이탈리아의 바이올린 연주자이자 작곡가다. 아버지가 피렌체의 귀족 출신이라 경제적으로 유복한 가정에서 자랐다. 1709년에 북이탈리아의 파도바대학에 입학해 법률학을 전공했으나 곧 음악과 펜싱에 푹 빠진 뒤 펜싱으로도 이름을 날렸다. 타르티니는 1713년 스물한 살에 그가 바이올린을 가르친 제자 엘리자베타 프레마초레와 사랑에 빠져 비밀 결혼을 했다. 그러나 이 일이 프레마초레의 보호자인 추기경의 노여움을 사서 체포 명령이 내려졌고, 그는 결국 파도바를 떠나 각지를 방랑하다가 중부 이탈리아 아시시에 정착해 바이올린과 작곡 공부에 몰두했다.

주세페 타르티니

그로부터 2년이 지나서야 부인이 기다리고 있던 파도바로 돌아와 음악가로 활약하기 시작했다. 1721년에는 성 안토니오 성당의 수석 바이올린 주자가 되어 성당 합주단과 합창단을 지도했고, 1728년에는 바이올린 학교를 설립했다. 그렇게 음악가로 명성을 떨치다가 중풍으로 77세에 세상을 떠났다. 타르티니는 음악사에서 이탈리아 바로크 최후의 바이올린 대가로서 중요한 위치를 점한다.

〈악마의 트릴〉은 1749년 작곡한 그의 대표작이다. 이탈리아 아시시에서 새로운 바이올린 주법을 심혈을 기울여 연구하고 있던 어느 날, 꿈에서 악마가 연주한 소나타를 듣고 잠에서 깨자마자 기록한 것이 바로 이 곡이라고 한다. 그래서 그는 제목에 직접 '악마'를 붙였다. 한편 이런 배경과 상관없이 연주자들 사이에서는 마지막 3악장에 등장하는 트릴이 마치 악마가 연주하는 것처럼 매우 연주하기 어려워서 "악마의 트릴"이라고 칭하기도 한다. 막상 들어보면 1악장부터 매우 아름답고 우아한 선율이 흘러서 마치 천사의 음악처럼 들리는 반전이 있다. 이 곡은 19세기 말 바이올린의 거장 요제프 요하임이 연주해 유명해졌다.

라흐마니노프:
피아노 협주곡 1번 Op.1 1악장

▶▶ ❚❚ ◀◀

Rachmaninoff: Piano Concerto No.1 in F-Sharp Minor,
Op.1, I. Vivace

모든 작곡가의 작품 번호 1번은 유독 관심이 간다. 그중에서도 세르게이 라흐마니노프의 1번곡은 피아노 협주곡이라 더욱 눈에 띈다. 실내악이나 독주곡도 아닌 오케스트라에 대한 이해와 피아노 연주에 대한 노련함이 있어야 하는 협주곡을 1891년 열여덟 살의 나이에 가장 처음으로 내놓았다는 사실이 놀랍다. 모스크바음악원 학생 시절에 작곡한 이 곡은 자신의 말에 따르면 2, 3장의 경우 고작 이틀 만에 완성했다고 한다. 그 후 수많은 개정 작업을 거쳐 1917년 개정판을 내놓았는데, 원판에 비해 간결해지고 오케스트라와 피아노의 균형이 세련되게 다듬어졌다.

라흐마니노프의 아버지는 육군 장교이자 아마추어 피아니스트였고 외할아버지는 제국군 장성이었다. 어머니 역시 결혼 지참금으로 부동산 다섯 채를 들고 왔을 정도로 부유한 가정에서 태어났다. 그는 네 살 때부터 어머니에게 피아노를 배웠다. 어머니는 아들이 한 번 들은 멜로디를 틀리지 않고 연주하는 모습을 보고 음악 교사를 고용했고, 교사는 그런 열 살 소년에게 음악원에 들어가 정식으로 배우도록 권했다. 이후 그는 1885년, 모스크바음악원에 입학해 피아노와 작곡을 배웠다.

1891년 이 곡 피아노 협주곡 1번을 발표하고 난 후, 1895년에 자신의 첫 번째 교향곡도 작곡한다. 완성되고 2년이 지난 1897년에야 발표되었는데 당시 평단의 엄청난 비난을 받았다. 이는 작품 자체의 문제라기보다 초연을 지휘한 알렉산드르 글라주노프(1865~1936, 러시아)가 이 곡을 충분히 분석하지 못한 채 감행한 것이 문제였다. 더구나 그가 초연 당시 취해 있었다는 증언도 남아 있다. 충격을 받은 라흐마니노프는 이 시기부터 우울증에 시달려 이후 거의 3년 동안 활동을 못 했다. 그 후 1900년 1~4월까지 정신과 의사 니콜라이 달 박사에게 매일 상담을 받고, 피아노 협주곡 2번의 대성공으로 극적으로 재기에 성공한다. 흥미로운 점은 라흐마니노프가 정신과 의사에게 받은 치료법이 자기 암시 요법이었다는 것이다. "당신은 곧 협주곡을 작곡할 것이고, 그 곡은 성공을 거둘 것이다"라는 암시였다고 한다. 내가 나에게 주는 메시지의 힘이 이토록 놀랍다니, 새삼 그 가치를 돌아보게 된다.

로시니: 오페라 《세비야의 이발사》 중 〈방금 들린 그 음성〉

▶▶ ❚❚ ◀◀

Rossini: Il barbiere di Siviglia,
Act . Una voce poco fa

오페라 《세비야의 이발사》는 조아키노 로시니(1792~1868, 이탈리아)가 작곡한 2막 구성의 오페라다. 프랑스 작가인 피에르 보마르셰의 희극 『세비야의 이발사』가 원작으로, 여기에 로시니가 음악을 입힌 것이다.

음악가 집안에서 태어난 그는 어린 시절부터 음악적인 재능이 뛰어났다. 1807년부터 볼로냐음악원에 입학해 정식 교육을 받았으며, 1810년 18세의 나이로 공식 데뷔를 했다. 이후 작곡한 오페라는 연달아 성공을 거듭했기에 여느 작곡가들과 달리 무명의 시간이 거의 없었다.

조아키노 로시니

로시니는 아주 빠르게 작곡하기로 정평이 나 있었다. 《세비야의 이발사》는 3주만에 완성되었다고 한다. 비록 1816년 2월 20일에 오페라가 초연되었을 때, 로시니를 싫어하는 반대파의 방해와 무대 사고로 참혹한 실패를 했지만, 두 번째 공연부터는 연속적인 성공을 거두었다. 오페라의 배경은 17세기 에스파냐의 세비야다. 주인공 로지나는 영리함과 재치를 가진 캐릭터로, 주로 콜로라투라 소프라노●가 맡는다. 로지나를 보고 첫눈에 반한 알마비바 백작과 그녀를 신부로 삼고 싶어 하는 후견인 바르톨로 박사의 대결이 핵심 줄거리다. 이 극의 감초은 온 동네 이야기를 다 알고 있는 이발사 피가로다. 피가로는 알마비바 백작이 로지나와 결혼하는 것을 돕는 조력자로 나온다. 이 곡 〈방금 들린 그 음성〉은 알마비바 백작이 로지나를 보기 위해 몰래 젊은 음악 교사 린도르로 변장하고 그녀를 향해 사랑의 세레나데를 부르자 로지나가 자신의 마음을 흔들고 떠난 매력적인 목소리를 떠올리며 부르는 노래다.

● 콜로라투라는 화려한 선율, 빠른 음계 진행, 트릴, 넓은 음정 도약 등 기교적인 요소를 포함한 음악 구절을 의미한다. 특히 오페라에서 소프라노가 이러한 기법을 구사할 때 '콜로라투라 소프라노'라고 부른다.

로시니:
오페라 《윌리엄 텔》 서곡

▶▶ ⏸ ◀◀

Rossini: William Tell, Overture

이 곡은 로시니의 작품 중에서 가장 신나는 곡이다. 오페라 《윌리엄 텔》은 13세기경 스위스가 오스트리아의 지배를 받고 있을 때 압정에 반항한 석궁 명인 윌리엄 텔의 이야기를 담고 있다. 자유를 향한 인간의 의지가 돋보이는 작품으로, 외세에 침략당한 역사를 지니고 있는 우리에게 공감되는 부분이 많다. 원작은 1804년에 프리드리히 실러가 쓴 동명의 희곡이다. 독일어로는 '빌헬름 텔', 프랑스어로는 '기욤 텔', 영어로는 '윌리엄 텔'이라고 발음된다.

오페라 《윌리엄 텔》은 공연 시간이 최소 4시간에서 최대 6시간이 걸릴 정도로 길어서 전체를 감상할 기회가 드물다. 그중에서 오케스트라가 연주하는 서곡이 유명한데, 머리 위에 사과를 올려놓고 화살을 쏘는 장면에 깔리는 바로 이 곡이다. 중독성 있는 멜로디 덕분에 광고 음악으로 자주 사용된다. 서곡은 느림-빠름-느림-아주 빠름의 네 구성으로 각각 분위기에 맞춰 〈새벽〉, 〈폭풍우〉, 〈정적〉, 〈스위스군의 행진〉이라는 부제가 붙어 있다. 우리가 주로 듣는 부분은 마지막 피날레인 〈스위스군의 행진〉이다.

특이한 점은 죽기 직전까지 작곡을 했던 대부분의 작곡가들과 다르게 로시니는 이 작품을 마지막으로 더 이상 오페라를 작곡하지 않았다는 것이다. 38세 이후 그는 음악과 관계없이 미식을 즐기는 삶을 살았다. 천성적으로 쾌락주의자였던 로시니는 오페라로 돈을 많이 벌었으니 좋아하는 요리만 하면서 살겠다고 선언했다. 요즘으로 따지면 파이어족(경제적 자립을 성공해서 일찍 은퇴한 사람들)으로 볼 수 있으니 아주 부러운 인생이 아닐 수 없다. 물론 한편으로는 더 이상 자신의 노래를 불러줄 마땅한 성악가가 없었고, 당시 프랑스에서 인기가 급상승 중이었던 작곡가 자코모 마이어베어(1791~1864, 독일)에 대한 질투심 때문에 음악을 그만둔 것이라는 설도 전해진다.

쇼팽:
피아노 협주곡 1번 Op.11 1악장

▶▶ ∎∎ ◀◀

Chopin: Piano Concerto No.1 in E Minor, Op.11,
I. Allegro maestoso

"좋은 일인지 나쁜 일인지 모르겠지만, 나는 내가 진심으로 숭배할 수 있는 이상형을 찾은 것 같아. 매일 밤 그녀가 나타나는 꿈을 꿀 정도지. 그러나 그녀를 처음 본 후 지금까지 6개월이 지나도록 한마디 말도 건네지 못했어. 협주곡 F단조의 느린 악장을 작곡하면서 그녀를 떠올리곤 하지."

쇼팽은 첫사랑에게 말하지 못했던 마음을 자신의 친구인 티투스 보이체코프스키에게 이렇게 편지로 전했다. 첫사랑의 상대는 폴란드음악원의 학생이었던 성악가 콘스탄차 글라드코프스카였다. 그녀는 자신을 짝사랑한 쇼팽의 마음을 눈치채지 못했고, 쇼팽이 세상을 뜨고 난 뒤에 쇼팽 전기를 접하고서야 비로소 알게 되었다고 한다.

쇼팽이 첫사랑을 생각하며 작곡한 곡은 피아노 협주곡 1번과 2번으로, 두 곡 모두 고국을 떠나기 전에 완성했다. 1번이 2번보다 상대적으로 더 유명하다. 1829년에 2번이 먼저 작곡되었지만 일반인이 연주하기에 어렵다는 평가를 받았고, 1번 협주곡(1830년 작곡)이 훨씬 인기가 좋아서 먼저 출판되었다. 간혹 작곡가들의 작품은 작곡 시기에 상관없이 출판 시기가 대중성에 따라 그리고 현실적인 이유로 달라지기도 한다.

피아노 협주곡 1번의 전주는 꽤 길어서 연주 시작 후 4분이 지나서야 피아노 독주가 등장한다. 보통 협주곡처럼 1악장이 빠르고 경쾌하거나 남성적이거나 희망적인 느낌일 거라고 예상하고 듣는다면 이 곡은 그런 선입견을 보기 좋게 깨뜨린다. 1악장이라고 하기에는 너무 차분하지 않나 싶을 정도로 시작되는데 이것은 전형적인 '쇼팽 음악'의 특징이다. 이 곡은 쇼팽이 폴란드를 떠나기 직전인 1830년 10월 11일 바르샤바의 국립 극장에서 열린 고별 연주회에서 초연되었다.

오늘은 쇼팽의 생일이다. 삼일절과 같은 날이라 더욱 잘 기억하게 된다. 만약 그때 쇼팽이 당당하게 고백을 하고 폴란드에 남았더라면 그의 음악은 어떻게 달라졌을까? 쇼팽은 1830년 가을에 바르샤바를 떠난 후 죽을 때까지 고국에 돌아오지 않았다.

바흐: 브란덴부르크 협주곡 2번 BWV.1047 1악장

▶▶ ❚❚ ◀◀

Bach: Brandenburg Concerto No.2 in F Major, BWV.1047,
I. Allegro

바흐는 일찍 부모를 여읜 탓에 먹고살기 위해 음악을 했다. 자녀도 많았기에 꾸준한 수입원이 유지되는 직장을 찾는 것은 그에게 중요한 일이었다. 매일같이 작곡, 오르간 연주, 합창단 지도를 하며 일했으며, 자신을 채용해주는 곳만 있다면 독일의 지방 도시 어디든 취직할 정도였다.

브란덴부르크공

여섯 곡의 모음곡인 브란덴부르크 협주곡은 바흐가 바로 그 지방 도시인 쾨텐 궁정에서 일하던 1718~1721년 사이 작곡했다. 다행히 쾨텐의 영주는 종교나 음악에 별 관심이 없었기 때문에 바흐는 음악적 자유를 얻을 수 있었다. 칸타타나 종교음악 또는 오르간 음악 대신 자신만의 아이디어를 시도하는 경쾌하고 자유로운 곡을 만드는 데 집중한 것이다. 원래는 쾨텐 영주의 궁정 악단을 위해 작곡해두었던 곡이지만, 훗날 브란덴부르크공에게 헌정되었기에 브란덴부르크 협주곡이 되었다.

브란덴부르크 협주곡은 자신이 좋아했던 작곡가 비발디가 확립한 협주곡의 형식을 사용하면서도 대위법적으로는 이탈리아의 음악보다 한층 더 정교하게 작곡된 곡이다. 독주 악기군과 합주부가 교묘하게 대비되면서 다양한 악기가 등장하는데, 특히 5번 협주곡에서는 쳄발로가 독주 악기로 등장하는 혁신적인 시도가 돋보인다. 여기서 소개하는 2번 역시 리코더, 오보에, 트럼펫, 바이올린의 신선한 조합을 특징으로 한다. 네 개의 독주 악기가 멜로디들을 한 번씩 번갈아가며 솔로로 연주한다. 맛있는 음식을 다양하게 맛볼 수 있는 뷔페처럼 다양한 독주 악기군의 소리를 감상하는 재미가 있는 곡이다. 브란덴부르크 협주곡은 바흐의 음악적 역량과 창의성이 집약된 걸작이자 바로크 음악의 대표작으로 꼽힌다.

차이콥스키:
《백조의 호수》 모음곡 중 〈정경〉

▶▶ ❚❚ ◀◀

58위

Tchaikovsky: Swan Lake Suite,
Op.20a, I. Swan Theme

차이콥스키는 1876년에 러시아 민간설화를 각색하고 음악을 입혀 《백조의 호수》를 탄생시킨다. 이듬해 봄 모스크바에서 초연되었는데, 당시에는 춤을 위한 반주라기보다는 독자적인 기악곡처럼 연주되어서 지나치게 교향악적이라는 비판을 받았다. 물론 지금은 발레 외에 뮤지컬과 영화로도 만들어져 전 세계적으로 사랑받고 있다.

발레 《백조의 호수》의 한 장면

전체 4막 구성으로 배경은 궁전과 숲속 호숫가를 오간다. 성년식을 마친 왕자가 백조 사냥을 나섰다가 하얀 백조로 변한 오데트를 만나 사랑에 빠진다. 궁정에서 열리는 무도회에 교활한 마법사 로트바르트는 자신의 딸인 오딜을 오데트 공주로 변장해 보내고 왕자는 오딜을 오데트로 착각하고 구혼하고 만다. 결국 오데트는 스스로 죽음을 선택해 진실을 드러내고자 했고, 왕자는 자신의 어리석음에 괴로워하다 비극적인 선택을 한다. 연출가와 발레단에 따라 결말은 조금씩 변하기도 하는데, 두 사람이 모두 죽는 이 결말은 러시아 볼쇼이 발레단의 버전이다.

전곡 36곡 중 여섯 곡이 발레모음곡으로 선별되어 자주 연주된다. 제1곡 〈정경〉은 2막 첫머리에 연주되는 곡으로 하프의 아르페지오와 현의 트레몰로를 타고 오보에가 '백조의 주제'를 분다. 제2곡 〈왈츠〉는 1막 왕자의 성인식 장면 중간에 연주되는 우아한 음악이다. 제3곡 〈네 마리 백조의 춤〉은 2막 중간부에서 바순과 클라리넷의 2중주로 리드미컬하게 연주되는 곡이다. 제4곡 〈정경〉은 역시 2막에서 연주되며 왕자가 사랑을 고백하는 장면에서 연주된다. 제5곡 〈차르다슈〉는 3막 무도회의 후반에서 등장하는 헝가리 민족의 무곡이다. 제6곡 〈정경〉은 호수로 도망치는 오데트를 쫓은 왕자의 모습을 담았다. 이 중에서 가장 유명한 제1곡 〈정경〉은 여러 매체에서 발레를 하는 장면이 나올 때 배경음악으로 자주 사용된다.

비발디:
《사계》 중 〈봄〉

▶▶ ❚❚ ◀◀

5위

Vivaldi: Le Quattro Stagioni No.1 in E Major, Op.8,
RV.269, La Primavera

《사계》는 안토니오 비발디(1678~1741, 이탈리아)가 베네치아 피에타 성당의 음악 교사로 재직하면서 학생들을 가르치기 위해 만든 학습용 음악이었다. 원래는 바이올린 협주곡 12곡이 한 권의 모음곡인데, 그중 앞의 네 곡을 따로 모아서 후대 사람들이 '사계'라고 이름을 붙였다. 작곡 배경과 작곡 연도, 초연 날짜와 장소 등은 정확히 알 수 없지만 1723~1725년경에 작곡한 것으로 추정된다. 비발디의 작품 번호는 출판 순서를 나타내는 Op와 RV가 함께 표기된다. RV는 리옴의 목록이라는 뜻(Ryom Verzeichnis)으로, 덴마크 출신 음악학자 피터 리옴Peter Ryom이 1974년에 비발디의 작품을 장르별로 정리하면서 붙인 분류 번호다. RV나 Op의 숫자까지 외운다면 더없이 좋겠지만, 각 작곡가의 작품에 붙은 영어 약자가 무엇을 의미하는지만 알아도 훌륭하다.

비발디는 머리카락이 붉은색이어서 '빨간 머리 사제'라고 불렸다. 몸이 약해서 주로 집에서 통학하는 가톨릭 사제가 되었다. 한편 성당에서는 천식 때문에 미사 집전이 힘들었던 터라 음악을 가르치는 사제 역할을 맡았다. 당시 이탈리아 베네치아에는 어린 고아들이 많았는데 비발디는 그 고아들을 위해 키에자 델라 피에타Chiesa della Pietà•의 부속 기관인 피에타 고아원에서 바이올린을 가르쳤다. 그는 사제이자 음악 교사이고 작곡자이면서 바이올리니스트까지 겸한, 그야말로 만능 엔터테이너였다.

살랑거리는 봄바람이 부는 맑은 하늘 아래, 흔들거리는 곤돌라 위에서 진한 에스프레소를 마시며 한가로이 비발디의 《사계》를 듣는 상상만 해도 가슴이 설렌다. 음악에는 직접 가지 않아도 마치 그곳에 있는 것 같은 감정을 불러일으키는 마법이 있다.

● '자비의 성당'을 뜻한다. 보통 '비발디 성당'으로 더 유명하다.

요한 슈트라우스 2세:
〈봄의 소리 왈츠〉

▶▶ ▐▐ ◀◀

J. Strauss II: Frühlingsstimmen Walzer, Op.410

내가 초보 엄마였던 시절에는 계절이 변하는지도 모른 채 정신 없이 하루하루를 흘려보냈었다. 그 당시 우연히 듣게 된 〈봄의 소리 왈츠〉를 통해 '아, 봄이 왔구나' 자각하고 조금은 서글픈 마음이 들었던 기억이 선명하다. 듣고 있으면 봄이 성큼성큼 나에게로 다가와 품에 안기는 듯한 느낌이 든다.

요한 슈트라우스 2세(1825~1899, 오스트리아)는 〈라데츠키 행진곡〉으로 유명한 요한 슈트라우스 1세(1804~1849, 오스트리아)의 아들이다. 서양에서는 집안에 같은 이름이

요한 슈트라우스 2세

쓰이면 뒤에 1세, 2세처럼 숫자를 붙여 구분한다. 장남 요한 슈트라우스 2세는 왈츠의 왕이라고 불릴 만큼 많은 왈츠를 작곡했다. 그의 작품 중에서 가장 유명한 〈아름답고 푸른 도나우강〉을 비롯한 왈츠들은 매년 새해에 열리는 빈의 신년 음악회에 오르고 있다.

요한 슈트라우스 2세는 춤출 수 있는 기악곡을 주로 작곡했는데, 이 곡은 기악곡이 아닌 성악곡이다. 소프라노 중에서 가장 높은 소리를 내며 화려한 기교를 구사하는 콜로라투라 소프라노가 마음껏 기교를 뽐내도록 작곡했다. 당시 1885년 빈에서 활동하고 있던 유명한 소프라노 비안키를 위해 만들었다고 전해진다. 고음이 많은 데다 한 소절이 길어서 호흡을 조절하려면 상당한 기교가 필요한 곡이다. 다만 멜로디가 단순하고 반복되는 론도 형식이라 콧노래로 따라 부르기는 쉽다. "모든 것이 봄과 함께 빛을 더해가고/ 이제 고난이 끝나고 슬픔은 온화함으로 다가오니/ 봄의 소리가 우리 곁에 다정히 들려오네"라고 노래하는 봄 그 자체인 이 곡을 감상해보자.

바흐: 두 대의 바이올린을 위한 협주곡 BWV.1043 2악장

92위

Bach: Concerto for 2 Violins in D Minor, BWV.1043,
II. Largo ma non tanto

바흐가 항상 종교적이거나 무거운 음악만 작곡했다고 생각한다면 크나큰 오해다. 바흐는 기악의 모든 장르에 걸쳐 다양한 음악을 작곡했다. 그중 바이올린을 위한 협주곡으로는 협주곡 1번과 2번 그리고 두 대의 바이올린을 위한 협주곡을 작곡했다. 이 세 협주곡은 모두 1717~1723년 사이에 바흐가 쾨텐 궁정 악장으로 일했던 시절에 작곡한 것이다. 두 대의 바이올린을 위한 협주곡은 다른 두 곡보다 먼저 작곡한 것으로 추정된다. 바흐는 자신이 직접 연주를 하는 경우가 많았기 때문에 연주를 할 때마다 즉흥적으로 악보를 수정하거나 변형했다고 한다. 대부분의 곡에 기법이나 지시어를 생략하거나 아무것도 적지 않은 경우가 많았는데 이 곡만은 기록이 꼼꼼하게 남아 있었다고 한다.

바흐는 평소 이탈리아 출신 작곡가 비발디를 존경했기에 이탈리아 기법에도 능통했다. 전형적인 독일풍의 음악보다는 남유럽의 화려한 기악곡을 선호했던 쾨텐 영주의 기호에 맞춰 작곡하기도 했다. 바흐는 후에 이 곡을 〈두 대의 하프시코드를 위한 협주곡〉(BWV.1062)으로 편곡했다.

두 대의 바이올린을 위한 협주곡은 연주하는 모습을 보지 않고 듣기만 한다면 바이올린 두 대가 아니라 마치 독주 악기 하나가 연주하는 것처럼 들린다. 두 바이올린은 때때로 대립하거나 서로 얽혀서 하나가 되기도 한다. 마치 제주도의 연리지처럼 각각 다른 뿌리에서 자라지만 한 몸인 듯 얽혀 있다. 보통의 다른 협주곡처럼 이 곡 역시 빠름-느림-빠름의 세 악장으로 구성된다. 가장 유명한 2악장은 '느리지만 너무 지나치지 않게'라는 빠르기말로 시작되며, 15분 정도의 총 연주 시간 중 가장 긴 악장이다. 굉장히 아름답고 서정적이라 마치 바이올린곡이 아니라 가수가 감미롭게 불러주는 노래를 듣는 느낌이다.

라벨:
〈볼레로〉

▶▶ ❚❚ ◀◀

Ravel: Boléro, M.81

모리스 라벨

만약 당신이 불면증으로 고생하고 있다면 조심해야 할 곡이 있다. 연주 시간은 15분 정도이지만 이 음악이 지닌 반복이라는 중독성 있는 특징으로 인해 무한 재생도 가능하기 때문이다. 바로 프랑스 작곡가 모리스 라벨(1875~1937)의 〈볼레로〉다. 이 곡은 1928년에 작곡된 라벨의 최고 명작이다. 처음에 작은 북이 아주 조용하게 연주를 시작하면, 기본 반주에 맞춰 플루트가 은근슬쩍 등장하고 주제를 연주한다. 주제는 끊이지 않고 목관악기에서 금관악기로 이어져 점점 소리가 커진다. 시종일관 박자나 템포의 변화는 없고 등장하는 악기만 달라진다. 마지막 몇 마디를 제외하고 단 두 마디가 계속 똑같이 반복된다. 같은 리듬 위에서 선율을 이루는 악기만 달라질 뿐이다. 곡을 이루는 선율 또한 두 개에 불과하며 이 또한 반복된다. 언제 덮칠지 모르는 거대한 무언가가 악기 소리가 커짐에 따라 점점 모습을 드러내는 듯한 인상을 준다. 설렘과 벅참, 아쉬움, 긴장감이 공존해서 묘한 두근거림을 만든다. 다만 작은 북은 쉬지 않고 계속 연주된다. 작은 북 리듬은 총 169회나 반복된다.

라벨은 바스크 지방 시부르에서 스페인 태생의 어머니와 프랑스인 아버지 사이에서 태어났다. 그는 프랑스인으로 자랐지만, 어머니의 혈통인 스페인 음악을 더 좋아했다. 라벨은 〈볼레로〉를 작곡하기 1년 전인 1927년에 생활공간이었던 파리에서 벗어나 북미 여행을 떠났고, 여행에서 돌아와 무용가 이다 루빈스타인의 요청으로 이 곡을 작곡했다. 1928년 루빈스타인 발레단의 공연으로 세상에 첫선을 보였다. 원래는 무용을 위한 춤곡이었지만, 지금은 오케스트라 기악곡으로 더 많이 연주된다. 90년대생들에겐 TV에서 방영한 애니메이션 〈디지몬 어드벤처〉의 OST로 잘 알려져 있다.

필립 글래스:
연습곡 5번

▶▶ ⏸ ◀◀

Glass: Étude No.5

단순함과 절제를 추구하는 예술·문화 사조인 미니멀리즘은 최근에는 덜어낼수록 멋지다는 정서와 함께 삶의 철학으로 자리 잡았다. 소유 강박에서 벗어나 최소한으로 최대한의 기쁨을 누리자는 주의다. 한편 1960년대 미국에서 발생한 미니멀 음악은 반복, 단순함, 일관된 박자 등으로 표현된다. 그 대표적인 작곡가가 필립 글래스(1937~, 미국)다. 그는 새로운 것을 더 많이 더해서가 아니라, 있는 것을 최소한으로 줄이고 계속 반복해서 음악을 만든다. 이 반복은 무의미한 동일함이 아니라 비슷한 듯하면서도 그 안에서 계속 변하는 역동성을 지니고 있다.

필립 글래스는 이력이 대단히 독특한 작곡가다. 글래스는 어릴 때부터 악기를 연주하거나 음악 공부를 시작해서 천재적인 두각을 나타낸 보통의 작곡가들과 다르다. 부모님은 그가 음악을 직업으로 삼는 것에는 반대했지만, 골고루 균형 잡힌 기초 교육의 일환으로 음악이 중요한 역할을 한다는 것에는 동의해서 아버지의 레코드 가게에서 일을 도우며 음악을 알아나가게 했다. 그는 이때 재즈나 팝, 로큰롤과 현대음악을 익혔다. 그래서 그의 음악 세계는 클래식에만 국한되지 않는다. 재즈, 현대 순수 음악, 영화음악 등 음악이 필요한 곳이라면 어디든지 글래스의 음악이 흐른다.

그의 연습곡(에튀드)는 1991~2012년 사이에 작곡된 곡으로 국내에서 한강 작가가 5번을 추천한 적이 있다. 5번과 더불어 다른 연습곡들도 함께 들어보길 권한다. 그가 직접 연주한 음원을 들을 수 있다. 또는 요즘 인기 있는 아이슬란드 출신의 비킹구르 올라프손(1984~)의 연주도 추천한다. 글래스는 1976년 오페라《해변의 아인슈타인》으로 큰 성공을 거둔 뒤로 다양하고 새로운 음악적 시도를 하고 있다. 박찬욱 감독의 영화《스토커》에 그의 음악이 사용된 바 있으며, 니콜 키드먼이 주연한 영화《디 아워스》에서도 그의 음악이 흐른다.

생상스:
피아노 협주곡 2번 Op.22 1악장
▶▶ ❚❚ ◀◀

199위

Saint-Saëns: Piano Concerto No.2 in G minor, Op.22,
I. Andante sostenuto

카미유 생상스가 작곡한 피아노 협주곡 다섯 곡 중에서 2번은 독보적으로 인기가 많다. 그의 다른 협주곡들도 훌륭하지만 2번만큼 귓가에 맴도는 멜로디도 없다. 하지만 이 곡이 초연되었을 당시에는 아주 냉정한 평가를 받았다고 한다. 생상스는 이렇게 회고했다. "많은 비평가가 입을 모아 작품을 난도질했습니다. 이를테면 이런 식이지요. '첫 악장은 통일성이 부족하고 피날레 악장은 완전하게 실패했다.' 이는 연주를 위해 충분히 연습할 시간이 부족했기 때문이고 더구나 저 또한 상당히 서투르게 연주했습니다. 스케르초 악장만을 제대로 연주했을 뿐 나머지 악장들은 그야말로 아수라장에 가까웠죠."

본인의 독백대로 1868년 5월 13일 파리에서 열린 초연은 대실패였다. 생상스는 이 곡을 3주 만에 완성했고 연주를 위한 리허설을 충분히 하지 못했다. 여기엔 사연이 있다. 러시아 지휘자 안톤 루빈시테인(1829~1894)의 파리 데뷔 지휘를 위해 급하게 곡을 완성했기 때문이다. 생상스가 직접 피아노 독주를 맡았고 루빈스타인이 지휘한 이 협주곡은 일반적인 협주곡 형식과는 달리 1악장이 느리고 2악장이 알레그로 스케르초로 빠른 구성이다. 1악장의 처음은 피아노 독주가 아르페지오로 시작한다. 이어지는 멜로디는 자신의 제자였던 가브리엘 포레(1845~1924, 프랑스)의 작품 〈탄툼 에르고Tantum ergo〉에서 영감을 얻었다고 한다. 마지막 3악장은 '매우 빠르게'라는 뜻의 프레스토로 마지막 순간에 전력 질주하는 마라토너처럼 온 힘을 다해서 연주해야 한다.

당시의 냉랭한 평단의 분위기에도 불구하고 유일하게 리스트만은 생상스를 격려하며 칭찬했다고 한다. "당신의 두 번째 피아노 협주곡은 찬사를 받아야 합니다. 당신이 작곡한 형식은 아주 참신해요. 음악은 뒤로 갈수록 더욱 강해지고 피아니스틱한 효과들이 환상적으로 표현되었습니다." 오늘날 자신의 음악이 얼마나 사랑받고 있는지 생상스가 알았다면 어땠을까 하고 상상해본다.

사라사테:
〈치고이너바이젠〉
▶▶ ‖ ◀◀

34위

Sarasate: Zigeunerweisen, Op.20

파블로 사라사테

클래식의 변방이었던 19세기 초 스페인에서 위대한 별이 탄생했다. 바로 작곡가이자 바이올리니스트인 파블로 사라사테(1844~1908, 스페인)다. 그의 대표작으로 하나만 꼽으라면 1878년에 작곡한 이 음악을 고르겠다. '치고이너바이젠'이란 독일어로 '집시Zigeuner의 노래Weise'를 의미한다. 사라사테는 헝가리 집시들의 무곡인 차르다시csárdás에 영향을 받아 이 곡을 작곡했다. 형식도 헝가리 집시 음악의 두 부분인 라수lassu와 프리수frissu를 그대로 차용했다. 라수는 헝가리어로 "느린"이라는 뜻으로 서정적인 도입부를 의미한다. 프리수는 "빠른"이라는 뜻으로 박진감 넘치고 빠른 템포의 춤곡 부분을 의미한다. 느린 템포에서 빠른 템포로 변화하고, 애절하고 슬픈 멜로디에서 경쾌하고 화려한 멜로디로의 반전이 돋보이는데 마치 집시들의 유혹처럼 느껴진다. 전체 8분 정도의 연주 시간 중 6분 정도가 라수고, 박차를 가하며 기술적으로 멋지게 연주되는 마지막 2분이 프리수다. 바이올린 연주자가 마지막 음을 연주하고 나면 '브라보Bravo'(남자 독주일 경우) 또는 '브라바Brava'(여자 독주일 경우)를 절로 외치게 되는 곡이다.

사라사테는 어렸을 때부터 아버지로부터 바이올린을 배우고 이미 여덟 살 때 대중 앞에서 연주했으며, 열 살에는 스페인의 이사벨 여왕에게 세기의 명 바이올린 스트라디바리우스를 하사받았다. 그리고 2년 뒤인 열두 살에 음악의 메카였던 프랑스 파리 음악원으로 건너가 장 달팡 알라르(1815~1888)를 사사했다. 바이올린 기교의 정수를 보여주는 이 곡은 사라사테 생전에는 그만큼 잘 연주하는 사람이 전무했지만, 지금은 어린 연주자들도 많이 연주한다.

피아졸라:
〈리베르 탱고〉

▶▶ ❚❚ ◀◀

Piazzolla: Libertango

아르헨티나를 대표하는 작곡가 아스토르 피아졸라 (1921~1992)는 탱고 음악 중에 가장 유명한 〈리베르 탱고〉를 탄생시킨 주인공이다.

아스토르 피아졸라

아주 익숙한 멜로디라 제목을 몰라도 들으면 단번에 아! 하게 된다. 이 곡은 피아졸라가 1974년에 작곡했다. '리베르 탱고'란 '자유'를 뜻하는 스페인어 리베르타드 libertad와 탱고를 붙인 합성어로 피아졸라가 전통 탱고에서 벗어나 누에보(새로운) 탱고로 전환했음을 상징한다. 요즘은 주로 기악곡으로 연주되지만 무용수가 무대에 함께 올라오는 경우도 간혹 있다. 탱고는 처음 춤으로 시작해 가사가 있는 노래가 되었다가 그다음에 현대인에게 익숙한 기악곡으로 발전했다. 한편 탱고는 쿠바의 하바네라 음악이 아르헨티나로 유입되면서 변형된 것으로 하바네라와 탱고 모두 악센트가 있는 2/4박자 계통 음악이다.

피아졸라는 1959년에 아버지를 떠나보냈는데 임종을 지키지 못해서 매우 슬퍼했다. 아버지의 죽음 이후 생각을 달리하게 된 그는 반反피아졸라파와 융합하기로 마음먹고 자신의 음악과 대중의 요구를 적절히 절충하기 시작했다. 젊은 시절에는 세상과 타협하는 일을 죽기보다 싫어했던 고집불통이었는데, 나이가 들면서 자신의 생각이 정답이 아닐 수 있다는 것을 깨달은 듯하다.

그와 드라마틱한 사랑을 했던 마지막 여인은 가수 아멜리타 발타르(1940~, 아르헨티나)였다. 아멜리타와 함께한 1968~1975년 사이에 수많은 명곡이 탄생했다. 〈부에노스아이레스의 사계〉와 〈리베르 탱고〉도 이때 작곡된 것이다. 한편 피아졸라는 이런 말을 남기기도 했다. "나는 마르 델 플라타에서 태어나 뉴욕에서 자랐고 파리에서 내 길을 찾았다. 그러나 내가 무대에 오를 때 사람들은 안다. 내가 부에노스아이레스의 음악을 연주하리라는 것을."

03월
12일
🎧

모차르트: 피아노 소나타 11번
3악장 〈터키행진곡〉

102위

▶▶ ⏸ ◀◀

Mozart: Piano Sonata No.11 in A Major, K.331,
III. Alla Turca

봄과 함께 찾아온 3월은 본격적으로 한
해의 시작을 알리는 달이다. 이럴 때 기운
을 샘솟게 할 음악을 추천한다. 바로 모차
르트 피아노 소나타 11번이다. 이 곡은
1783년에 작곡되었으며, 우리에게는 〈터
키행진곡〉으로 잘 알려져 있다. 피아노를
배운다면 〈젓가락 행진곡〉 다음으로 자
주 연습하는 곡이다. 물론 제목은 모차르

오스만제국 군악대 메흐테르하네

트가 붙이지 않았고, 그가 '터키풍으로Alla Turca'라고 쓴 지시어에서 유래했다. 18세
기 당대 유럽인들 사이에서는 오스만제국의 막강한 문화적 영향으로 터키풍의 의
상이나 음악 스타일이 큰 관심을 끌었다. 모차르트는 여섯 살이라는 어린 나이부터
세계 방방곡곡 연주 여행을 다닌 덕분에 더욱 이국적인 문화에 큰 관심을 가졌다.

이 곡은 2/4박자에 짧게 툭툭 끊는 스타카토와 반복음형이 많아서 실제 군악대의
보폭 같은 추진력이 느껴진다. 왼손의 저음 옥타브 도약은 북을 두드리는 듯한 효
과를 낸다. 피아노(약하게)로 시작했다가 갑자기 포르테(세게)로 확 커지는 구간이
잦다. 당시 유행한 야니차리 군악대의 요란한 타악 효과를 건반악기로 흉내 내려는
의도였다. 이전의 고전 소나타의 경우 보통 1악장이 소나타 형식을 따르는 데 반해,
이 곡은 주제와 여섯 개의 변주를 가진 변주곡 형식이다. 전체적으로 장조지만 중
간에 애수가 섞인 단조 변주곡을 넣어 희극 안에서의 비극성이 더 절절하게 느껴지
도록 했다.

우리에게는 1990년대부터 2004년까지 수도권 전철에 사용된 종착역 안내방송
배경음악으로 익숙하다. 2017년부터는 한화이글스 응원가로도 사용되었다.

멘델스존:
《무언가》 Op.30 1악장

▶▶ ❚❚ ◀◀

Mendelssohn: Lieder ohne Worte, Op.30,
I. Andante espressivo

나는 어릴 때부터 소리의 차이에 예민해서 라디오 듣는 것을 좋아했다. 지금도 그 습관은 여전해서 라디오 진행자가 바뀌거나 새로운 시그널 음악이 나올 때면 귀를 쫑긋하게 된다. 이 곡《무언가》Op.30 1번은 클래식 FM《김미숙의 가정음악》속 〈문장의 풍경들〉 코너를 열 때 나오는 배경음악이다.

조지 스텡걸, 〈봄의 목소리〉

멘델스존의 《무언가》는 그의 대표적인 피아노 독주곡으로 총 49곡이나 된다. 따라서 실제 무대에서 연주할 때는 특별히 인기 있는 곡이나 프로그램 주제에 맞는 곡 위주로 선곡할 수밖에 없다. 멘델스존은 1825~1845년까지 48곡을 작곡해서 여섯 곡씩 묶어 8권으로 출판했고, 추후 여기에 1곡을 추가했다.

무언가無言歌란 단어 뜻 그대로 '가사가 없는 노래'를 말한다. 제목을 조용히 읊조리다 보면 마치 "무엇인가?"라고 다정하게 되묻는 것처럼 들리기도 한다. 음악을 듣고 싶지만 가사가 듣고 싶지 않은 날이라면 멘델스존의 《무언가》가 적격일 것이다. 원래는 목소리가 들려야 할 부분의 멜로디를 피아노가 조용하고 나직하게 연주하고 있다. 모든 곡이 3분 안팎의 길이로 짧은 소품으로 그중에서 다섯 번째로 출간된 Op.62의 여섯 번째 곡 〈봄노래Frühlingslied〉가 가장 유명하다. 개인적으로는 Op.19 시리즈를 좋아하고 〈달콤한 추억Sweet Remembrance〉이라는 부제가 붙은 첫 번째 곡을 자주 찾아 듣는다.

요한 슈트라우스 1세:
〈라데츠키 행진곡〉

174위

▶▶ ❚❚ ◀◀

J. Strauss I: Radetzky March, Op.228

요한 슈트라우스 1세에게는 슬픈 유년의 역사가 있다. 그가 일곱 살 때 어머니는 병으로 돌아가셨고, 그로부터 몇년 후인 열두 살 때 아버지도 도나우강에서 익사한 것이다. 부모를 모두 잃은 그는 일찍 결혼해서 스물한 살에 요한 슈트라우스 2세를 낳았다.

그런데 너무 젊은 나이에 부모가 된 탓일까? 책임감이 부족했던 그는 부인과 아들들을 버려둔 채 가출하고 혼외자까지 두었다. 슈트라우스 1세는 부모로서 좋은 본보기는 되지 못했지만 자식들에게 훌륭한 음악적 재능을 물려준 것은 분명했다. 요한 슈트라우스 2세를 비롯해 둘째와 셋째까지 모두 음악가로 성장한 것이다. 그러나 출세욕과 야망이 강했던 그는 아들 슈트라우스 2세의 음악적 능력을 적잖이 질투했다. 황실 궁정 무도회 감독으로 다양한 궁정 행사에서 연주하곤 했던 슈트라우스 1세는 아들이 자신의 뒤를 잇는 것을 반대했다. 그러나 요한 슈트라우스 2세는 끝내 1844년에 악단을 결성했고, 19세 때까지는 레스토랑에서 오케스트라를 지휘하다가 1849년에 슈트라우스 1세가 세상을 떠나자 그의 악단을 합병해서 본인의 악단을 더 키우기까지 한다.

요한 슈트라우스 1세는 '왈츠의 아버지'라 불렸다. 그의 가장 유명하고 특별한 곡을 꼽자면 〈라데츠키 행진곡〉을 들 수 있다. 1848년에 오스트리아 영토였던 북부 이탈리아의 독립운동을 진압한 라데츠키 장군의 승리를 기리기 위해 작곡된 곡이다. 오스트리아의 승리에 초점을 맞춘 곡인 만큼 이탈리아 사람들은 불편해하는 곡이기도 하다. 이 곡이 빠지지 않고 꼭 울려 퍼지는 음악회가 있으니, 바로 빈 필하모닉 신년 음악회다. 1940년 12월 31일에 빈에서 열린 음악회에서 요한 슈트라우스 2세와 슈트라우스 1세의 차남 요제프 슈트라우스의 작품들이 공연되었고, 공연은 바로 다음날인 1941년 1월 1일까지 이어져 빈 신년 음악회로도 기록되었다. 참고로 빈 신년 음악회는 1941년부터 시작되어 80여 년이 넘은 지금까지 계속되고 있는 역사적인 행사다.

하이든:
현악 사중주 53번 〈종달새〉 1악장

▶▶ ❚❚ ◀◀

Haydn: String Quartet No.53 in D Major, Op.64-5,
Hob.III:63, The Lark, I. Allegro moderato

하이든의 현악 사중주 〈종달새〉는 대부
분의 클래식 제목이 그렇듯 하이든이 직
접 붙인 것이 아니다. 곡의 처음에 바이올
린이 멜로디를 연주하고 그 아래서 첼로
가 현을 튕기면서 피치카토 기법으로 연
주하는데, 이것이 마치 종달새가 노래를
부르는 것 같다고 해서 '종달새'라는 제목
이 붙었다.

종달새

　하이든은 교향곡을 104곡을 작곡했고, 현악 사중주도 83곡이나 작곡했다. 현악
사중주에서 가장 유명한 곡이 바로 Op.64의 다섯 번째 곡 〈종달새〉다. 이 곡은 하이
든의 말기 작품으로, 그가 30여 년의 에스테르하지 궁정 음악가 생활을 마무리하고
인생의 새로운 전환기를 맞이하던 중요한 시기에 작곡되었다. 1790년 그의 나이 예
순이었다. 음악을 듣다 보면 마치 하이든이 "이순耳順의 나이에 인생을 돌이켜보니
봄을 노래하는 흥취에 젖어 사는 삶이야말로 진정한 행복이더라"라고 속삭이는 듯
하다.

　여기서 현악 사중주의 특징을 살펴보면, 음악 전반을 이끄는 반장 역할의 제1바
이올린, 부반장 역할의 제2바이올린, 중간 음역에서 전체를 조율하는 비올라, 어른
스러우면서 듬직한 맏언니 같은 역할을 하는 첼로까지 네 개의 현악기로 구성된다.
그러니까 현악 사중주는 작은 교향곡이라고 보면 된다. 각 악기군의 대표 선수 한
명을 뽑아서 만든 음악이 현악 사중주다.

베토벤:
〈아델라이데〉

▶▶ ❚❚ ◀◀

Beethoven: Adelaide, Op.46

겨우내 말라붙었던 꽃들이 수분을 머금고 피어나듯이, 봄이 되면 메마른 마음에 촉촉한 감성을 채우고 싶어진다. 바야흐로 사랑의 계절인 것이다. 오늘은 사랑과는 전혀 연이 없어 보이는 얼굴을 하고 있지만 사실은 엄청난 사랑꾼이었던 베토벤이 작곡한 가곡 〈아델라이데〉를 소개한다.

아델라이데Adelaide는 여성의 이름으로 많이 사용되며 독일어로 고귀함, 순수함을 뜻한다. 1795~1796년경에 작곡되어 초판은 1802년에 빈의 아르타리아 출판사를 통해 발행되었다. 프리드리히 폰 마티손의 동명의 시에 음악을 입힌 곡이라서 그에게 헌정되었다. 이 곡은 베토벤이 가장 좋아하는 곡 중 하나였다고 알려져 있다.

독일 가곡은 시의 분위기와 운율을 완벽하게 이해하지 않고서는 멜로디를 매끄럽게 연결하기 어렵다. 이 곡을 예로 들면, 시인이 봄의 정원에서 방황하는 모습을 묘사하는 1절의 분위기는 고요하다. 하지만 2절에서는 자연의 웅장함 속에서 사랑하는 사람의 얼굴을 보는 당당한 남성이 묘사된다. 그리고 3절에서는 피아노가 밀려오는 감정의 파도를 생생하게 표현한다. 때문에 독일 가곡은 같은 시라도 각각 다른 작곡가가 멜로디를 붙인 곡을 찾아 듣는 재미가 있다. 이를테면 독일 시인 E. 가이벨의 〈내 정원의 패랭이꽃In meinem Garten die Nelken〉이라는 시는 슈만과 쇤베르크(1874~1951, 오스트리아)뿐만 아니라 무려 63명의 작곡가의 손에서 새로운 곡으로 탄생했다.

이바노비치:
〈도나우강의 잔물결〉

▶▶ ❚❚ ◀◀

Ivanovici: Waves of the Danube

어느 도시에 흐르든, 강은 많은 역사를 품고 있다. 동시에 기쁨과 환희, 슬픔과 절망의 순간에 모든 것을 흘려보낸다. 유럽을 가로지르는 도나우강은 음악사에서 클래식 작곡가들과 특히 연이 깊은 강이다. 독일 남부에서 시작해 유럽의 여러 나라를 지나기 때문에 언어별로 명칭이 다른데, 영어로는 다뉴브Danube, 독일어로

헝가리에 있는 도나우강

는 도나우Donau, 헝가리어로는 두나Duna라고 부른다. 도나우강을 소재로 작곡된 클래식 음악 중에서 요한 슈트라우스 2세의 왈츠와 이오시프 이바노비치(1845~1902, 루마니아)의 왈츠가 가장 유명하다. 흥미롭게도 같은 소재지만 두 곡의 분위기는 정반대다. 빈 신년 음악회의 지정곡인 요한 슈트라우스 2세의 〈아름답고 푸른 도나우강〉은 신나는 왈츠지만, 루마니아 군악대장이었던 이바노비치가 1880년에 만든 유명한 왈츠 〈도나우강의 잔물결〉은 쓸쓸하기 그지없다. 장조의 요한 슈트라우스 2세와 단조의 이바노비치 중 어느 도나우강에 마음이 가는가? 왈츠 특유의 흥겨움도 좋지만, 이바노비치의 단조 멜로디가 주제의 서정적인 특징을 더 진하게 표현한 것 같다.

이 곡은 우리나라에서 일제강점기에 1세대 여성 소프라노 가수 윤심덕이 부른 〈사의 찬미〉의 멜로디로 유명하다. 그녀는 시대를 초월한 신여성이었고, 어려운 가정 상황으로 힘든 생활을 전전하다 1926년 8월 4일 일본으로 향하던 배에서 실종된다. 유부남이었던 작가 김우진과 연인 관계였고, 그렇게 둘이 함께 바다로 뛰어들었다고 하는데 진실은 알 수 없다. 물은 그저 시간과 함께 멈추지 않고 흐를 뿐이다.

림스키코르사코프: 《셰에라자드》 중 3악장 〈젊은 왕자와 공주〉

▶▶ ❚❚ ◀◀

Rimsky-Korsakov: Scheherazade, Op.35,
III. The Young Prince and the Young Princess

러시아 민족주의 음악의 대표 작곡가 니콜라이 림스키코르사코프(1844~1908)은 〈왕벌의 비행〉으로 특히 잘 알려져 있다. 림스키코르사코프는 해군사관학교에서 학업을 마치고 바다에서 근무하면서 작곡 활동을 했고, 뒤늦게 음악가로서 꿈을 펼쳤다. 뛰어난 재능 덕분에 27세에 상트페테르부르크음악원 교수로 임명되었지만 스스로 부족함을 느끼고 화성학과 대

마리 엘레오노르 고데프로이드, 〈셰에라자드와 샤리야르 왕〉

위법 공부를 소홀히 하지 않았다고 한다. 끊임없는 자기 계발이 그의 성공 요인이었다.

림스키코르사코프가 1888년에 작곡한 교향 모음곡 《셰에라자드》는 '아라비안나이트'로 잘 알려진 페르시아의 설화 천일야화에서 영감을 얻은 것이다. 아내에게 배신을 당한 샤리아르 왕이 여성에 대한 증오심으로 온 나라의 여자를 데려다가 하룻밤을 보낸 후 죽이기를 반복하자, 셰에라자드가 나타나 왕에게 날마다 흥미로운 이야기를 해주고 그렇게 천일을 넘겨 결국 왕의 분노를 사랑으로 바꾼다는 내용이다. 무시무시한 이야기지만 셰에라자드의 지혜와 재치로 행복한 결말을 맞는다.

이국적인 멜로디로 많은 사랑을 받는데, 네 악장의 선율이 굉장히 비슷하다. 1악장 〈바다와 신드바드의 배〉, 2악장 〈칼렌다 왕자의 이야기〉, 3악장 〈젊은 왕자와 젊은 공주〉, 4악장 〈바그다드의 축제-바다-난파-종결〉 순이다. 서주에서는 서로 반대되는 두 가지 주제의 선율이 등장한다. 첫머리에 제시되는 위압적인 금관악기는 왕을, 바이올린이 연주하는 처연한 선율은 셰에라자드를 묘사한 것인데, 원작의 이야기처럼 이 두 주제는 전곡에 걸쳐 등장한다.

쇼팽:
왈츠 10번 Op.69-2

▶▶ ❚❚ ◀◀

Chopin: Waltz No.10, Op.69-2 in B minor

쇼팽의 대표적인 음악 어법인 '템포 루바토Tempo Rubato'는 그의 작품을 연주할 때 특히 신경 써야 하는 부분이다. 루바토는 음악에서 자유로운 템포(빠르기)로 연주하라는 의미를 가진 악상기호로, 이탈리아어로 '도둑맞다'라는 뜻에서 유래했다. 즉, 연주자나 지휘자의 자유로운 해석이 마음껏 발휘될 수 있다. 쇼팽은 획일적인

왈츠를 추는 사람들

템포를 지양하고 자유롭게 느려졌다 빨라지면서 다채로운 감정을 표현할 것을 강조했다. 그런데 여기서 주의할 점은 템포가 변해도 일정한 박자를 유지해야 한다는 점이다. 쉽게 말해, 자유롭되 절제해야 한다. 혼자만의 감정에 취해 음악을 흐트러뜨리지 않고 아주 노련하게, 마냥 느리지도 빠르지도 않고 부분을 즐기되 전체가 흔들리지 않도록 연주해야 진정한 쇼팽의 음악이라고 할 수 있다. 루바토는 음악뿐 아니라 인생에도 필요하다.

이러한 자유로운 템포가 강조되는 장르가 바로 왈츠다. 왈츠를 진정한 예술로 거듭나게 한 음악가로는 쇼팽과 슈트라우스 부자가 있는데, 특히 쇼팽은 피아노 독주곡을 많이 작곡해서 기존에 춤을 출 때 배경음악으로 연주되는 데 그쳤던 왈츠를 감상에 초점을 맞춘 왈츠로 대중화했다.

그의 전체 작품 200곡 중에서 20곡이 왈츠인데, 녹턴만큼이나 유명한 곡이 많다(참고로 녹턴은 21곡이다). 특히 왈츠 10번은 '이별의 왈츠'라고 불리는 왈츠 9번(Op.69-1)과 더불어 큰 사랑을 받는다. 쇼팽이 10대 후반, 폴란드에 머무를 때 작곡했고 그의 사후에 출판되었다(Op는 출판 순서에 따른 번호라서 뒷번호가 붙었다). 쇼팽 하면 가장 먼저 떠오르는 아름답고 슬픈 멜로디가 특징이다.

패르트:
〈거울 속의 거울〉

⏩ ⏸ ⏪

Pärt: Spiegel im Spiegel

"우리가 할 수 있는 건 이 훌륭한 여행을 즐기기 위해 최선을 다하는 것이다." 포스터에서 여주인공이 너무나도 순수하고 예쁘게 웃고 있는 모습에 끌려 감상한 영화 《어바웃 타임》에 등장하는 보석 같은 문장이다. 평화롭고 일상적인 영화 속 분위기와 꼭 들어맞는 이 음악을 그렇게 알게 되었다. 에스토니아 출신 클래식 작곡가 아르보 패르트(1935~)의 〈거울 속의 거

앨버트 슈발리에 테일러, 〈거울〉

울〉이다. 아주 조용하고 담백해서 귀 기울여 듣지 않으면 그냥 지나치기 쉽다.

패르트는 종소리에서 많은 영감을 얻는 작곡가다. 이 곡은 1978년에 작곡한 작품집 《알리나》에 수록된 곡으로, 그는 단지 몇 개의 음을 가지고 굉장히 매력적인 음악을 만들었다. 바쁘게 흘러가는 시간 속에서 이 음악을 들으며 잠시 느린 여유를 가져보면 어떨까? 음악은 고요하고 잔잔하게 마지막 음표가 연주될 때까지 멈추지 않고 흐른다. 이 또한 우리의 삶과 비슷하다. 《어바웃 타임》 영화감독은 그저 흘러가는 느낌이 좋아서 이 곡을 골랐다고 설명했다. 흘러가는 것을 억지로 잡으려고 하면 불협화음이 생긴다. 제목에 거울이 들어가서일까, 무심코 거울을 들여다보게 된다. 거울 속에 비친 내 모습을 점검하는 일도 중요하지만, 무엇보다 내 마음을 들여다보는 일에 소홀해서는 안 된다.

이 곡은 필립 글래스의 에튀드 5번과 함께 한강 작가가 좋아하는 곡으로 꼽은 작품이기도 하다. 아마 그녀의 음악적 취향은 묵직하면서도 잔잔한 음악인 듯하다. 좋아하는 작가의 음악적 취향을 살펴보면 그 작가의 세계를 이해하는 데에도 많은 도움이 된다.

바흐: 무반주 첼로 모음곡 1번 BWV.1007 1악장

▶▶ ❚❚ ◀◀

Bach: Unaccompanied Cello Suite No.1 in G Major, BWV.1007, I. Prélude

파블로 카살스

오늘은 요한 제바스티안 바흐의 생일이다. 바흐의 생일은 21일인지 31일인지를 두고 의견이 분분한데, 바흐 출생 당시에는 율리우스력에 따라 3월 21일이었지만 지금은 그레고리력(태양력)을 쓰기 때문에 10일을 늦춘 31일로 표기하는 경우가 많다.

서양 음악의 아버지라고 불리는 바흐도 350년 전에는 라이프치히 교회 음악감독이자 오르가니스트로 일했던 성실한 직장인이었다. 게다가 바흐가 죽고 난 이후 그의 음악은 서서히 잊혀졌다. 사람들이 복잡하고 어려운 대위법 형식의 곡을 좋아하지 않았기 때문이었다. 이런 바흐의 음악을 부활시킨 작곡가가 멘델스존이다. 그러나 오늘의 음악인 무반주 첼로 모음곡을 명곡으로 재탄생시킨 주인공은 따로 있다. 바로 첼리스트 파블로 카살스(1876~1973, 스페인)다.

무반주 첼로 모음곡은 바흐가 쾨텐에서 일하던 시절인 1717년부터 1723년경에 작곡되었고 총 6번까지 있다. 제목에서 알 수 있듯이 반주가 없는 곡이다. 보통 첼로곡이라 하더라도 피아노나 다른 악기들이 반주로 연주되는데, 이 곡은 오롯이 첼로 혼자만 연주한다. 첼리스트에게는 구약성서처럼 필수로 공부해야 하는 곡으로 꼽힌다.

카살스는 고작 13세였던 1889년에 오래된 서점에서 이 곡을 발견하고 평생을 연습에 매진했다. 그리고 48세에 처음 대중 앞에 선보였다. 얼마나 마음에 박혔으면 카살스는 어느 책에다가 이 곡에 대해 다음과 같은 말을 남겼다고 한다. "사람들은 이 작품을 온기가 없는 기계적인 연습곡으로만 여겼다. 우주의 광휘와 시상을 분출하는 이 곡을 듣는다면 어느 누가 차갑다고 말할 수 있으랴!"

베토벤:
첼로 소나타 3번 Op.69 1악장
▶▶ ❚❚ ◀◀

Beethoven: Cello Sonata No.3 in A Major, Op.69,
I. Allegro ma non tanto

어떤 일에 깊이 몰입한 사람의 모습을 볼 때면 경이롭거나 멋지다는 생각이 절로 든다. 베토벤은 그런 면에서 최고봉이었다. 어떤 장르에 꽂히면 끝까지 파고드는 경향이 있었던 그는 '미쳐야 미친다'라는 표현이 정말 잘 어울리는 예술가다.

베토벤은 전 생애에 걸쳐 피아노 소나타 32곡, 첼로 소나타 5곡을 작곡했다. 피아노 소나타가 베토벤 음악의 펼쳐진 역사라면, 첼로 소나타는 하이라이트라고 할 수 있다. 베토벤의 첼로 소나타는 피아노 소나타만큼 음악사적으로 깊은 의미가 있다. 베토벤 이전에 첼로는 그

주디스 레이스테르, 〈첼로 연주자〉

저 오케스트라 안에서 저음을 담당할 뿐, 있어도 없는 듯한 존재감의 악기였다. 하지만 베토벤은 그런 첼로에게 다가가 꽃이라 불러주었다. 첼로는 그렇게 그의 손에 의해 독주 악기로 재탄생했다. 첼로의 위상을 확립시킨 사람이 바로 그였기에, 모든 첼리스트는 베토벤의 첼로 소나타를 반드시 공부한다.

그의 첼로 소나타 중에서 초기의 두 작품은 Op.5에, 중기 작품인 3번은 Op.69에, 그리고 후기의 두 곡은 Op.102에 포함되었다. 작품 번호로 알 수 있듯이 베토벤의 첼로 사랑은 초년부터 말년까지 쭉 이어졌다. 초기의 1, 2번은 당시 첼로 애호가였던 프레데릭 빌헬름 2세 왕에게 헌정되었다. 어느 하나 버릴 것 없이 다섯 곡 모두 좋지만, 개인적으로 중기 작품인 3번을 가장 좋아한다. 교향곡 5번 〈운명〉과 바이올린 협주곡이 탄생한 베토벤 '걸작의 숲' 시기에 작곡되었다. 느린 듯하면 빨라지고 빠른 듯하면 다시 느려지는 완급 조절이 가히 예술이다. 특히 곡의 맨 마지막 3분은 밀고 당기기의 완결판으로, 그 어떤 드라마보다도 극적이라고 할 수 있다.

헨델:
오라토리오 《메시아》 중 〈할렐루야〉

▶▶ ❚❚ ◀◀

Handel: Messiah, HWV.56, Pt.2-44, Hallelujah

오늘은 헨델의 대표적인 오라토리오 《메시아》가 1743년에 런던에서 초연된 날이다. 사실 이 곡은 아일랜드 더블린 자선 음악 단체인 필하모니아 협회가 주선한 자선 음악회에서 1742년 4월 13일에 먼저 초연되었다. 전체 3부 52곡으로, 1부는 '예언과 탄생', 2부는 '수난과 속죄', 3부는 '부활과 영원한 생명'에 관한 내용을 다룬다. 가장 유명한 〈할렐루야〉는 제2부의 마지막 곡이다. 〈할렐루야〉 합창이 시작되면 관객이 일제히 일어나는 모습을 종종 볼 수 있는데, 이는 런던의 코번트 가든 왕립오페라극장에서 공연할 당시에 영국의 국왕 조지 2세가 합창이 시작되자 갑자기 기립한 것에서 기인했다고 한다.

헨델은 독일 하노버 궁정의 음악가 자리를 박차고 영국으로 건너가 오페라를 작곡해서 큰돈을 벌었다. 처음에는 사업이 크게 번창했고 덕분에 극장도 운영할 수 있었지만, 경제 상황이 나빠지면서 실패하고 만다. 엎친 데 덮친 격으로 고혈압, 당뇨 등의 성인병이 발병하고 나중에는 비극적인 사고로 실명에 이른다. 결국 극장 문을 닫았고 오페라 경영 기획자로서 마침표를 찍는다. 이래저래 괴로운 시간을 보내고 있던 그에게 작곡 제안이 들어왔고, 때마침 영국의 시인 찰스 제넨스로부터 그리스도의 일대기를 다룬 대본을 받아두었던 헨델은 바로 오라토리오 《메시아》 작곡에 매진한다. 오페라가 볼거리가 많은 음악극이라면 오라토리오는 같은 성악곡이지만 극장 무대 장치도, 의상도 없는 훨씬 종교적인 음악이다. 헨델은 신의 도움이 찾아왔다면서 악보에 "오직 하나님께 영광을"이란 글귀를 남겼다. 여러 가지 악재가 겹친 상황 속에서 결국 그는 재기에 성공한다. 힘든 일은 한꺼번에 찾아오지만 어떻게 그 좌절의 터널을 빠져나오느냐가 중요하다. 헨델은 인생을 살면서 몇 번이나 포기하고 싶었을까? 세 번이나 파산을 겪은 그는 57살에 재기해서 74세까지 장수했다. 할렐루야!

비제:
오페라 《카르멘》 중 〈투우사의 노래〉
▶▶ ❚❚ ◀◀

Bizet: Carmen, WD.31, Votre toast, je pevx vous le rendre

1838년 파리 근교의 음악가 가정에서 태어난 조르주 비제(1838~1875, 프랑스)●는 어려서부터 음악에 재능을 보여 성악 강사였던 아버지로부터 직접 교습을 받았다. 10세에 음악원에 입학하고 18세에는 칸타타 〈다윗〉으로 로마 대상 콩쿠르에 입상, 그다음 해에는 칸타타 〈클로비스와 클로틸드Clovis et Clotilde〉로 마침내 대상을 받아 약 3년 동안 로마에서 유학한다. 참고로 로마 대상은 프랑스 음악인의 출세 보증 수표나 다름없던 국가 장학금으

《카르멘》 초연 포스터

로 비제 이외에 작곡가 엑토르 베를리오즈(1803~1869, 프랑스), 비제에게 많은 영향을 준 샤를 구노(1818~1893, 프랑스), 클로드 드뷔시 등이 수상한 바 있다. 로마에서 유학을 마친 비제는 파리로 돌아와 오직 오페라에만 집중했고, 그렇게 일생일대의 걸작 《카르멘》이 탄생했다.

　《카르멘》은 비제가 37세에 작곡한 4막 구성의 사실주의 오페라로, 프랑스 작가 프로스페르 메리메의 동명 소설을 원작으로 한 작품이다. 불같은 성격을 지닌 아름답고 유혹적인 집시 여인 카르멘은 매혹적인 목소리로 "사랑은 자유로운 새", "내가 당신을 사랑한다면 그때 당신은 날 조심하세요!"라고 노래를 부르면서 또 다른 등장인물인 호세에게 추파를 던진다. 세비야의 미남 투우사였던 에스카미요는 그런 카르멘을 유혹하지만 그녀는 "나의 사랑은 돈 호세"라고 말해 주위를 놀라게 하고, 에스카미요가 "당신의 축배를 내가 돌려받을 수 있을까요", "투우사를 조심하세요"라면서 부르는 노래가 바로 오늘의 음악인 〈투우사의 노래〉다. 바리톤 성악가가 단독 공연에서 가장 즐겨 부르는 노래이기도 하다.

● 　비제의 작품 번호는 WD로, 윈턴 배질 딘Winton Basil Dean이라는 음악학자의 이니셜에서 가져온 것이다.

폰세:
〈작은 별〉

▶▶ ⏸ ◀◀

Ponce: Estrellita (arr. Heifetz)

어제 강렬한 붉은 빛의 음악을 들었으니, 오늘은 순백의 음악을 들어보자. 멕시코 작곡가 마누엘 폰세(1882~1948)의 〈작은 별〉이다. 원래 성악곡이지만 하이페츠가 바이올린으로 편곡한 버전이 자주 연주된다. 폰세라는 이름은 낯설지만, 최근 바이올린 연주자들이 무대에서 그의 곡을 앙코르로 자주 연주하면서 상당한 인기를 끌고 있다.

반 고흐, 〈별이 빛나는 밤〉

폰세는 처음에 오르간 연주자로 음악 활동을 시작했다. 독일에서 유학한 그는 귀국 후에 멕시코 국립음악원에서 오랫동안 교수로 지내며 작곡을 겸했고, 특히 멕시코 민요에 관심이 많아서 민요의 아름다운 멜로디를 본인만의 음악 어법으로 탄생시켰다. 1912년에 만든 〈작은 별〉이 국민가요와 같은 인기를 얻으면서 그의 대표작이 되었다. 원래는 고향을 그리워하는 마음을 담은 노래였는데, 폰세의 손을 거쳐 애절한 사랑의 노래로 다시 탄생했다. 앞서 카르멘은 사랑은 자유로운 새와 같다며 구속받길 거부했지만, 〈작은 별〉의 주인공은 사랑밖에 없다고 애원한다. 역시 사랑은 알기 어렵다.

먼 하늘의 작은 별 하나,
당신은 나의 슬픔이 보이나요.
나의 아픔을 아시나요.
내려와 말해주세요.
그가 나를 사랑하고 있는지.
그의 사랑 없이는 살 수 없어요.

베토벤: 피아노 소나타 17번
〈폭풍〉 3악장

▶▶ ❚❚ ◀◀

Beethoven: Piano Sonata No.17 in D Minor,
Op.31-2, Tempest, III. Allegretto

셰익스피어 『템페스트』의 한 장면

1827년 오늘, 루트비히 판 베토벤이 우리 곁을 떠났다. 베토벤의 마지막 작품은 현악 사중주 16번(Op.135)인데, 작품 번호가 없거나 아직 발견되지 않은 곡, 베토벤 스스로 마음에 들지 않아 폐기한 곡들도 있을 테니 그의 총 작품 수는 최소 135곡이 넘을 것이다. 그는 수도 없이 오선지 위에 음표를 썼다 지우면서 자신의 전 생애를 음악에 바쳤다. 그 지난한 시간 동안 단 한 번도 흔들리지 않았다면 거짓말일 테다. 1802년 10월 베토벤이 오스트리아의 휴양도시 하일리겐슈타트에서 자살을 결심하고 쓴 유서를 보면 폭풍 같은 시간을 얼마나 괴롭게 헤쳐나왔는지 절실히 느낄 수 있다. 그에게 가장 큰 좌절을 안겨준 청각 상실을 인정한 1802년은 그 어느 때보다 슬픔과 음악적 열정이 넘쳐나는 해였다. 바로 이 시기에 피아노 소나타 17번 〈폭풍〉이 탄생했다.

'폭풍Tempest'이라는 제목은 베토벤이 그의 비서인 쉰들러에게 이 소나타를 잘 이해하려면 셰익스피어의 『템페스트』를 읽어보라고 말했다는 에피소드에서 유래했다. 권력에 눈이 먼 동생에게 왕위를 빼앗긴 나폴리의 왕이 딸과 함께 외딴섬에 표류하게 되자, 그가 연구한 학문과 마법으로 폭풍우를 일으켜 원수들을 난파시킨다는 내용이다. 이 곡을 듣고 있으면 정말 폭풍 한가운데 있는 듯한 기분이 든다. 그러나 마지막에는 분노와 증오를 용서와 사랑으로 승화하는 결말로 끝나니, 깊은 절망감 속에서도 무너지지 않고 시련에 대처하고자 했던 베토벤의 영웅적 자세가 엿보이는 음악이다. 만약 지금 힘든 시기를 건너고 있다면 이 곡을 들으며 중심을 다잡아보길 권한다.

비제:
《아를의 여인》 중 〈미뉴에트〉

▶▶ ❚❚ ◀◀

Bizet: L'Arlésienne, Suite No.2, III. Menuet

반 고흐, 〈아를의 여인〉

《아를의 여인》은 『마지막 수업』으로 잘 알려진 작가 알퐁스 도데가 쓴 3막 5장의 희곡이다. 줄거리는 간단하다. 유복한 농촌 총각 프레데리가 남자관계가 복잡했던 아를의 여인을 사랑하게 되는데, 집안의 반대로 어쩔 수 없이 헤어지고 결혼식 전날 밤에 투신자살한다는 슬픈 내용이다. 비제는 이 연극을 위한 부수음악으로 총 27개의 삽입곡을 작곡했고, 그중에서 여덟 곡을 골라 네 곡씩 묶어 모음곡집을 구성했다. 1권은 비제가 직접 작업했지만 2권은 그가 죽고 나서 친구인 에르네스트 귀로가 4곡을 새로 추리고 약간의 편곡을 더해 출간했다. 오늘의 음악인 〈미뉴에트〉는 2권에 수록된 곡이다. 플루트 선율이 아주 감미로워서 강렬한 이미지의 《카르멘》과는 매우 상반된다.

아름답지만 그 이면에는 고통과 슬픔이 함께하는 사랑의 속성을 그대로 담아낸 《아를의 여인》은 내내 한없이 평온하고 아름다운 선율로 연주된다. 아를은 프랑스의 남부에 위치한 아주 아름다운 도시로, 음악을 들으면 바로 평온한 풍경이 그려질 정도다. 반 고흐도 아를의 매력에 심취해 〈아를의 여인〉이라는 그림을 그렸다. 모든 연주자가 그렇지만, 오케스트라에서 정중앙에 앉아 연주하는 플루티스트가 유난히 돋보이는 곡이다. 언젠가 플루트를 배우면 꼭 연주하고 싶은 미뉴에트다.

라흐마니노프: 〈파가니니 주제에 의한 랩소디〉 중 18번 변주

▶▶ ⏸ ◀◀

56위

Rachmaninoff: Rhapsody on a Theme of Paganini,
Op.43, Variation No.18

라흐마니노프는 음악이란 사랑이자 가슴에서 솟아나 오로지 가슴으로 이야기를 걸어오는 것이라고 했다. 마음이 허전할 날에 적격인 장르, 랩소디를 들어보자. 라흐마니노프는 1934년에 이 곡을 만들었다. 제목에서 보이듯 바이올린의 귀재 파가니니의 〈바이올린 독주를 위한 24개의 카프리스〉(Op.1) 24번에서 주제를 가져와 만든 곡이다. 카프리스

에드바르드 바이, 〈로맨틱 판타지 II〉

Caprice 는 카프리치오Cappriccio라고도 부르는데, 어려운 기술이 모두 들어간, 그야말로 바이올린 테크닉 총집합체나 다름없는 곡이다. 이 곡의 장르는 일반적으로 형식이나 내용 면에서 비교적 자유로운 환상곡풍의 기악곡인 랩소디(광시곡)로 분류된다. 브람스 〈랩소디〉, 리스트 〈헝가리 광시곡〉, 현대로 와서는 조지 거슈윈(1898~1937, 미국)의 〈랩소디 인 블루〉 등이 유명하다.

라프마니노프의 랩소디는 빠름(1~10변주)-느림(11변주~18변주)-빠름(19변주~24변주)으로 구성된다. 초연은 브루노 발터(1876~1962, 독일)의 지휘로 뉴욕에서 이루어졌는데, 환호가 폭풍과 같았다니 얼마나 황홀했을지 짐작된다. 특히 18번 변주는 낭만을 느끼기에 최적화된 멜로디라 24개의 변주곡 중에서 가장 사랑받는다. 이 변주가 곡의 분위기를 최고조로 이끌고 세이렌처럼 관객을 유혹한다. 10변주에서는 유명한 '디에스 이레Dies irae(진노의 날)' 멜로디를 피아노가 묵직하게 연주한다. 개인적으로 18번과 함께 12번 변주를 제일 좋아하는데, 느리고 우아하면서도 애절한 선율이 매력적이다. 피아노를 중심에 두고 오보에와 클라리넷이 서로 멜로디를 주고받는다. 일반적인 변주곡은 주제를 맨 앞에 제시하는 데 반해 이 곡은 간단한 변주 후에 주제를 제시하고, 피아노와 오케스트라가 협주곡처럼 같이 연주된다.

슈만:
교향곡 1번 〈봄〉 4악장

▶▶ ❚❚ ◀◀

Schumann: Symphony No.1 in B-Flat Major,
Op.38, Spring, IV. Allegro animato e grazioso

로베르트 슈만이 최초로 완성한 교향곡 1번 〈봄〉은 매년 봄이 찾아오면 이곳저곳에서 어김없이 흘러나오는 제철 교향곡이다. 슈만은 신혼 초 3년 동안 많은 작품을 탄생시켰다. 1840년에는 가곡을, 1841년에는 교향곡을, 1842년에는 실내악에 집중했다. 조울증이 심했던 슈만은 조증과 울증일 때 각각 작곡한 작품 수가

클로드 모네, 〈봄〉

현저하게 차이 난다. 슈만은 클라라와 결혼한 직후인 1840년 가을에 곧바로 교향곡을 작곡하고 싶어 했지만, 한편으로 아직은 때가 아니라고 생각했는지 신중을 기하기 위해 잠시 미뤄두었다. 작곡가들의 작업도 작가들의 방식과 크게 다르지 않다. 작가가 글을 묵혀 두었다가 점차 한 편의 글로 완성하는 것처럼 작곡가들도 머리 한편에 곡의 아이디어를 담아두고 썼다 지우기를 반복하면서 완성한다.

슈만이 머릿속에서 굴리고 있던 음표들은 나흘 동안 스케치로 구체화되어 마침내 2월 20일에 오케스트라 곡으로 완성되었다. 〈봄〉의 초연은 1841년 3월 31일 라이프치히에서 멘델스존의 지휘로 이루어졌으며 그야말로 대성공이었다. 오케스트라에는 플루트, 오보에, 클라리넷, 바순, 트럼펫이 두 대씩, 트롬본과 팀파니가 세 대씩 그리고 호른 네 대가 편성되었다. 보통 두 대의 팀파니를 사용했던 기존 작품과 달리 이 작품에는 팀파니 세 대가 등장하는 점이 특징이다. 슈만은 1863년에 이 교향곡의 최종 악보가 출판되기까지 수정을 거듭했다.

슈만:
교향곡 3번 〈라인〉 1악장

▶▶ ⏸ ◀◀

Schumann: Symphony No.3 in E-Flat Major,
Op.97, Rhenish, I. Lebhaft

전체 길이가 1,230km에 달하는 라인강은
스위스 중부 알프스에서 시작해 독일, 프
랑스, 벨기에, 네덜란드를 걸쳐 북해로 흐
른다. 독일인들에게는 서울의 한강과 같
으면서, 대대로 많은 예술가에게 영감을
선물했던 장소이기도 하다. 특히 라인강
과 사연이 깊은 작곡가로 슈만이 있다. 그
는 독일 동부 츠비카우 출신으로 한때 프

윌리엄 터너, 〈샤프하우젠의 라인 폭포〉

랑크푸르트 근처 하이델베르크에서 법을 공부했는데, 그때 라인강을 실제로 처음
접했고 이후에 교향곡 역사에 길이 남을 걸작 교향곡 3번 〈라인〉을 작곡했다.

이 곡은 교향곡 번호로 3번이 붙었지만 네 곡의 교향곡 중에서 가장 늦게 작곡되
었으며 유일하게 5악장 구성이다(나머지 세 곡은 4악장 구성이다). 1악장에서 라인강의
잔잔한 물결을 표현했고 4악장에서는 그가 쾰른 대성당에서 본 의식儀式에서 느낀
장엄함을 음악으로 표현했다. 악보에 직접 '장엄한 의식의 스타일로'라고 적어 놓았
는데, 보통의 4악장 답지 않게 매우 느리다. 5악장은 행진곡풍으로, '생기 있게'라는
나타냄말처럼 곡의 분위기를 한껏 고조시킨다. 1851년 2월 6일 뒤셀도르프에서 슈
만이 직접 지휘해 초연을 올렸다.

라인강은 음악가 슈만에게 영감을 주는 강이었지만, 사적으로는 비극적인 장소
이기도 했다. 슈만은 1854년 2월 27일 정신적 고통과 환청에 시달리다 라인강에 빠
져 자살 시도를 한다. 그는 "천사와 악마의 목소리"가 들린다면서 몹시 괴로워했다.
한때 자신의 음악에 생명을 준 라인강에 빠져서 생과 이별하려고 했던 슈만의 마음
은 얼마나 비참했을까?

하이든:
트럼펫 협주곡 Hob.Vlle:1 3악장

▶▶ ❚❚ ◀◀

Haydn: Trumpet Concerto in E-Flat,
Hob.Vlle:1, III. Finale

1732년 오늘, 오스트리아의 작은 마을 로라우에서 태어난 낙천적인 음악가 하이든은 일평생 별 탈 없이 적을 만들지 않으면서 두루두루 잘 지냈다. 평안한 인생을 살다 간 하이든의 삶이 부럽다. 하이든은 교향곡뿐만 아니라 건반악기, 현악기, 관악기 등 다양한 독주 기악 작품을 많이

트럼펫

작곡했다. 관악기는 플루트, 오보에 같은 목관악기와 트럼펫, 호른, 트럼본, 튜바 같은 금관악기로 나뉜다. 하이든 시대에 트럼펫은 악기 구조상 전<u>솔</u>음역을 소리내기가 어려워서 주로 독주보다는 협주할 때 많이 사용되었는데, 하이든이 트럼펫 협주곡을 작곡함으로써 마침내 독주 악기로 빛을 발하게 된다. 하이든의 작품 번호 'VIIe:1'에서 'VII'은 협주곡 장르를 말하고 'e'는 트럼펫을 표시한 것이며 '1'은 트럼펫 협주곡 중 첫 번째 곡이라는 뜻이다.

트럼펫 하면 주로 군대 기상나팔이 떠오르지만, 알고 보면 굉장히 다양한 분위기를 표현할 수 있는 치명적인 매력을 가진 악기다. 이 곡은 하이든이 오랜 친구이자 트렘펫 연주자인 안톤 바이딩거(1766~1852, 오스트리아)를 위해 작곡한 곡이다. 당시 하이든의 나이가 64세였고 바이딩거는 그보다 훨씬 어렸기에 둘 사이에는 무려 34년이라는 격차가 있었지만, 하이든은 개의치 않았다. 그와 음악적 공감을 나눌 수 있는 이라면 모두가 친구였다. 대체로 고전 시대 협주곡은 3악장 구성이고 1악장에 메인 멜로디가 등장하는데 이 곡은 유독 3악장이 더 인기 있다. 국내에서는 장수 프로그램 〈장학퀴즈〉의 시그널 음악으로 사용되어 익숙한데, 최근 드라마《오징어 게임》에도 흘러 더욱 주목을 받았다.

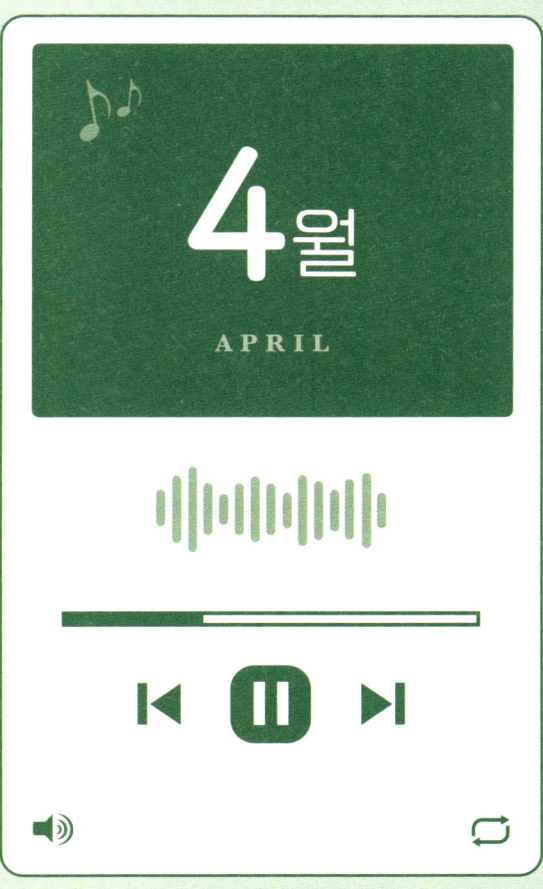

라흐마니노프:
피아노 협주곡 2번 Op.18 1악장

▶▶ ❚❚ ◀◀

1위

Rachmaninoff: Piano Concerto No.2 in C Minor,
Op.18, I. Moderato

라흐마니노프는 거짓말처럼 만우절에 태어난 불세출의 피아니스트이자 영화 같은 멜로디로 사람들을 사로잡은 작곡가다. 1873년 4월 1일에 부유한 귀족의 아들로 태어나 음악적 소양이 뛰어난 아버지와 피아노에 재능이 있던 어머니에게서 일찍부터 음악을 배웠다. 스무 살에 모스크바음악원 졸업 작품으로 제출한 오

라흐마니노프가 그려진 러시아 우표

페라 《알레코》로 일약 스타덤에 올랐지만, 행복은 짧았다. 스승 니콜라이 즈베로프와 자신의 재능을 높이 평가해준 차이콥스키가 모두 죽었기 때문이다. 라흐마니노프는 아버지처럼 믿고 따랐던 그의 음악적 멘토들이 모두 세상을 떠났다는 사실을 받아들이지 못하고 괴로워하며 방황하기 시작했다. 다시 마음을 잡고 1895년에 교향곡 1번을 발표했지만 초연이 실패로 끝나자 생전에 다시는 쳐다도 보지 않았다고 한다. 그 후 깊은 우울의 늪에서 헤매다가 1900년 정신과 치료를 받기 위해 찾아간 니콜라이 달 박사의 치료와 격려로 마음의 안정을 되찾고, 1901년에 대중에게 라흐마니노프라는 이름을 지문처럼 각인시킨 피아노 협주곡 2번을 탄생시켰다. 그의 나이 28세의 일이다. 우울증과 트라우마에서 벗어나기 위해 애쓰는 동안 벌써 6년이 흐른 것이다. 이 곡은 우울증의 늪에 깊이 빠져 있던 라흐마니노프를 살린 생명수 같은 곡이 되었다. 그리고 시간이 흘러 2015년 KBS 클래식FM에서 발표한 한국인이 사랑하는 클래식 순위 1위에 오르는 영광을 안았다.

피아노 협주곡 2번은 1주제도 좋지만, 연주 시작 후 3분쯤에 흐르는 내림마장조의 2주제까지 꼭 감상하길 권한다. 2악장은 세 악장 중에서 가장 먼저 작곡되었는데(2악장, 3악장, 1악장 순으로 작곡되었다), 러시아의 눈 덮인 광활한 평야가 생각난다면서 1악장 못지않게 좋아하는 사람이 많다.

라흐마니노프:
교향곡 2번 Op.27 3악장

▶▶ ⏸ ◀◀

Rachmaninoff: Symphony No.2 in E Minor,
Op.27, III. Adagio

"무어라 정의해야 할까? 음악이란 여신의 자매는 시의 여신이고 그들의 어머니는 슬픔이다." 음악을 여신으로 정의한 라흐마니노프는 생전에 피아노 협주곡을 다섯 곡, 교향곡을 세 곡 작곡했다. 피아노 협주곡은 인기투표에서 2번과 3번이 왕좌를 다투곤 하지만, 교향곡은 단연코 2번의 3악장이 독보적으로 인기가 많다. 석양이 지는 오후 시간에 퇴근하면서 듣기 좋은 오늘의 음악을 함께 감상해보자.

토머스 듀잉, 〈음악〉

　교향곡 2번은 전체 4악장 구성이고 연주 시간은 총 50분 정도다. 바로 이전에 살펴본 피아노 협주곡 2번과 함께 라흐마니노프의 서정적인 멜로디의 진수를 보여준다. 그는 1901년에 피아노 협주곡 2번을 작곡한 이후 볼쇼이 극장의 지휘자로 일하다가 1906년 겨울부터 1909년 봄까지 드레스덴에 머물며 작곡에만 전념했다. 바로 이곳에서 1907년에 교향곡 2번을 완성했고 이듬해인 1908년 1월 27일 상트페테르부르크의 마린스키 극장에서 실로티의 지휘로 초연을 올렸다. 당해 2월 2일에 모스크바음악원 대강당에서 라흐마니노프에 의해 다시 한번 연주되었는데 두 공연 모두 성공적으로 끝났다고 한다. 이전에 비해 더욱 원숙해진 라흐마니노프의 관현악법을 느낄 수 있다. 3악장의 멜로디는 1976년 미국의 인기 가수 에릭 카멘(1949~1972)에 의해 〈다시 사랑에 빠지지 않을 거야Never Gonna Fall In Love Again〉라는 노래로 재탄생되어 세계적인 인기를 누렸다. 에릭 카멘의 노래는 원곡보다 템포가 훨씬 더 빠르다.

베토벤:
바이올린 로망스 2번 Op.50

▶▶ ⏸ ◀◀

Beethoven: Violin Romance No.2 in F Major, Op.50

베토벤은 로망스를 두 곡 만들었다. 2번이 1790년대 중반에 먼저 작곡되었고 1번(Op.40)은 대략 1800년 초 무렵에 완성되었다. 베토벤의 작곡 시기로 보았을 때 비교적 초기에 속한다. 다만 Op.40이 더 늦게 작곡되었지만 먼저 출판되었기에 1번이 붙었고, Op.50이 2번이 되었다. 두 곡 모두 온화하고 차분한 느낌이고, 전형적인 느림-빠름-느림의 구조다. 1번과 2번 중 굳이 우위를 겨룬다면 2번 바장조가 사람들에게 더 많은 사랑을 받는다. A주제가 등장하고 사이사이에 B, C 등의 다른 주제가

한스 자츠카, 〈사랑의 맹세〉

번갈아 나온다. 바이올리니스트들이 화려한 테크닉을 실컷 뽐내고 연주회를 마무리할 앙코르로 이 곡을 자주 연주한다.

로망스 2번은 2/2박자의 아다지오 칸타빌레다. 겉으로 보기에는 4/4박자와 같이 음표가 한 마디 안에 4개씩 들어 있는 구조이지만, 기준 음표가 2분음표라서 조금 더 빠른 느낌이 든다. 하지만 2/2박자의 곡이라고 해서 모두 빠르지는 않다. 음악의 전체 흐름은 어느 단 하나의 절대적인 요소로 결정되지 않는다. 전주 없이 바로 등장하는 바이올린의 첫 음 '파'를 들으면 마음의 긴장이 싹 풀린다. 매끄럽게 쭉 울려퍼지는 바이올린 음이 마치 추운 겨울날 김이 모락모락 나는 하얀 가래떡처럼 티끌 하나 묻지 않은 새하얀 기분을 느끼게 해준다. 처음부터 서정적인 주제가 전체 분위기를 주도하는데 바이올린이 독주하고 오케스트라가 반주하는 독특한 구성의 곡이다. 원래는 독주 바이올린과 오케스트라를 위해 작곡되었지만 실제 무대에서는 오케스트라 대신 피아노가 자주 반주한다.

모차르트:
교향곡 25번 K.183 1악장

▶▶ ⏸ ◀◀

Mozart: Symphony No.25 in G Minor, K.183,
I. Allegro con brio

1773년 17세의 모차르트가 작곡한 교향곡 25번이다. 흔히 모차르트 하면 밝고 경쾌한 분위기가 가장 먼저 연상되지만, 이 곡은 그가 아직 십 대였을 때 작곡한 곡임에도 온갖 인생의 풍파를 경험한 어른의 분위기를 물씬 풍긴다. 첫 음부터 엇갈리는 리듬이 마음을 불안하게 만든다. 모차르트의 41곡의 교향곡 중 유일하게 두 곡만 사단조인데, 바로 이 곡과 40번이다.

안토니오 살리에리

 모차르트는 교향곡 1번(K.16)을 8세였던 1764년에 작곡했고 마지막 교향곡 41번 〈주피터〉(K.551)를 1788년에 작곡했으니, 그가 평생 교향곡이라는 장르에 깊은 애정을 품고 있었다는 사실을 짐작할 수 있다. 모차르트는 빈으로 떠나기 전까지 잘츠부르크에 머물면서 교향곡 34번까지 완성했다. 그리고 빈에서 후기 교향곡 7곡을 작곡했다(하지만 최근에 교향곡 37번은 하이든의 동생인 미카엘 하이든의 교향곡 25번에 모차르트가 서곡만 붙인 것으로 밝혀져 결번으로 인정하기도 한다).

 영화《아마데우스》에서는 평생 모차르트의 천재성을 질투한 살리에리가 신부님 앞에서 모차르트와의 일화를 독백하는 장면이 나온다. 자신이 동네에서 아이들과 숨바꼭질하고 놀기만 했던 나이에 모차르트는 벌써 황제 앞에서 연주하고 다녔다며 한탄하고, 레오폴트 모차르트 같은 아버지를 두고 있음을 부러워한다. 어릴 적에 이 영화를 봤을 때는 살리에리가 부모 탓만 하고 남의 재능을 탐내고 욕심과 질투심만 가득한 나쁜 사람처럼 보였다. 그런데 어른이 될수록 그의 마음을 이해하게 되었다. 누구나 살면서 타인에 대한 질투심 때문에 괴로워한 적이 있지 않은가? 영화 속에서 신부님은 우리는 누구나 신 앞에서 평등하다고 말씀하셨지만, 현실에서는 그렇지 않은 순간이 더 많은 듯하다. 모차르트가 교향곡 사단조를 작곡한 17세의 나이에 우리는 무엇을 하고 있었을까?

베토벤:
피아노 협주곡 3번 Op.37 1악장

▶▶ ❚❚ ◀◀

Beethoven: Piano Concerto No.3 in C Minor, Op.37,
I. Allegro con brio

오늘은 베토벤 피아노 협주곡 3번이 초연된 날이다. 모차르트의 뒤를 이어 베토벤의 음악이 인류를 구원했다. 베토벤은 여느 작곡가와 다르게 교회나 귀족에 소속되지 않아서 자신만의 음악 세계를 구축할 수 있었고 기꺼이 세상과 부딪쳤다. 그가 스스로 프리랜서 작곡가로 활동하기로 한 것은 용기 있는 결정이었다. 당시 귀족들이나 주교가 원하는 대로 작곡했다면 큰돈을 벌 수 있었을 텐데, 안정을 버리고 자기만의 길을 걸어간 것은 당시에도 굉장한 도전이고 불안한 일이었다.

베토벤은 피아노 협주곡을 다섯 곡 작곡했다. 그중 협주곡 3번은 1797년부터 작곡하기 시작했지만 1803년에 초연될 때까지 제대로 완성되지 않았던 곡이다. 베토벤은 초연 때 자신이 직접 피아노 연주를 하는 경우가 많았기에, 악보에 본인만 알아볼 수 있게 간략한 기호를 표시했다고 한다. 비유하자면 배우가 대본에 없는 대사를 애드리브 하는 것과 같은데, 이런 일이 아무에게나 가능하지는 않았다. 수많은 관객이 지켜보는 가운데 무대에 오르면 악보를 그대로 따라 연주하기만 해도 아주 떨리는데 즉흥적으로 바꾸기까지 했다니, 그의 담대함과 뚝심을 잘 보여주는 듯하다. 어찌 보면 음악은 대본 없는 인생과 비슷하다.

그가 이 곡을 작곡했던 시기는 청력에 문제가 생긴 사실을 알게 된 1796년경 이후부터 하일리겐슈타트에서 유서를 썼던 1802년쯤인데, 이때부터 본격적으로 그만의 음악 세계가 펼쳐진다. 죽음을 생각하고 불행한 운명을 받아들여야만 했던 그의 비참한 심정을 감히 헤아릴 수 없다. 이 곡의 리허설을 하는 데만 장장 7시간이 걸렸다는데, 더더욱 완벽하게 연주하고 싶어 했을 베토벤의 마음이 엿보이는 듯하다. 국내에서는 피아니스트 임윤찬이 제16회 반 클라이번 콩쿠르 파이널 1차에서 이 곡을 연주한 것으로 유명해졌는데, 세계적인 클래식 월간지 『그라모폰』이 "그는 베토벤 피아노 협주곡 3번에서 거의 기적을 만들어냈다"라고 평해 화제가 되었다.

스트라빈스키:
《봄의 제전》 1부 〈대지에의 찬양〉

▶▶ ❚❚ ◀◀

Stravinsky: The Rite of Spring,
Pt.1, L'adoration de la terre

오늘은 20세기 '현대음악의 차르'라는 별명을 가진 이
고르 스트라빈스키(1882~1971, 러시아)가 세상과 이별한
날이다. 스트라빈스키는 관현악 기법에 능통했고 발레
음악에도 관심이 많았다. 발레에 관심을 가지게 된 계
기는 러시아의 발레단 '발레 뤼스Ballets Russes'의 매니저
세르게이 디아길레프 덕분이었다. 그의 위촉으로 스트
라빈스키는 〈불새〉, 〈페트루슈카〉, 〈봄의 제전〉의 3부작
으로 된 발레 음악을 썼다. 그중에서 〈봄의 제전〉은 제
1차세계대전이 발발하기 1년 전, 1913년에 작곡되었

이고르 스트라빈스키

다. 문명 이전 러시아 사회에서 이교도들이 젊은 처녀를 제물로 바쳐 신을 달래기
위해 봄에 제사를 지내는 장면을 묘사한 곡이다. 1부 '대지에의 찬양'과 2부 '희생
제물'을 합쳐 총 35분쯤 연주된다. 이교도의 의식에 쓰인 음악이니 성스럽고 평온
하고 신성한 보통의 제전 음악을 생각하면 곤란하다.

　스트라빈스키는 1910년에 〈불새〉라는 발레 작품을 먼저 만들었는데, 그때 자신
이 본 환상에서 이 곡의 아이디어를 얻었다고 한다. 그의 불륜 상대였던 무용수 베
라 드 보세의 말에 의하면 스트라빈스키는 자신의 곡에 대한 사랑과 집착이 매우
강해서, 음악을 주제로 이야기를 나눌 때면 모두가 싸움의 대상이 되었다고 한다.
누군가 그의 작품 중에 가장 마음에 드는 곡을 추천해달라고 하면 작품 '모두'를 추
천했다고 하니, 과연 엄청난 자의식의 소유자였던 것 같다. 1935년에 쓴 자서전에
서 그는 스스로를 이렇게 묘사했다. "나는 과거에 살지도, 미래에 살지도 않는다. 나
는 현재에 속할 뿐이다."

브람스:
클라리넷 오중주 Op.115 1악장

▶▶ ❚❚ ◀◀

Brahms: Clarinet Quintet in B Minor, Op.115, I. Allegro

1891년 58세의 브람스는 몸이 쇠약해짐과 동시에 창작력이 감퇴하는 것을 느꼈지만, 마이닝겐 관현악단의 클라리넷 주자 리하르트 뮐펠트(1856~1907, 독일)의 연주에 크게 감동해 그를 위한 곡을 만든다. 음악으로 맺어진 우정이다. 브람스를 악기에 비유한다면 그야말로 너무 높지도 낮지도 않은 목관악기 클라리넷 같다. 나무 같은 사람이라고나 할까? 말년의 브람스는 클라리넷에 큰 애정을 쏟았다. 1891년에 피아노, 클라리넷, 첼로로 구성된 클라리넷 삼중주(Op.114)를 작곡했고, 바로 이어서 오늘

클라리넷

의 음악인 클라리넷 오중주, 1894년에 클라리넷 소나타 1번과 2번(Op.120)을 작곡했다.

클라리넷 오중주는 클라리넷과 현악 사중주로 구성된다. 곡 전체에 슬픔과 향수의 감정이 만연하다. 1악장에서 제1바이올린과 제2바이올린이 분위기를 조성하면 네 마디 후에 주인공 클라리넷이 우아하게 등장한다. 두 개의 주제가 상반된 느낌으로 진행되는 보통의 소나타 형식과는 달리, 부드럽고 내성적인 분위기를 유지하며 자분자분하게 연주된다. 클라라 슈만은 이 곡을 처음 듣고 "정말 굉장한 작품입니다. 비탄에 젖은 듯한 클라리넷이 사람의 마음을 사로잡습니다. 가슴을 뭉클하게 하는 이 곡은 진정성 있고 깊고 풍부한 의미가 가득한 음악입니다!"라고 말했다. 브람스는 언제나 신중한 태도로 작곡했고 그의 뮤즈인 클라라의 의견을 주의 깊게 들었다고 한다.

브루크너:
교향곡 4번 〈낭만적〉 1악장

▶▶ ❚❚ ◀◀

Bruckner: Symphony No.4 in E-Flat Major, WAB.104
Romantic, I. Bewegt, nicht zu schnell

안톤 브루크너

오늘의 음악은 안톤 브루크너(1824~1896, 오스트리아)가 남긴 아홉 곡의 교향곡 중 가장 사랑받는 교향곡 4번 〈낭만적〉이다.● 브루크너는 소심하고 매우 진지한 성격이었던지라 나이 마흔이 넘어서야 첫 번째 교향곡을 작곡했다. 이후 네 곡을 더 작곡해 생전에 작곡가로서 기량을 펼치긴 했지만, 사후 20년이 지나고 제1차세계대전이 끝나고 나서야 본격적으로 인정받기 시작했다.

이 곡은 대부분 난해하고 긴 브루크너 교향곡들 가운데서도 그나마 주제가 대중적이고 곡의 짜임새가 매우 뛰어나 브루크너 교향곡 입문용으로 많이 듣는다. 부제 〈낭만적〉은 브루크너가 직접 붙였다. 그는 워낙 신앙이 두터웠고 사람들과의 접촉을 싫어해서 음악 또한 대중성과는 거리가 멀었고, 모든 작품을 '신께 바치는 선물'이라고 생각하며 작업했다고 한다. 1874년에 작곡에 착수해 거의 1년에 걸쳐 완성했는데 이를 '1874년판'이라 부른다. 이후로 계속 수정을 거듭했기에 초판과 오늘날의 판본은 상당히 다르다.

브루크너는 이 곡에 대해 "평온한 중세의 도시, 여명이 밝아올 무렵 성탑에서 아침 신호가 울려 퍼지면서 성문이 열리고 백마 탄 기사들이 숲을 향해 사냥을 떠난다. 그들은 숲속의 신비에 휩싸인다"라고 묘사했다. 그래서 '숲의 교향곡'으로 불리기도 한다. 평상시 그는 외부 소식을 알 수 있는 책이나 신문도 보지 않고 오로지 대자연과 자신의 음악 그리고 신앙에만 빠져 지냈다고 한다. 그야말로 "나는 자연인이다"를 외친 삶을 살다 간 작곡가다.

● 　브루크너의 작품 번호 WAB는 음악학자 글라스베르거가 정리한 '브루크너 작품 목록Werkverzeichnis Anton Bruckner'의 줄임말로, 149번까지 있다.

베토벤:
피아노 협주곡 4번 Op.58

▶▶ ❙❙ ◀◀

Beethoven: Piano Concerto No.4 in G Major, Op.58,
I. Allegro moderato

베토벤은 생전에 꽤 많은 여성과 인연을 맺었다. 그중 빈에서 만난 브룬스비크 가문의 두 딸과의 만남은 특별한 작품을 탄생시킨다. 1799년, 베토벤은 헝가리 출신의 젊은 백작 부인 테레제와 요제피네 자매를 만난다. 동생 요제피네는 나이 많은 남자와 일찍 결혼했지만 사별했고, 언니 테레제는 평생 독신으로 살았다. 베토벤은 자매를 상대로 각각 다른 형태의 사랑을 품었다. 테레제와는 소울메이트로서 공감대를 나누었다면, 요제피네에게는 그녀의 불행했던 결혼 생활을 옆에서 바라보면서 측은지심을 느꼈다. 베토벤은 그녀들이 소유한 물질적 풍요로움, 귀족적인 분위기 그리고 무엇보다 자신의 음악에 보내오는 사랑과 존경의 눈빛을 거부할 수 없다. 귀족들과 자신은 다르다며 자존심을 세웠던 베토벤이지만, 한편으로는 그들의 삶을 동경한 이중적인 모습이 참으로 인간적이다.

베토벤은 요제피네가 남편과 사별 후 혼자 지내던 시기에 그녀에 대한 사랑에 불을 지폈고, 바로 이 시기에 탄생한 곡이 피아노 협주곡 4번이다. 피아노 협주곡 4번의 스케치는 1804년 2월에 시작했지만, 본격적으로 작곡에 착수한 것은 그의 유일한 오페라 《레오노레》가 초연된 1805년이었다. 이듬해인 1806년에 완성했다. 다른 협주곡들과 가장 대조되는 4번 협주곡의 특징은 오케스트라의 전주 없이 바로 피아노 독주가 시작되는 1악장 도입부다. 이는 이전까지 협주곡 분야에서 전혀 생각지 못했던 새로운 방식이었다.

피아노 협주곡 4번의 초연은 1808년 12월 22일에 빈의 저녁 연주회에서 교향곡 5번, 교향곡 6번 등과 함께 마라톤 공연의 일부로 연주되었다. 그러나 객석이 절반도 차지 않은 채 썰렁하게 끝났다. 크리스마스 시즌이었던 데다 날씨가 몹시 추웠는데 공연장에 난방도 되지 않아서 연주자들의 상태가 매우 좋지 않았다고 한다. 지금은 쾌적한 공연장에서 널리 연주되고 있으니 참 다행이다.

베토벤:
피아노 삼중주 7번 〈대공〉 1악장

▶▶ ❚❚ ◀◀

Beethoven: Piano Trio No.7 in B-Flat Major, Op.97, Archduke,
I. Allegro moderato

베토벤의 피아노 삼중주 7번 〈대공〉은 5번 〈유령〉(Op.70-1)과 함께 그의 피아노 삼중주 12곡 중에서 가장 인지도가 높다. 베토벤을 강력하게 지지해준 후원자 루돌프 대공에게 헌정되어서 '대공 트리오'라고 불린다. 루돌프 대공은 오스트리아 황제였던 레오폴트 2세의 막내아들이자 레오폴트 2세를 승계한 황제 프란츠 2세의 막냇동생이다. 프랑스 장군 나폴레옹의 공격으로 빈을 떠나 피난을 갔다가 다시 돌아온 루돌프 대공을 환영하기 위해 만든 곡이다. 둘은 베토벤이 어린 대공에게 피아노를 가르쳐주면서 친구가 되었다. 바그너가 자신보다 서른두 살이나 어린 바이에른의 국왕 루트비히 2세와 음악적 공감을 나누는 동료가 되고 루트비히 2세가 바그너를 후원한 것과 비슷한 관계였다. 루돌프 대공은 베토벤보다 열여덟 살이나 어렸지만 베토벤의 음악을 무척 좋아했고, 베토벤 역시 자신을 음악가로 인정해준 대공에게 답례로 14곡을 헌정했다.

〈대공〉은 1810~1811년 사이에 완성되어 1814년 4월 11일에 베토벤의 연주로 초연되었다. 특이하게 2악장이 빠른 스케르초고 3악장이 느린 안단테 칸타빌레다(보통은 반대다). 3악장의 느린 선율에서 노쇠한 작곡가 베토벤의 심정이 느껴지는 것만 같다.

당시 사회 분위기상 빈에 있던 귀족들은 서서히 몰락하며 경제적으로 어려워졌고, 이는 고스란히 베토벤에게도 영향을 미쳤다. 결국 1809년에 베토벤이 빈을 떠나기로 결심하자 루돌프 대공을 비롯한 킨스키 공작과 로브코비츠 공작 등이 매년 베토벤에게 연금으로 4,000플로린(당시 노동자의 10년치 연봉에 준하는 금액이었다)을 평생 지급하겠다고 약속한다. 그러나 약속을 끝까지 지킨 사람은 루돌프 대공이 유일했다.

브람스:
피아노 사중주 1번 Op.25 1악장

199위

▶▶ ❚❚ ◀◀

Brahms: Piano Quartet No.1 in G Minor, Op.25, I. Allegro

피아노 사중주는 보통 피아노와 바이올린, 비올라, 첼로로 구성된다. 실내악은 연주자 한 명 한 명의 뛰어난 음악적 기량은 당연하고, 무엇보다 조화로워야 한다. 독주자로서 기량이 아무리 뛰어나도 함께 어울리지 못한다면 무의미하다. 피아노 사중주를 연주하다 보면 타자를 마주함으로써 오히려 나를 알아가고 발전시킨다는 인생의 이치를 느끼게 된다. 실내악을 공부하는 피아니스트에게 브람스와 슈만의 피아노 사중주는 아주 중요하다. 브람스는 베토벤이나 슈베르트가 실내악의 중심을 현악 사중주에 두었던 것에 반해 다양한 구성의 실내악에 관심을 쏟았다. 모두 26곡의 실내악곡을 작곡했는데, 그중에서 Op.25, Op.26, Op.60 세 곡이 피아노 사중주곡이다. 브람스의 스승 슈만이 피아노 사중주를 단 한 곡만 작곡한 것과 비교된다.

브람스가 첫 번째 피아노 사중주를 작곡한 것은 스물여덟 살이었던 1861년이다. 스승 슈만이 1856년에 죽은 후 혼자서 아이들을 키우며 음악 활동을 했던 클라라 슈만을 향한 사랑이 그의 마음을 자주 흔들던 시기였다. 그러나 한편으로는 클라라를 향한 마음을 간직하면서도 다른 여인과의 사랑을 꿈꾸기도 했다. 1859년에 괴팅겐에서 사귀었던 아가테 폰 지볼트와 약혼까지 하지만, 결국 파혼하고 평생 결혼하지 않았다. 1860년, 브람스는 작업에 몰입하기 위해 도시와 떨어진 한적한 교외에 2년 동안 머물렀고, 이 시기에 피아노 사중주 1번과 2번을 완성했다. 1번의 초연은 1862년 함부르크에서 클라라 슈만의 피아노 연주로 이루어졌다. 전체 4악장 구성으로, 1악장이 알레그로, 2악장이 트리오, 3악장이 안단테 콘 모토(느리지만 생동감 있게), 4악장이 집시풍의 론도 형태다. 1악장과 4악장이 특히 유명한데, 모든 연주자가 곡을 마치고 나면 한결같이 호흡이 가쁜 상태로 악기에서 손을 뗀다. 청중들이 큰 박수로 환호할 수밖에 없는 굉장한 곡이다.

슈베르트:
〈마왕〉

▶▶ ❚❚ ◀◀

Schubert: Erlkönig, Op.1, D.328

슈베르트의 첫 작품 번호가 붙은 곡으로, 그 유명한 가곡 〈마왕〉이다. 불과 18세였던 1815년경에 요한 볼프강 폰 괴테가 지은 동명의 시에 멜로디를 붙여 작곡했다. 총 네 번이나 수정 작업을 거쳐 1821년에 발표되었고 당해 3월 7일 빈의 케른트너 토어 극장에서 초연되었다. 리스트가 편곡한 피아노 독주 버전과 베를리오즈가 편곡한 관현악 버전도 유명하다.

모리츠 폰 슈빈트, 〈마왕〉

곡은 "바람 부는 이 늦은 밤에 누가 말을 달리는가?"라는 해설자의 대사로 시작된다. 교활한 마왕과 그런 마왕을 피해 집으로 서둘러 돌아오는 아버지, 공포에 떠는 아들 그리고 해설자가 등장한다. 한 명의 성악가가 등장인물 네 명을 모두 연기하는데, 마왕이 아들을 유혹하는 장면에서는 간교하게 바뀌는 성악가의 목소리가 일품이다. 다른 성악곡과 달리 예술가곡은 반주자가 성악 코치 역할을 할 수 있을 정도로 뛰어난 노래 실력을 갖춘 경우가 많다. 가곡의 반주는 단순한 반주가 아니라 성악의 다른 표현이고, 연주자가 곡 해석을 완벽하게 하지 못하면 음악의 맛을 살리기가 어렵다. 유명 성악가들이 특정 반주자와 계속 무대에 서는 것을 선호하는 데는 이런 이유가 있다.

〈마왕〉은 전체 4분 정도의 짧은 곡이지만 마치 오페라 한 편을 본 것 같은 기분이 들 정도로 박진감이 넘친다. 4/4박자로 피아노가 연주하는 15마디의 전주가 일관적으로 긴장감 있고 무서운 분위기를 조성한다. 왼손 옥타브로 연주되는 사단조의 단음계와 오른손의 셋잇단음표 연타(연속으로 타건 되는 음표)가 곡의 분위기를 한층 더 끌어올린다. 신음하는 아이를 살리려고 급하게 말을 몰아가는 아버지와 끝없는 마왕의 속삭임, 슬프고 가슴 아픈 결말이 담긴 한 편의 대작을 감상해보자.

헨델:
미뉴에트 G단조 HWV.434
(빌헬름 켐프 편곡)

▶▶ ‖ ◀◀

Handel: Menuetto in G minor, HWV.434 (arr. Wilhelm Kempff)

게오르크 프리드리히 헨델

가끔은 강한 선입견 때문에 누군가를 깊이 있게 들여다 볼 기회를 놓치기도 한다. 바흐 하면 짝꿍처럼 등장하는 바로크 작곡가 게오르크 프리드리히 헨델(1685~1759, 독일)이 그렇다. 그는 바흐와 함께 독일 바로크 음악의 쌍벽을 이루며, 오페라와 오라토리오 작품으로 왕과 귀족들에게 큰 사랑을 받은 작곡가다. 헨델은 성악 작품이나 대규모 관현악곡뿐만 아니라 기악 독주곡도 다양하게 많이 작업했지만 상대적으로 잘 알려지지 않았다. 2022년 '헨델 프로젝트'라는 새 앨범을 발표한 피아니스트 조성진(1994~)은 바흐가 이지적이고 복잡한 데 비해 헨델은 가슴에서 나오는 멜로디가 느껴진다고 말했다.

헨델은 1720년에 하프시코드를 위한 모음곡 1권을, 1733년에 2권을 출판했다. 오늘의 곡인 미뉴에트 G단조는 2권의 첫 번째 모음곡 1번의 4악장을 피아노 독주곡으로 편곡한 것이다. 오늘날에는 독일의 전설적인 베토벤 전문 피아니스트 빌헬름 켐프(1895~1991)가 편곡한 버전이 특히 유명하다. 헨델의 섬세하고 부드러운 분위기는 그대로 가져가면서, 원곡에는 기입되지 않은 셈여림이나 다양한 연주 기법이 더해져 또 다른 느낌으로 감상하기 좋다. 켐프는 "나는 보기 흉한 음악 혹은 잘라내듯 떨어져 나간 음표들, 긴장되어 있거나 힘에 벅찬 요소들 모두를 반대한다"라고 말하며 자연 그대로의 아름다움과 음악의 자연스러움을 추구한 음악가다. 너무 빠르게 흘러가는 삶의 속도가 유달리 벅차게 느껴지는 날이면, 헨델의 미뉴에트를 들으며 차분하게 걸어보자.

헨델: 오페라 《세르세》 중 〈옴브라 마이 푸〉

▶▶ ❚❚ ◀◀

Handel: Serse, HWV.40, Act I. Ombra mai fù

헨델의 인생에서 4월은 유난히 기억에 남을 만한 사건들이 일어났던 달이다. 1742년 4월 13일에 말년의 역작인 오라토리오 《메시아》가 아일랜드의 수도 더블린에 있는 닐즈 음악당에서 초연되었고, 1759년 4월 14일에 헨델이 세상을 떠났다. 그리고 1738년 4월 15일은 오페라 《세르세》가 초연된 날이다.

크세르크세스 1세

헨델의 대표작이자 말기 오페라인 《세르세》는 주로 진지한 내용을 다루는 오페라 세리아(정가극)로, 3막 구성이다. 작중 배경은 기원전 480년의 페르시아다. 1막에서 가장 처음으로 등장하는 노래 〈옴 브라 마이 푸〉는 이탈리아어로 '그리운 나무 그늘 아래서'를 뜻한다. 어려운 이탈리아 제목 대신 '라르고'라고도 불린다. 주인공 세르세는 겉으로 봤을 땐 굉장히 용감하고 남성적이지만 실제로는 소심하고 불안한 내면세계를 가진 남자다. 하지만 왕이라는 멍에 때문에 차마 불안한 마음을 내보일 수 없어서 플라타너스 나무를 찾아가 마음의 평화를 찾고자 한다. 그때 부르는 노래가 이 곡이다.

헨델의 오페라는 성서와 신화, 세계사와 관련이 많다. 원래 주인공 세르세 역은 카스트라토Castrato라고 불리는 거세한 남성 가수가 불렀는데, 요즘은 메조소프라노나 혹은 카운터테너Countertenor가 부른다. 카스트라토가 인위적으로 6~8세의 어린 남자아이를 거세해서 변성기를 겪지 않게 한 것이라면, 카운터테너는 정상적으로 변성기를 거친 남성이 팔세토(가성) 창법을 연습해 부르는 것이다. 그래서 변성기를 거친 남성의 목소리도, 여성 같은 가성도 모두 소화한다. 테너나 바리톤, 베이스와는 다른 특별함을 느낄 수 있다.

헨델:
〈사라방드〉

▶▶ ⏸ ◀◀

Handel: Keyboard Suite No.4 in D Minor,
HWV.437, III. Sarabande

헨델은 1720년과 1733년 두 번에 걸쳐 건반악기를 위한 모음집 두 권을 출판했다. 건반악기에도 여러 종류가 있지만 당시의 건반악기는 보통 하프시코드를 말한다. 다른 곡은 잘 알려지지 않은 데 반해 두 번째 모음곡집에 수록된 첫 번째 곡 미뉴에트 G단조와 이 곡만 독립적으로 자주 연주된다.

이탈리아식 하프시코드

〈사라방드〉는 바로크 음악의 정수로 꼽히는 곡이다. 원래 사라방드는 스페인에서 유래한 느리고 장중한 3박자의 춤곡인데, 17~18세기 프랑스 궁정을 거치면서 춤과 상관없이 연주를 위한 독립적인 곡으로 다루어졌다. 마디의 두 번째 음을 첫 번째 음보다 길고 강하게 연주하는 것이 사라방드만의 고유한 특징으로, 이러한 독특한 리듬이 특유의 장중하면서도 위엄 있는 분위기를 만들어냈다. 헨델은 〈사라방드〉뿐만 아니라 그의 대표 성악곡 〈울게 하소서〉에서도 사라방드 리듬을 사용했다.

하프시코드로 연주되는 곡들은 어떤 하프시코드로 연주하느냐에 따라서 음악의 느낌이 상당히 달라진다. 하프시코드는 종류에 따라 음색이 조금씩 다른데 현대 피아노가 제조국과 제조 시기에 따라 음색의 무게감이나 타건(두드림)에 차이가 나는 것과 비슷하다. 하프시코드라는 이름은 하프처럼 소리가 나면서 하나의 코드를 연주할 수 있는 악기라는 뜻에서 유래했으며, 독일과 이탈리아에서는 쳄발로Cembalo, 프랑스에서는 클라브생Clavecin으로 불린다. 주로 이탈리아식은 명쾌하고 빠른 패시지에 적합하고, 독일과 프랑스식은 풍부한 화성과 우아한 선율에 어울리며, 플랑드르(네덜란드)식은 웅장하고 따뜻한 음색이 특징이다. 14세기경 플랑드르와 이탈리아에서 처음 등장했는데, 17~18세기에 전성기를 맞이했다가 상대적으로 음량이 큰 피아노에 밀려 점점 찾는 사람이 없어졌다. 그러나 요즘 각종 소음에 노출되어 만성피로에 시달리는 현대인들 사이에서 다시 인기를 얻고 있는 악기다.

쇼팽:
〈환상즉흥곡〉

▶▶ ❚❚ ◀◀

35위

Chopin: Fantaisie-Impromptu in C-Sharp Minor, Op.66

프레데리크 쇼팽

쇼팽의 〈환상즉흥곡〉을 들어보자. 〈즉흥환상곡〉이라는 제목이 더 익숙하겠지만 원제가 'Fantaisie-Impromptu'라 환상즉흥곡이 더 정확한 표현이다. 쇼팽의 즉흥곡 네 곡 중에서 마지막 곡이다. 쇼팽은 이 곡을 네 개의 마주르카(Op.17)와 화려한 대왈츠(Op.18)를 탄생시킨 1834년에 작곡했지만, 무슨 이유인지 죽을 때까지 출판하지 않았다. 너무 좋은 곡이라 아끼고 싶었던 건지 아직 부족하다고 생각한 건지 여러 이유가 분분하지만, 다행히 사후에 출판되어 많은 사랑을 받고 있다.

1855년에 출판되어 쇼팽 하면 바로 떠오르는 곡 중 하나가 된 이 작품은 A-B-A 형태로 처음과 끝부분이 같은 세도막 형식(삼부 형식)이다. 올림표가 네 개나 붙은 올림다단조 곡으로, 연주할 때 주로 검은 건반이 많이 사용된다. 왼손이 셋잇단음표 리듬을, 오른손이 16분음표를 연주하는 것이 특징이다. 원래 오른손과 왼손이 정확히 맞아떨어지는 곡이 아니지만 숙련된 피아니스트의 연주를 들으면 절름거리는 리듬은 전혀 들리지 않고 그저 물처럼 자연스럽게 흘러가는 것처럼 들린다. 처음에 올림다단조로 빠르고 격정적으로 시작했다가, 중간에 내림라장조로 조바꿈되는 부분에서는 보통 빠르기로 노래하듯이 연주된다. 마지막에는 올림다단조로 되돌아가 아주 빠른 프레스토Presto로 격정적으로 연주되었다가 조용히 사라진다. 쇼팽은 머릿속에 담겨 있던 폭발적인 에너지를 음으로 재현해 피아노 위에 쏟아냈다. 왠지 조용하고 서정적인 멜로디만 작곡했을 것 같지만, 실상은 굉장히 에너지가 넘치는 뜨거운 로맨스의 주인공이었다.

엘가:
〈사랑의 인사〉

⏩ ⏸ ⏪

Elgar: Salut d'amour, Op.12

엘가는 영국 음악사에서 작곡가 헨리 퍼셀(1659~1695) 이후 제일 유명한 명사로, 〈사랑의 인사〉 외에도 《위풍 당당 행진곡》, 〈첼로 협주곡〉, 《수수께끼 변주곡》 등의 명곡을 남겼다. 그래서 영국에서는 모차르트, 베토벤보 다 훨씬 큰 인기를 누린다. 그러나 그런 엘가도 40세가 넘기 전까지는 무명에 불과했는데(위에 언급된 세 곡 모두 40세 이후에 작곡했다), 앨리스는 미래가 불투명했던 데다 가 연하였던 그를 항상 응원하고 지지했다. 이 곡은 그 에 대한 엘가의 답례곡이자 약혼 선물이었다. 1888년 바

엘가 부부

로 오늘, 영국 최대의 사랑꾼 에드워드 엘가가 훗날 아내가 될 연인 앨리스에게 사 랑을 고백하고 약혼했고, 〈사랑의 인사〉는 그렇게 탄생했다. 두 사람은 음악사에서 보기 드문 순애보 부부였고, 이듬해 결혼식을 올려 1920년에 앨리스가 세상을 떠날 때까지 행복하게 해로했다.

　〈사랑의 인사〉 원곡은 피아노 독주곡이지만 요즘은 바이올린과 피아노를 위한 이중주 또는 첼로 독주곡이나 관현악 버전으로 자주 연주된다. 유명한 클래식 곡들 은 가요가 리메이크되는 것처럼 다른 악기로 편곡된다. 보통의 클래식은 길이가 상 당히 길어서 진입 장벽이 높은데, 이 곡은 3분 정도로 아주 짧다. 마장조-사장조-마 장조 구성의 삼부 형식으로 처음에 등장했던 주제가 다시 반복되어서 멜로디를 기 억하기도 쉽다. 출판사의 권유로 이례적으로 프랑스어 제목으로 발표되었는데, 그 때만 하더라도 대부분 클래식 곡은 제목이 없는 경우가 많았던 데다 이렇게 달콤한 제목으로 출간되니 출간 당시 세간의 관심을 한 몸에 받았다고 한다.

주페:
오페레타《경기병》서곡

▶▶ ❚❚ ◀◀

Suppé: Light Cavalry, Overture

프란츠 폰 주페(1819~1895, 오스트리아)는 요한 슈트라우스 2세와 비슷한 시기에 활동한 음악가다. 1860년부터 전성기를 누리며 지휘자 및 작곡가로서 크게 활약했다. 일평생 오페레타, 희곡의 부수음악, 발레 음악 등을 두루 작곡해 211곡이나 남겼다. 대표 작품으로《시인과 농부》,《보카치오》,《아름다운 갈라테아》등이 있다. 당시 빈의 작곡가들은 왈츠나 폴카 같은 춤곡에 관심이 많았다(왈츠는 3박자 계열의 곡으로 좀 더 우아하고, 폴카는 2박자 계열의 곡으로 왈츠보다 경쾌하고 빠른 특징이 있다). 이탈리아의

프란츠 폰 주페

단순하고 명랑한 선율과 빈의 우아한 분위기를 잘 섞은 그의 오페레타는 전 세계적으로 큰 인기를 끌었고, 오늘의 음악인《경기병》이 바로 그의 대표 오페레타 작품이다. 주로〈경기병 서곡〉이라고 불리는 서곡이 교과서에도 자주 등장해서 익숙한 곡이다.

　《경기병》은 빈의 시인 코스타의 대본을 원작으로 한 희가극으로, 헝가리의 민속음악인 차르다슈와 헝가리 무곡 등을 사용해 경기병들의 화려한 생활을 묘사했다. 당시 실제 경기병의 주요 임무가 민첩하게 움직이면서 연락을 취하거나 기동 순찰을 하는 것이었으므로, 음악도 현실을 반영해서 경쾌하고 빠르다.〈경기병 서곡〉은 마치 군대의 출정식을 연상시키듯 금관악기 팡파르가 경쾌한 시작을 알린다. 유명한 애니메이션《톰과 제리》에서 톰과 제리의 추격전에 가장 자주 흐르는 음악이 바로 이 곡이다.

바흐:《마태수난곡》중
〈주여 불쌍히 여기소서〉

▶▶ ⏸ ◀◀

Bach: St. Matthew Passion BWV.244, No.39,
Erbarme Dich

매년 3~4월쯤 찾아오는 부활절은 모든 기독교인에게 무척이나 중요한 의미가 있는 날이다. 부활절과 깊은 연이 있는 주기도문 같은 음악《마태수난곡》을 소개한다. 수난곡Passion이란 그리스도의 수난(예수가 십자가에 못 박힐 때 당한 고난)과 죽음을 다룬 음악이다. 수난주간, 즉 부활절 전 40일 동안 연주된다. 오케스트라와 합창단이 동일한 선율을 연주하거나 한쪽이 연주할 때 다른 쪽은 쉬기도 하고, 서로 대화를 나누듯 주고받기도 한다. 예수를 지지하는 세력과 모함하는 세력의 대립이 더블 오케스트라와 더블 합창으로 표현된다.

　바흐가 작곡한 수난곡으로《마태수난곡》과《요한수난곡》이 있는데,《마태수난곡》이《요한수난곡》보다 좀 더 유명하고 자주 연주된다. 성경의 마태복음 26장과 27장을 기본 가사로 하며, 극적인 요소가 있다. 크게 1부와 2부로 나뉘어 총 68곡으로 구성된다. 오늘의 음악인 〈주여 불쌍히 여기소서〉는 39번째 곡이다. 예수를 따르지 않은 베드로가 반성하면서 부르는 유명한 아리아로, 솔로 바이올린과 알토의 협주가 인상적이다. 절실한 프로테스탄트 추종자인 바흐에게《마태수난곡》은 각별한 의미가 있는 작품이었다. 그러나 그의 사후에 잊히고 마는데, 멘델스존이 1829년에 다시 발굴하면서 예전의 명성을 되찾았다. 당시 라이프치히 게반트하우스 오케스트라를 지휘했던 멘델스존은 1841년에 성 토마스 교회 합창단과 함께 바흐 서거 이후 처음으로《마태수난곡》을 전곡 초연했다. 연주 시간만 대략 3시간가량 소요되다 보니 어지간한 인내심 없이는 전 곡을 깊이 있게 감상하기 어렵다. 멘델스존은 바흐의《마태수난곡》에 대해 "초만원의 홀은 마치 교회와 같은 느낌을 주었습니다. 장엄하기 이를 데 없는 경건함이 청중을 지배했고, 깊은 감동의 기분으로 입에서 새어 나오는 두세 마디가 들릴 뿐이었습니다"라고 적었다.

　바흐《마태수난곡》중 〈나의 마음을 깨끗이 하여Mache dich, mein Herze, rein〉를 모티브로 한 작곡가 폴 모리아(1925~2006, 프랑스)의 〈천만 개의 노래Cent Mille Chansons〉도 들어보길 추천한다.

슈만: 《어린이의 정경》 중 〈트로이메라이〉

▶▶ ⏸ ◀◀

Schumann: Kinderszenen, Op.15, No.7, Träumerei

1986년 4월 20일 일요일 오후 4시, 비 내리는 모스크바에서 역사적인 연주회가 열렸다. 러시아 출신 피아니스트 블라디미르 호로비츠(1903~1989)가 고향을 떠난 지 61년 만에 귀국 연주회를 연 것이다. 1925년 러시아를 떠나 미국에서 성공적으로 데뷔하고, 명지휘자 아르투로 토스카니니(1867~1957, 이탈리아)에게 전폭적인 지지를 받아 결국 토스카니니의 딸 완다와 결혼까지 한 그는 미국으로 귀화한 후 20년 동안 최고 전성기를 누렸다. 그러나 엄청난 일정을 소화하느라 육체와 정신이 점점

블라디미르 호로비츠

쇠약해졌고, 1953년에 완전히 무대에서 물러났다가 1965년 5월에 카네기 홀에서 부활 독주회를 개최했다. 은퇴와 복귀를 수없이 반복한 그에게 무대란 가장 설레면서도 가장 힘든 곳이기도 했다.

호로비츠는 귀국 연주회에서 피아노 독주곡집 《어린이의 정경》 중 〈트로이메라이〉를 연주했다. 어른들에게 동심을 되찾아주는 이 음악은 낭만파 음악의 거장 로베르트 슈만이 1838년에 작곡했다. 각각의 곡이 50마디도 안 되지만, 문학적 조예가 깊었던 슈만은 짧은 곡 안에 충분히 많은 이야기를 담아냈다. 전체 13곡 중에서 가장 인기가 많은 곡이 바로 이 곡이다. 영화 《호로비츠를 위하여》에서 흘러 더 유명해졌다.

왜 호로비츠는 61년 만의 귀국 독주회에서 슈만을 연주했을까? 슈만은 이 곡을 작곡한 1838년에 연인 클라라와 꿈 같은 사랑에 빠져 있었고, 그의 음악은 세상의 모든 어린이와 어린이 같은 동심을 품은 순수한 어른들을 향했다. 아마 호로비츠는 61년 전 러시아를 떠날 당시에 고이 품고 있었던 음악의 꿈을 이 곡을 연주하며 다시 떠올려보고 싶었던 게 아닐까?

바흐: ⟨아리오소⟩
(코르토 편곡)

▶▶ ❙❙ ◀◀

Bach: Arioso from Harpsichord Concerto No.5 in F Minor,
BWV.1056 (Arr. Cortot)

바흐는 주로 심각하고 진지한 음악을 작곡했지만, 가끔 담백하면서 따뜻한 음악도 작곡했다. 오늘 감상할 ⟨아리오소⟩가 그렇다. 아리오소란 원래 반주가 있는 풍부한 선율의 짧은 노래를 말하는데, 나중에는 성악 대신 악기가 멜로디를 연주하는 기악곡을 가리키게 되었다.

게오르크 텔레만

바흐의 ⟨아리오소⟩ 역시 앞에서 들은 헨델의 미뉴에트나 사라방드처럼 협주곡의 일부지만 2악장만 발췌해서 피아노 독주곡으로 편곡된 버전이 자주 연주된다. 바흐는 자신의 멜로디를 여러 장르에서 다른 악기로 변용시키는 음악적 기법을 자주 사용했다. 대표적인 예시로, 이 곡은 바흐의 칸타타 ⟨나는 무덤에 한 발을 딛고 서 있다Ich steh mit einem Fuß im Grabe⟩(BWV.156)의 신포니아●로 등장한다. 이 곡에서는 ⟨아리오소⟩ 멜로디를 바로크 오보에가 연주한다.

⟨아리오소⟩의 첫 멜로디는 당시 바흐보다 네 살 많았으며 전 유럽에서 명성을 떨쳤던 음악가 게오르크 텔레만(1681~1767, 독일)의 사장조 플루트 협주곡(TWV51:G2)의 오프닝과 아주 비슷하다. 아무래도 바흐가 너무나도 존경하고 좋아했던 텔레만의 음악에 무의식적으로 영향을 받아 자신의 음악에 적용했던 게 아닐까 싶다.

●　시대에 따라 뜻과 형식, 양식이 다르지만 초기 바로크에서는 오페라나 칸타타 따위의 성악곡의 앞부분이나 중간에 삽입된 기악곡을 의미한다.

라벨:
〈물의 희롱〉

Ravel: Jeux d'eau, M.30

모리스 라벨은 드뷔시와 더불어 인상주의를 대표하는 작곡가로 잘 알려졌지만, 드뷔시와는 비슷하면서도 상당히 다른 점이 많다. 라벨의 음악은 드뷔시에 비해 훨씬 선율이 깔끔하고 단정한 데다 리듬도 명확하다. 더욱 고전적이기까지 하다. 라벨의 대표 피아노 독주곡으로는 1901년에 작곡한 〈물의 희롱〉, 1905년 〈거울〉(M.43), 1908년 〈밤의 가스파르〉(M.55) 등이 있다. 〈물의 희롱〉은 '물의 장난', '물의 유희'라고도 불리는데, 제목 그대로 물결이 찰랑대는 소리나 샘, 폭포, 시냇가 등에서 들을 수

〈물의 희롱〉 악보 표지

있는 소리로부터 영감을 얻어 작곡한 것이다. 악보에도 프랑스 시인 앙리 드 레니에의 시집 『물의 도시』에 수록된 〈물의 축제〉의 한 구절 "물결에 간질거린 강의 신이 웃는다"가 적혀 있다. 감상자를 간질거리게 만드는, 듣기에 편하고 부드러운 곡이지만 고도의 테크닉을 연주할 실력이 부족하면 제대로 표현하기에 상당히 어려운 곡이다.

연주 시간은 대략 5분에서 7분 정도로, 한 손은 멜로디를, 다른 한 손은 끊임없이 흐르는 물결처럼 16분음표나 32분음표를 계속 연주한다. 곡이 시작되고 약 2분 50초쯤에 검은 건반의 글리산도Glissando●가 아래쪽으로 움직이며 화려하게 연주된다. 마치 롤러코스터를 타는 듯 시원한 하강이 느껴진다.

이 곡은 라벨의 스승 가브리엘 포레에게 헌정되었고, '인상주의 피아노 음악에서 최초의 성공작'이라는 평을 받았다. 〈물의 희롱〉과 비슷한 느낌의 곡으로 낭만주의 작곡가 프란츠 리스트의 〈에스테 별장의 분수〉가 있다. 졸졸 흐르는 시냇물과 거친 폭포, 다시 잔잔해진 샘 등 피아노 한 대가 펼치는 물의 마법을 감상해보자.

● 글라이딩(활공)하듯이 서로 다른 건반을 죽 긁어서 연주하는 기법

모차르트:
〈작은 밤의 음악〉 1악장

▶▶ ❚❚ ◀◀

Mozart: Serenade No.13 in G Major, K.525,
Eine kleine Nachtmusik, I. Allegro

모차르트는 즐거운 악동이었다. 주변에 친한 친구들이 많았던 것을 보면 그는 고독한 천재라기보다는 인간미 넘치는 사람이었다. 그는 주로 대규모 편성의 교향곡이나 협주곡, 오페라처럼 귀족이나 종교 지도자를 위해 작곡했지만, 누이 난네를이나 아버지와 함께 연주하기 위한 가정용 음악도 많이 작곡했다. 사람을 좋아해서 집에서 몇 명의 친구들과 함께 모여 연주하기를 즐겼다고 한다. 인생 후반부를 궁핍하게 살았던 사정을 헤아린다면 조금 미안한 말이지만, 그런 상황에서도 여유를 잃지 않은 그의 낙천성이 마냥 부럽다.

모차르트는 자신의 음악에서 주로 일상의 즐거움을 다루었다. '소야곡'이라고 알려진 모차르트의 세레나데 13번 〈작은 밤의 음악〉을 들어보자. 세레나데란 연인의 창가에서 부르는 연가이기도 하고, 몇몇 사람들이 모여 연주하는 소규모 관현악 합주를 말하기도 한다. 대체로 이런 세레나데는 귀족들의 집에서 그들만의 파티를 위한 목적으로 연주되었다. 현대식으로 표현하자면 밥을 먹으면서 듣는 배경음악이라고 할 수 있겠다. 이 곡은 전체 13곡의 세레나데 중 가장 인지도가 높고, 교과서에서도 자주 등장해 익숙하다.

'즐겁다'의 사전적 의미는 '어떤 일이나 활동이 재미있거나 만족스러워 기분이 좋다'이다. 여러분에게 즐거움을 주는 것은 무엇인가? 나의 경우, 휘파람으로 멜로디를 따라 부르기 좋은 〈작은 밤의 음악〉의 1악장과 세련된 분위기의 2악장, 귀족적인 3악장의 미뉴에트에 이어 경쾌하고 역동적인 4악장을 들으면서 진한 아인슈페너 한 잔과 함께하는 산책이다. 2024년 9월, 모차르트 사후 233년 만에 그의 미공개작 〈아주 작은 밤의 음악Ganz kleiue Nachtmusik〉(K.648)이 독일에서 발견되었다고 하니, 함께 들으며 살랑거리는 봄밤의 분위기를 즐겨보자.

베르디: 오페라 《나부코》 중
〈금빛 날개를 타고 날아가라 내 상념이여〉

⏩ ⏸ ⏪

Verdi: Nabucco, Act III. Va, pensiero, sull'ali dorate
(Chorus of the Hebrew Slaves)

누구든 살면서 인생을 뒤흔들 만큼 힘든 일을 겪곤 한다. 이탈리아 출신 오페라 작곡가 주세페 베르디(1813~1901)의 경우 1838년부터 1840년까지의 시간이 그러했다. 그의 20대 후반은 그야말로 지옥이었다. 사랑하는 아내와 두 아이가 세상을 떠났고, 두 번째 오페라 《하루만의 임금님Un Giorno Di Regno》이 실패하면서 그는 완전히 좌절하고 만다. 베토벤처럼 죽을 결심을 하기도 했지만, 친구들의 격려와 응원에 힘입어 다시 일어설 수 있었다. 그렇게 탄생한 작품이 바로 오늘 감상할 오페라 《나부코》다. 전체 4막 구성으로, 연주 시간은 두 시간이 조금 넘는다. 긴 시간 때문에 전막 감상이 힘들다면 서곡과 유명 아리아를 먼저 들어보자. 오페라 서곡은 전체 주제 선율들이 잘 융합되어 있어서, 음악의 내용을 미리 상상해볼 수 있다.

베르디의 초기 오페라 《나부코》는 성경과 역사적 자료를 바탕으로 해서 이스라엘 민족과 바빌로니아 제국 간의 갈등을 묘사했다. 나부코는 성경에 등장하는 바빌로니아 왕 '나부코도노소르'를 말하며, 네부카드네자르 2세라고도 한다. 사랑해서는 안 될 두 적국 남녀의 러브스토리, 출생의 비밀을 알고 왕위를 찬탈한 수양딸 아비가일, 자신이 유일신이라고 자만하며 이스라엘을 침략했던 나부코 왕의 이야기가 매우 극적으로 펼쳐진다. 1842년 3월 9일 밀라노의 라 스칼라 극장에서 초연되었는데, 초연 당시부터 '히브리 노예들의 합창'으로 불리는 아리아 〈금빛 날개를 타고 날아가라 내 상념이여〉가 큰 반응을 얻었다. 바빌로니아에 잡혀간 히브리 노예들이 유프라테스강에서 부르는 노래다. 이 아리아는 3막 2장에 흐르는데, 당시 오스트리아의 지배를 받고 있던 상황에서 조국 통일을 염원하고 있던 많은 이탈리아인의 마음을 울려 이탈리아에서는 제2의 국가로 불렸다. 1901년 국장으로 치러진 베르디의 장례식에도 이 음악이 흘렀다. 가사와 멜로디가 매우 처연하면서도 심장을 뜨겁게 달구는 민족성이 돋보이는 곡이다.

그리그:
《페르 귄트》 중 〈솔베이그의 노래〉

▶▶ ‖ ◀◀

Grieg: Peer Gynt, Op.55, No.4, Solveig's Song

작곡가 에드바르 그리그(1843~1907, 노르웨이)는 1874년 초에 극작가 헨릭 입센(1828~1906, 노르웨이)으로부터 희곡 『페르 귄트』에 필요한 부수음악의 작곡을 부탁받는다. 당시 그리그는 작가 비에른스티에르네 비외른손과 오페라 《올리브 트뤼그바손》을 공동 제작하고 있었는데, 대본을 일부만 제공받은 채 대기하고 있던 상황이라 새로운 작업을 시작하는 데 잠시 망설였다. 하지만 언제까지나 비외른손만 기다릴 수는 없었기에 입센의 의뢰를 받아들인다.

그리그는 리스트와도 연이 있는데, 1865년 로마를 여행하던 중에 그를 처음 만났고, 그의 초대로 다시 로마를 방문한 1870년 이래 평생 음악적 교류를 나눈다. 귀국 후 오슬로음악원 부원장을 지내다가 노르웨이 정부로부터 종신 연금을 얻은 31세부터는 작곡에 전념했는데, 바로 이때 《페르 귄트》를 작곡한 것이다.

그리그의 작품 목록에서 Op.23은 《페르 귄트》 극음악 전체를 의미하고 Op.55의 No.4는 기악 모음곡 중 〈솔베이그의 노래〉 한 곡을 지칭한다. 그리그는 연극용 음악 작업을 완료하고 연극에서 사용된 27곡(번호가 붙여진 26곡과 번호가 없는 1곡) 중에서 유명한 곡들만 네 곡씩 묶어서 모음곡 제1번(Op.46), 모음곡 제2번(Op.55)으로 출판했다.

〈솔베이그의 노래〉는 연주곡이나 성악곡으로 자주 연주된다. 여주인공 솔베이그가 자신을 버리고 방탕한 생활을 일삼는 남편 페르를 그리워하면서 부르는 노래다. 이 곡의 멜로디는 극에서 총 세 번 등장하는데, 5막의 백발의 솔베이그 품에서 페르가 죽는 마지막 장면이 특히 인상적이다. 겨울, 봄, 여름을 지나 한 해가 다 져도 그대가 돌아올 것을 믿고 늘 기다릴 것을 약속한다는 솔베이그의 절규가 가슴을 적신다. 도대체 얼마나 사랑하면 이런 지고지순한 마음을 가질 수 있을까? 요즘 같은 현실에도 이런 사랑이 존재할까?

리스트:
《초절기교 연습곡》 중 〈마제파〉
▶▶ ❚❚ ◀◀

Liszt: 12 Transcendental Etudes, S.139, No.4, Mazeppa

반 클라이번 콩쿠르에서 1등을 거머쥔 임윤찬의 〈마제파〉 연주를 들으면 절로 입을 벌리게 된다. 리스트가 빅토르 위고의 동명의 시 〈마제파〉에서 영감을 받아 총 세 번에 걸쳐 완성한 곡이다. 열두 살의 나이에 파리에서 단 한 번의 공개 연주회를 통해 인상적인 데뷔를 마친 리스트는 곧장 유럽 전역으로 순회 연주를 다닐 만

호라스 베르네, 〈마제파〉

큼 유명세를 얻었다. 그는 연주 실력만큼이나 작곡 실력도 뛰어났는데, 열다섯 살에는 자신의 탁월한 피아노 기교를 유감없이 발휘해 작곡한 초절기교 연습곡으로 사람들을 놀라게 한다. 이때 작곡된 것이 초고(S.136)이고, 이후 계속해서 수정을 거쳐 첫 번째 개정판인 12개의 대연습곡(S.137)이 1837년에 출판된다. 그리고 또 한 번의 개정 작업을 거쳐 1852년에 라이프치히의 한 출판사에 의해 현재에 알려진 초절기교 연습곡(S.139)이 출판된다. 음악에 있어서 완벽을 추구했던 리스트는 작품이 자신의 마음에 들 때까지 수정과 보안 작업을 거듭했고, 이 곡은 스승이었던 카를 체르니에게 헌정되었다.

리스트는 흔히 '에튀드'라고 불리는 연습곡을 많이 작곡했다. 그중 제일 어려운 곡으로 손꼽히는 작품이 바로《초절기교 연습곡》이다. 모음곡집에 포함된 12곡 중 10곡은 제목이 있고 두 곡(2번과 10번)은 무제다. 그의 작품은 손가락이 스무 개라 하더라도 연주하기 힘들 거라는 평을 받는데, 그의 친한 친구이자 작곡가인 엑토르 베를리오즈는 곡의 고난도를 인정하면서 이렇게 말했다. "리스트는 오직 자기 자신을 위해 이 음악을 작곡했고, 세상에는 이 작품을 제대로 연주할 수 있다면서 우쭐댈 수 있는 사람은 단 한 명도 존재하지 않을 것이다."

베토벤:
〈엘리제를 위하여〉

▶▶ ❚❚ ◀◀

76위

Beethoven: Für Elise, Bagatelle in A Minor, WoO.59

〈엘리제를 위하여〉는 클래식을 잘 모르더라도 누구나 한 번쯤은 들어봤을 곡이다. 자동차가 후진할 때 울리는 효과음으로도, 학창 시절 교내 방송의 오프닝 음악으로도 사용되어 아주 익숙한 곡이다. 너무 자주 들려서 쉬울 것 같지만 사실 이 곡이야말로 악성 베토벤의 인간적인 음악 세계를 엿볼 수 있는 명곡 중의 명곡이다.

피아노를 치는 테레제 말파티

베토벤에게는 수많은 여인이 있었지만, 단 한 명의 불멸의 연인이 누구인지는 아직 명확히 밝혀지지 않았다. 하지만 한 가지 확실한 건, 그는 언제나 누군가를 끊임없이 사랑했다는 사실이다. 악성의 모든 음악적 원천은 역시나 사랑이었다. 이 곡은 그의 악필로 인해 자필 악보에 적힌 첫 글자 T가 E로 잘못 읽혔고, 따라서 엘리제가 아닌 그의 친구이자 연인 중 한 명이었던 테레제 말파티를 위해 작곡한 것이라고 추정하기도 하는데 사실 여부는 분명하지 않다.

원제에서 바가텔Bagatelle은 가벼운 작품이라는 뜻으로, 두세 도막 형식의 소품에 붙이는 명칭이다. 간단하고 소박하지만 절대 가볍지는 않다. 첫 주제(A)가 전체를 통틀어 세 번 반복되는 A-B-A-C-A 구조다. 중간에 반전으로 격정적인 조바꿈도 잠시 일어나지만, 결말은 다시 원점으로 돌아가 조용히 사라지는 론도 형식이다. 이 곡은 따로 작품 번호가 있지 않고, 베토벤 사후 40년 뒤에 발견되어 WoOWerke ohne Opuszahl(작품 번호가 없는 작품) 카테고리로 표시한다.

드보르자크:
피아노 오중주 2번 B.155 1악장

▶▶ ❚❚ ◀◀

Dvořák: Piano Quintet No.2 in A Major, Op.81, B.155,
I. Allegro, ma non tanto

드보르자크는 옆집 아저씨 같은 평범한 외양과는 달리 아주 방대한 음악 세계를 자랑하는 음악가다. 이 책에 실린 드보르자크의 대표곡만 해도 어느 한 장르에 치우치지 않는다. 교향곡 9번 〈신세계로부터〉나 첼로 협주곡 같은 관현악도 유명하지만, 그의 진수는 실내악에 있다고 해도 과언이 아니다. 그는 일평생 현악 사중주 14곡, 현악 오중주 3곡, 피아노 삼중주 4곡, 피아노 사중주 2곡, 피아노 오중주 2곡 등을 작곡했다. 이것만 봐도 그의 음악에서 실내악 작품이 차지하는 비중이 꽤 크다는 사실을 알 수 있다. 오늘 소개하는 피아노 오중주 2번은 그의 대표적인 실내악 작품이다.

피아노 오중주는 슈만과 브람스를 거쳐 드보르자크로 이어진다. 드르로자크의 오중주는 주요 멜로디가 보헤미안의 정서를 표현한다. 그는 처음에 바그너를 좋아했지만, 점차 바그너와 음악적 스타일이 정반대인 브람스를 존경하게 된다. 브람스가 1865년에 피아노 오중주 바단조(Op.34)를 발표하자 드보르자크도 이에 영향을 받아 1872년에 이 작품을 발표했다. 그러나 안타깝게도 초연은 실패로 끝났고, 작품은 금방 잊히고 만다. 그러나 15년이 지난 어느 날, 드보르자크는 프라하의 남쪽 작은 마을 비소카에 머물면서 우연히 젊었을 때 작곡한 이 오중주를 발견했고, 여러 번의 수정 작업을 거쳐 1888년 1월에 다시 초연을 올렸다.

전체 4악장 구성으로 모든 악장이 좋지만 1악장이 큰 사랑을 받는다. 처음에 피아노가 조용하게 분위기를 조성하면 뒤이어 첼로가 등장해 천상의 멜로디를 연주한다. 이 곡은 특히 첼로 때문에 좋아하는 사람들이 꽤 많다. 이어서 등장하는 바이올린의 유혹적이고 다정한 멜로디도 인상적이다.

바흐:
〈시칠리아노〉

▶▶ ⏸ ◀◀

Bach: Siciliano in G Minor, BWV.1031

'흰 대리석'을 뜻하는 시칠리아섬은 이탈리아 본토와 약 3km 떨어진, 지중해에서 가장 큰 섬이다. 영화 《대부》를 본 적 있다면 익숙할 것이다. 시칠리아 사람들은 본토 사람과는 성향이 매우 다르다는데, 기원전 8세기에 이주해온 고대 그리스인들이 식민지화해서 섬만의 독특한 문화가 형성되었기 때문이라고 한다. 바흐의

엘리자베스 캠벨, 〈1825년의 시칠리아〉

〈시칠리아노〉를 들으면 과거로 회귀하는 듯한 몽롱한 기분이 드는 것도 이 때문인 것 같다.

　이 소나타는 3악장으로 구성된다. 1악장 알레그로 모데라토, 2악장 시칠리아노, 3악장 알레그로다. 최근에는 바흐 음악의 중요한 특징인 대위법이 드러나지 않는다는 이유로 그의 작품이 아니라는 의혹을 받고 있기도 하다. 바로크 시대 음악은 기록이 정확하지 않은 경우가 많아서 종종 이런 일이 벌어지곤 한다. 2악장에 적힌 시칠리아노는 '시칠리아풍'이라는 뜻으로, '시칠리아나siciliana', '시칠리안sicilian' 등으로도 표기된다. 시칠리아노는 바로크 시대에 시작되어 다양한 음악 작품에 종종 포함되는 음악 스타일이나 장르를 말하는데, 시칠리아섬의 농민에게서 유래한 춤곡을 일컫기도 한다. 17, 18세기 유럽에서 크게 유행했으며 주로 6/8박자 또는 12/8박자다. 기본적으로 8분음표를 기준으로 하는 펼침화음이 사용되어 목가적이고 평화로운 느낌을 준다. 멜로디에 부점(점음표)이 많이 사용되는 것도 큰 특징이다.

　이 곡은 1931년에 빌헬름 켐프가 편곡한 피아노 독주 버전으로 자주 연주된다. 바흐의 〈시칠리아노〉와 더불어 가브리엘 포레의 〈시실리안느Siclienne〉도 매우 유명하니 함께 들어보길 추천한다.

바흐:
《푸가의 기법》 중 대위법 1번

▶▶ ▮▮ ◀◀

Bach: The Art of Fugue, BWV.1080, Contrapunctus 1

《푸가의 기법》은 14곡의 푸가와 4곡의 캐논으로 구성된 바흐의 미완성 작품이다. 1748~1749년 무렵부터 작곡을 시작해 1750년 세상을 떠날 때까지 이 곡에 집중했다. 완성 여부와 상관없이 바흐 작품의 최고봉으로 평가된다. 이 곡을 들으면 작은 퍼즐 조각을 하나씩 맞춰가면서 거대한 그림을 완성하는 듯한 기분이 느껴진다.

이 곡은 바흐가 전 생애에 걸쳐 몰두했던 대위법이라는 음악의 기법에 관한 총론이자 후세를 위한 교본이다. 대위법은 주제에 대응하는 또 다른 주제가 톱니바퀴처럼 계속 움직이며 흐르는 음악 기법을 말한다. 공을 동시에 4~5개씩 굴리는 저글링 같다고나 할까? 들어도 들어도 당최 이해가 잘 안 가는 음악이다. 최종 푸가인 제 239마디는 바흐가 직접 쓴 마지막 음표로 남았다. 말년에 눈병이 크게 악화했기 때문이다. 그는 평생을 묵묵하고 꾸준하게 자신의 본분을 잊지 않고 음악에 전념했다.

이 작품은 특정 악기를 지정하지 않아서 피아노나 오르간 같은 솔로 건반악기나 현악 사중주 또는 성악과 함께 실내악 형식으로 연주되는데, 그나마도 작곡 후 180년이 지난 1927년에 볼프강 그라이저(1906~1928, 독일)가 라이프치히에서 처음으로 연주했다. 이후 관현악 버전으로 편곡되었다. 〈골드베르크 변주곡〉처럼 연주 시간만도 1시간이 훨씬 넘는 대곡인 데다가 5분도 채 듣기 힘들지만, 만약 첫 곡을 듣는 데 성공하면 이후로는 한결 쉬워진다. 멜로디가 잘 들리지도 않고 흥이 나는 템포도 아니어서 듣다 보면 정신이 다른 곳으로 새는 일이 다반사라 주의 집중이 필요하다.

베토벤:
피아노 소나타 8번 〈비창〉 2악장

▶▶ ‖ ◀◀

Beethoven: Piano Sonata No.8 in C Minor, Op.13,
Pathétique, II. Adagio cantabile

베토벤은 독일 본 출신이지만 어머니의 죽음 이후 독일을 떠나 오스트리아 빈에서 활동했다. 바흐나 모차르트가 건반악기에 능통했던 것처럼 베토벤 역시 피아노를 능숙하게 연주했다. 1792년 22세의 베토벤은 빈으로 완전히 이주했고 1795년 3월 빈에서 열린 첫 공개 연주회에서 즉흥 연주로 많은 이를 놀라게 했다. 베토벤은 빈 초기 시절 1795년부터 1799년까지 4년 동안 피아노 소나타만 12곡을 작곡했는데, 〈비창〉도 그중 하나다.

청년 시절의 베토벤

1798년 베토벤은 청각 이상으로 아주 힘든 시기를 보냈다. 직접적인 사인은 약물과 술의 과다 음용으로 인한 납 중독이었다. 어떻게든 청력을 고쳐보려고 절실하게 노력했고 수년간 75가지의 약을 먹었는데, 여기에 상당수의 납이 함유되었을 가능성이 컸다고 한다. 부작용을 감수하면서까지 수많은 약을 삼켜야만 했던 베토벤의 간절한 마음이 느껴진다. 스물여덟 살의 베토벤은 신이 자신을 버렸다고 생각해 비참한 심정으로 작업에 매진했다.

〈비창〉 소나타는 세 악장이 모두 유명해서 주로 전 악장(평균 20분 소요)이 한 번에 연주된다. 1악장은 그라베Grave(엄중하고 무겁게)라는 나타냄말에 걸맞게 침통하고 무거운 분위기가 가득하다. 마치 베토벤의 심장이 쿵! 하고 내려앉은 것처럼 다단조 화음이 처음 울리고, 슬픔이 잔뜩 묻어나는 멜로디가 악장을 장식한다. 뒤이어 2악장에서는 평온한 멜로디가 흐른다. 인생의 희로애락이 모두 담겨 있으며 피아노 소나타 26번 〈고별〉과 함께 베토벤이 직접 제목을 붙인 특별한 곡이기도 하다.

헨델: 오페라 《리날도》 중 〈울게 하소서〉

▶▶ ❚❚ ◀◀

Handel: Rinaldo, HWV.7a, Lascia ch'io pianga

오늘 감상할 곡은 바로크 오페라를 통틀어 가장 인기 있는 곡인 아리아 〈울게 하소서〉다. 독일 출신 헨델은 영국 런던으로 건너가 1711년에 이탈리아어로 된 오페라 《리날도》를 무대에 올린다. 이탈리아어를 모르는 영국 관객을 위해 공연 전에 가사집을 직접 발행했을 만큼, 그는 관객에게 무엇이 필요한지 잘 알고 있었다. 그렇게 헨델의 영국 데뷔작인 《리날도》는 큰 성공을 거두었다.

《리날도》는 총 3막으로 구성되며, 1095년에서 1291년 사이에 일어난 기독교와 이슬람 간의 종교전쟁인 십자군 전쟁을 배경으로 한다. 영웅 리날도와 그의 연인 알미레나, 그런 알미레나를 사랑하는 사라센의 왕 아르간테가 주인공이다. 또 다른 등장인물인 마녀 알미다는 아르간테를 사랑해서 알미레나를 가두고 그녀로 변장해 왕을 유혹한다(마치 《백조의 호수》에서 흑조 오딜이 오데트로 변신해 왕자를 유혹하는 상황과 비슷하다). 알미레나는 자신의 관심을 끌려고 애쓰는 아르간테 앞에서 자신을 그저 울게 내버려두라고 한탄하는데, 이때 부르는 곡이 바로 〈울게 하소서〉다. 지금은 여성 소프라노가 자주 부르지만, 당시에는 카스트라토가 불렀다. 게다가 당시에는 끝내 이루어지지 못하는 비극적인 사랑 이야기가 유행했는데, 《리날도》는 행복한 결말로 끝나는 점이 특징이다.

정말 울고 싶을 때 들으면 한껏 울게 되는 아리아 〈울게 하소서〉는 헨델이 1707년 봄에 작곡한 첫 번째 오라토리오 《시간과 깨달음의 승리It trionfo del Tempo e del Disingmo》(HWV.46a)에 수록된 〈가시는 놔두고 장미는 꺾어라Lascia la spring cogli la rosa〉를 다시 한번 사용한 것이다. 가사는 다르지만 멜로디가 비슷해서 얼핏 들으면 같은 곡처럼 들린다. 두 곡을 비교해 함께 감상해보자. 《시간과 깨달음의 승리》는 오페라에 비해 상대적으로 덜 유명하지만 삶과 죽음이라는 생의 본질에 관한 깊은 철학적 해석을 엿볼 수 있는 뛰어난 작품이다.

베토벤:
바이올린 소나타 5번 〈봄〉 1악장

▶▶ ❚❚ ◀◀

99위

Beethoven: Violin Sonata No.5 in F Major, Op.24,
Spring, I. Allegro

오늘의 음악은 매년 봄이면 여러 군데서 울리는 또 다른 제철 음악, 베토벤의 〈봄〉이다. 봄과 관련된 클래식이 얼마나 많은가. 비발디의 사계 〈봄〉부터 하이든의 사계 〈봄〉, 슈만의 교향곡 〈봄〉, 멘델스존의 무언가 〈봄노래〉, 요한 슈트라우스 2세의 〈봄의 소리 왈츠〉, 스트라빈스키의 〈봄의 제전〉까지, 시대를 불문하고 봄은 활짝 만개하는 꽃처럼 영감이 넘치는 계절이다.

베토벤은 바이올린 소나타를 총 10곡 작곡했는데, 다섯 번째 곡인 〈봄〉은 4번과 비슷한 시기인 1801년에 작곡했다. 4번은 좀 우울한 데 반해, 이 곡은 아주 분위기가 밝다. 〈봄〉이라는 제목은 베토벤이 직접 붙인 것은 아니지만 곡의 첫 주제를 듣고 나면 저절로 수긍하게 된다. 듣기에는 참으로 편안한데 연주자에게는 아주 까다롭기 그지없는 곡이다. 바이올린 소나타지만 피아니스트의 역할이 못지않게 중요해서 피아니스트들끼리 이 곡은 바이올린 소나타가 아니라 피아노 소나타라는 농담을 주고받기도 한다.

〈봄〉은 주로 3악장인 보통의 소나타와 다르게 4악장 구성이다. 제1악장에서 바이올린이 전주 없이 바로 멜로디를 연주한다. 처음 등장하는 주제 선율이 곡의 성패를 결정한다. 바이올린이 멜로디를 연주하고 피아노가 반주하고 나면, 그다음에는 피아노가 멜로디를 연주하고 바이올린이 반주한다. 서로 주거니 받거니 하는 것이 사이좋은 애인 같다. 한번 들으면 쉽게 잊히지 않은 따뜻한 온도의 멜로디, 봄볕 같은 멜로디라서 천천히 산책하며 듣기에 참 좋다. 따뜻하게 나를 감싸주는 위로와 평온함을 느끼고 싶다면, 이 음악을 들어보기를 권한다.

모차르트:
호른 협주곡 1번 K.412 1악장

▶▶ ❚❚ ◀◀

99위

Mozart: Horn Concerto No.1 in D Major, K.412,
I. Allegro

좋아하는 독일어 단어 중 '게뮈틀리Gemütlich'가 있다. 독일에서 유학할 때 전공 교수님은 레슨 때마다 항상 온화한 미소를 얼굴에 걸치시고 이 단어를 최소 열 번 이상 사용하셨다. '아늑하고 기분 좋게'라는 뜻이었지만, 당시 내 생활은 별로 아늑하지 못했기 때문에 이 단어의 진의를 음악으로 표현해내기가 무척 어려웠다. 그러다 어느 봄날 저녁,

어거스트 폰 렌첼, 〈함께라서 아늑함〉

학교 뒷마당에서 독일 친구가 모차르트의 호른 협주곡 1번 1악장을 연습하는 것을 들었고, 그때 나도 모르게 입에서 "게뮈틀리!"라는 단어가 튀어나왔다. 게뮈틀리한 음악을 연주한다는 것이 무엇인지 조금이나마 알게된 순간이었다.

　모차르트는 궁정악단의 호른 연주자였던 요제프 라이트게브(1732~1811, 오스트리아)와 평생 친구였는데, 둘 다 유쾌한 농담을 좋아했고 말이 잘 통했다. 모차르트가 작곡한 호른 협주곡 네 곡의 나타냄말이 모두 '라이트게브풍으로'이니, 둘 사이가 얼마나 끈끈했을지 짐작이 간다. 일반적으로 협주곡은 3악장이지만, 모차르트의 호른 협주곡 1번은 두 악장으로 구성되었다. 전체 연주 시간이 10분 안팎으로 짧으면서도 경쾌하고 편안하게 들을 수 있는 곡이다. 특별히 신경 쓰지 않아도 그저 같이 있는 것만으로 편한 친구 같은 친숙한 느낌이다. 1번 호른 협주곡의 2악장 악보에는 다음과 같은 장난기 어린 글귀들이 쓰여 있다. "달려라 당나귀야!", "잠깐 숨 쉬고", "안 돼, 돼지야", "이제 여기서 끝장이다!" 모차르트의 어린이 같은 면모가 잘 드러난다.

생상스:
《동물의 사육제》 중 〈백조〉

▶▶ ❚❚ ◀◀

113위

Saint-Saëns: Le carnaval des animaux, XIII. Le cygne

모차르트의 재래라고 불렸던 프랑스 출신의 천재 음악가 카미유 생상스는 작곡자이자 피아니스트로 명성이 드높지만, 지휘자, 평론가, 시인, 화가, 작가이면서 심지어는 천문학과 점성술까지 능통했던 진정한 르네상스 맨(모든 학문과 예술에 능통한 사람)이었다. 그러나 어려서부터 워낙 내성적이었던 데다가 자식에게 집착

존 굴드, 〈혹고니〉

이 강했던 어머니의 영향으로 본인의 감정을 솔직하게 드러내는 데 어려움을 겪었다고 한다. 그래서 좋아하는 여자와 결혼하는 과정도 힘들었고, 막상 결혼 후에는 아이를 잃은 데다 그 자신도 말년에 아프리카 알제리를 여행하던 도중 객사하는 등 음악적으로는 천재였지만 개인적으로는 불행한 삶을 살았다.

장르를 불문하고 그가 남긴 명곡들은 많지만, 아마 《동물의 사육제》가 가장 익숙할 것이다. 1886년 생상스는 51세에 오스트리아를 방문해 친구 샤를 르부크가 주최하는 음악회를 위해 이 작품을 작곡했다. 주로 실내악이나 관현악곡으로 연주되는데, 관현악 버전은 현악기 연주자가 더 많이 투입되어서 현악기 소리가 강조된다. 총 14곡 구성으로, 서주, 사자왕, 수탉, 암탉, 당나귀, 거북, 코끼리, 캥거루, 수족관, 수탕나귀, 노새 등 귀가 긴 동물, 숲속의 뻐꾸기, 커다란 새장, 피아니스트, 화석, 백조, 피날레까지, 다양한 만물이 등장한다. 이 중 13번째 〈백조〉가 가장 유명하다. 안단티노 그라지오소Andatino grazioso(조금 느리면서 우아하게)라는 나타냄말답게 느긋하고 여유로운 분위기로 전개되어 전체 28마디뿐이지만 잔잔하게 뭉근한 감동을 준다.

《동물의 사육제》는 언제 들어도 재미있는 곡이니만큼 본인도 즐기면서 작업했을 법한데, 정작 생상스는 진지한 작곡가의 이미지가 훼손될까 봐 우려되어 생전에 〈백조〉를 제외한 나머지 곡들은 출판을 금지했다고 한다.

차이콥스키:
〈1812 서곡〉

▶▶ ⏸ ◀◀

Tchaikovsky: 1812 Overture, Op.49, TH.49

러시아의 차르 알렉산드르 1세는 1812년 모스크바에서 나폴레옹을 물리친 것을 기념하기 위해 그리스도 구세주 대성당을 짓기 시작했다. 성당은 약 70년의 세월을 넘어 마침내 1880년에 완공될 예정이었고, 당시 차르인 알렉산드르 2세는 기념식을 거행하기로 계획한다. 마침 1881년은 알렉산드르 2세가 즉위한 지 25년이 되는 해이기도 했다. 이 완공식을 기념할 음악으로 작곡된 곡이 바로 〈1812 서곡〉이다. 빠듯한 일정이었지만 차이콥스키는 의뢰를 받아들이고 바로 작업을 시작해 6주 만에 작곡을 끝냈다. 초연에서 대성당의 종과 모스크바 시내에 있는 모든 종을 울리고 실제 대포도 사용될 예정이었지만, 예상과 달리 성당은 1881년에 완성되지 못했고 이듬해 3월에 알렉산드르 2세가 암살되면서 모든 일정이 취소되었다. 결국 1882년 모스크바 예술 산업 박람회에서 비교적 평범하게 관현악 버전으로 편곡되어 실내에서 공연을 올렸다.

차이콥스키는 이 곡을 시끄럽기만 한 행사용 음악이라고 스스로 혹평했지만, 러시아 사람들에게는 자긍심을 고취시켜주는 명곡으로 꼽힌다. 총 3부로 구성되어 제1부는 러시아의 구원을 기도하는 성가 〈신이 너를 보호하신다〉로 시작한다. 제2부에서는 승리하기를 바라는 국민의 마음을 표현했다. 이어서 점점 템포가 빨라지고 프랑스군의 우세를 묘사하는 부분에서 프랑스의 국가 〈마르세예즈〉가 흘렀다가 전세가 뒤바뀌어 러시아 노래가 등장한다. 제3부 클라이맥스에서는 러시아군이 프랑스군을 격파하는 거대한 대포 소리가 울린다. 분위기는 점점 고조되고, 모든 악기가 총동원되어 포르티시시시모(*ffff*, 매우 세게)로 매우 세게 연주된다. 이윽고 2주제가 다시 등장해서 러시아의 국가가 장중하게 흐르는 동시에, 모든 교회의 종이 일제히 울리면서 장엄하게 마무리된다.

〈1812 서곡〉에서는 여러 발의 대포 소리가 들린다. 총 몇 발인지 귀 기울여 세어보자. 이렇게 특정 포인트가 되는 소리에 집중하는 것도 음악을 감상하는 묘미 중 하나다(참고로 정답은 16발이다).

차이콥스키:
바이올린 협주곡 D장조 1악장

▶▶ ⏸ ◀◀

Tchaikovsky: Violin Concerto in D Major, Op.35, TH.59,
I. Allegro moderato

차이콥스키가 1878년에 작곡한 유일한 바이올린 협주곡이다. 차이콥스키는 1876년에 부유한 미망인 나데츠다 폰 메크를 만나 그녀의 후원을 받게 되었고, 덕분에 생계를 신경 쓰지 않고 오로지 작곡에만 몰두할 수 있었다. 곧 그는 모스크바음악원 교수직을 사퇴하고 자신만의 작업실에서 음악 작업에 집중했다. 그녀를 만난 이후로 차이콥스키의 음악 세계는 더욱 빛을 발했는데, 이 곡이 한 예다.

차이콥스키가 스위스에 머물 때 브람스의 음악적 파트너였던 바이올리니스트 요제프 요하임과 차이콥스키에게서 작곡을 배운 바이올리니스트 요시프 코테크(1855~1885, 러시아)가 그를 찾아온다. 코테크와 차이콥스키는 사제 관계인 동시에 연인 관계였다. 둘은 음악적 견해를 나누는 좋은 동료이기도 해서 차이콥스키는 이 곡의 바이올린 파트를 작곡할 때 그의 의견을 많이 참고했다. 그리고 이 곡을 코테크에게 헌정하고 싶어 했지만 두 사람의 관계가 드러날까 봐 차마 그러지 못하고 레오폴트 아우어(1845~1930, 헝가리)를 찾아갔다. 하지만 아우어는 연주를 거절했고, 후에 진가를 알아본 라이프치히 음악원의 바이올리니스트 아돌프 브로드스키(1835~1929, 러시아)가 연주하면서 유명해졌다. 최종적으로 이 곡은 브로드스키에게 헌정되었다.

연주자들은 처음 이 곡을 받아보고 너무 어렵다면서 차이콥스키가 바이올린을 잘 모르기 때문에 이런 곡이 나온 거라고 비판했다. 그러나 지금은 4대 협주곡으로 인정받고 베토벤, 멘델스존, 브람스의 바이올린 협주곡과 더불어 가장 사랑받는 곡이 되었다. 1악장은 가슴이 뻥 뚫릴 만큼 웅장해서, 그 화려함에 압도되어 나도 모르게 손뼉을 치고 싶어진다. 실제로 간혹 연주회장에서 비슷한 해프닝이 발생하기도 한다. 2악장에서는 눈물이 날 만큼 고색창연한 멜로디가 흐르는데, 본인이 태어난 우크라이나의 민요 멜로디를 사용한 것이다.

슈만:
《시인의 사랑》 중 〈아름다운 5월에〉

▶▶ ❚❚ ◀◀

Schumann: Dichterliebe Op.48,
I. Im wunderschönen Monat Mai

클라라의 사랑 덕분에 심리적인 안정을 얻은 슈만은 샘솟는 창작력에 힘입어 여섯 권이나 되는 가곡집을 펴낸다. 슈만의 음악 세계에 평생 영향을 끼친 작가로 바이런, 호프만, 하이네 등이 있는데, 특히 하이네는 슈만과 비슷한 감정선을 공유한 시인이었다. 비슷한 경험을 했기 때문인지 슈만은 하이네의 작품에 가장 강렬하게 이끌렸다. 하이네가 사촌 동생을 사랑하고 실연당한 아픔을 시로 표현한 것처럼, 슈만 또한 그가 사랑했던 여인에 대한 기쁨과 슬픔의 감정을 연가곡집 《시인의 사랑》에 담았다.

《시인의 사랑》은 1840년 슈만이 클라라와 결혼하기 직전에 작곡한 작품으로, 하인리히 하이네(1797~1856, 독일)의 시집 『서정적 간주곡』의 첫 번째 시에 멜로디를 붙인 것이다. 한 편의 드라마처럼 사랑의 시작, 전개, 결말이 차례대로 전개된다. 첫 곡부터 여섯 번째 곡까지는 사랑의 시작을, 일곱 번째부터 열네 번째 곡은 실연의 아픔을, 마지막 두 곡은 지나간 청춘에 대한 허망함과 잃어버린 사랑의 고통을 노래한다. 이 중에서 첫 번째 곡 〈아름다운 5월에〉와 일곱 번째 곡 〈나는 울지 않으리Ich Grolle Nich〉 그리고 열두 번째 곡 〈맑게 갠 여름 아침에Am leuchtenden Sommermorgen〉를 가장 좋아한다. 연가곡집 《시인의 사랑》은 기승전결이 있는 음악이라 마치 성악가가 연기하는 한 편의 모노드라마를 보는 느낌이다.

슈만은 처음에 이 곡을 테너 성부를 위해 작곡했다. 가곡의 경우 작곡가가 성부를 정해놓기는 하지만, 오페라와 다르게 성악가의 음역에 따라 조옮김을 해서 부르는 것이 가능하다. 성부가 서로 다른 성악가들의 노래를 비교 감상해보면 차이가 확연히 드러난다. 이 곡은 개인적으로 테너가 부른 것보다 차분하면서도 애절한 피아노 선율을 타고 시작되는 바리톤의 중저음을 좋아한다. 덧붙여 오페라 가수와 리트 가수를 비교 감상해보는 것도 색다른 감상법이다. 오페라는 화려한 퍼포먼스와 함께하기에 연기력이 중요한 데 반해, 리트는 성악적 기량과 가사의 음악적 해석을 더욱 중요시한다.

비탈리:
〈샤콘느〉

▶▶ ❚❚ ◀◀

Vitali: Chaconne in G minor

토마소 비탈리(1663~1745, 이탈리아)는 우리에게 익숙한 《사계》의 작곡가 비발디와 이름이 비슷하지만 다른 사람이다. 그 역시 비발디처럼 바이올리니스트인 동시에 작곡가였다. 바이올린의 처연한 음색으로 절절한 비통함이 느껴지는 비탈리의 대표곡 〈샤콘느〉를 들어보자.

에드바르트 뭉크, 〈이별〉

    원래 샤콘느는 17, 18세기에 유행한 기악곡의 형식으로, 프랑스 남부와 스페인에서 유행했던 춤곡이다. 비탈리보다 22년 뒤 태어난 요한 제바스티안 바흐의 무반주 바이올린 파르티타 2번 〈샤콘느〉도 유명하다. 이 곡은 비탈리가 그 시대에 유행했던 스타일을 따라 바이올린과 통주저음을 위한 곡으로 작곡했지만, 1867년에 독일의 바이올리니스트 페르디난도 다비드(1810~1873)가 바이올린과 피아노를 위한 곡으로 편곡했다. 이후에 바이올리니스트 지노 프란체스카티(1902~1991, 프랑스)가 관현악 반주로 편곡하기도 했다.

    이 곡을 연주할 때는 절대 반주가 바이올린을 덮어서는 안 된다. 어떤 악기든 간에 바이올린의 격정적인 멜로디를 받쳐주며 묵묵하게 함께해야 한다. 피아노 반주의 왼손이 솔, 파, 미, 레의 한 음 한 음을 묵직하게 내려가는 것에서부터 심연으로 침잠하는 듯하다. 사연 있는 사람이 터벅터벅 무겁게 걷는 장면이 그려진다. 그래도 살아야 한다고, 그것이 삶이라고, 애써 무게를 감당하는 기분도 든다. 시각적으로 비유하면 전체적으로 검고 무채색이지만 아주 잠시나마 빨갛고 노란색의 환한 부분도 등장한다. 10분 정도 연주되는 이 짧은 곡 안에 인간의 희로애락이 모두 들어 있다. 고도의 음악적 기술을 요구하는 곡으로 연주자의 탄탄한 실력과 내면의 성숙함이 갖춰져야만 완주할 수 있는 곡이다. 명연주자들이 많지만, 유난히 슬프게 울리는 지노 프란체스카티의 연주를 추천한다.

슈베르트: 《아름다운 물방앗간의 아가씨》 중 〈방랑〉

▶▶ ❚❚ ◀◀

Schubert: Die schöne Müllerin, Op.25, D.795,
I. Das Wandern

슈베르트는 1823년에 《아름다운 물방앗간의 아가씨》, 1827년에 《겨울 나그네》 그리고 사후에 출판된 《백조의 노래》까지 해서 총 세 개의 가곡집을 남겼다. 《아름다운 물방앗간의 아가씨》는 시인 빌헬름 뮐러의 시에 곡을 붙인 것으로, 총 20곡이 담겨 있다. 슈베르트가 최초로 출판한 연가곡집인 동시에, 낭만파 시대에 처음 출

안토니오 디지아니, 〈인물과 물레방아가 있는 강 풍경〉

판된 연가곡집이라서 역사적으로 중요한 의미를 지닌다. 슈베르트의 음악에 반복이 많은 이유는 그가 물레방아를 너무 좋아했기 때문이라고 우스갯소리를 한 선배가 있었는데, 그때는 그저 웃어넘겼지만 가끔 그 선배의 말이 맞는 것 같다는 생각이 들 때가 있다.

이 가곡의 줄거리는 물방앗간 아가씨를 홀로 짝사랑하는 청년의 슬픈 사연이다. 전체 구성이 유기적으로 밀접하게 연관되어 마치 가수가 서술자가 되어서 완성도 높은 한 편의 이야기를 실감 나게 들려주는 것 같다. 방랑은 즐거움이라고 말하면서 물에게 인생을 배운다는 청년의 순수함이 엿보인다. 소소한 분위기를 풍기는 전원풍 노래다.

가곡을 즐겨 작곡한 음악가들에게는 각자 특별히 좋아하는 시인이 있었기 마련인데, 슈만에게 하인리히 하이네가 있었다면 슈베르트에게는 빌헬름 뮐러가 있었다. 뮐러는 후기낭만파에 속하는 서정시인으로, 그의 맑고 깨끗한 민요풍의 시는 낭송에 잘 어울렸다. 슈베르트처럼 33세라는 이른 나이에 세상을 떠서 많은 작품을 남기지 못했기에 아쉬움이 크다. 하이네는 뮐러에게 이런 편지를 보냈다. "나는 당신의 노래에서 진정한 소박함을 발견했습니다. 나는 괴테와 당신 말고는 그 어느 시인도 좋아하지 않습니다."

리스트:
〈헌정〉

▶▶ ❚❚ ◀◀

Liszt: Liebeslied, S.566 (After Schumann's Widmung, Op.25, No.1)

봄은 바야흐로 프러포즈의 계절이다. 클래식에도 프러포즈 단골곡이 있다. 엘가가 아내에게 줄 약혼 선물로 작곡한 〈사랑의 인사〉와 슈만이 클라라에게 줄 결혼 선물로 작곡한 〈헌정〉이다. 특별한 사연은 작품을 더 의미 있게 만든다. 만약 이 세상에 사랑이 없었다면 모든 예술 작품의 절반은 탄생하지 못했을 것이다. 예술은 짝사랑, 애증, 순애보 등 여러 가지 다양한 사랑의 형태 속에서 탄생한다. 음악사에도 지고지순한 사랑부터 해서는 안 될 사랑, 비극적인 사랑, 때로는 달콤하게 때로는 강

슈만과 클라라

렬하게 사랑을 했던 이들이 있다. 슈만과 클라라의 사랑은 아름답게 시작해 슬프게 끝난 사랑이었다.

　슈만은 법대에 진학해서 열심히 공부하라는 홀어머니의 반대를 무릅쓰고 음악을 전공했다. 훌륭한 피아니스트가 되고 싶었던 그는 당시 유명한 피아노 교사였던 프리드리히 비크를 찾아갔고, 그곳에서 운명의 여자를 만났다. 바로 비크 선생의 딸인 클라라 비크였다. 슈만은 뛰어난 음악가였지만 딸을 둔 아버지의 입장에서 봤을 땐 여러모로 부족한 남자였다. 비크 선생과 슈만은 결국 법정 소송까지 이르지만, 슈만의 집요하고 끊임없는 구애는 결실을 맺었고 클라라와 슈만은 1840년 9월 12일 라이프치히 근교 쇠넨펠트의 교회에서 결혼식을 올렸다. 로맨티스트였던 슈만은 결혼식 전날 클라라에게 오늘의 음악이 포함된 가곡집 《미르테의 꽃》●을 헌정했다. 이 가곡집은 괴테, 뤼케르트, 바이런, 번즈, 하이네, 모젠, 무어와 같은 위대한 시인들의 걸작 26개를 골라 작곡한 모음곡이다. 그중 1번 〈헌정〉은 리스트가 피아노 독주곡으로 편곡한 버전이 유명하다.

● 　미르테는 신부의 화관을 장식하는 은매화 꽃을 말한다. 유럽에서는 순결을 상징해 결혼식 화관으로 자주 사용된다.

스메타나:
《나의 조국》 중 〈블타바〉

▶▶ ‖ ◀◀

Smetana: Má vlast, JB.1:112, II. Vltava

베드르지흐 스메타나

베드르지흐 스메타나(1824~1884, 체코)는 체코 국민악파를 대표하는 인물로, 어려서는 수도원에서 공부하다가 프라하음악원에 들어갔고, 그곳에서 음악이론과 작곡을 배웠다. 음악에 대한 야심이 커서 "나는 언제나 하느님의 힘을 빌려 연주 기술 면에서는 리스트, 작곡 면에서는 모차르트가 될 것이다"라는 포부를 드러냈다고 한다. 1873년부터 1880년 사이에 작곡한 연작 교향시 《나의 조국》은 그의 작품 중 최고의 걸작이라고 인정받는다. 스메타나는 50세가 되던 1874년에 청력을 잃었지만, 멈추지 않고 교향시 작곡에 몰두했다. 말년의 역작을 남긴 그는 1884년 오늘, 60세의 나이에 정신병원에서 생을 마감했다.

그의 기일인 5월 12일부터 6월 1일까지 프라하에서는 '프라하의 봄 국제 음악 축제'가 열린다. 첫날 저녁에 시민회관인 오베츠니 둠의 스메타나 홀에서 첫 프로그램으로 스메타나의 교향시 《나의 조국》 전 6곡을 연주하는 것이 전통이다. 체코인에게 《나의 조국》은 우리나라의 '아리랑'과 같은 곡으로, 제2의 국가라고 해도 과언이 아니다. 두 번째 곡인 〈블타바〉가 가장 유명한데, 블타바는 프라하 시내를 흐르는 강으로, 일반적으로 사용하는 '몰다우'라는 이름은 독일어라서 체코 사람들은 자국어인 '블타바'라고 부르기를 선호한다. 작은 시냇물에서 시작해 거대한 강줄기를 이루는 물의 흐름이 반복되는 선율과 다양한 악기로 표현된다. 이 곡은 오스트리아-헝가리 제국의 지배로 정치적·문화적으로 탄압받고 있던 체코 사람들에게 큰 희망을 가져다주었으며, 나중에 프라하에 헌정되었다.

베토벤: 《장엄미사》 중 〈아누스 데이〉

▶▶ ❚❚ ◀◀

Beethoven: Missa Solemnis in D Major, Op.123,
V. Agnus Dei

《장엄미사》는 베토벤이 자신의 작품 중에서 가장 아낀다고 밝힌 곡이다. 베토벤 하면 제일 먼저 떠오르는 초상화 속에서 그가 들고 있는 악보가 바로 이 곡이다. 장엄미사로 번역되는 '미사 솔렘니스Missa Solemnis'는 사제와 부제(신부님을 돕는 성직자)가 함께하는 성대한 미사를 가리킨다. 이 곡은 1818년 루돌프 대공의 대주교 서품을 위해 작곡되었다. 그러나 건강 악화로 인해 계획대로 진척되지 않았고, 1823년이 되어서야 다섯 곡이 모두 완성되어 루돌프 대공에게 헌정되었다. 출판은 3년 뒤인

루트비히 판 베토벤

1827년에 되었다. 평균 연주 시간은 약 90분으로, 베토벤의 작품 중 가장 긴 작품이다.

1812년부터 죽기 직전의 5년은 그에게 가장 고통스러운 시간이었다. 완전히 상실한 청력과 복잡한 가족사까지 그 어느 것도 순조롭지 못했다. 이미 상할 대로 상한 건강이었지만 그는 다시 힘을 내서 1817년에 피아노 소나타 29번 〈함머클라비어〉을 쓰기 시작했고, 이때 《장엄미사》를 작곡하기로 마음먹었다. 제1곡 〈키리에 kyrie〉의 첫머리에 "마음에서 마음으로Heart to Heart"라고 직접 써넣었다고 한다. 베토벤의 음악을 나타내는 슬로건이 생긴 배경이다.

오늘의 음악인 마지막 제5곡 〈아누스 데이〉에서는 "하느님의 어린 양, 세상의 죄를 없애시는 주님, 자비를 베푸소서"가 계속 반복된다. 테너가 계속 "자비를, 자비를, 자비를 베푸소서"라고 부르는데 마치 노래가 아닌 기도처럼 들린다. 무겁고 절실하게 하느님께 기도를 드리는 장면이 상상된다. 기악 연주도 중요하지만 독창가수와 합창단 모두의 상당한 음악적 역량이 요구되는 고난도의 곡이다.

모차르트:
교향곡 39번 K.543 1악장

▶▶ ❙❙ ◀◀

199위

Mozart: Symphony No.39 in E-Flat Major, K.543,
I. Adagio-Allegro

1788~1780년경 모차르트

모차르트는 빈의 궁정 음악가로 활동하던 시기에 최후의 3대 교향곡(제39번~제41번)을 작곡했다. 세상을 떠나기 3년 전인 1788년 여름에 세 곡을 한꺼번에 완성했고 그 뒤로는 교향곡을 쓰지 않았다. 두 달 만에 교향곡 세 곡을 완성했다니, 누군가 독촉했거나 돈이 급해서 서둘러 작곡을 한 것일까? 모차르트가 이 시기에 쓴 편지 대부분은 돈을 빌려달라는 내용이었다. 모차르트 같은 천재 음악가도 현실에서는 어떻게든 생계를 이어가야 하는 생활인이었으니, 새삼 동질감이 느껴진다. 그에게도 사는 일이 만만하지 않았던 것 같다.

1788년 오스트리아 빈의 상황은 폭동이 발생할 만큼 심각했다. 부인 콘스탄체와 아이들의 건강도 좋지 않아서 모차르트 개인적으로도 무척 힘든 시기였다. 그는 당시 프리메이슨● 동료 미하엘 푸흐베르크에게 여러 번 편지를 쓰며 돈을 부탁했다. "말할 수 없이 비참한 지경으로 살고 있어서 뛰쳐나가 목 놓아 울 수도 없었고 편지를 쓸 수도 없었네. 나는 눈물을 주체할 수가 없네." 이런 악조건에서도 희망에 찬 멜로디를 작곡해낸 모차르트가 존경스럽다.

3대 교향곡은 연주회장에서 한꺼번에 연달아 연주하는 경우가 많다. 교향곡 39번은 경쾌하고, 40번은 우수에 가득 차 있으며, 41번은 위풍당당해서 각각의 매력이 있다. 교향곡 39번은 다른 두 곡에 비해서는 상대적으로 인지도가 낮지만, 아다지오로 아주 느리게 시작해서 알레그로로 빠르게 변하는 1악장이 아주 인상적이다. 음악에서만큼은 희망의 끈을 놓지 않았던 모차르트의 음악을 들으며 그와 함께 긍정적으로 새로운 내일을 다짐해보자.

● '메이슨'이라고도 부르며, 18세기 초 영국 런던에서 창설되어 세계로 퍼져나간 박애주의 단체를 일컫는다.

바흐:
토카타와 푸가 BWV.565

▶▶ ❚❚ ◀◀

Bach: Toccata and Fugue in D Minor, BWV.565

바흐는 스무 살일 때 그가 무척이나 존경했던 오르간 연주자이자 작곡가였던 디트리히 북스테후데(1637~1707, 독일)를 만나기 위해 독일 북쪽의 뤼벡까지 300km를 걸어 다녀왔다. 그가 얼마나 오르간에 매료되어 있었는지 알 수 있는 일화다. 북스테후데의 연주를 듣고 돌아와서 작곡한 곡이 바로 이 곡이다. 오르간 음악의 대가인 바흐의 곡 중에서도 이 작품은 토카타와 푸가 두 형식이 마치 물과 물고기처럼 한 쌍으로 붙어 명곡으로 꼽힌다. 이 곡은 클래식을 잘 모르는 사람에게는 아무리 거창하

디트리히 북스테후데

게 설명해도 부족한데, '띠로리'라는 의성어 하나면 간단하게 해결된다. 극적인 멜로디로 만화나 영화, 드라마에서 반전이 드러나는 장면에 자주 등장한다.

　좀 더 부연 설명을 하자면, 토카타와 푸가는 록이나 발라드처럼 클래식 음악의 장르를 나타내는 말이다. 토카타는 '만지다, 접촉하다'라는 뜻의 토카레Toccare에서 유래했으며, 연주자의 기교를 드러내는 부분이다. 푸가는 17세기 독일에서 발전된 음악 형식으로, 하나의 주제가 제시되면 그것을 다른 성부가 모방해 대칭적으로 따라 쫓아간다. 이 곡은 '도망가다, 쫓기다'라는 뜻 그대로 매우 빠른 속도로 연주하지만, 모든 푸가가 빠르게 연주되는 것은 아니다. 토카타가 자유롭다면 푸가는 철저한 규칙 아래 움직이는 장르다. 이 곡은 오르간의 화려하고 웅장한 소리와 발 건반의 현란한 움직임까지, 보는 재미와 듣는 재미가 가득하다. 화려한 토카타가 먼저 3분 정도 연주되면 푸가가 시작된다. 오르간이라는 악기의 특성상 양손은 물론이거니와 발 건반을 사용하면서 음색의 변화를 위해 스톱Stop●을 잡았다 넣기를 반복해야 하니, 연주하는 내내 숨 돌릴 시간 없이 온몸이 바쁘다.

● 　공기를 파이프 랭크로 들여보내는 장치로, 오르간의 음색과 음역을 내는 데 핵심적인 기능을 한다.

드보르자크:
슬라브 무곡 7번

▶▶ ❚❚ ◀◀

Dvořák: Slavonic Dances No.7 in C Major, Op.72, B.147

1874년, 드보르자크에게 일생일대의 큰 기회가 찾아온다. 바로 브람스와의 만남이었다. 그해에 드보르자크는 오스트리아 작곡상에 지원하는데, 당시 심사위원이 빈에서 절대적인 영향력을 발휘하고 있던 음악 비평가 에두아르트 한슬릭과 브람스였다. 브람스가 드보르자크의 음악을 특히 마음에 들어한 덕분에 드보르자크는 두 번이나 수상했다. 드보르자크의 음악적인 능력이 뛰어난 것도 있지만 그의 실력을 제대로 평가해줄 브람스와의 만남은 그에게 큰 행운이었다. 급기야 브람스는 드보르자크를 자신의 전속 출판사 사장인 짐로크에게 소개했

비케시 하인부어,
〈춤추는 헝가리인〉

고, 짐로크가 의뢰해서 탄생한 곡이 그 유명한 《슬라브 무곡》이다. 슬라브 무곡은 출판 직후 베를린의 유명 음악 평론가로부터 극찬을 받았고, 두 사람이 함께 연주하는 네 손 버전의 악보는 엄청난 판매고를 올렸다. 그야말로 황금 로또였다. 드보르자크는 순식간에 전 세계적으로 유명한 음악가가 되었다.

　이 곡은 각각 8곡씩 제1권(Op.46)과 제2권(Op.72)으로 구성된다. 그는 1878년 3월 18일부터 두 달이 채 되지 않은 5월 7일에 전곡을 완성했다. 초연은 독일 베를린에서 1878년 5월 15일 피아노 연탄곡으로 연주되었다. 그리고 같은 해에 푸리안트 Furiant(2/4 또는 3/4박자의 빠른 춤곡), 수세드스카Sousedská(3/4박자의 약간 느린 춤곡) 등 보헤미아의 다양한 민속 무곡 형식을 가져와 새로운 선율을 만들었고, 4월부터는 관현악 편곡도 병행해 8월 22일 최종 완성했다. 오늘 감상할 슬라브 무곡 7번은 짧지만 경쾌하고 밝은 분위기라 분위기를 띄우는 곡으로 교향악단 연주회의 앙코르로 자주 연주된다.

사티:
〈난 당신을 원해요〉

▶▶ ▮▮ ◀◀

Satie: Je te veux

오늘이 생일인 에릭 사티(1866~1925, 프랑스)는 기인에 가까웠으며, 아주 비범한 음악 세계를 가진 작곡가다. 형식적인 면에서 드뷔시와 라벨의 중간이라고 할 수 있겠다. 프랑스인 아버지와 스코틀랜드인 어머니 사이에서 태어난 그는 보편적인 음악 교육에 회의를 느끼고 학교를 벗어나 독학했다. 정해진 규칙을 따르지 않았기에 훨씬 자유로울 수 있었다. 1888년 몽마르트르 카페에서 피아노를 치며 생계를 유지했던 22세의 사티는 피아노 소품집 《짐노페디》를 완성했고, 1890년에는 평생 친구가 될 드뷔시를 처음 만났다. 그는 이국적인 작품을 주로

오귀스트 르누아르,
〈부지발에서의 춤〉

작곡했는데, 대표적으로 동양 음악의 영향을 많이 받은 여섯 곡 구성의 《그노시엔느》가 있다.

사티의 작품 중 가장 유명한 곡은 1897년에 작곡한 〈난 당신을 원해요〉로, 몽마르트의 화가이자 모델이었던 연인 수잔 발라동을 위해 쓴 것이다. 시인 앙리 파코리의 시에 멜로디를 붙였다. 슈만과 클라라처럼 사티와 발라동은 한 쌍으로 언급된다. 사티는 수잔을 처음 본 순간 사랑에 빠졌고 둘은 6개월간 동거했다. 짧고 강렬한 사랑이 지나간 후, 사티는 발라동에게 청혼했지만 거절당하고 끝내 성격 차이로 헤어졌다. 그리고 사티는 다른 사람을 만나지 않고 은둔 생활을 하며 점차 세상에서 사라져 갔다.

〈난 당신을 원해요〉는 원래 소프라노가 부르지만, 지금은 피아노나 바이올린 독주곡으로 더 많이 연주된다. 프랑스어 특유의 비음과 3/4박자 왈츠풍의 곡이 르누아르 그림 〈부지발에서의 춤〉 속의 발라동과 잘 어울린다. 사티의 음악은 뚜렷하게 구분되는 마디도 없고, 형식도 없고, 길이마저 자유롭기에 때로는 이해하기 어렵다. 그러나 그러한 자유로움 속에서 느껴지는 쾌감과 즐거움이 분명하게 존재한다.

말러:
교향곡 2번 〈부활〉 5악장

▶▶ ❚❚ ◀◀

Mahler: Symphony No.2 in C Minor, Resurrection,
V. Finale

1911년 오늘 구스타프 말러가 세상과 작별했다. 그의 파란만장한 인생과 음악에 대한 열정은 단 몇 줄로 정리되지 않는다. 말러는 음악을 통해 우리에게 삶이란 앞으로 계속 나아가는 것임을 전한 작곡가다. 오늘은 우리나라에도 아주 중요한 날이기에, 그의 교향곡 2번 〈부활〉이 더욱 의미 있게 다가온다.

알마 말러

　1888년 28세의 말러는 폴란드의 시인 미키에비츠가 쓴 동명의 시로부터 영감을 받아 〈장례식〉이라는 교향시를 발표한다. 이 시의 주인공 구스타프는 마리라는 여인과 결혼한 후에 자살하는데, 말러는 자신과 같은 이름을 지닌 주인공의 이야기를 읽으면서 자신의 모습을 투영했다. 죽음에 관한 생각을 한순간도 놓지 못했던 그는 이 교향시를 모티브로 1894년에 교향곡 제2번 다단조 〈부활〉을 완성했다.

　이 곡은 전체 5악장 구성으로 소프라노, 알토, 혼성 합창단과 오케스트라가 함께하는 대규모의 곡이다. 연주 시간은 1시간 20분가량으로, 전곡을 듣는 데 상당한 인내가 요구되지만, 마지막 음까지 듣고 나면 나도 모르게 가슴이 벅차오르고 눈물을 흘리게 된다. 2010년은 말러 탄생 150주년이었고 그다음 해인 2011년은 말러 서거 100주년이었다. 이를 기념해 세계 곳곳에서 말러 음악을 연주하는 자리가 마련되었다. 말러의 음악은 워낙 난해하기로 유명한데, 그야말로 '말러 붐'이 인 것이다. 말러리안(구스타프 말러의 팬을 지칭하는 말)에게는 참으로 행복한 한 해였다.

생상스:
교향곡 3번 〈오르간〉 2악장

▶▶ ⏸ ◀◀

Saint-Saëns: Symphony No.3 in C Minor, Op.78, Organ 2b

작품이 진정한 생명을 얻는 순간은 초연을 올리는 날이라고 해도 과언이 아니다. 생상스의 교향곡 3번 〈오르간〉은 1886년 5월 19일 런던에서 생상스가 직접 지휘를 맡아 세인트 제임스 홀에서 초연되었고, 1887년 1월 프랑스에서의 초연도 그가 직접 지휘했다. 이 곡은 네 악장 중 두 악장에서만 파이프 오르간이 등장하는

파이프 오르간

데, 해당 부분이 워낙 인상적이기 때문인지 일반적으로 '오르간 교향곡'으로 알려져 있다. 생상스는 이 작품에 대해 "내가 줄 수 있는 모든 것을 바쳤다. 여기서 이룬 것을 다시는 이루지 않을 것이다"라고 말했다. 친구였던 프란츠 리스트가 사망하자 이 작품을 그의 추모에 바쳤다.

생상스는 프랑스에서 모차르트의 재래라고 불릴 만큼 천재였다. 이미 두 살 때부터 피아노를 칠 줄 알았고, 세 살에 읽고 쓰기가 가능했으며, 일곱 살에 라틴어를 완전히 터득했다. 13세에는 그 유명한 파리음악원에 입학했고, 〈서주와 론도 카프리치오소〉를 작곡한 1868년에는 프랑스 정부가 수여하는 레종 도뇌르 명예 훈장을 받았다. 생상스의 아버지는 그가 태어난 지 세 달 만에 폐결핵으로 죽었는데, 어린 생상스에게 아버지의 부재는 아주 큰 영향을 미쳤다. 자신도 폐질환으로 죽을까 봐 평생 전전긍긍했으며 주변에 의견과 공감을 나눌 남자가 부족해서 답답함을 느꼈다고 한다. 홀어머니와 아버지의 큰어머니로부터 음악 교육을 받았는데, 어머니가 엄격했던 사람이라 어려서부터 자신의 의견을 잘 피력하지 못하고 소심한 아이로 자랐다. 음악가로서는 성공적인 삶을 살았지만 개인적으로 행복했을지는 잘 모르겠다.

말러:
교향곡 3번 1악장

▶▶ ‖ ◀◀

Mahler: Symphony No.3 in D Minor, Pt.1,
I. Kräftig. Entschieden

이 시기에 세계 곳곳에서는 작곡가 말러를 기념하는 음악회가 쉬지 않고 열린다. 2025년에는 네덜란드에서 30년 만에 봄 말러 페스티벌이 개최되어 다시 한번 그 감동을 느낄 수 있었다. 세계 유수의 오케스트라와 연주자가 함께하는 말러 축제는 대체로 5월 9일부터 말러가 죽은 5월 18일까지 열린다.

말러는 교향곡이라는 장르 안에서 음악의 모든 요소를 동원해 실험을 한 작곡가다. 그의 교향곡 안에는 바흐, 모차르트, 베토벤, 바그너가 모두 들어 있다. 전통음악의 특징인 조성을 파괴하기도 하고, 한 악장 안에서 조바꿈도 자주 한다. 때로는 조성을 모호하게 만들거나 아예 조성이 없는 무조성의 상태로 몰고 간다. 교향곡은 본래 기악곡인데, 말러는 성악가나 대규모의 합창단을 동반하는 데 거침없었고 직접 가사까지 썼다. 대부분 4악장 형식이었던 교향곡의 길이를 불규칙하게 배열하거나 5악장, 6악장까지 늘리기도 했고, 심지어는 악장의 구분도 모호하게 했다. 그야말로 교향곡이라는 장르의 극점까지 달려간 음악가였다.

교향곡 3번 라단조는 말러가 1893년부터 1896년 사이에 작곡했는데, 연주 시간이 100분에 달하며, 《대지의 노래》와 함께 교향곡 중에서 유일하게 6악장 구성이다. 이 곡은 실제 순서와 상관없이 2악장부터 완성되었다. 말러의 친구인 나탈리 바우어에 의하면 "도착한 첫날 오후, 말러는 꽃과 잔디로 둘러싸인 작은 집의 창문으로 밖을 내다보며 이 곡을 스케치했고 단번에 작곡했다". 초연은 1897년 3월 9일, 베를린에서 펠릭스 바인가르트너(1863~1942, 오스트리아)의 지휘로 2, 3, 6악장만 연주되었다. 하지만 대중의 반응은 좋지 않았고 평론가들은 혹평을 쏟아냈다. 그들은 말러를 "음악적 코미디언", "최악의 농담꾼" 등으로 묘사했고 특히나 마지막 6악장에 대해서는 "책벌레처럼 꿈틀거리며 나아간다"라고 비판했다. 하지만 1902년 6월 5일 연주에서는 "베토벤 이후 가장 아름다운 느린 악장"이라는 찬사를 받으며 명예를 회복했다고 하니, 참으로 다행이다.

모차르트:
교향곡 24번 K.182

▶▶ ‖ ◀◀

Mozart: Symphony No.24 in B flat Major, K.182

모차르트가 1772년에 작곡한 교향곡 24번은 오보에, 플루트, 호른을 각각 두 개씩 배치한 2관 편성의 곡이다. 전체 3악장 구성으로 1악장의 처음부터 모든 악기가 동시에 같은 리듬으로 하강하는 멜로디가 인상적이다. '시♭, 파, 레' 기본 세 음이 내림 나장조의 음정을 확실히 보여준다. 3악장 알레그로에서는 모든 악기가 같은 음정을 동일한 리듬으로 연주하니 곡의 통일성이 돋보인다. 17세에 발표한 곡이라고 믿기지 않을 만큼 성숙하다.

1772년 모차르트는 새로 부임한 콜로라도 대주교와 갈등을 겪고 있었다. 음악과 타인에 대한 이해도가 높지 않았던 대주교는 모차르트를 예술가로서 존중하지 않았고 하인을 대하듯 무시하기 일쑤였다. 어릴 때부터 신동으로 칭송받은 모차르트 입장에선 어느 것 하나 납득하기 어려운 현실이었다. 그는 하루라도 빨리 잘츠부르크를 벗어나고 싶었다. 모차르트와 그의 아버지는 1773년에 하이든이 있는 빈으로 가서 왕실 음악가 직책을 얻고자 노력했다. 비록 원하는 대로 잘 풀리지는 않았지만, 당시 하이든이 발표한 현악 사중주와 교향곡에서 많은 것을 배운 모차르트는 교향곡 작업에 박차를 가했다.

1764년부터 1788년까지 24년의 기간 동안 교향곡 60여 곡을 작곡했는데, 1번부터 34번까지는 잘츠부르크 시기, 35번부터는 빈 시기의 작품이다. 일반적으로 모차르트의 교향곡은 41번이 마지막 곡으로 알려졌지만 최근 모차르트 연구가 활발하게 진행되면서 더 많은 곡이 발견되고 있다. 모차르트는 기악, 성악 등 가리지 않고 다양한 장르를 아우르며 626곡이 넘는 작품을 탄생시켰다. 음악가 모차르트의 성공은 빛나는 재능 덕분이기도 했지만 어려서부터 그를 온 유럽에 데리고 다니며 적극적으로 알렸던 아버지 레오폴트의 공이 컸다. 레오폴트가 37세에 얻은 늦둥이 자식이었던 만큼, 자식 사랑이 지금의 부모 못지않게 아주 대단했던 것 같다.

바그너:
오페라 《니벨룽의 반지》 중 〈라인의 황금〉

▶▶ ❚❚ ◀◀

Wagner: Das Rheingold, WWV.86A, Vorspiel

리하르트 바그너는 음악사에서 도전 정신이라면 감히 최고라고 말할 수 있는 배짱 좋은 음악가다. 그의 대표작인 《니벨룽의 반지》 시리즈의 1부 〈라인의 황금〉이 1869년 뮌헨 궁정 오페라극장에서 초연되었다. 하늘의 신, 땅 위의 거인, 난쟁이 세 종족이 권력과 재물을 두고 벌이는 투쟁을 다루는 내용으로, 총 1막 4장이

요제프 호프만, 〈기벨룽 홀의 바깥〉

휴식 없이 공연된다. 바순과 호른의 느린 연주가 바그너의 음악 세계와 음악극의 시작을 알리는데, 귀 기울여 듣지 않으면 긴장감 넘치는 곡의 첫 부분을 놓칠 수 있으니 집중해야 한다. 강력한 성악 발성을 요구하는 데다 극적인 서사를 가진 작품이라, 이 극에 출연하는 성악가들은 '바그너 전문 가수'라는 특별한 호칭으로 불리기도 한다. 화려한 무대 연출과 가수들의 뛰어난 퍼포먼스만 봐도 극의 흐름이 단번에 이해될 정도로 완성도가 뛰어나다.

전체 4부작인 《니벨룽의 반지》 시리즈는 모든 작품을 완성하는 데 장장 26년이 걸렸다. 1부를 감상하는 데만 평균 4시간이 소요되니 한 번에 앉은 자리에서 전곡을 감상하는 것은 거의 불가능하다. 초연도 무려 나흘에 걸쳐 연속 상연되었다. 작곡가의 의도를 정확히 이해하려면 적어도 2부 〈발퀴레〉부터 4부 〈신들의 황혼〉까지는 이어서 보기를 추천한다. 줄거리는 '절대 반지'를 둘러싼 쟁탈전으로, 영화 〈반지의 제왕〉과 소재가 비슷해 비교 감상하는 재미가 있다.

페촐트:
미뉴에트 G장조 BWV.Anh114

▶▶ ⏸ ◀◀

Petzold: Minuet in G Major, BWV.Anh114 (Notebook for Anna Magdalena Bach, 1725)

오랫동안 바흐의 작품으로 알려졌던 미뉴에트 G장조(사장조)를 들어보자. 사실 이 곡의 원작자는 크리스티안 페촐트(1677~1733, 독일)로, 그는 바흐보다 여덟 살 많은 바로크 작곡가다. 당시 무명에 가까웠던 페촐트에 비해 바흐의 명성이 아주 높았기에 바흐의 이름으로 발표되었다. 이 곡이 실린 바흐의 작품집은 그의 두 번째 부인인 안나 막달레나를 위한 곡들로 채워져 있다. 미뉴에트는 춤곡의 한 장르인데, 프랑스어로 '작은'을 뜻하는 menu에서 유래했다. 처음에는 교향곡의 한 악장으로 삽입되었지만, 점점 독립적인 기능을 갖게 되었다. 우아한 걸음걸이로 사뿐사뿐하게 추는 느린 춤이라 음악을 듣고 있으면 마치 우아한 귀족 부인이 된 기분이다. 1650년경에 프랑스 궁정에서 발레와 미뉴에트를 사랑한 태양왕 루이 14세에 의해 더욱 발전했다.

작품집의 주인공 안나 막달레나는 바흐의 두 번째 부인이다. 바흐는 1720년에 첫 번째 부인 마리아 바르바라와 사별한다. 1720년 5월부터 7월까지 바흐가 연주 여행을 다녀오는 사이 부인이 세상을 떠난 것이다. 바흐가 쾨텐에 돌아왔을 때에는 이미 장례가 끝난 후였고 부인의 임종 또한 지키지 못했다. 그렇게 첫 결혼 생활은 13년 만에 끝이 났다. 정신없던 와중에도 남아 있는 자식들을 위해 아이들의 어머니가 되어줄 사람을 급하게 찾아야만 했고, 바흐는 1721년에 자신보다 열여섯 살이나 어린 안나 막달레나와 재혼했다. 안나는 전처 마리아에게서 태어난 일곱 명의 아이도 차별하지 않고 자신의 자식처럼 잘 돌봐주었기에 바흐가 매우 고마워했다고 한다. 이에 보답하기 위해 작곡한 작품이《안나 막달레나 바흐를 위한 음악 수첩》이다. 이 작품집에는 페촐트의 사장조 미뉴에트뿐만 아니라 사단조의 미뉴에트도 함께 수록되어 있다. 이 곡의 멜로디는 영화《접속》의 메인 테마곡인〈Lover's Concerto〉로 편곡되어 더욱 유명해졌다.

비제:
오페라 《카르멘》 전주곡
▶▶ ❚❚ ◀◀

Bizet: Carmen, WD.31, Prélude

오페라 《카르멘》은 조르주 비제가 생애 마지막 불꽃을 피워 작곡한 4막의 오페라 코미크Opéra comique다. 오페라 코미크는 원래 '익살스러운 오페라'라는 뜻이지만, 프랑스에서는 꼭 희극만 지칭하는 것은 아니고, 작중에서 대화에 해당하는 대사가 등장하면 오페라 코미크로 분류한다. 카르멘은 라틴어로 '노래를 부르다'라는 뜻인데, 프랑스어와 영어로 넘어오면서 '매력적인'이라는 의미를 담게 되었다. 《카르멘》은 1875년 3월 3일 파리 오페라 코미크 극장에서 초연을 올렸는데, 작품이 실패하자 상심한 비제는 3개월 후 급성 심근경색으로 세상을 떠났다(결혼 8주년 기념일이었다고 한다). 지금은 세계에서 가장 인기 있는 오페라가 되었지만, 당시에는 부도덕적이고 선정적이라는 비판을 금치 못했다.

오페라는 1820년 스페인의 세비야를 배경으로 한다. 세비야의 담배 공장 앞 광장이 주 무대다. 막이 오르기 전에 경쾌한 〈투우사의 노래〉가 울리고, 이어서 카르멘의 죽음을 암시하는 비극적인 내용의 전주곡이 연주된다. 오페라는 연출가에 따라 배경이나 장치가 아주 다양하게 사용되어서 같은 내용이라 하더라도 가지각색의 매력을 감상하는 재미가 있다. 2022년에 시드니 코카투섬의 야외무대에서 《카르멘》을 관람한 적이 있는데, 그때 오토바이를 탄 무리가 〈투우사의 노래〉에 맞춰 등장하는 장면이 굉장히 인상 깊었다.

《카르멘》에서는 전주곡이 서곡의 기능을 한다. 전주곡과 서곡은 비슷하면서도 약간의 차이가 있다. 서곡은 문학 작품의 프롤로그처럼 극의 맨 처음에 한 번만 연주되고 작품 전체의 전반적인 분위기를 암시한다. 반면 전주곡은 각 막이 시작될 때마다 연주된다. 그리고 서곡은 독립적으로 많이 연주되지만, 전주곡은 본 프로그램과 연결되어 연주되는 경우가 많다. 오페라 전막을 처음부터 감상하는 게 힘들다면 각 오페라의 서곡이나 전주곡부터 들어보는 것을 추천한다.

베토벤:
피아노 소나타 21번 〈발트슈타인〉 1악장

▶▶ ‖ ◀◀

199위

Beethoven: Piano Sonata No.21 in C Major, Op.53,
Waldstein, I. Allegro con brio

베토벤의 곁에는 좋은 친구들이 많았다. 그가 사랑한 여인들뿐만 아니라 그의 음악을 지지해주고 경제적으로 지원해줄 만큼 부유한 귀족 친구들이 많았다. 베토벤은 귀족이라고 해서 굽실거리지 않았고 가끔은 거만하게 여겨질 정도였다는데 그럼에도 그의 친구들은 곁에 남아주었다고 하니, 참 복이 많은 사람이다. 오늘은 베토벤과 진한 우정을 나눈 한 친구에게 헌정된 피아노 소나타 21번 〈발트슈타인〉을 들어보자. 이 음악의 주인공은 베토벤보다 여덟 살 많았던 페르디난트 폰 발트슈타인 백작이다.

페르디난트 폰 발트슈타인 백작

　베토벤은 22세에 발트슈타인의 추천서를 가지고 고향인 본을 떠나 빈으로 향한다. 이 시기는 그의 일생 전체를 보았을 때 비교적 행복하고 평화로운 시절이었다. 베토벤은 은혜를 잊지 않고 친구이자 후원자였으며 정신적 지주가 되어준 친구에게 보답으로 이 곡을 작곡했다.

　이 곡은 전체 3악장 구성으로, 2악장과 3악장은 바로 이어서 연주된다. 3악장 처음에 울리는 멜로디는 베토벤이 어린 시절 어머니와 함께했던 시절에 본에서 들었던 라인-루르 지방의 민요다. 베토벤은 57세에 생을 마감할 때까지 빈에서 살았지만 라인강이 흐르는 고향 본을 항상 그리워했다. 아버지는 싫어했지만 어머니에게 각별한 존경심과 사랑을 보였다고 한다. 34세의 베토벤은 어머니와의 추억이 깃든 멜로디를 가지고 자신만의 기억 상자를 열었다.

최영섭:
〈그리운 금강산〉
▶▶ ❚❚ ◀◀

〈그리운 금강산〉은 우리나라에서 전 국민의 애창곡으로 선정될 만큼 인기가 대단한 곡이다. 1961년 작곡가 최영섭이 KBS(당시 중앙방송)로부터 금강산을 주제로 한 노래를 의뢰받아 시인 한상억에게 가사를 부탁해 작곡했다. 시를 가사로 한 가곡이라 멜로디와 어우러지는 한 소절 한 소절이 무척이나 아름답다. 가곡은 작

금강산 삼일포

곡가가 처음부터 성부를 정해두고 작곡하기도 하지만, 그렇지 않은 경우도 많아서 남녀 성악가의 음역대별로 다채롭게 들어보면 풍부한 감상이 가능하다. 남자 테너와 여자 소프라노의 음색이 다르고, 같은 성性이라도 성부별로 느낌이 다르다. 이는 오페라와 구별되는 가곡만의 특징이다. 오페라는 처음부터 역할에 따라 소프라노, 메조 소프라노, 알토, 바리톤 등 음역대가 정해져 있어서 반드시 이를 따라야 한다.

이 곡은 "누구의 주제런가"라는 가사로 시작하는데, 처음에 이를 제대로 이해하지 못해 이상하다고만 여겼다. 알고 보니 주제가 아닌 주재主宰('창조물'을 의미한다)라는 단어였는데, 인쇄상의 오류로 계속 이렇게 불린다고 한다. 이제라도 제대로 알아서 다행이다.

파가니니: 바이올린 협주곡 2번 3악장 〈라 캄파넬라〉

▶▶ ❚❚ ◀◀

Paganini: Violin Concerto No.2 in B Minor, Op.7, MS.48,
III. Rondo à la Clochette

오늘의 음악은 〈라 캄파넬라〉라는 제목으로 유명한 니콜로 파가니니의 바이올린 협주곡 2번 3악장이다. 라 캄파넬라는 '작은 종'을 뜻한다. 작곡 연도는 정확하지 않지만 1826년 빈에서 열린 연주회에서 연주된 것으로 보아 그즈음 작곡한 것으로 추정된다.

펠리찬 코바르스키, 〈파가니니〉

바이올린 협주곡 2번은 전체 3악장으로 구성되어 있다. 1악장은 장엄하면서도 화려한 오케스트라의 긴 전주로 시작되는데, 스타카토나 하행 반음계, 3도, 6도, 옥타브, 더블 스토핑[•] 등 화려한 연주 기교를 필요로 한다. 2악장은 흡사 아리아풍으로 노래하듯 부드러운 바이올린 연주가 인상적이다. 마지막 3악장은 리스트가 주제를 인용해 피아노곡으로 편곡한 버전이 특히 유명하다.

파가니니는 악마 메피스토펠레스에게 젊음을 팔아 버린 파우스트처럼 신에게 영혼을 팔아 천재적인 음악적 재능을 부여받았다고 칭송받은 천재 바이올리니스트다. 외모, 성격, 음악적 재능까지, 단 한 구석도 평범하지 않았다. 그는 여섯 개의 바이올린 협주곡과 24개의 카프리스 등 바이올린을 위한 명곡들을 많이 작곡했는데 협주곡 1번과 2번, 카프리스 외에는 편찬된 악보들이 많지 않다. 그는 악보 편찬은 물론, 자신이 작곡한 곡을 남들이 연주하는 것조차 매우 싫어했다고 한다. 특별히 제자를 양성하지도 않았기에 흔적을 찾기 어렵다. 평생 미혼으로 살았지만 오페라 가수 비앙카와의 사이에서 아들 한 명을 낳았다. 그는 오로지 본인의 음악과 바이올린 연주 그 자체에 의미를 뒀던 비르투오소_{Virtuoso}^{••}였다.

• 현악기에서 두 현 이상의 음을 동시에 긁어 내는 주법
•• 고도의 기술을 가진 역량이 뛰어난 연주자

포레:
〈레퀴엠〉 3악장

▶▶ ❚❚ ◀◀

Fauré: Requiem in D Minor, Op.48, III. Sanctus

가브리엘 포레의 《레퀴엠》이다. 1880년대 후반에 이 작품을 작곡하고 개정해서 1900년에 완성했다. 그가 파리 마들렌 성당의 성가대 지휘자로 있을 때였다. 소프라노와 바리톤 독창자, 혼성 합창단, 오케스트라, 오르간을 위해 총 7악장으로 작곡되었다.

가브리엘 포레의 초상화

　포레는 〈레퀴엠〉에서 종교적인 엄숙한 분위기를 표현하기보다 인간적인 감정에 충실하고자 했다. 이 〈레퀴엠〉에는 진노의 날을 묘사한 부분이 없다. 이는 다른 작곡가들의 레퀴엠과 가장 뚜렷하게 구별되는 점이자, 포레의 레퀴엠을 더욱 특별하게 만드는 요소이기도 하다. 모차르트나 베를리오즈, 베르디의 레퀴엠은 무자비한 심판을 내리는 진노의 날을 묘사해 두려운 감정이 드는데, 포레의 레퀴엠은 고요하고 잔잔해서 안정감이 느껴진다. 정말로 그렇다. 사실 죽음은 두려운 일이 아니지 않은가. 누구나 태어나면 죽는 게 당연하고 우리는 태어난 순간부터 죽음으로 향하는 길을 걷는다. 포레는 이렇게 말했다. "나의 레퀴엠은 공포보다는 영원한 휴식으로서의 죽음을 표방한다. 나는 죽음을 행복한 구원이자 더 나은 곳으로의 상승이라고 생각한다. 죽음은 단지 무의미하게 사라지는 것이 아니다. 아마도 나는 통상적인 형식에서 멀리 떨어지려 했던 것 같다. 장례식을 위한 오르간 연주는 지겨울 정도로 많이 들었으니, 마음속으로 뭔가 새로운 것을 하고 싶었다."

슈베르트:
《악흥의 순간》 2번

▶▶ ‖ ◀◀

Schubert: Moments musicaux No.2 in A-Flat Major,
Op.94, D.780

슈베르트의 《악흥의 순간》은 여섯 곡 구성의 짧은 피아노 독주 모음집으로, 전곡 연주 시간은 23분 정도다. 한 곡당 평균적으로 2~6분 안팎이라 취미로 피아노를 배울 때 완주하고 성취감을 느끼기 좋은 작품이다(물론 길이가 짧다고 연주가 쉬운 건 아니다). 이 작품은 슈베르트의 즉흥곡과 함께 그의 피아노 소품 중에서 가장 많은 사랑을 받는다. 《악흥의 순간》이라는 제목은 출판사가 붙인 제목이고, 동명의 곡으로 라흐마니노프의 피아노 독주곡집(Op.16)도 있다. 같은 이름이지만 완전히 다른 곡이니 헷갈리지 말자.

윌리엄 워스터 처질, 〈피아노를 치는 소녀〉

슈베르트는 주로 짧은 기악곡을 작곡했지만 말년에는 긴 소나타 작품도 많이 작곡했다. 《악흥의 순간》은 1827년과 1828년 두 해에 걸쳐 완성되었는데, 마지막 세 개의 피아노 소나타도 1828년에 작곡된 것을 보면 그는 인생 말기에 자신을 쏟아부어 작품 활동을 하지 않았나 싶다. 이 작품은 전곡이 연주되기도 하지만, 각 장이 서로 다른 분위기, 성격, 리듬으로 구성되어서 독립적으로 연주해도 손색이 없다. 피아니스트들이 긴 독주회 프로그램을 마무리하고 앙코르로 자주 연주하기도 한다.

주로 4번 바단조 곡이 인기가 많지만 2번 내림가장조도 마니아층이 두텁다. 안단티노(조금 느리게)라는 나타냄말처럼 급하게 서두르거나 욕심을 내지 않고, 덤덤하면서도 조용하게 앞으로 나아가는 느낌이다. A-B-A 삼부 형식이라 처음에 들은 멜로디가 마지막에 반복되는데, 이 반복이 그의 음악을 편안하게 느끼도록 만들어주는 요소다. 슈베르트의 짧은 독주곡은 19세기로 넘어가면서 멘델스존의 〈무언가〉나 슈만의 〈노벨레테〉, 브람스 〈인터메조〉 등의 작품에 영향을 준다.

모차르트:
바이올린 협주곡 5번 〈터키풍〉 1악장

▶▶ ❚❚ ◀◀

Mozart: Violin Concerto No.5 in A Major, K.219,
Turkish, I. Allegro aperto

모차르트 바이올린 협주곡 5번은 다섯 곡의 협주곡 중에서 가장 많은 사랑을 받는다. 음악 학교 입학시험이나 오디션, 콩쿠르 등에서 단골 곡으로 연주되는 곡이다. 독주자와 오케스트라가 1악장의 첫 음부터 동시에 시작하기 때문에 둘의 호흡이 매우 중요하다. 첫 단추를 정말 잘 채워야 하는 곡이다. 3악장의 론도는 〈터키행진

모차르트 가족

곡〉을 연상시킨다. 특히 중간에 장조가 단조로 바뀌면서 강렬하게 울리는 음들을 들으면 〈터키풍〉이라는 제목이 쉽게 이해가 간다. 모차르트 피아노 소나타 11번이 〈터키행진곡〉인 것과 같은 음악적 아이디어다.

　모차르트의 음악은 천의무봉이라는 비유처럼 꿰맨 흔적이 없는 천사의 옷 같다. 인위적으로 꾸민 데 없이 자연스럽고 아름다우면서 완전하다. 무작정 연습을 많이 한다고 해서, 머릿속으로 치열하게 분석한다고 해서 훌륭하게 연주할 수 있는 것은 아니라는 생각이 든다. 이 곡의 3악장에는 '우아하고 사랑스럽게'를 뜻하는 나타냄 말 아마빌레amabile가 써 있는데, 모차르트가 요구하는 만큼의 우아함과 사랑을 소화해내려면 아주 충분한 시간이 필요할 것 같다.

　바이올린 협주곡 5번은 1775년 12월 20일 크리스마스를 며칠 앞둔 겨울에 완성되었다. 모차르트의 아버지는 엄격한 음악 교육자이기도 했지만 아들을 진정으로 사랑하는 아버지이기도 했다. 그는 아들이 "유럽에서 가장 뛰어난 바이올리니스트가 될 것이다"라고 예견했다. 모차르트가 작곡한 바이올린곡들을 살펴보면 그의 예견이 정확했다는 것을 알 수 있다. 당연히 전 악장을 감상하면 좋지만, 시간이 부족하다면 1악장과 3악장만이라도 꼭 들어보길 권한다.

하이든: 오라토리오 《천지창조》 중 〈만민아 소리 높여 찬양하라〉

▶▶ ❚❚ ◀◀

Haydn: The Creation, Hob.XXI:2, Pt.3,
Praise the Lord, Ye Voices All!

1809년 오늘, 5월의 마지막 날에 요제프 하이든이 눈을 감았다. 그의 나이 77세였다. 그는 죽기 얼마 전 헨델의 《메시아》에 버금가는 3부 34곡의 오라토리오 《천지창조》를 작곡했다. 독실한 가톨릭 신자였던 하이든은 헨델의 오라토리오 《메시아》에 아주 깊은 감명을 받고 스스로 신

미켈란젤로, 〈천지창조〉

께 받은 음악적 소명을 다해야겠다는 다짐으로 《천지창조》와 《사계》를 작곡했다.

하이든은 내내 오스트리아에 살다가 59세의 나이로 1791년에 영국에서 활동을 시작했다. 런던에 도착했을 때 그에게 가장 큰 롤모델이 되어준 이는 헨델이었다. 당시 헨델은 이미 세상을 떠나고 없었지만, 영국인들은 헨델 사후 25주년이 되던 해부터 그를 기억하는 연주회를 개최하고 있었다. 하이든은 웨스트민스터에서 헨델의 오라토리오를 듣고 확고한 음악적인 동기를 얻었다. 그는 후에 자신의 전기 작가의 입을 빌어 이런 말을 남겼다. "런던에서 헨델의 음악을 처음 들었을 때 음악 공부의 원점으로 돌아온 것 같은 충격을 받았다네." 당시 받았던 충격이 오라토리오 《천지창조》의 탄생으로 이어진 것이다. 하이든은 경제적으로 호황을 누리고 있던 영국에서 교향곡으로 큰돈을 벌었고, 1795년에 오스트리아 빈으로 돌아와 《천지창조》를 작곡했다.

《천지창조》는 기독교적인 색채가 매우 강한 음악이다. 독창자로는 소프라노, 테너, 베이스 그리고 피날레를 담당하는 알토가 있고, 전체 4부 혼성 합창으로 구성된다. 마지막에 등장하는 34번째 곡 〈만민아 소리 높여 찬양하라〉는 무려 4중창이 딸린 합창이다. 창조주가 창조하신 모든 것에 대한 감사와 찬양을 노래하는 내용으로 아주 웅장하고 힘찬 분위기를 이어가다 "아멘!" 하고 막을 내린다.

6월

JUNE

차이콥스키:
피아노 협주곡 1번 Op.23

12위

▶▶ ‖ ◀◀

Tchaikovsky: Piano Concerto No.1 in B Flat Minor,
Op.23

반 클라이번

6월은 1958년 작곡가 차이콥스키를 기리기 위해 창설된 차이콥스키 콩쿠르가 열리는 달이다. 차이콥스키 국제 콩쿠르는 4년마다 개최되고, 피아노, 바이올린, 첼로, 남녀 성악 부문이 동시에 진행된다. 원래는 피아노와 바이올린 부문만 있다가 나중에 추가되었다. 보통 국제 콩쿠르의 최종 결선은 경연자가 오케스트라와 함께 연주하는 협주곡으로 승부를 본다. 이때 차이콥스키와 라흐마니노프의 피아노 협주곡이 독보적으로 가장 많이 선택된다.

차이콥스키 피아노 협주곡은 총 세 곡으로, 그중 1번이 가장 인기 있다. 피아노 협주곡 1번 내림나단조는 한국인이 좋아하는 피아노 협주곡 목록에서도 항상 순위권을 차지한다. 차이콥스키가 1874년부터 1875년의 겨울에 작업한 곡으로, 원래는 그의 친구이자 모스크바음악원 원장인 니콜라이 루빈시테인(1835~1881, 러시아)을 위해 작곡했지만, 정작 당사자가 혹평을 가하며 초연을 거부했다. 촌스럽고 진부한 데다 연주하기에 적합하지 않다는 게 이유였다. 대신 지휘자이면서 피아니스트인 한스 폰 뷜로(1830~1894, 독일)에게 재헌정되어 1875년 10월 25일 보스턴에서 초연을 올렸다. 1악장의 첫 도입부가 매우 시원스러운 옥타브로 시작되는데, 이 주제는 우크라이나 키예프 근처 카멘카에 있는 시장에서 들었던 맹인 노변 음악가들의 연주에서 영감을 얻었다고 한다.

세상에 수많은 명연주자가 많지만 제1회 차이콥스키 국제 콩쿠르에서 우승을 거머쥔 미국의 피아니스트 반 클라이번(1934~2013)의 연주를 꼭 들어보자. 그는 냉전 시대였던 1958년에 이 대회에 출전해 1위의 영광을 안았다.

엘가:
《수수께끼 변주곡》 중 〈님로드〉

▶▶ ‖ ◀◀

Elgar: Enigma Variations on an Original Theme,
Op.36-9, Nimrod

에드워드 엘가가 세상과 작별한 날이다. 그의 대표곡 〈사랑의 인사〉가 부인 앨리스를 위한 곡이었다면,《수수께끼 변주곡》은 앨리스와 친구들을 위해 작곡한 곡이다. 제목에 ‘수수께끼’라는 단어가 들어 있어, 과연 어떤 수수께끼가 숨어 있을지 신비로운 분위기를 자아낸다. 1898년 41세의 엘가는 즉흥 연주를 하다가 이 곡의 아이디어를 얻었다. 아주 멋진 선율의 대규모 관현악곡으로, 주제와 14개의 변주로 구성되고 전체 연주 시간은 약 35분이다. 14개의 주제는 모두 엘가와 그의 친구들을 묘사한다. 1899년 6월 19일 런던 성 제임스 홀에서 한스 리히터의 지휘로 초연되었다.

 《수수께끼 변주곡》이라는 제목답게 음악 안에 재미난 두 가지 수수께끼가 담겨 있다. 하나는 각각의 변주가 어떤 친구를 묘사한 것인지 맞혀보는 것이고, 다른 하나는 전체 곡 안에 어떤 선율이 숨겨져 있는지 찾아보는 것이다. 해당 선율은 연주 내내 직접적으로 드러나지 않지만 분명 존재한다. 엘가는 이 멜로디가 정확히 무엇인지 언급하지 않은 채 그저 잘 알려진 음악의 변주라고만 말을 남겼다. 대체로 영국의 제2의 국가로 여겨지며 널리 연주되는 〈브리타니아여, 통치하라Rule Britannia〉의 일부분이라고 추측된다.

 각각의 변주곡은 아내와 친구들 이름의 이니셜이 제목으로 붙어 있다. 1변주는 ‘C.A.E.’(Caroline Alice Elgar), 2변주는 ‘H.D.S-P.’(Hew David Stuart-Powell), 3변주는 ‘R.B.T.’(Richard Baxter Townsend) 같은 식이다. 독립적으로도 많이 연주되는 9변주 〈님로드〉는 엘가의 친구이자 좋은 조언자였던 아우구스트 J. 예거를 말한다. 님로드는 구약성서에 등장하는 뛰어난 사냥꾼이었던 족장의 이름인데, 예거Jaeger가 독일어로 사냥꾼을 뜻해서 은유적으로 ‘님로드’라고 칭한 것이다. 매우 우아하고 고결한 멜로디라 예거가 엘가에게 어떤 친구였는지 알 수 있을 것 같다.

비제:
오페라 《카르멘》 중 〈하바네라〉

▶▶ ⏸ ◀◀

149위

Bizet: Carmen, WD.31, Act I. Habanera,
L'amour est un oiseau rebelle

어느 날 클래식 라디오를 듣다가 다음 퀴 즈를 듣고 한참이나 웃었던 기억이 난다. "비제의 오페라 《카르멘》에서 여주인공 카르멘이 부르는 이 노래의 원래 제목은 '사랑은 자유로운 ( )'입니다. 괄호 안에 들어갈 단어는 무엇일까요? 1번 개, 2번 닭, 3번 소, 4번 새." 잘 몰랐던 사람들도 아마 이 퀴즈 덕분에 〈사랑은 자유로운

하바네라를 추는 사람들

새〉라는 제목을 아주 선명하게 기억하게 되었을 것이다.

전체 줄거리를 모르고 이 곡을 들으면 마냥 밝고 경쾌한 내용일 것 같지만 실상은 비극이다. 《카르멘》은 당시 사회상을 고려했을 때 상당히 파격적인 내용이었다. 치정에 얽힌 살인사건! 원래 사랑이 그렇잖은가. 사랑은 달콤한 유혹이면서 쓰디쓴 독약이다. 이 오페라의 시그니처는 여주인공이 1막에서 부르는 〈하바네라〉다. 하바네라는 원래 1800년 전후 쿠바의 아바나에서 발생하고 유행한 무곡으로, 리듬이 아주 독특하다. 탱고와 공통 운율을 지닌 2박자의 리듬에 셋잇단음이 자주 끼어드는데, 아주 묘한 느낌을 준다. 부점 리듬으로 사람의 애간장을 태우는 하바네라를 듣다 보면, 당당하면서도 요염하게 교태를 부리는 카르멘이 연상된다. 사랑은 자유로운 새와 같다며 새장에 자기를 가두지 말라고, 당신이 나를 사랑한다고 해서 순순히 사랑에 빠지지는 않는다고, 만약 내 사랑에 빠진다면 책임은 당신의 몫이라고 말하는 그녀. 원체 정열적이기도 하지만 한 남자에 정착하지 못하고 자유를 꿈꾸는 집시의 성격이 그대로 드러난다. 드물게 메조소프라노가 주인공을 맡아 부르는 곡이다.

모차르트:
클라리넷 협주곡 K.622 2악장

▶▶ ∥ ◀◀

10위

Mozart: Clarinet Concerto in A Major, K.622, II. Adagio

작곡가들은 좋은 곡을 작곡하기 위해서 개별 악기의 특징을 잘 간파해야 한다. 같은 멜로디라도 어떤 악기로 표현하느냐에 따라 연주와 감상이 매우 달라지기 때문이다. 그런 의미에서 모차르트는 클라리넷에 무척이나 정통한 작곡가였던 것 같다. 당시에 클라리넷은 낯선 악기였음에도 말이다. 모차르트는 1791년 9월부터 11월 사이에 친한 친구이자 프리메이슨 단원으로 함께했던 안톤 파울 슈타틀러(1753~1812, 오스트리아)를 위해 클라리넷 협주곡과 클라리넷 오중주를 작곡했다.

이 협주곡은 모차르트가 죽기 두 달 전에 완성되었고, 모차르트는 당대 최고의 클라리네티스트였던 슈타틀러가 이 곡을 연주해주기를 진심으로 바랐다. 1악장과 3악장은 마냥 경쾌한 반면, 2악장은 클라리넷이 우아하게 주요 선율을 연주한다. 영화 《아웃 오브 아프리카》에 삽입되어서 아주 유명해졌다. 영화 제목인 '아웃 오브 아프리카(아프리카로부터)'를 빌려, 세상의 모든 아름다운 멜로디는 '아웃 오브 모차르트(모차르트로부터)'라고 표현하고 싶다.

클라리넷은 저·중·고 음역마다 음색이 다채롭게 변하는 팔색조 같은 악기다. 겉모습만 얼핏 봐서는 금관악기 같지만 사실은 목관악기다. 18세기 초에 등장해 1773년 무렵부터 몇몇 오케스트라에 정규 편성되었다. 음색이 부드럽고 음역의 폭이 넓어 다양한 장르의 음악에 사용되며 특히 Bb조와 A조 클라리넷이 보편적이다. A조는 부드럽고 감미로운 음색이, Bb조는 화려한 음색과 풍부한 표현력이 특징이다. 이 곡은 A조 클라리넷으로 주로 연주되어, 편안한 음색과 차분하고 아름다운 멜로디가 돋보인다. 때문에 태교 음악으로도 인기 있고, 마음이 불안할 때 들으면 안정되는 효과가 있다.

모차르트:
클라리넷 오중주 K.581 1악장

▶▶ ❚❚ ◀◀

Mozart: Clarinet Quintet in A Major, K.581, I. Allegro

클라리넷 오중주는 클라리넷의 매력에 푹 빠지고 싶다면 꼭 들어봐야 할 음악 리스트 5위 안에 드는 곡이다. 클라리넷을 좋아한다면 모차르트의 클라리넷 협주곡과 오중주, 브람스의 클라리넷 오중주(Op.115)는 필청곡이다. 모차르트는 1782년 빈에 정착한 이후부터 클라리넷 곡을 쓰기 시작해 1786년에 클라리넷과 비올라와 피아노를 위한 삼중주 케겔슈타트 트리오(K.498), 1789년에 클라리넷 오중주, 1791년에 클라리넷 협주곡을 작곡했다. 클라리넷은 곡이 어떤 조성인지에 따라 연주하는 악기도 달라지는데, 모차르트 클라리넷 오중주와 협주곡은 모두 가장조다.

안톤 슈타틀러의 클라리넷 복제품

모차르트는 빈에서 보낸 마지막 시기에 경제적으로 어려움을 겪었다. 급기야 프리메이슨의 동료들에게 이런 내용의 편지를 쓰기도 했다. "내가 싫어하는 사람에게까지도 도움을 청해야 할 만큼 안 좋은 상황입니다. 좋은 친구, 형제인 당신마저 나를 버린다면 나와 아픈 우리 가족들이 무척 괴로울 것 같습니다." 슈타틀러는 물심양면으로 모차르트를 도왔고 모차르트는 그런 슈타틀러에게 보답하고자 이 음악을 작곡했다.

1악장은 상쾌한 아침의 노래처럼 경쾌한데, 클라리넷이 주제를 이어받으면서 가장조가 가단조로 변화하는 부분이 인상적이다. 2악장은 마치 모차르트가 자신의 현재 상황에 체념한 듯 조금은 처연하다. 3악장은 트리오 구성이고 4악장은 주제와 여섯 개의 변주로 이루어져 있다.

바버:
〈현을 위한 아다지오〉

▶▶ ‖ ◀◀

199위

Baber: Adagio for Strings, Op.11

오늘은 전쟁의 포화 속에 사라져간 영혼들을 위해 충분한 애도가 필요한 날이다. 오늘은 베트남 전쟁을 소재로 한 유명한 영화《플래툰》에서 흐른 사무엘 바버(1910~1981, 미국)의 〈현을 위한 아다지오〉를 들어보자.

사무엘 바버

영화《플래툰》은 평범한 대학생이었다가 자원입대한 크리스와 전쟁광 반즈 중사, 다소 인간적인 직업군인 엘리어스 등을 중심으로 이야기가 전개된다. 전쟁의 소용돌이 속에서 다양한 인간 군상을 엿볼 수 있다. 비참한 전쟁의 현실 속에서 인간의 존엄성과 휴머니즘에 대해 여러 각도로 생각하게 만드는 영화다. '아다지오'는 아주 느리고 차분하게 연주하라는 뜻으로, 빠르게 연주하는 '알레그로'와 상반되는 개념이다. 따라서 〈현을 위한 아다지오〉를 풀이하면 '현악기들이 아주 천천히 느리게 연주하는 곡'이 된다. 이 음악은 주요 장면뿐만 아니라 영화 전반에 걸쳐 잔잔하게 계속 흐른다. 원래는 바버가 1936년에 현악 사중주 1번의 2악장으로 쓰려고 만든 곡이었지만, 독립곡으로 연주해도 손색이 없을 만큼 아름다운 선율을 선보인다.

사무엘 바버는 오페라《바네사》와 〈현을 위한 아다지오〉로 퓰리처상을 두 번이나 수상한 20세기의 대표적인 작곡가 중 한 명이다. 그는 혁신적인 현대음악보다는 낭만적인 멜로디를 선호했고 스트라빈스키의 영향을 받은 데다, 재즈의 혼용을 즐기기도 했던 만능 천재였다. 그의 피아노 협주곡(Op.38)도 유명하니 들어보길 추천한다.

〈현을 위한 아다지오〉는 유명인의 공적 추모식에서도 자주 연주되는데, 대표적으로 알베르트 아인슈타인과 존 F. 케네디, 그레이스 켈리와 루스벨트 대통령의 장례식 그리고 9.11 테러 이후 열린 영국의 BBC 프롬스에서 흘렀다. 그리고 물론, 1981년 바버의 장례식에서도 이 음악이 연주되었다.

베토벤:
《에그몬트》 서곡

▶▶ ❚❚ ◀◀

Beethoven: Egmont, Op.84, Overture

어려움을 뚫고 나가야 하는데 스스로 추진력을 얻기 힘들 때는 영웅을 떠올리면 도움이 된다. 마음이 답답할 때 듣기 좋은 베토벤의《에그몬트》서곡을 소개한다. 이 곡은 독일의 문호 볼프강 폰 괴테가 12년간 공들여 쓴 5막짜리 동명의 희곡『에그몬트』의 극음악 중 한 곡이다.《에그몬트》가 빈 부르크 극장에서 상연되기로 결정되자 당시 극장의 지배인이었던 요제프 하르틀은 베토벤에게 작곡을 의뢰한다. 1810년 8월 21일 편지에서 베토벤은 "나는 오직 시인에 대한 존경의 마음으로 에그몬

에그몬트 백작

트를 작곡했습니다"라고 썼다. 평소 괴테의 작품을 즐겨 읽던 베토벤은 괴테를 향한 예술가적 존경심에 더해 에그몬트(1522~1568, 프랑스)의 영웅 정신을 기리고자 기꺼이 작곡에 참여했다. 에그몬트 백작은 실존 인물로 프랑스가 스페인의 침략을 받았을 때 조국을 지키기 위해 온 힘을 다한 장군이다.

　《에그몬트》는 서곡과 아홉 곡의 부수음악으로 구성되는데, 전곡이 아닌 서곡만 독립적으로 자주 연주된다. 이 곡은 베토벤이 남긴 11곡의 서곡 중에서도 가장 유명하다. 괴테도 듣고 매우 마음에 들어 했다고 한다. 하지만 극 자체는 그리 성공하지 못했고, 베토벤의 서곡만 관심을 끌었을 뿐이다.

　서주부터 관현악이 '파' 음을 웅장하게 동시에 울리면서 강렬하게 시작한다. 배경을 모르고 들어도 장엄하고 비장한 분위기 덕분에 어떤 내용일지 쉽게 짐작이 가능하다. 베토벤 특유의 느낌이 물씬 풍기고, 마지막의 마지막까지 장대한 클라이맥스에 치달아 벅찬 희열이 느껴지는 곡이다.

슈만:
첼로 협주곡 Op.129 1악장

▶▶ ❚❚ ◀◀

Schumann: Cello Concerto in A Minor, Op.129,
I. Nicht zu schnell

오늘은 낭만주의의 대가 로베르트 슈만의 생일이다. 그의 46년 인생은 음악과 아내가 전부였다고 해도 과언이 아니다. 그 정도로 클라라가 슈만의 음악에 끼친 영향은 절대적이었다. 1850년 독일의 동쪽 도시 드레스덴을 떠나 서쪽의 뒤셀도르프에서 일자리를 얻은 슈만 부부는 행복하게 새로운 생활을 시작한다. 무뚝뚝한 동쪽 사람들에 비해 친절하고 정이 넘치는 라인란트 지방 사람들이 좋았고, 슈만은 이곳에서 지휘자로서 입지를 다질 수 있었다. 손가락 부상으로 피아니스트의 꿈을 접어야만 했던 슈만에게 이 기회는 크나큰 기쁨이었다.

오늘의 음악인 첼로 협주곡은 1850년 10월 10일부터 24일까지, 단 2주 만에 작곡되었다. 오케스트라의 전주가 매우 짧고 독주자가 무대에 등장해 인사를 하고 나면 바로 독주가 시작된다. 3악장 구성이지만 쉼 없이 이어서 연주된다. 그냥 흘려듣는다면 한 곡이라고 생각할 만큼 틈새가 없다. 슈만은 악장 사이에 박수 소리가 들리는 것을 무척 싫어했다는데, 그래서 의도적으로 이렇게 작곡한 듯싶다(피아노 협주곡도 마찬가지로 2악장과 3악장이 구분되지 않고 연주된다).

안타깝게도 슈만은 이 첼로 협주곡의 초연을 보지 못하고 1856년에 세상을 등지고 만다. 초연은 그의 사후 1860년 6월 9일에 라이프치히 게반트하우스에서 열린 슈만 탄생 50주년 기념행사에서 이루어졌다. 이 곡이 무대에서 연주되는 모습을 슈만이 직접 봤다면 분명히 매우 기뻐했을 것 같다.

차이콥스키:
〈플로렌스의 추억〉 1악장

▶▶ ❚❚ ◀◀

149위

Tchaikovsky: Souvenir de Florence, Op.70, TH.118,
I. Allegro con spirito

어디론가 훌쩍 떠나고 싶을 때는 작곡가들이 여행으로부터 영감을 얻었거나 여행지에서 만든 곡을 듣는 것으로 마음을 달랜다. 오늘의 음악인 차이콥스키의 관현악곡 〈플로렌스의 추억〉이 대표적이다. 1890년 발레극 《잠자는 숲속의 미녀》의 초연을 마친 차이콥스키는 체력적으로 완전히 고갈되어 마음 놓고 쉴 수 있는 휴식과 장소가 간절했다. 그렇게 선택한 곳이 바로 이탈리아 토스카나주의 주도인 피렌체였고, 이때의 경험과 감정을 음악에 담아 작곡한 것이 〈플로렌스의 추억〉이다. 전체 4악장 구성으로, 바이올린과 비올라, 첼로가 두 대씩 편성된 현악 6중주다. 3악장에서 러시아의 민요를 등장시키고 4악장에서는 러시아의 춤곡을 사용하는 등 러시아 정서를 곡에 많이 반영했다.

"흔한 방식으로 작곡하기 싫어서 여섯 개의 소리를 시도하고 있는데 믿을 수 없을 정도로 힘이 든다." 그는 이 곡을 작곡하면서 느낀 어려움을 쌍둥이 동생 모데스트에게 보낸 편지에서 토로했다. 차이콥스키와 모데스트는 평생 사이가 좋았으며, 화가 반 고흐와 테오의 관계처럼 단순한 형제 관계를 넘어 예술적 동반자였다. 차이콥스키의 예술 세계를 지지해준 사람은 모데스트 말고도 폰 메크 부인이 있었는데, 두 사람은 무려 1,204통에 이르는 편지를 주고받았다. 그러나 이 우정은 폰 메크 부인의 일방적인 결별 선언으로 14년 만에 갑작스럽게 끝이 났고, 그는 깊은 마음의 상처를 입었다. 피렌체는 그런 차이콥스키에게 치유의 장소가 되어주었다. 제목만 알고 곡을 들어보기 전에는 피렌체에서의 황홀한 경험과 소감을 담아 말랑말랑할 것이라고 막연하게 생각했는데, 예상은 보란 듯이 빗나갔다. 1악장부터 현악기 여섯 대가 아주 팽팽하게 연주하는 모습이 무척이나 인상 깊었다. 차이콥스키가 이탈리아를 주제로 작곡한 곡은 총 두 곡인데, 다른 한 곡으로는 1880년에 작곡한 〈이탈리아 기상곡Capriccio Italien〉(Op.45)이 있다.

바그너:《트리스탄과 이졸데》중 〈부드럽고 그윽하게 그가 미소 짓네〉

▶▶ ❚❚ ◀◀

149위

Wagner: Tristan und Isolde, WWV.90, Mild und leise wie er lächelt (Isoldes Liebestod)

오늘은 1865년 뮌헨에서 리하르트 바그너의 음악극 《트리스탄과 이졸데》가 초연된 날이다. 바그너가 직접 작곡하고 대본을 작성한 3막 구성의 악극이다. 바그너는 중세 소설에 워낙 관심이 많아서 음악극을 즐겨 만들었다. 이 극은 중세 소설 『트리스탄』을 원작으로 하며, 한스 폰 뷜로의 지휘로 초연되었다.

《트리스탄과 이졸데》 초연의 한 장면

　음악극의 전체 줄거리는 하루를 못 보면 병이 들고, 사흘을 못 보면 죽는다는 사랑의 묘약을 마신 연인들의 이야기다. 결코 이룰 수 없는 사랑을 나눈 두 남녀가 모두 죽는 비극적인 결말로 끝난다. 남주인공 '트리스탄'의 이름부터가 '슬픔'을 뜻하는 라틴어 '트리스티티아tristitia'에서 유래한 것이니, 얼마나 절절할지 예상이 된다. 바그너는 사람들이 희극보다 비극에서 사랑의 애절함을 느낀다는 사실을 잘 알고 있었던 것 같다. 극에서 두 주인공은 죽음이 아니고서는 함께할 수 없는 현실을 한탄한다. 마지막 3막에서 이졸데가 부르는 〈부드럽고 그윽하게 그가 미소 짓네〉가 가장 유명한데, 간단하게 〈사랑의 죽음〉이라고도 부른다. 이졸데는 이 노래를 부르고 트리스탄 위에 쓰러져 죽는다.

　바그너는 그리스 비극처럼 등장인물들의 내면 심리를 언어로 실감 나게 표현하고자 했다. 사실 이 애절함 뒤에는 숨은 이야기가 있다. 그는 이 시기에 현실에서 트리스탄처럼 이룰 수 없는 사랑, 해서는 안 될 사랑에 푹 빠져 있었다. 스위스 망명 중에 자신을 후원해준 기업가 베젠동크의 아내 마틸데를 사랑하게 된 것이다. 첫 번째 부인인 민나 플래너와의 결혼 생활에 지쳐 있던 바그너는 작품 속의 이졸데처럼 지고지순하면서 우아한 마틸데에게 반하고 만다. 왜 인간은 금지된 것에 더욱 끌리는 걸까?

피아졸라:
《부에노스아이레스의 사계》 중 〈여름〉

▶▶ ∥ ◀◀

Piazzolla: Cuatro Estaciones Porteñas, I. Verano Porteño

피아졸라는 뒷골목 음악으로 치부되기 쉬운 탱고를 클래식화해서 '누에보 탱고'(새로운 탱고)로 재탄생시키고 클래식 연주자들의 사랑을 받는 음악으로 격상시킨 음악가다.

《부에노스아이레스의 사계》는 탱고 하면 가장 먼저 떠오르는 〈리베르 탱고〉 못지않게 클래식 연주자들에게 사랑받는 대표적인 탱고 음악이다. 러시아의 바이올리니스트 기돈 크레머의 의뢰로 편곡된 버전도 자주 연주된다. 우리에게 익숙한 비발디의 바이올린 협주곡《사계》는 네 곡이 독립적으로 3악장씩 구성되어 총 12개의

오스카 파르비아이넨, 〈스페인 무용수(탱고)〉

악장을 포함하지만, 피아졸라의 사계는 단 네 악장으로 끝난다. 여름(1965년)이 가장 먼저 작곡되었고 차례대로 가을(1969년), 봄(1970년), 겨울(1970년)이 완성되었다. 연주자에 따라 봄-여름-가을-겨울 순서로 바꿔 연주하기도 한다. 원제의 'Porteñas'는 '항구에 사는 사람' 또는 '항구 출신의 사람'을 뜻하는 스페인어 'Porteño'의 복수형으로, 아르헨티나의 최대 항구도시이자 수도인 부에노스아이레스를 일컫는 말이기도 하다.

부에노스아이레스는 탱고의 발생지이기도 한데, 부둣가 라 보카와 산 텔모 지역이 대표적이다. 19세기 후반에 많은 유럽인이 새로운 삶을 꿈꾸며 대서양을 건너 아르헨티나로 이주했다. 초기에는 주로 남자들이 먼저 이민을 왔고, 그들은 부둣가에서 하루 일을 마치고 멀리 있는 가족을 그리워하며 향수를 달랬다. 하지만 육체의 외로움을 달랠 무언가가 더 필요해서 홍등가를 찾기 시작했다. 남성들이 자신의 차례를 기다리며 그들끼리 춤을 춘 것이 탱고의 시작이다. 그들에게 탱고는 이방인들의 외로움을 달래주던 정신적 치료제였다.

사티:
〈짐노페디〉 1번

▶▶ ❚❚ ◀◀

Satie: Gymnopédie No.1

불면으로 괴로운 밤을 보내고 있다면 사티의 음악에 기대보자. 〈짐노페디〉는 3번까지 있지만 1번이 가장 유명하다. 짐노페디는 영어 짐노페디아_{Gymnopaedia}의 프랑스식 표기다. 고대 스파르타 시대의 연중행사였으며, 이 제전에서 나체의 젊은이들이 합창과 함께 춤을 추며 신을 찬양했다고 한다. gymnos는 고대 그리스어로

졸탄 팔루지, 〈파리지앵 카페〉

'알몸'이란 뜻이고, paedia는 '청춘, 젊은이'를 의미한다. 이 곡은 특히 광고나 정신치료 음악으로 자주 사용되어서 꽤 익숙하다. 나른한 멜로디가 계속 반복되어서 스르르 눈이 감기고 편하게 듣기 좋은 음악이다.

사티는 정규 교육을 마치지 않아서 학계에서는 인정을 못 받았지만 39세에 정식 공부를 시작해 큰 성공을 거두었다. 항상 남들과 다른 방식으로 음악에 접근했고, 1911년에서야 비로소 인정받기 시작했지만 알코올 중독으로 59세인 1925년에 그만 눈을 감고 만다. 생계를 위해 몽마르트르에 있는 검은 고양이 카페에서 피아노를 연주한 경험이 사티의 음악 인생에 많은 영향을 끼쳤다.

이 곡은 친구이자 시인인 라투르의 시 〈오래된 것들〉에 영감을 얻어 1888년에 작곡한 초기 작품인데, 이 곡을 만들 당시에는 그레고리오 성가와 신비주의에 빠져 있었다고 한다. 한참 혈기 왕성한 22세 청년의 감성이라니 역시 평범하지 않다. 그래서일까, 사티는 평소 그를 아껴주던 선배 음악가인 드뷔시로부터 "음악적 형식을 조금 더 생각하며 곡을 써야 한다"라는 충고를 받았다고 한다. 그가 유일하게 받아들인 충고였다. 그러나 한편으로 본인의 특색을 살린 작곡법과 음악 형식들을 잘 조합해 훌륭하고 좋은 곡들을 많이 썼으며, 특히 샹송을 주로 작곡했다.

요한 슈트라우스 2세:
〈아름답고 푸른 도나우강〉

▶▶ ‖ ◀◀

J. Strauss II: An der schönen blauen Donau, Op.314

시원한 바람이 그리운 한여름 밤에는 야외 음악회가 제격이다. 매해 6월경에 빈의 쇤브룬 궁전에서 열리는 빈 여름밤 음악회는 신년 음악회만큼 인기가 좋다. 빈의 여름에 요한 슈트라우스 2세의 왈츠가 빠지면 서운하다.

요제프 뫼스메, 〈도나우강의 풍경〉

1866년 오스트리아는 프로이센과 벌인 보오전쟁에서 패배했고, 국민들은 상심에 잠겨 있었다. 당시 슈트라우스 2세는 궁정 무도회 악장을 맡고 있었고, 빈 남성 합창협회는 당시 궁정 무도회 악장을 맡고 있던 슈트라우스 2세에게 국민들의 기운을 북돋아줄 합창곡을 의뢰했다. 슈트라우스 2세는 빈의 중심을 관통해 흐르는 도나우강을 소재로 쓴 카를 베크의 시를 바탕으로 합창곡을 작곡했고 이어서 유명한 왈츠를 탄생시켰다. 이 곡이 바로 〈아름답고 푸른 도나우강〉이다. 요즘은 남성 합창곡보다 기악 연주곡이 훨씬 더 자주 연주된다.

도나우강의 활기를 노래한 이 왈츠는 요한 슈트라우스 1세의 〈라데츠키 행진곡〉과 더불어 오스트리아의 비공식 국가와도 같은 곡이다. 영국에 엘가의 《위풍당당 행진곡》이 있다면 오스트리아에는 요한 슈트라우스 2세의 〈아름답고 푸른 도나우강〉 왈츠가 있다. 느린 서주로 시작해서 다섯 개의 왈츠가 등장하고 코다로 마무리된다.

왈츠라는 장르는 오스트리아의 민속 무곡인 렌틀러Laendler에서 유래했다. 렌틀러는 '시골뜨기 춤'을 뜻하는 4분의 3박자 춤곡으로, 빈 사교계에서 크게 인기를 얻으면서 왈츠로 변모했고, 요한 슈트라우스 부자에 의해 예술 음악으로 승화되었다. 요한 슈트라우스 2세의 음악은 그야말로 관중들과 교감하는 음악이다.

베토벤: 피아노 소나타 29번
〈함머클라비어〉 1악장

▶▶ ⏸ ◀◀

Beethoven: Piano Sonata No.29 in B-Flat Major, Op.106,
Hammerklavier, I. Allegro

베토벤의 피아노 소나타 29번 〈함머클라비어〉는 고전 피아노 소나타의 혁신을 느끼게 해준 곡이다. 제목 '함 머클라비어'는 망치Hammer와 건반악기Klavier가 혼합된 명사로, 이탈리아어 '피아노 포르테'의 독일어식 표기이기도 하다. 즉, 함머클라비어는 바로크 시대 건반악기인 하프시코드와 현대 피아노의 중간 과정에 있는 18~19세기 피아노 악기의 이름이다. 현대의 피아노와 비교해 상대적으로 현이 가늘고 음역이 좁고, 하프시코드보다는 훨씬 볼륨이 크다. 피아노 소나타 29번은 하프시코드가 아닌

함머클라비어

함머클라비어로 연주해야 진면목이 드러난다. 처음 들었을 때의 충격이 아직도 잊히지 않아서, 과연 제목에 '망치'가 들어갈 만한 곡이라는 생각이 들었다. 카프카가 한 권의 책은 도끼와 같은 역할을 한다고 했다는데, 클래식계에서는 이 음악이 그렇다.

4악장 구성으로 연주 시간이 약 37분~40분에 달한다. 특이하게 2악장이 스케르초이고 3악장이 아다지오다. 활기를 채우고 싶다면 1악장을, 차분하게 내면을 들여다보고 싶다면 3악장을 먼저 감상하기를 추천한다. 이 곡은 베토벤이 죽기 5년 전인 1817년 가을부터 스케치를 시작해 1818년 3월경에 완성했다. 교향곡 9번 〈합창〉 1악장과 《장엄미사》의 작곡을 동시에 하고 있던 시기였다. 당시 베토벤은 여러 대곡을 작곡하느라 그렇지 않아도 머릿속이 복잡했는데, 엎친 데 덮친 격으로 건강도 좋지 않았고 조카 칼의 양육권을 위해 법적 소송 등을 겪고 있었다. 이에 비엔나 근교 소도시 뫼들링에 머물면서 힘든 시기를 이겨내고자 했다. 이를 증명하듯 "현재의 처지에 맞서고자 작곡을 했다"라는 글을 남기기도 했다. 이 대규모 소나타는 베토벤의 후원자인 루돌프 대공에게 헌정되었는데, 그러고 보니 베토벤의 굵직한 명곡들은 모두 루돌프 대공에게 헌정된 것 같다.

그리그:
《페르 귄트》 중 〈아침의 기분〉

▶▶ ❚❚ ◀◀

Grieg: Peer Gynt Suite No.1, Op.46, I. Morning mood

스칸디나비아반도 북서쪽에 위치한 노르웨이는 유럽 대륙의 북쪽 끝에 위치해 세상 어느 곳보다 별과 가까운 곳이다. '북쪽으로 가는 길'이라는 뜻이 너무나도 잘 어울리는 바로 이곳에서 작은 거인 그리그가 태어났다. 그리그의 팬들은 아마 이 곡을 그의 대표곡으로 꼽을 것이다.《페르 귄트》 모음곡 중 첫 번째 곡인 〈아침의 기분〉이다. 제목 그대로 노르웨이의 아침을 상상하게 되는 곡이다.

에드바르 그리그

《페르 귄트》 모음곡은 희곡『페르 귄트』에 음악을 붙인 것인데, 연극의 순서를 따르지는 않았다. 특히 〈아침의 기분〉은 연극의 내용을 전혀 모르고 들어도 마음을 차분하게 만들어주는 곡이라 그냥 들어도 좋다. 연주 시간이 4분 정도로 짧아서 아침에 일어나자마자 들으면 상큼한 비타민을 먹는 것처럼 기분이 좋아진다. 목관악기 플루트가 곡의 시작을 알리고, 이윽고 너무나 조화로운 멜로디가 흐른다. 다른 악기로도 연주되곤 하지만 플루트가 주는 아늑함은 따라잡을 수 없다.

그리그의 집안은 다수의 음악가가 그러했듯 음악가 집안이었는데, 가족 중 유명한 음악가로 바흐 전문 피아니스트 글렌 굴드(1932~1982, 캐나다)가 있다. 굴드의 외증조할아버지가 그리그의 사촌이다. 굴드가 열 살 때까지는 어머니에게 피아노를 배웠다고 하니, 어머니의 음악적 능력도 상당했던 것 같다.

차이콥스키: 《사계》 중 〈6월: 뱃노래〉

▶▶ ❚❚ ◀◀

Tchaikovsky: The Seasons, Op.37a, TH.135,
June: Barcarolle

안데르스 소른, 〈베네치아의 곤돌라〉

계절마다 어울리는 음악을 골라 듣기를 좋아하는데, 계절과 상관없이 매월 꼭 빼놓지 않고 듣는 곡이 있다. 바로 차이콥스키의 《사계》 중 〈6월: 뱃노래〉다. 차이콥스키의 《사계》는 비발디의 작품처럼 봄, 여름, 가을, 겨울 네 부분으로 나누어지지 않고 달마다 해당하는 곡이 있다. 1875년, 상트페테르부르크의 음악 잡지 『누벨리스트』의 편집자가 차이콥스키를 찾아온다. 상업성과 예술적인 감각이 뛰어났던 편집자는 1월부터 12월까지 그달에 어울리는 시를 미리 제공할 테니 그것을 소재로 권말 부록에 실을 자유로운 형식의 피아노 소품을 작곡해달라고 의뢰했다. 작곡료가 상당해서 차이콥스키는 흔쾌히 이 의뢰를 받아들였다. 그렇게 매달 발행된 12곡이 한데 모여 《사계》가 완성되었다.

《사계》는 19세기 음악 중 특정한 분위기나 사상을 담은 짧은 음악 작품 형식인 '성격 소품'에 속한다. 주로 A-B-A 삼부 형식으로 가요 형식과 비슷한 단순한 구조다. 《사계》는 그의 대표곡 피아노 협주곡 1번이 초연된 직후부터 첫 발레곡 《백조의 호수》를 완성하는 사이에 틈틈이 작업되었다. 12곡 모두 아름답지만 독주곡으로 가장 많이 연주되는 곡은 〈6월: 뱃노래〉와 〈10월: 가을의 노래〉다. 이처럼 각 달에 소제목이 붙어 있다. 차이콥스키는 이 곡을 작업할 때 톨스토이, 푸시킨, 마이코프, 코리체프 등 러시아 문인들의 작품을 많이 참고했는데, 〈6월: 뱃노래〉는 여름날 저녁에 뱃놀이하는 풍경을 묘사한 알렉스 프레시체예프의 시를 소재로 했다. 처음 부분에 쓰인 안단테 칸타빌레(느리면서도 노래하듯이)라는 나타냄말이 유유히 흘러가는 강물 같기도 하고, 차이콥스키의 처연한 마음을 표현한 것 같기도 하다. 흥겹기보다는 조용하고 애잔한 느낌이다. 원래는 피아노 독주곡이지만 1942년에 편곡된 관현악 버전도 무대에 자주 오른다.

구노:
〈아베 마리아〉

▶▶ ❚❚ ◀◀

Gounod: Ave Maria, CG.89a

오늘은 마치 문학 작품 같은 음악을 만든 작곡가 샤를 구노(1818~1893, 프랑스)의 생일이다. 그의 대표작 〈아베 마리아〉를 감상해보자. 샤를 구노는 드뷔시보다 약 44년 일찍 태어났다. 피아노의 시인 쇼팽과 동시대의 작곡가다. 구노는 다섯 살에 일찍 아버지를 여의었지만 교양이 뛰어났던 어머니로부터 문학, 미술, 피아노 등 다양한 교육을 받았고, 18세에 파리음악원에 진학했다. 그리고 국가 장학금 격인 로마 대상을 받아서 로마로 유학을 갔

샤를 구노

는데 그곳에서 신학에 관심을 가지게 되었고, 3년간 학업하며 작곡가 팔레스트리나(1525~1594, 이탈리아)의 음악을 공부한다. 로마에서 르네상스 시대 종교음악을 연구했고, 독일, 오스트리아를 거쳐 파리로 되돌아와서는 한동안 교회음악에 집중했다. 〈아베 마리아〉가 탄생하게 된 배경이다.

〈아베 마리아〉는 바흐의 평균율 클라비어곡집 1권(BWV.846) 중 전주곡 1번 다장조의 멜로디를 가져와 작업한 것인데, 완벽하게 바흐의 원곡을 따른 것은 아니고 슈벤케라는 인물이 임의로 '슈벤케 마디'를 집어넣었다. 서정적이면서도 종교적이라 듣다 보면 저절로 정화되는 느낌이 든다. 구노가 직접 가사를 붙인 적은 없고 그가 살아있을 때 여러 가사가 붙은 곡으로 편곡되기도 했지만, 지금의 "Ave Maria"로 시작하는 가사가 붙은 라틴어 성모송은 1859년에 들어서야 탄생했다. 구노는 한때 성직자가 되고자 열심히 공부했고 교회 음악에 심취했지만 유부녀와 불륜을 저지르고 만다. 그의 불륜 상대 조지나 웰던은 구노보다 19살 어렸던 유부녀였는데, 조지나는 결혼에 싫증이 나 있었고 구노는 영국에 호의적이었던 터라 둘은 금방 사랑에 빠졌다. 이 화려한 외도는 구노가 조지나에게 약 5만 달러의 거액을 지급하며 끝났다.

슈만:
〈환상곡〉 2악장

▶▶ ❚❚ ◀◀

Schumann: Fantasie in C Major, Op.17,
II. Durchaus energisch

오늘은 슈만의 환상 세계에 함께 빠져보자. 1836년 그가 26세에 작곡한 〈환상곡〉은 젊은 베르테르의 고뇌만큼이나 젊은 음악가의 번민과 격정적인 사랑을 느끼게 하는 곡이다. 슈만에게 있어 세상 온 우주의 중심이 클라라인 시기에 작곡되었고, 환상곡은 이런 슈만의 복잡다단한 심정을 담아내기에 최적인 장르였다.

악보 첫 장에는 독일의 시인이자 철학자인 프리드리히 폰 슐레겔이 쓴 시 〈수풀〉에서 발췌한 4행시가 적혀 있다. "온갖 색깔의 대지의 꿈속에서 모든 음향이 소리를 내는 가운데 은밀하게 귀를 기울이는 사람에게 조용한 음이 들려온다." 슈만의 감정을 이입하면 소리를 내는 사람은 슈만이고 그 음악에 귀 기울이는 사람은 클라라일 것이다. 그는 클라라에게 "지금껏 내가 작곡한 곡 가운데 가장 열정적인 작품으로, 당신을 향한 깊은 슬픔을 표현한 것"이라고 고백했다. 사랑하는 여자와 함께하지 못하는 괴로움, 자신의 정신 분열 때문에 그녀가 떠나갈까 봐 불안해하는 마음이 복합적으로 표현되어 있다. 이 곡은 리스트가 1837년에 클라라에게 헌정한 《초절기교 연습곡》에 대한 답례로 리스트에게 헌정되었다.

전체 3악장 구성으로, 나타냄말이 모두 독일어로 쓰여 있다. 이탈리아어가 전하지 못하는 세심한 뉘앙스를 살리고자 한 그의 의도가 잘 드러난다. 피아니스트 클라우디오 아라우(1903~1991, 칠레)는 슈만의 지시어를 하나도 놓치지 않고 꼭 그대로 연주해야 한다고 강조했다. 그만큼 이 곡은 기교도 중요하지만, 감정적인 표현력이 뒷받침되어야 한다. 리타르단도(늘임표)의 빈번한 출연으로 한 악장 안에서도 템포 변화가 굉장히 자주 일어나고, 심지어 2악장 코다에서는 '한층 더 흥분해서'라는 표시가 등장한다. 메조포르테(조금 세게)와 포르티시시모(매우 강하게), 피아니시모(아주 여리게)가 이리저리 오가서 극단적인 음량 대비가 돋보이는 강렬한 곡이다.

드보르자크: 네 개의 낭만적 소품
Op.75 1악장

▶▶ ❚❚ ◀◀

Dvořák: 4 Romantic Pieces, Op.75, B.150, I. Allegro moderato

드보르자크의 바이올린 소품 중 유머레스크와 함께 자주 연주되는 낭만적 소품이다. 1887년, 그가 뉴욕으로 떠나기 전에 작곡되었다. 무엇보다 가족과 친구를 소중하게 생각했던 그는 친구들과 함께 연주하려고 많은 소품을 작곡했는데, 이 작품도 그중 하나다. 처음에는 아마추어 연주자였던 친구들의 수준에 맞춰 〈두

미나 칼슨 브레드버그, 〈피아노 앞에서〉

대의 바이올린과 비올라를 위한 현악 삼중주〉로 작곡했지만, 곡이 너무 어렵다는 평을 듣고 피아노 반주가 있는 바이올린 독주 소품곡으로 다시 작업했다.

전체 4악장 중에서 1악장 알레그로 모데라토가 가장 유명하다. 서정적인 멜로디 덕분에 드라마의 배경음악으로도 자주 사용된다. 피아노는 마치 사랑이 넘치는 어머니의 목소리를, 멜로디를 담당하는 바이올린은 사랑을 듬뿍 받고 다정하게 응답하는 아이의 노래 같다. 첫 번째 악장은 바이올린 독주회의 앙코르곡으로도 많이 연주된다. 2악장 알레그로 마에스토소는 유달리 장엄하고 힘이 넘치고 화려한 기교가 돋보인다. 이어서 3악장 알레그로 아파시오나토 또한 아주 열정적이고 들쑥날쑥한 멜로디의 거친 움직임이 돋보인다. 감정 조절 면에서 연주자의 절제가 필수다. 마지막 악장은 라르게토로 조용하고 감미로운 분위기다. 마치 영화의 마지막 장면처럼 페이드아웃되면서 자연스럽게 사라지는 느낌이다. 각 악장이 평균 3~5분 정도로 네 곡 모두 연주해도 20분 안팎이라, 독주회의 시작을 여는 곡으로 전곡이 자주 연주되기도 한다.

몬티:
〈차르다시〉

▶▶ ❚❚ ◀◀

Monti: Czardas

1922년 오늘, 스페인의 사라사테 못지않은 집시 음악의 대가 비토리오 몬티(1868~1922, 이탈리아)가 세상과 이별했다. 그는 헝가리의 2/4박자 민속 무곡 차르다시를 바탕으로 1904년에 〈차르다시〉라는 음악을 만들었다. 원래 작은 기타처럼 생긴 만돌린을 위한 곡으로 쓰였지만, 현대에는 바이올린과 오케스트라 곡으로 편곡한 버전

차르다시를 추는 헝가리인

으로 연주되는데, 오케스트라 대신 피아노가 반주를 맡는 경우도 많다.

집시들은 유랑 민족답게 이동하면서 연주가 가능한 악기를 주로 취급했다. 태어날 때부터 바이올린을 손에 들고 태어난다는 말처럼 특히 바이올린에 능했고 탬버린이나 캐스터네츠, 플루트 같은 악기도 잘 다루었다. 물론 집시들의 역동적인 춤도 감상하는 재미가 크다. 당시 헝가리에서는 집시 음악이 크게 발전했고, 이들에 의해 차르다시가 널리 알려졌다.

〈차르다시〉는 처음에는 슬프고 무거운 선율로 느리게 시작된다. 그러다 잠깐 멈추었다가 곧바로 빠른 곡조로 바뀌어 이내 휘몰아치듯 열정적인 멜로디를 보여주고 강렬하게 끝맺는다. 개인적으로 헝가리의 천재 바이올리니스트 로비 라카토시(1965~)의 연주를 추천한다. 라카토시는 '한마디로 정의할 수 없는 음악가'라는 별명답게 아주 다재다능한 사람이다. 마치 파바로티처럼 바이올린을 장난감처럼 다루고 엄청난 기교와 음악적 표현으로 좌중을 압도한다. 클래식뿐만 아니라 재즈에도 일가견이 있어 어떤 곡이든 원하기만 하면 그의 손에서 물 흐르듯 뿜어져 나올 것만 같다. 오죽하면 세계적인 바이올리니스트 예후디 메뉴인(1916~1999, 미국)은 벨기에에 여행 갈 일이 있으면 1986년부터 1996년까지 라카토시가 정기적으로 출연하던 브뤼셀의 한 클럽을 빼놓지 않고 찾았을 정도로 감탄을 금치 못했다고 한다.

림스키코르사코프: 오페라 《술탄 황제의 이야기》 중 〈왕벌의 비행〉

▶▶ ❚❚ ◀◀

Rimsky-Korsakov: The Tale of Tsar Saltan, Op.57,
Flight of the Bumblebee

19세기 러시아 국민주의 작곡가 림스키코르사코프가 1908년 오늘 64세의 나이로 세상과 이별했다. 모든 영역에서 탁월한 재능을 보였던 그의 능력은 부단한 노력의 결과였다. 림스키코르사코프도 무소륵스키처럼 귀족 집안의 자식이었는데, 처음에는 해군으로 근무하다가 뒤늦게 음악가로서 꿈을 펼쳤다. 바다에 나가지 않고 육지에 있을 때면 작곡가 밀리 발라키레프(1837~1910, 러시아)가 그에게 음악을 가르쳤다고 한다. 발라키레프의 응원과 격려 속에서 음악 실력을 키운 림스키코르사코프는 27세에 상트페테르부르크음악원의 교수로 임명된다. 그러나 그는 자신의 위치에 안위하지 않고 자신을 채우는 일을 게을리하지 않았던 진정한 N잡러였다. 시작은 한발 늦었지만 러시아인으로서 최초로 교향곡을 썼고 교향시와 오페라 작곡에도 열심이었다.

오페라 《술탄 황제의 이야기》는 몰라도 2막 1장에 나오는 〈왕벌의 비행〉은 들으면 바로 알만큼 인지도가 높은 곡이다. 이슬람에서 정치 지도자를 칼리프와 술탄이라고 부르는데, 푸치니의 오페라 《투란도트》에 등장하는 칼리프 왕자도 이에 해당한다. 《술탄 황제의 이야기》는 동화를 원작으로 한다. 한 왕자가 악마의 성에서 벌떼의 공격을 받고 있던 백조를 구해주고, 이 백조가 공주로 변해서 둘이 함께 행복하게 산다는 이야기다. 오페라 자체의 인기가 높다기보다는 오페라 안에 등장하는 이 곡이 극을 유명하게 만들었다.

〈왕벌의 비행〉은 연주 시간이 3분 정도로 짧지만, 건반 위에서 손가락이 움직이기 시작하면 곡이 끝날 때까지 쉴 틈 없이 흐른다. 보통 피아노 독주회의 앙코르곡으로 자주 연주된다. 영화 《샤인》에서 피아니스트인 남주인공이 카페에서 즉흥적으로 연주하는 곡으로 등장한 적이 있다.

하이든:
교향곡 45번 〈고별〉 4악장

▶▶ ❚❚ ◀◀

Haydn: Symphony No.45 in F-Sharp Minor, Hob.I:45,
Farewell, IV. Finale. Presto-Adagio

하이든은 104곡이나 되는 교향곡을 작곡했는데, 그중에 〈놀람〉, 〈고별〉, 〈런던〉 등이 유명하다. 유머와 재치와 해학을 지닌 하이든의 교향곡 45번 〈고별〉을 감상해보자. 베토벤 이전의 음악가들은 자신을 후원해주는 종교 지도자나 왕, 귀족 등에게 귀속되어 있었기에 자신만의 음악 세계를 자유롭게 펼치기에 제약이 많았다.

에스테르하지궁

이처럼 하이든의 뒤에는 에스테르하지 후작이 있었고, 하이든과 그의 악단은 후작의 뜻대로 움직였다. 그런데 어느 날, 악단이 에스테르하지궁에서 왕성한 활동을 하던 중에 가족들을 만날 휴식 시간이 도통 주어지지 않자, 단원들 사이에서 불만이 터져 나왔다. 이를 알아챈 하이든은 후작에게 직접 건의하는 대신에 이 교향곡으로 뜻을 전하고자 했다.

전체 네 악장으로 구성되었고, 연주 시간은 26분 정도로 길지 않다. 잘 알려진 대로 이 교향곡은 마지막 악장인 4악장에서 연주자들이 한 명씩 자리를 뜨는 퍼포먼스가 일품이다. 최종적으로는 단 두 명의 바이올린 연주자만 남긴 채 곡이 마무리된다. 에스테르하지 후작이 이 연주를 보고 난 직후에 악단의 뜻을 알아채고 바로 휴가를 내줬다는 일화에서 많은 교훈을 느낄 수 있다.

하이든은 28세에 가발 가게 딸이었던 마리아 안나 켈러와 결혼했다. 부인과 사이가 좋지 않아서 결혼 생활은 그리 행복하지 못했고 둘 사이에 아이는 없었다. 모차르트처럼 어려서부터 신동도 아니었고, 베토벤처럼 인생 역전 성공담도 없지만 그의 매력은 유머와 해학이 가득한 그만의 음악 세계에서 잘 드러난다. 상대방의 기분을 상하지 않게 하면서 의견을 관철하는 그의 재치는 300년 인생 후배인 우리가 꼭 배워야 할 삶의 지혜가 아닐까 싶다.

슈만:
《교향적 연습곡》중 연습곡 12번

▶▶ ⏸ ◀◀

Schumann: Symphonic Etudes, Op.13,
Etude XII. Finale. Allegro Brilliante

슈만이 20대에 작곡한 피아노곡 《교향적 연습곡》을 들어보자. 제목처럼 슈만은 이 시기에 교향곡풍의 피아노 연습곡을 만들고 싶어 했다. 이 곡의 초판은 《플로레스탄과 오이제비우스의 피아노포르테를 위한 교향적 성격의 연습곡》이라는 제목으로 1837년에 출판되었다가 15년 후인 1852년에 라이프치히에서 《변주곡 양식의 연습곡》이라는 훨씬 더 간결한 부제로 재판되었다. 처음 작곡할 때는 하나의 주제와 한 개의 피날레를 포함한 총 18개의 악장으로 구성되었는데, 이후 재판에는 주제와 피날레, 아홉 개의 변주와 두 개의 연습곡의 구성으로 완성되었다. 여러 번의 편집을 거친 이 곡은 1873년 브람스가 슈만의 유작을 정리하면서 슈만이 제외했던 다섯 개의 변주곡을 다시 포함시켜 《슈만 작품집 완간》으로 펴냈다. 그래서 이 곡은 연주자에 따라 1837년과 1852년판 중 하나를 선택해서 연주하고, 브람스가 추가한 다섯 곡의 변주를 더해서 18개 악장으로 연주하기도 한다. 곡의 첫 부분에 "어느 아마추어가 작곡한 선율"이라는 주석이 적혀 있는데, 여기서 아마추어란 당시 보헤미아와 작센 사이의 국경 부근에 살고 있던 폰 프리켄 남작을 가리킨다.

나머지 아홉 개의 변주와 달리 3번과 9번은 연습곡으로 작곡되었다. 12번째 곡은 하인리히 마르슈너(1795~1861, 독일)의 3막 오페라 《사원과 유대인Der Templer und die Jüdin》 중 〈자랑스러운 영국이여, 기뻐하라!〉의 주제를 변주한 것이다. 피날레는 듣는 사람의 가슴이 뻥 뚫릴 정도로 벅찬 웅장함을 선물한다. 연주자는 처음부터 끝까지 집중력을 잃지 않고 체력 분배도 잘 해야 한다. 그래야 마지막 피날레에서 기력을 소진하고 실수하지 않을 수 있다.

이 곡은 슈만의 친구인 피아니스트이자 작곡가 윌리엄 베넷(1816~1875, 영국)에게 헌정되었다. 베넷은 이 작품을 영국에서 자주 연주해 큰 호평을 받았지만 정작 슈만은 이 곡이 대중 연주에 적합하지 않다고 생각해서 클라라에게 연주하지 말라고 조언했다고 한다.

무소륵스키:
〈민둥산의 하룻밤〉

▶▶ ❚❚ ◀◀

Mussorgsky: Night on Bald Mountain

러시아 5인조로 잘 알려진 작곡가 무소륵스키는 1867년에 교향시 〈민둥산의 하룻밤〉를 작곡했다. 러시아 남부 키예프에 있는 트라고라프산에서 매년 6월 24일에 열리는 성 요한 축제의 전설에 영감을 받아 만든 것이다. 축제 전날 밤에 마녀, 귀신, 악마들이 모여서 연회를 벌인다는 내용이다. 마녀와 귀신들이 악마를 기쁘게

랄프 앨버트 블레이클록, 〈귀신들의 춤〉

하려고 온갖 정신없는 축제를 벌이는 장면이 불규칙한 불협화음으로 묘사된다. 그러니 매우 정신없을 수밖에. 목관과 금관악기, 제1바이올린이 빠르고 민첩하게 큰 소리를 내야 해서 연주자의 부담이 상당히 큰 작품이다. 지휘자와 연주자들의 노련한 기량뿐만 아니라 합, 악기들 사이의 조화가 필수적이다.

　무소륵스키의 음악은 개정판이나 편곡 버전이 원곡만큼 유명한데, 〈민둥산의 하룻밤〉도 그의 사후에 친구였던 림스키코르사코프가 많은 부분을 개정했다. 원곡이 지나치게 거칠어서 제대로 연주하기 힘드니 불필요한 마디를 제거하고 한층 더 세련되고 간결하게 정리했다. 따라서 현재는 원곡과 림스키코르사코프의 개정판 (1886)이 동시에 연주되지만, 많은 연주자가 개정판을 더 선호한다. 개정판은 연주 시간이 원곡보다 평균 2~3분 정도 짧다. 마지막 종결부는 첫 부분과 다르게 아주 조용한 여운을 남기며 서서히 끝난다. 광란의 밤이 끝난 것이다. 디즈니 만화영화 《판타지아》에 이 음악이 흐르는데, 영화에서는 개정판이 쓰였다.

드보르자크:
피아노 삼중주 4번 〈둠키〉

▶▶ ⏸ ◀◀

Dvořák: Piano Trio No.4 in E Minor, Op.90, Dumky,
IV. Andante moderato

누구에게나 인생의 전환점을 맞이하는 시기가 있다. 드보르자크에게는 미국 뉴욕 국립음악원의 원장으로 초청받아 떠나게 된 1892년이 그러했다. 피아노 삼중주 4번 마단조 〈둠키〉는 드보르자크가 미국으로 떠나기 일 년 전인 1891년 2월에 작곡한 6악장 구성의 실내악이다. 각 악장이 모두 우크라이나의 민요인 둠카

스타니스와프 마슬로프스키, 〈야레마의 둠카〉

Dumka로 이루어져 있어서, 둠카의 복수형인 '둠키'가 제목으로 붙었다. 1~3악장은 아타카Attacca•로 구성되고, 4~6악장은 각각 다른 분위기를 품고 있어서, 전체 6악장이지만 잘 모르고 들으면 4악장 곡으로 오해하기 쉽다. 전체 연주 시간은 35분 정도고, 그중 가장 유명한 4악장은 5분 정도 연주된다.

우크라이나에서 시작된 둠카는 슬라브 지역으로 건너오면서 체코 음악에 많은 영향을 끼쳤다. 워낙 민속적인 색채에 관심이 많았던 드보르자크는 이 곡뿐만 아니라 다른 작품에도 민요를 많이 사용했다. 그는 둠카의 형식을 피아노 독주곡(Op.35), 슬라브 무곡 2번(Op.72), 현악 6중주(Op.48) 및 피아노 오중주(Op.81)를 포함한 여러 다른 작품에도 사용했다(둠카는 장르이기에 같은 제목으로 불리지만, 모두 별개의 곡이다). 구슬프다가도 경쾌한 멜로디가 번갈아 등장해서 양가적인 감정이 드는 것이 둠카의 특징이다. 이 피아노 삼중주는 드보르자크가 미국에 있을 때 음악적 스승이자 선배였던 브람스가 교정을 본 후 정식 출판되었다.

• 클래식 음악에서 악장의 끝에서 쉬지 않고 바로 다음 악장을 이어 연주할 것을 지시하는 용어

브루크너:
교향곡 8번 WAB.108 4악장

▶▶ ❚❚ ◀◀

Bruckner: Symphony No.8, WAB.108, IV. Finale.
Feierlich, nicht schnell

브루크너의 교향곡 8번 4악장은 분명 클래식 음악이다. 그런데 이 음악을 처음 들었을 때, 마치 《스타워즈》의 웅장한 영화 음악을 듣는 것 같은 기분이 들었다. 곡의 마지막을 알리는 피날레답게 사람들의 이목을 끄는 매력이 있으면서 브루크너의 피날레 악장 중 가장 멋지다는 평가를 받는 악장이다. 현악기의 탄탄한 선율 위로 트럼펫과 호른, 튜바까지 합세해 연주하는 멜로디가 마치 진격하는 군대 같다. 음반으로 들을 때도 좋지만 실제 콘서트홀에서 들으면 심장이 쫄깃할 만큼 위협적이기까지 하다. 브루크너 연구가인 로버트 심슨은 이 4악장을 가리켜 "브루크너가 시도한 새로운 종류의 피날레"라면서 "웅장하고 장엄한 느낌이 마치 거대한 성당과 같은 건축물을 연상시킨다"라고 덧붙였다. 1악장부터 4악장까지 총 연주 시간은 1시간 20분 정도로 아주 긴데, 워낙 많은 개작을 거쳤기 때문에 다양한 판본이 존재한다.

브루크너는 이미 1884년 9월에 1악장의 스케치를 끝냈지만, 다른 작품을 함께 작업하느라 너무 바쁜 나머지 3년이 지난 1887년 8월에서야 곡을 완성했다. 그는 자신의 음악을 언제나 지지해준 지휘자 헤르만 레비(1839~1900, 독일)에게 초연을 부탁했지만 거절당했다. 그 슬픔에 자살까지 하려고 했다 하니, 충격이 어마어마했던 것 같다. 매우 상심한 그는 3년 동안 곡을 개작했고 마침내 1892년에 한스 리히터의 지휘로 초연을 올렸다. 브루크너는 이 곡을 위해 천사의 악기라고 불리는 하프를 세 대나 사용했고, 교향곡 7번과 같은 구성으로 바그너 튜바를 네 대나 배치했다(바그너 튜바는 지금은 잘 연주되지 않는데, 실제로는 호른과 튜바의 중간 음색을 내는 호른에 가까운 악기다).

브루크너는 교향곡이 그의 전부라고 할 수 있을 정도로 평생 교향곡을 위해 살다 간 작곡가다. 특히 이 곡은 그가 남긴 최후의 완성작이었고, 그는 교향곡 9번 3악장을 작곡하는 도중에 세상을 떠났다.

쇼팽:
연습곡 Op.10 12번 〈혁명〉

▶▶ ⏸ ◀◀

Chopin: 12 Études, Op.10, No.12, Revolutionary

피아니스트에게 쇼팽의 연습곡은 '입시곡'의 다른 이름이다. 연습곡은 프랑스어로 '에튀드étude'인데, 쇼팽의 연습곡은 연주곡으로 불러야 할 만큼 능숙한 기교뿐만 아니라 풍부한 음악적 표현을 함께 요구한다. 바이올린에 파가니니가 작곡한 24개의 카프리스가 있다면, 피아노에는 쇼팽의 24개 연습곡이 있다.

게오르크 분더, 〈바르샤바 전투〉

오늘은 쇼팽의 에튀드 Op.10 시리즈 중 마지막 곡 〈혁명〉을 들어보자. 연습곡 Op.10은 쇼팽이 1829년부터 1832년 사이에 작곡해 1833년에 출판되었다. 그중 〈혁명〉은 1831년에 쇼팽이 빈을 떠나 파리에 가던 도중 폴란드의 수도인 바르샤바가 러시아군에 의해 함락됐다는 비보를 전해 들은 뒤 작곡되었다. 그만큼 비통하고 원망스러운 감정이 곡에 잘 드러난다. 주요 멜로디는 오른손으로 연주하지만, 멜로디를 받쳐주는 왼손의 노련한 반주가 없으면 무의미해지니 양손의 균형이 무엇보다 중요하다. 양손이 폭포처럼 하강하다가 마지막 두 마디에서 네 음으로 강렬하게 마무리 짓는다. 쇼팽의 결연함이 잘 드러난다.

쇼팽의 연습곡에는 패기 있고 혈기 왕성한 청년 작곡가의 마음이 응집되어서 대부분 곡이 아주 빠르다. 느린 곡도 간혹 있긴 하지만 템포만 느릴 뿐, 기교 자체는 쉽지 않다. 예전에는 마우리치오 폴리니(1942~, 이탈리아)의 음반을 교과서처럼 들으면서 공부했는데 이제는 피아니스트 임윤찬의 멋진 연주를 감상할 수 있어 기쁘다.

쇼팽: 안단테 스피아나토와 화려한 대 폴로네이즈

▶▶ ‖ ◀◀

Chopin: Andante spianato et Grande Polonaise brillante in
E-Flat Major, Op.22

쇼팽의 안단테 스피아나토와 화려한 대 폴로네이즈를 듣고 싶은 6월이다. 스피아나토Spianato란 이탈리아어로 '매끄러운, 평탄한'을 뜻하고, 아르페지오를 사용해 바다 위의 잔잔한 물결처럼 연주하라는 지시어다. 쇼팽은 오스트리아 빈에 머물던 1830년과 1831년에 화려한 폴로네이즈 부분을 먼저 작곡했고, 몇 년 뒤인 1834년에 파리에서 안단테 스피아나토 부분을 마저 작곡했다.

음악의 처음은 아주 고요하다. 상념을 쓸어내듯 잔잔하게 연주되다가 갑자기 새로운 시작을 알리듯 팡파르가 울린다. 마지막 코다 부분은 이전의 분위기와는 완전히 다르게 내림 '마' 음을 다섯 번이나 강하게 울리면서 끝이 난다. 마치 쇼팽이 "지금 괜찮아"라고 응원해주는 것 같아서 이 마지막 종결부를 참 좋아한다. 원곡은 피아노와 오케스트라가 함께 연주하는 협주곡 형식으로 작곡되었지만, 현재는 대부분 피아노 독주곡으로 연주된다.

쇼팽은 1835년 당시 프랑스의 유명한 지휘자였던 프랑수아-앙투안 아브네크(1781~1849)를 위해 열린 자선 콘서트에서 이 곡을 직접 연주했다. 그러나 이 콘서트를 마지막으로 더 이상 대규모의 콘서트에서는 연주하지 않고 주로 살롱에서 지인이나 친구들과 함께 있을 때만 연주했다고 한다. 쇼팽의 에튀드가 피아니스트에게 있어 필수적으로 공부해야 하는 곡이라면, 폴로네이즈와 마주르카 장르곡은 그의 정체성을 이해하기 위해 꼭 감상해야 하는 곡이다. 폴로네이즈는 '폴란드의'라는 뜻으로, 원래 농민들의 행사 때 쓰이던 춤곡이었지만 점차 상류사회로 퍼지면서 귀족적 색채가 짙은 음악이 되었다. 반면 마주르카는 서민 음악의 정체성을 유지했다. 특히 조국에 대한 향수를 표현하기 좋은 장르라, 평생 고향을 그리워했던 쇼팽은 이 마주르카로 새로운 음악적 시도를 하고자 했다.

쇼팽:
폴로네이즈 6번 〈영웅〉

▶▶ ❚❚ ◀◀

Chopin: Polonaise in A-Flat Major, Op.53, No.6, Heroic

1842년 5월, 쇼팽은 애인 조르주 상드의 별장이 있는 노앙으로 향했다. 그곳에서 평소 쇼팽을 좋아하고 높이 평가한 화가 외젠 들라크루아를 만났다. 쇼팽과 상드가 함께 있는 유명한 그림을 그린 화가가 바로 들라크루아다. 쇼팽은 그해 발라드 바단조, 스케르초 마장조, 폴로네이즈, 마주르카 등을 동시에 작업했다.

외젠 들라크루아, 〈쇼팽과 상드〉

쇼팽은 폴로네이즈라는 장르를 특별히 사랑했다. 피아노 독주곡으로 최소 23개의 폴로네이즈를 작곡했는데 그중 가장 유명한 폴로네이즈가 바로 〈영웅〉이다. 23곡 중 일곱 곡은 생전에 출판되었고, 세 곡은 Opus 번호를 붙여서 사후에 출판되었으며, 여섯 곡은 Opus 번호 없이 출판되었다. 〈영웅〉은 1842년에 작곡되어 독일의 은행가이자 쇼팽의 친구였던 아우구스트 레오에게 헌정되었다.

쇼팽의 오랜 연인인 상드는 쇼팽의 이 폴로네이즈를 듣고서는 "영감! 힘! 활기! 프랑스 혁명에서 보이는 영혼같이 의심의 여지가 없어요. 지금부터 이 폴로네이즈는 상징이 되어야 해요, 영웅적인 상징"이라고 말했다고 한다. 쇼팽은 작품에 제목을 붙이는 것을 매우 싫어했지만, 예외적으로 이 곡에만 〈영웅〉이라는 부제를 붙였다. 이 작품의 빠르기는 '알라 폴라카 에 마에스토소Alla polacca e maestoso'(폴로네이즈처럼 그리고 웅장하게)다. 양손이 동일한 음의 옥타브로 강력한 한 방을 날리듯 시작하고, 뒤이어 상승하는 반음계 화음의 내림가장조 선율이 연주된다. 평균 연주 시간은 7분 정도로 짧은 시간에 활력을 느끼게 해주는 곡이다.

할보르센:
〈파사칼리아〉

▶▶ ▮▮ ◀◀

Halvorsen: Passacaglia and Sarabande for Violin and Viola
(With Variations on a Theme by Handel)

요한 할보르센

6월의 마지막은 강렬한 음악으로 장식해보자. 이 곡은 헨델이 1720년경 작곡한 하프시코드를 위한 모음곡(HWV.432) 중 여섯 번째 악장인 〈파사칼리아〉를 작곡가 요한 할보르센(1864~1935, 노르웨이)이 현악기용으로 편곡한 것이다. 할보르센은 작곡뿐만 아니라 바이올린 연주에도 능해서 현악기나 오케스트라 음악을 주로 다루었다. 바로크 작곡가 헨델은 건반악기의 전신인 하프시코드를 위한 음악을 많이 작곡했는데 그의 모음곡 중 파사칼리아와 사라방드는 후배 음악가들에 의해 자주 편곡되었고, 영화에 삽입될 정도로 높은 대중성과 음악성을 자랑한다.

　제목처럼 사용되는 '파사칼리아'는 클래식 음악의 한 장르로, '파사칼레'라는 2박의 행진곡이 춤곡으로 발전한 것이다. 할보르센의 편곡 버전에서는 바이올린과 비올라(또는 첼로)가 현악기의 특징적인 주법인 비브라토와 피치카토 등을 활용해 한 음 한 음 깊은 울림을 표현한다. 베이스를 맡은 왼손이 곡의 처음부터 끝까지 규칙적으로 같은 멜로디를 연주한다. 짧은 멜로디가 약간씩 변조되기도 한다. 별다른 제목이 붙지 않고 '~의 파사칼리아'와 같은 식으로 작곡가의 이름을 붙여서 구분한다. 그래서 이 곡은 〈헨델-할보르센의 파사칼리아〉로 부르기도 한다.

　인생이 그러하듯, 악기 연주도 결코 혼자서만 완성할 수 없다. 솔로 연주도 좋지만 다른 악기와 하모니를 이룰 때 보기에도 좋고 듣기에도 더 아름답다. 서로 이해하고 양보하고 함께할 수 있음에 감사하면서도 상대에게 부담을 주지 않고 각자의 역할을 잘 해내는 것. 파사칼리아가 울려 퍼지는 지금 이 순간, 바이올린과 비올라의 이중주를 들으며 다시금 '함께'라는 것의 의미를 되새겨본다.

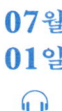
사티:
《그노시엔느》 1번

▶▶ ‖ ◀◀

Satie: Gnossienne No.1

"우리는 모든 관습과 우매함과 편견에 맞서 싸운다. 우리는 우리가 보는 것을 보여줄 용기가 있고, 이 시대의 풍조를 따른다. 우리에게 주인이란 아름답고 위대한 자연밖에 없다!" 프랑스의 기인 작곡가 에릭 사티가 남긴 말이다. 오늘은 그가 59세의 나이로 세상을 떠난 날이다. 그의 죽음을 애도하는 의미로 대표곡《그노시엔느》 1번을 들어보자. 그노시엔느는 그리스 남쪽의 섬 크레타 또는 크레타 사람의 춤을 지칭하는 용어로, 사티의 《그노시엔느》에는 총 여섯 곡이 담겨 있으며, 1889년부터 1897년까지 대략 10년에 걸쳐 작곡되었다. 1893년에 1~3번을 먼저 발표했고 나머지 4~6번은 그의 사후 1968년에 출판되었다.

사티는 느슨하고 몽환적이면서 미니멀리즘의 음악을 추구했다. 늘 새로운 방식을 탐구했고 자신만의 음악을 창작하고자 했다. 그 누구도 아닌 자기 자신이 되기를 갈망했던 사람이다. 드뷔시와도 친분이 두터웠는데, 사티는 훗날 드뷔시를 "처음 보는 순간 끌렸다"라고 회고했으며, 그들의 우정은 다른 친구들이 드뷔시를 떠나갔던 힘든 시기 동안에도 지속되었다. 사티는 드뷔시보다 네 살 어렸지만 둘의 사이는 음악 견해를 서슴없이 주고받을 만큼 견고했다.

사티는 평생 수잔 발라동이라는 한 여인만을 사랑했던 반항아이기도 했다. 그녀에게 청혼했지만 거절당하고 파리 근교 아르케이의 허름한 아파트에 처박혀 평생 은둔했다고 한다. 그가 남긴 유품이라고는 같은 색깔의 벨벳 정장, 수잔 발라동을 생각하며 작곡한 악보와 그녀를 그린 드로잉이 전부였다. 그는 말했다. "나는 항상 이해하지 못하는 음악을 연주하기로 결심했습니다." 한 평론가는 사티에 대해 "음악에 빠져 정신이 나갔으며, 신비주의를 좇는 비의적이고 더러운 기생충이다"라고 비난을 쏟았지만, 사티는 그저 자신답게 살았을 뿐이다.

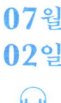
모차르트:
피아노 협주곡 21번 K.467 2악장

▶▶ ❚❚ ◀◀

Mozart: Piano Concerto No.21 in C Major, K.467,
II. Andante

협주곡은 보통 주제가 등장하는 1악장이 가장 유명한 경우가 많은데, 간혹 2악장이나 3악장이 더 큰 사랑을 받는 곡이 있다. 모차르트의 피아노 협주곡 21번이 그렇다. 밝고 명랑하게 시작하는 1악장과 3악장도 좋지만, 우아하고 아름다운 2악장 선율을 더 선호하는 사람이 많다.

오귀스트 르누아르, 〈단베르 양의 초상〉

모차르트가 29세의 나이로 1785년 3월에 완성한 이 협주곡은 같은 해에 완성된 세 개의 협주곡(20, 21, 22번) 가운데 두 번째 작품이다. 피아노 협주곡 20번을 완성하자마자 불과 한 달 뒤에 그가 주최할 예정이었던 콘서트에서 직접 연주하기 위해 작곡했다. 모차르트와 베토벤은 자신의 곡을 상연할 때 독주 피아노 부분을 직접 연주하는 경우가 많아서 악보를 비워두고 당일에 즉흥 연주를 즐겨 했다. 이는 당시의 관습이기도 했다. 고전 협주곡의 가장 큰 특징은 긴 오케스트라의 제시부가 끝난 후에 피아노 독주가 등장하는 것인데, 그래서 독주자인 피아니스트는 지휘자와 함께 등장해서 적잖은 시간을 혼자 무대 위에 덩그러니 앉아 있어야 한다. 물론 그렇다고 연주자가 가만히 앉아 있기만 하는 건 아니다. 오케스트라의 연주를 들으면서 연주를 어떻게 시작할지 가늠한다.

한 달 먼저 작곡한 피아노 협주곡 20번은 라단조로 매우 어두운 분위기인 데 반해 21번은 다장조로 아주 밝다. 특히 2악장을 들으면 청아한 소녀의 모습이 연상되어서 발레곡으로도 잘 어울린다. 피아노 협주곡 21번은 1785년 3월 10일 부르크 극장에서 초연되었는데, 아버지 레오폴트 모차르트가 연주회가 성공한 것에 큰 감동을 받아서 기쁨의 눈물을 흘렸다는 일화가 전해진다.

모차르트:
〈작은 별 변주곡〉

▶▶ ❚❚ ◀◀

Mozart: 12 Variations on Ah, vous dirai-je Maman, K.265

모차르트의 변주곡 중 가장 많은 사랑을 받는 곡이다. 흔히 〈작은 별 변주곡〉으로 알려져 있다. 모차르트가 처음부터 모든 선율을 작곡한 것은 아니고 프랑스의 동요 〈아, 어머니께 말씀드리지요〉를 변주한 것이다. 우리나라에서는 어릴 적 자주 불렀던 동요 〈반짝반짝 작은 별〉이나 알파벳을 배울 때 자주 들었던 ABC 노래와 멜로디가 같아서 익숙하지만, 원곡은 딸이 어머니에게 남자 친구가 생겼다고 고백하는 내용이다.

안나 마리아 모차르트

〈작은 별 변주곡〉은 어머니를 떠나보내고 슬픔에 잠긴 모차르트가 오스트리아로 돌아온 뒤 약 4년이 지난 1782년경에 쓴 곡이다. 일찍이 천재 신동이라는 이유로 여섯 살 때부터 가족 곁을 떠나 유럽 연주 여행을 다녔던 그는 어머니에게 각별한 애정을 품었다. 엄했던 아버지 레오폴트에게서 느끼지 못한 사랑을 대신해 따뜻한 모정에 많이 기댔던 그였다. 그러나 구직을 위해 그가 파리에 머무는 동안 어머니 안나 마리아 모차르트가 1778년 바로 오늘, 58세의 나이로 세상을 뜨고 만다.

처음에 다장조의 밝은 분위기로 시작하지만 12개의 변주를 거치면서 다양한 리듬과 연주법이 전개된다. 한 가지 주제를 각각의 변주 속에서 다양하게 연주하는 것이 쉽지는 않지만, 한편으로는 그런 점이 변주곡의 묘미이기도 하다. 1변주에서는 주로 16분음표가 반음계로 진행되고 2변주에서는 왼손이 아르페지오를 연주한다. 8변주에서는 조성이 다단조로 변하면서 슬픈 분위기가 조성된다. 9변주에서는 다시 다장조로 경쾌하게 바뀌고, 11변주까지 2/4박자로 이어지다가 마지막 12변주에서는 3/4박자가 되면서 더 빠르게 연주되고 크레셴도(점점 세게)로 마무리된다.

스비리도프:
〈올드 로망스〉

▶▶ ❚❚ ◀◀

Sviridov: Old Romance

러시아 하면 쓸쓸한 분위기가 제일 먼저 떠오른다. 차이
콥스키, 라흐마니노프의 멜랑콜리한 선율 탓일까? 또 다
른 러시아 출신 작곡가 게오르기 스비리도프(1915~1998, 러
시아)의 〈올드 로망스〉를 소개한다. 스비리도프는 러시아
정교회 전통 성가의 영향을 받은 합창 음악과 러시아를
찬양하는 관현악 작품으로 유명하다. 교회음악과 동유
럽 민속음악, 19세기 유럽 낭만주의, 신낭만주의 그리고
러시아 낭만주의 시인들의 작품에 큰 영향을 받았다. 클
래식을 전공했더라도 전 세계 모든 작곡가를 다 아는 것

게오르기 스비리도프

은 아니라서 새로운 작곡가를 알게 되면 무척 반갑다. 생몰년을 보면 알 수 있듯이,
스비리도프는 현대까지 활동했던 음악가다. 흔히 현대음악이라고 하면 모두 탈조
성에 복잡하고 난해할 거라고 예상하지만, 스비리도프의 음악은 영화음악으로 쓰
일 정도로 서정적이다.

이 곡은 푸시킨 소설을 원작으로 1964년에 개봉한 영화 《눈보라》에 사용되었다.
비극적인 사랑을 주제로 한 슬픈 영화에 잘 어울리고, 짧지만 긴 여운을 주는 슬픈
선율이다. '푸시킨'이라는 이름은 전통적인 러시아식 이름이지만 사실 그는 흑인이
었다. 소설 『눈보라』는 러시아인들의 정서가 반영된 다섯 가지 이야기를 모아 본래
『벨킨 이야기』라는 제목으로 출간되었는데, 이는 푸시킨이 생애 최초로 완성한 소
설이었다. "푸시킨은 우리의 전부야. 별이 빛나는 하늘이기도 하고 마음속의 법칙
이기도 한 거야." 러시아 소설 속 주인공의 독백처럼 푸시킨은 러시아인이라면 누
구나 마음에 품고 있는 시인이다.

리스트:
헝가리 광시곡 2번

▶▶ ❚❚ ◀◀

Liszt: Hungarian Rhapsody No.2 in C-Sharp Minor, S.244

최초로 클래식계의 '오빠 부대'를 몰고 다 닌 클래식 스타 리스트는 30대에 유럽 전 역을 돌면서 연주자로서 입지를 확고히 다졌다. 이를 증명하듯 1839년에 연주차 잠시 들른 고국 헝가리에서 사람들에게 대단한 환호를 받았는데, 이는 리스트가 헝가리를 위해 곡을 만들어 선물하기로 마음먹는 계기가 되었다. 고국을 일찍 떠

헝가리 민속 풍경

나서 헝가리어보다 독일어와 프랑스어를 더 능숙하게 구사한 리스트였지만, 그에 게는 분명 헝가리인의 피가 흐르고 있었다.

오늘의 음악인 헝가리안 광시곡은 밀고 당기는 템포 변화가 아주 인상적이면서 시원스러운 연주를 들을 수 있는 곡이다. 헝가리 광시곡이라고도 하는데, 리스트가 1839년부터 죽기 전인 1885년까지 평생에 걸쳐 작곡한 장르다. 가장 유명한 2번은 1847년에 라슬로 텔레키 남작에게 헌정된 뒤 1851년에 출판되자마자 엄청난 인기 를 얻었다. 나중에는 오케스트라 버전과 네 손을 위한 버전으로도 편곡되었다. 곡 의 마지막 부분에 카덴차가 등장하는데, 리스트 사후에 많은 작곡가가 보다 어렵고 화려하게 자신만의 웅장한 카덴차로 바꿔 연주하기도 한다. 다양한 카덴차를 감상 하는 것이 이 곡만의 특별한 감상 포인트다.

리스트는 헝가리 광시곡을 총 19개 작곡했지만, 지금은 16개의 곡만 연주된다. 1번부터 15번까지는 바이마르 시대(1848~1861)인 1840년대에 완성했고, 16번부터 는 1880년대 초중반에 작곡했다. 마지막 광시곡인 19번이 1885년에 작곡되었으니, 무려 40여 년의 시간 차이가 난다. 그중에서 2, 5, 6, 9, 12, 14번 이렇게 여섯 곡은 그 의 제자였던 프란츠 도플러(1821~1883, 폴란드)가 관현악곡으로 편곡했다. 가끔은 원 곡보다 편곡된 버전이 더 선호되기도 한다.

쇼팽:
전주곡 15번 〈빗방울〉

▶▶ ❚❚ ◀◀

Chopin: 24 Préludes, No.15 in D-Flat Major, Op.28,
Raindrop Prelude

본격적인 더위가 시작되기 전, 장마 기간 동안 들으면 좋은 쇼팽의 전주곡을 소개한다. 1836년부터 1839년까지 3년에 걸쳐 작곡된 《24개의 전주곡》 중 15번째 곡으로, 〈빗방울 전주곡〉이라는 부제를 달고 있다. 1838년, 영국에서 연주 여행을 마치고 파리로 돌아온 쇼팽은 상드와 조용한 겨울을 보내기 위해 스페인의 마요

앙투안 셍트루이, 〈빗물 샤워〉

르카섬으로 떠났다. 상드의 두 아이도 동행한 여행이었다. 그런데 두 사람의 예상과는 달리 마요르카에 머무르는 동안 비가 계속 내렸고, 지역 사람들은 외지에서 온 연상 연하 커플을 곱지 않은 시선으로 바라보았다. 게다가 쇼팽은 당시 폐결핵을 앓고 있었다. 결국 두 연인은 마요르카의 중심에 있는 팔마의 호텔에서 쫓겨나 버려진 로마 가톨릭교회 수도원이었던 발데모사의 카르투하 수도원으로 거처를 옮겼다. 기록에 따르면 호텔 주인이 그들이 사용했던 물건을 모두 태워 버렸다고 하니, 얼마나 심한 냉대를 받았을지 상상이 된다.

〈빗방울 전주곡〉은 독립적으로도 자주 연주된다. 쇼팽은 워낙 바흐를 좋아하고 존경했던지라 이 곡을 작업할 때도 바흐의 평균율 24곡의 틀을 본떠 작곡했다. 비 오는 날 창가에 부딪히는 빗방울 소리를 듣고 작곡했다고 해서 '빗방울'이라는 부제가 붙었다. 클래식 음악에 붙은 제목은 어디까지가 진실인지 알기 어렵지만, 한 가지 확실한 건 작곡가 본인이 제목을 붙인 경우는 많지 않다는 점이다. 출판사의 편집자나 음반 판매자 또는 비평가들에 의해 붙을 때가 많은데, 음악에 좀 더 쉽게 접근하게 해주는 이점이 있다. 전주곡 일부는 상드와 마요르카로 떠나기 전에 작곡되었지만, 대부분은 발데모사의 수도원에서 만들어졌다. 현재 발데모사에서는 쇼팽이 이곳을 떠난 날인 2월 11일에 매년 쇼팽 음악제가 열린다.

말러:
교향곡 5번 4악장

▶▶ ❚❚ ◀◀

Mahler: Symphony No.5 in C-Sharp Minor, IV. Adagietto

1898년, 말러는 빈 필하모닉 오케스트라의 음악감독으로 선출되었다. 이 곡에는 말러가 빈에서 보낸 10년의 세월과 아내와의 사랑 이야기가 스며 있다. 1901년 교향곡 5번 작곡에 착수한 그는 심각한 장 출혈을 겪으며 건강을 잃었지만, 이듬해 무사히 교향곡을 완성하고 미모와 재능을 겸비한 알마 쉰들러와 결혼하면서 천국과 지옥을 오가는 시절을 보낸다. 그는 불안과 죽음에 관한 생각을 멈추지 못했으면서도 음악에 대한 열정으로 끝끝내 삶의 끈을 놓지 않았다.

그의 교향곡 중에서 대중들에게 가장 많은 사랑을 받는 교향곡 5번은 전체 5악장 구성이고 연주 시간은 70분 정도다. 1악장의 비극적인 장송 행진곡으로 시작해서 경쾌한 5악장으로 마무리되는 이 곡은 죽음의 위기와 결혼의 행복이라는, 당시에 말러가 경험했던 상반된 삶의 두 이면을 고스란히 보여준다. 특히 4악장은 말러의 작품 중에서 가장 대중적인 악장으로, 현악기와 하프의 감미로운 선율이 돋보인다. 빠르기말은 아다지에토Adagietto로 '아다지오보다 조금 빠르게'를 뜻한다. 말러의 제자이면서 유명한 지휘자인 빌렘 멩겔베르그(1871~1951, 네덜란드)는 이 곡이 말러가 알마에게 보내는 "연애편지"라고 말했다. 말러는 편지 대신 자필 악보를 보내 그의 마음을 전하고자 한 것이다. 4악장 악보에 제1바이올린의 선율이 의미하는 바를 시로 적어놓았다. "내가 당신을 얼마나 사랑하는지 모릅니다. 그대는 나의 태양이며 당신을 어떻게 표현해야 할지 나는 그 어떤 말도 찾지 못합니다. 단지 그대를 사랑하는 나의 마음을 이렇게라도 하소연할 뿐. 나의 사랑과 나의 기쁨."

비발디:
《조화의 영감》 중 협주곡 6번 1악장

▶▶ ❚❚ ◀◀

Vivaldi: L'estro armonico,
Concerto No.6 in A Minor for Violin, RV.356, I. Allegro

《조화의 영감》은 《사계》와 더불어 비발디의 가장 유명한 바로크 협주곡집으로 꼽힌다. 1711년 암스테르담에서 처음 공개되었으며 바이올린, 첼로를 포함한 다양한 악기가 편성된 협주곡 12곡을 한데 모은 작품이다. 비발디의 열렬한 팬이었던 바흐는 이 12곡 중에서 독주 바이올린을 위한 협주곡 제3번과 제9번을 쳄발로 협주곡으로, 두 대의 바이올린을 위한 협주곡 제8번을 오르간 협주곡으로 편곡했다.

카를로 골도니

　바로크 협주곡은 빠름-느림-빠름의 단순한 3악장 구성이 특징이다. 1악장과 마지막 악장은 오케스트라의 총주가 반복되는 리토르넬로 Ritornello인데, 합주와 독주가 되풀이되는 형식을 말한다. '복귀, 회귀'를 의미하는 'Ritorno'에서 파생했으며, 18세기 바로크 시기에 대유행했다. 비발디는 바이올린에 능숙한 작곡가였고, 그가 평생 작곡한 협주곡 500여 곡 중 무려 절반이 바이올린 협주곡이었다. 비발디를 싫어했던 베네치아 극작가 카를로 골도니(1707~1793, 이탈리아)는 "비발디는 바이올리니스트로서는 만점, 작곡가로서는 그저 그런 편이고, 사제로서는 0점이다"라고 폄하했다. 이에 비발디는 원래 법률을 전공한 골도니에 대해 "골도니는 험담가로서는 만점, 극작가로서는 그저 그런 편이고, 법률가로서는 0점이다"라고 맞받아쳤다고 한다.

　《사계》처럼 이 곡도 원래는 학습용으로 작곡되었지만, 베네치아를 방문하는 국빈들에게 꽤 인기 있는 연주곡이 되었다. 얼핏 듣기에 그의 음악은 반복적이고 단조롭기만 한 것 같지만 머리와 심장에 깊숙이 박혀, 형언할 수 없는 강한 여운을 남긴다. 그는 조화를 중요하게 여긴 음악가였다.

베토벤:
피아노 소나타 14번 〈월광〉 1악장

▶▶ ‖ ◀◀

Beethoven: Piano Sonata No.14 in C-Sharp Minor,
Op.27-2, Moonlight Sonata, I. Adagio sostenuto

베토벤의 피아노 소나타 중에서 가장 유명한 〈월광〉이다. 베토벤이 직접 붙인 제목은 아니지만, 선율에서 느껴지는 조용하고 묵상적인 분위기가 휘영청 밝은 고요한 달밤을 자동으로 떠올리게 만든다. 음악 비평가 루드비히 렐슈타프가 "이 곡을 들으면 루체른호수에 비친 달빛이 연상된다"라고 해서 '월광'이라는 부제가 붙었다. 1801년, 31세의 베토벤은 줄리에타 귀차르디와 행복한 결혼 생활을 꿈꿨다. 초상화 속에서는 한없이 냉정해 보이는 그도 사랑 앞에서는 부드러운 남자였다. 그러나 지병인 귓병이 악화하면서 실연을 당했고, 극도로 괴로워

랄프 앨버트 블레이클록,
〈월광〉

하던 중에 명곡으로 길이 남은 〈환상곡풍 소나타〉를 작곡했다. 〈월광〉이라는 부제가 붙은 이 소나타는 전체 3악장으로 연주 시간은 총 16분 정도다.

〈월광〉은 베토벤이 빈 근교 휴양도시인 하일리겐슈타트에서 유서를 쓰기 직전에 작곡되었다. 제1악장에 안단테 소스테누토Andante Sostenuto(느리고 차분하게)라는 나타냄말이 표시되어 있다. 지금처럼 빠르게 돌아가는 세상에 더없이 필요한 말이다. 이 곡은 이루어질 수 없는 사랑으로 상처받은 베토벤이 자기 자신을 위로하고자 만든 곡이었다. 전체 마디에 흐르는 셋잇단음표가 그런 느낌을 전한다. 차분한 1악장이 끝나면 애써 웃어보려는 듯 익살스럽고 경쾌한 2악장이 짧게 흐르고, 격정적으로 휘몰아치는 3악장이 전개된다. 검은 건반 위에서 음들이 폭풍우가 치듯 쉴 새 없이 움직인다. 마치 자신의 삶에 분노하는 베토벤의 모습 같다. 귀차르디는 베토벤에게 실연의 상처를 남겼지만, 베토벤은 우주의 명곡을 남겼다.

베르디:
오페라 《운명의 힘》 서곡

▶▶ ❚❚ ◀◀

Verdi: La forza del destino, overture

《운명의 힘》 공연 포스터

19세기 후반의 유럽에서는 이탈리아 오페라 감상이 귀족들 사이에서 교양의 척도로 자리 잡았다. 이에 서유럽의 문화를 적극적으로 받아들이며 황실 문화를 구축하고자 노력했던 러시아 황제는 당시에 이미 오페라 작곡가로 명성이 드높았던 베르디에게 작품을 위촉했다. 그렇게 완성된 작품이 《운명의 힘》이다. 1862년에 완성되어 시기상으로 베르디의 말기 작품으로 구분된다. 러시아 상트페테르부르크의 마린스키 극장에서 초연을 올렸는데, 초연 직후 길고 산만하다는 평가를 받아서 이후 개정 작업을 거친다. 개정판의 초연은 1869년 밀라노 라 스칼라 극장에서 이루어졌다.

전체 4막 구성으로, 전체 이탈리아어 가사로 불리며 사랑, 복수, 운명에 관한 비극적인 이야기를 다룬다. 여주인공 레오노라(소프라노)는 귀족 집안의 딸인데, 사랑해서는 안 될 이국 출신의 청년 돈 알바로(테너)와 사랑에 빠진다. 당연히 그녀의 아버지 칼바트라바 후작은 딸의 교제를 반대했고, 두 주인공은 사랑의 도피를 감행한다. 그러던 중 그만 알바로의 총에 레오노라의 아버지가 사망하고 알바로는 군대로, 레오노라는 수도원으로 도망간다. 레오노라의 오빠 카를로는 아버지의 복수를 위해 알바로를 찾아 헤매다 그를 찾아내서 결투를 벌인다. 레오노라는 결국 애인 때문에 아버지와 오빠를 모두 잃고, 오빠를 구하려고 시도하다 잘못 휘둘러진 칼에 그녀도 죽음을 맞이한다. 알바로는 혼자 살아남았지만, 그 역시 끝없는 절망에 빠지고 하늘에 용서를 비는 장면으로 오페라는 막을 내린다. 처절한 비극이다. 오페라가 끝난 자리에는 쓸쓸함만이 가득 남지만, 한편으로는 삶과 사랑, 운명에 관한 철학적 사유를 할 기회를 선물해주는 작품이다.

거슈윈:
〈랩소디 인 블루〉

▶▶ ⏸ ◀◀

138위

Gershwin: Rhapsody in Blue

20세기를 대표하는 천재 음악가 조지 거슈윈 (1898~1937, 미국)이 39세의 이른 나이에 세상과 이별한 날이다. 그는 모든 작품에서 상상하기 어려운 신박한 멜로디를 선보였으며 재즈와 관현악곡과 오페라를 결합해 새로운 분야를 개척했다. 물론 대중성도 놓치지 않았다. 〈랩소디 인 블루〉가 대표적인 예다. 1924년 2월 뉴욕 에올리언홀에서 '현대음악의 실험'이라는 제목이 붙

제임스 휘슬러, 〈초록과 푸른 야상곡〉

은 음악회의 프로그램으로 초연되었는데, 거슈윈은 지휘자와 의논해서 1페이지가량을 비워두고 당일 즉흥으로 연주했다고 한다(모차르트도 베토벤도 거슈윈도 모두 즉흥의 천재다). 공연이 끝난 이후에도 따로 기록을 남기지 않아서 초연 당시 어떻게 연주되었는지 정확히 아는 사람은 현재 남아 있지 않다.

거슈윈은 보스턴으로 가는 기차 안에서 열차 바퀴가 선로 이음새와 마찰하는 덜컹거리는 소리를 듣고 곡의 아이디어를 떠올렸다. 원래는 협주곡 형식이 아니라 두 대의 피아노를 위한 곡이었고, 처음 붙였던 제목은 〈아메리칸 랩소디〉였는데 형 아이라의 제안으로 〈랩소디 인 블루〉가 되었다. 미국의 화가 제임스 휘슬러의 전시회에서 〈초록과 푸른 야상곡〉을 보고 영감을 받았다고 한다.

목관악기 클라리넷이 장난스럽고 익살스럽게 연주하기 시작하고 피아노가 자유자재로 기교를 내뿜고 있으면 이윽고 관악기가 합세한다. 악장의 구분 없이 하나의 음악으로 쭉 이어지는데, 잠시라도 한눈을 팔 수 없게 만든다. 뉴욕 최고의 평론가였던 로젠펠트는 "시끄러운 서커스 음악"이라고 비난했지만, 라흐마니노프, 크라이슬러 등 다른 유명 음악가들은 최고의 찬사를 보냈다. "이 곡에는 미국인들의 블루스, 대도시의 광기가 서려 있다. 미국을 보는 일종의 음악적 만화경이다."

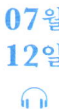
생상스:
〈죽음의 무도〉

▶▶ ❚❚ ◀◀

Saint-Saëns: Danse macabre, Op.40

죽음 하면 대표적으로 떠오르는 해골은 중세 말에서 근대 초에 걸쳐 유행한 도상 중 하나다. 14세기 중엽, 서양을 죽음으로 몰아넣었던 페스트 대유행을 계기로 사람들은 죽음에 관해 더 자주 생각하게 되었다. 신분, 나이, 성별을 불문하고 인간이란 죽음 앞에 허망한 존재임을 여실히 느낀 것이다. "헛되고 헛되다, 성경은 전한다, 헛되고 헛되다. 세상만사 헛되다vanitas vanitatum,

미카엘 볼게무트, 《죽음의 무도》

dixit Ecclesiastes, vanitas vanitatum et omnia vanitas" 전도서 1장 2절에 나오는 문구로, 라틴어 '바니타스Vanitas'는 공허, 헛됨이라는 뜻을 가진 명사다.

오늘의 곡은 김연아 선수가 2009년 피겨스케이팅 세계선수권 대회에서 세계 신기록을 경신한 쇼트 경기의 출전곡 〈죽음의 무도〉다. 죽음의 무도는 죽음과 춤의 조합이 섬뜩하면서도 아이러니하지만 역사적으로 음악, 그림, 문학 등에서 여러 가지 다양한 형태로 등장했다. 리스트와 슈베르트도 다룬 적이 있는 주제다.

생상스는 시인 앙리 카잘리스가 오래된 프랑스 괴담을 바탕으로 쓴 시에서 영감을 얻어 1872년에 가사가 붙은 노래를 작곡했다가 나중에 단악장의 교향시로 편곡했다. 12시가 되면 잠들어 있던 해골들이 하나씩 등장한다. 미묘한 분위기의 시계 소리를 하프가, 해골들이 덜거덕거리는 소리는 실로폰이 연주한다. 당시 오케스트라에 트라이앵글과 실로폰이 함께 연주하는 일이 흔하지 않았는데, 바로 이러한 요소 덕분에 원래 성악곡보다 관현악 버전이 더욱 사랑받았다. 생상스의 천재다운 면모가 드러난다. 그의 교향시 작품 중에서 대중적으로 가장 성공한 작품이다.

차이콥스키:
로코코 주제에 의한 변주곡

▶▶ ❚❚ ◀◀

Tchaikovsky: Variations on a Rococo
Theme in A Major, Op.33

차이콥스키는 생전에 첼로 협주곡을 한 곡도 쓰지 않았다. 그가 쓴 작품 중에서는 로코코 주제에 의한 변주곡이 그나마 협주곡과 가장 비슷한데, 30대 중반에 정신적으로 불안하고 경제적으로 어려운 시기를 겪고 있었던 와중에 모스크바음악원의 교수였던 빌헬름 피첸하겐(1848~1890, 독일)의 의뢰로 작곡한 곡이다. 1877년 9월

주앙 안토니오 곤살레스, 〈로코코 양식〉

30일 모스크바에서 니콜라이 루빈시테인의 지휘로 초연되었다. 법무성 공무원으로 일하다 22세부터 본격적으로 상트페테르부르크음악원에서 음악을 공부했기 때문에 그가 본격적으로 작곡을 시작한 지 얼마 되지 않은 때에 작곡한 곡이다.

이 곡에는 차이콥스키가 무척 좋아했던 작곡가인 모차르트의 음악적 성향이 많이 반영되어 있다. 하나의 주제와 7개의 변주로 이루어졌으며, 전체 연주 시간은 19분 정도다. 처음 못갖춘마디로 시작되는 오케스트라의 비장하고 짧은 서주 다음으로 가장조의 우아한 첼로 독주가 등장한다. 각각의 변주마다 특징이 도드라지는데, 느리고 구슬픈 3변주, 장식음과 점음표로 꾸며진 우아하고 화려한 4변주, 카덴차가 있어 독주자의 테크닉이 빛을 발하는 낭만적인 5변주, 가장 러시아적인 우수와 비장미가 감도는 6변주가 쭉 이어진다. 특히 카덴차가 끝나고 페르마타(느림표)가 붙은 쉼표를 지나 5변주에서 6변주로 이어지는 인트로 부분이 정말 감동적이다. 7변주에서는 코다와 함께 마지막을 향해 치닫는 첼로의 격정적인 선율이 듣는 이를 고조시킨다. 6변주와는 완전히 다른 느낌인데, 의뢰인 피첸하겐의 의견을 받아들여 삽입된 것이다. 이 곡은 중간중간 급격하게 바뀌는 템포와 잦은 화음 변화, 음역을 아주 넓게 쓰면서 고도의 테크닉을 요구하는 빠른 악구들이 다수 등장해, 연주하기 상당히 어려운 곡으로 꼽힌다.

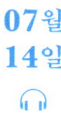
쇼팽:
녹턴 8번 Op.27-2

▶▶ ❚❚ ◀◀

Chopin: Nocturne No.8 in D-Flat Major, Op.27-2

한여름날의 뜨겁고 강렬한 황혼이 저물고 밤의 어둠 속에 숨어 한껏 나만의 세계에 빠지고 싶을 때 듣기 좋은 음악을 소개한다. 쇼팽의 녹턴 8번은 그 어떤 멜로디보다 쇼팽다움을 느끼게 하고 평온, 고요 같은 단어들과 가장 잘 어울리는 곡이다.

야쿠프 쉬카네더, 〈고요한 바다, 녹턴〉

  쇼팽은 이 곡을 약혼녀였던 마리아와 이별하고 파리에서 활동하던 시기에 작곡했다. 25세의 젊은이에게 사랑과 실연은 천국과 지옥만큼이나 경계가 선명하고 극단적으로 다가온다. 드레스덴에서 마리아와 재회한 1835년 초반기의 음악은 밝지만, 그녀와 헤어지고 나서 후반기에 작곡한 음악은 실연의 아픔을 고스란히 담은 듯 어둡다.

  그의 진가는 여리고 느린 피아노곡에서 잘 드러난다. 이 곡의 지시어는 렌토 소스테누토Lento sostenuto로, 아주 느리게 충분히 지속하고 음을 느끼면서 연주하라는 의미다. 그래서 전체 77마디뿐이지만 연주 시간은 7분 정도에 달한다. 왼손의 16분 음표가 아르페지오로 조용히 쉬지 않고 반주하고, 그 위에서 오른손이 멜로디를 연주한다. 1836년에 출간되어 오스트리아 대사의 아내 아포니 백작 부인에게 헌정되었다.

비발디: 바이올린 협주곡 《라 스트라바간차》 8번

▶▶ ❚❚ ◀◀

Vivaldi: La stravaganza, No.8 in D minor, Op.4, RV.249

일상에서 일탈을 꿈꾸고 싶다면 비발디의 바이올린 협주 곡집 《라 스트라바간차》를 들어보자. 스트라바간차는 이 탈리아어로 '기이함, 괴상함'을 뜻한다. 독특한 화성 진행 때문에 이런 제목이 붙었다. 비발디는 1711년에 《조화의 영감》을 발표한 이후 1714년 암스테르담에서 《라 스트라 바간차》를 발표했다. 1703년부터 1740년까지 베네치아 피 에타 음악원에서 근무할 동안 많은 작품을 탄생시켰고, 1716년부터는 악장을 맡아 오케스트라를 지휘했다.

17세기 바이올린

　《라 스트라바간차》 중에서도 가장 기이하고 독특한 곡 으로 8번 라단조를 꼽는다. 지금 들어도 신박한 느낌이 드는데 300년 전에는 얼마 나 낯설었을지 상상이 된다. 총 4악장 구성으로, 이탈리아 바로크 협주곡은 전 악장 을 연주해도 10분 안팎이라 전곡을 감상하는 습관을 들이기에 좋다. 1악장에서 알 레그로-아다지오-프레스토의 잦은 템포 변화가 도드라진다.

　바로크 바이올린과 현대 바이올린의 차이를 안다면 더욱 풍부한 감상이 가능하 다. 가장 큰 차이는 현의 재질이다. 바로크 바이올린은 양 창자로 만든 거트Goat현 을 사용했고, 현대 바이올린은 금속 재질의 스틸Steel현을 사용한다. 바로크 바이올 린은 턱받침과 어깨 받침이 없어서 연주자가 바이올린을 턱에 괴고 연주하지 않고 가슴 앞쪽을 향하게 해서 연주했다. 현대 바이올린이 지속적인 비브라토를 할 수 있게 된 것은 약 150년 전 탄생한 턱받침과 100년 전 탄생한 어깨 받침 덕이다. 게 다가 바로크 바이올린은 지판과 악기의 조이개가 있는 목 부분이 지금보다 짧았고, 사운드 포스트도 얇은 데다 활 모양은 둥근 형태로 짧고 가벼웠다. 그러나 거트현 은 활로 비볐을 때 더 부드러운 소리가 나서 바로크 음악과 잘 어울렸다.

슈만:
피아노 소나타 1번 Op.11 1악장

▶▶ ❚❚ ◀◀

Schumann: Piano Sonata No.1 in F-Sharp Minor,
Op.11, I. Introduzione

슈만은 피아노 소나타를 총 세 곡 작곡했다. 소나타 1번(Op.11), 소나타 2번(Op.22), 소나타 3번(Op.14)이다. 피아노 소나타 1번 올림바단조는 1833년부터 1835년 사이에 작곡되었는데, 익명으로 〈플로레스탄과 오이제비우스가 클라라에게 헌정한 피아노 포르테 소나타〉라는 제목으로 출판되기도 했다. 소나타 3번 바단조는 1836년에서 1838년 사이에 작곡되어 〈콘체르토 스타일의 소나타〉라고 불린다. 착상 자체는 소나타 2번이 먼저 시작되어 앞 번호가 붙었지만, 완성 및 출판은 3번이 먼저 된다. 세 곡의 소나타가 작곡 연도와 출판 연도가 뒤죽박죽이 된 건 대중성을 놓고 슈만과 출판사 사이에 이견이 생겨서 벌어진 일이다.

1826년 슈만의 상황은 좋지 않았다. 4월에 누나 에밀리가 투신했고, 8월에는 아버지를 떠나보냈다. 집안 상황은 갈수록 어려워졌고, 생계를 책임져야 하는 상황에서 슈만은 어머니의 바람대로 라이프치히 법대에 입학했지만 이내 흥미를 잃고 라이프치히의 유명한 피아노 선생 프리드리히 비크를 찾아갔다. 그곳에서 인생의 동반자이자 평생 뮤즈인 클라라 비크를 만나게 된다. 이듬해 여름, 슈만은 약혼녀인 에르네스티네 폰 프리켄이 그녀의 고향인 아슈에 머무르는 동안 클라라 비크와 우정을 쌓기 시작했다. 이미 약혼녀가 있던 그였지만 당해에 이 곡을 작곡해 클라라에게 헌정했고, 결국 이듬해 1월에 에르네스티네와 파혼하고 클라라와 연을 이어간다.

소나타 1번은 《나비》(Op.2)와 《사육제》(Op.9)와 같은 성격 소품 이후에 처음으로 작곡한 피아노 소나타다. 전체 4악장 구성으로, 클라라에게 보내는 사랑의 메시지로 통하는 2악장이 특히 아름답다. 그의 초기 가곡 〈안나에게An Anna〉의 멜로디를 차용해 만들었다. 감정적으로 매우 혼란스럽던 시기에 만든 작품치고는 기이할 정도로 절제된 형식을 지녔다. 슈만의 작품을 감상할 때는 그의 두 가지 모습, 즉 내향적인 오이제비우스와 불같은 플로레스탄의 모습을 찾아보는 묘미가 있다.

헨델:
《수상음악》 중 〈알라 혼파이프〉

▶▶ ❚❚ ◀◀

Handel: Water Music Suite No.2 in D Major,
HWV.349, Hornpipe

강가에서 시원한 바람을 느끼면서 듣기 좋은 헨델의 《수상음악》이다. 348번부터 350번까지 총 세 곡이 있으며, '혼파이프 풍으로'를 뜻하는 2번 2악장 〈알라 혼파이프〉가 독립적으로 가장 자주 연주된다. 2번은 서곡-알라 혼파이프-미뉴에트-렌토-부레●로 구성되는데, 혼파이프는 스코틀랜드의 옛 악기로, 알라 혼파이프는

《수상음악》을 감상하는 헨델(가운데)과 귀족들

16세기부터 이 악기에 맞춰 영국의 선원들이 춘 신나는 춤이나 춤곡 스타일의 곡을 말한다. 이처럼 바로크 시기 모음곡은 대부분 춤곡을 모아둔 형태다.

　헨델은 바흐가 평생 독일을 떠나지 않고 살았던 것과는 반대되는 삶을 살았다. 그야말로 글로벌 노마드가 되어 해외 취업도 마다하지 않은 작곡가였다. 북독일 도시 하노버에서 선제후를 모시는 음악가로 살다가 영국을 방문하고서는 그곳에 눌러앉았다. 1711년에 헨델은 자신의 영국 데뷔작인 오페라 《리날도》가 흥행에 성공하자 런던에 정착했는데, 특히 앤 여왕의 총애를 받았다고 한다. 그렇게 오페라 작곡가로 승승장구하다가 앤 여왕 서거 이후 등극한 하노버 선제후 조지 1세와는 어색한 관계를 형성한다. 그러다 조지 1세의 뱃놀이에 사용할 음악을 작곡하게 되었는데, 이 곡이 바로 《수상음악》이다. 1717년 6월 17일 템스강에 띄운 왕의 유람선 위에서 50명의 연주자가 공연했는데 반응이 너무 좋아서 연주를 세 번이나 거듭했다고 한다. 무거운 하프시코드를 제외한 모든 악기를 대동원했으니, 얼마나 웅장했을까? 헨델의 영국 귀화는 무모한 도전이었지만, 한여름의 열기만큼이나 열정적이었던 그의 패기가 느껴진다.

●　　부레는 프랑스 오베르뉴 지방에서 시작된 3박자계의 경쾌한 춤곡이다.

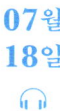
쇼팽:
왈츠 7번 Op.64-2

▶▶ ‖ ◀◀

Chopin: Waltz No.7 in C-Sharp Minor, Op.64-2

영화에 흐른 클래식 곡은 대중적으로 인기가 높아지는 효과를 누린다. 수많은 곡 중에서도 이 음악이 가장 대표적인 사례일 것이다. 쇼팽의 왈츠 7번으로, 대만 영화《말할 수 없는 비밀》에서 피아노 배틀을 하는 장면에 흘러 신드롬을 일으킨 곡이다. 영화에서는 원곡이 아닌 편곡된 버전으로 굉장히 빠르고 신나게 연주되었지만, 사실은 아주 우아한 멜로디다. 1847년, 쇼팽이 죽기 2년 전 37세의 나이로 작곡한 곡이다. 올림다단조지만 같은 조성의 유명한 유작 녹턴 20번과는 분위기가 사뭇 다르다. A-B-A의 삼부 형식이고,

안데르스 소른, 〈왈츠〉

중간 부분은 내림라장조로 매우 느리게 연주된다. 처음과 마지막 부분은 약간 우울하지만 절대 슬프지는 않다.

쇼팽은 16세 때부터 죽기 전까지 왈츠곡을 작곡했다. 전체 약 20곡이나 되는 작품들 중에서 쇼팽의 생전에 발표된 곡은 여덟 곡에 불과하다. 쇼팽의 왈츠는 무곡이라기보다는 악기 연주용으로 감상에 좀 더 적합하다. 왈츠는 당시 농민들의 댄스에서 유래해 서민적인 성격이 강했지만, 쇼팽은 평소에 그런 왈츠를 좀 더 세련되고 우아한 곡으로 작곡하고 싶다는 바람을 내비쳤다고 한다. Op.64에는 7번 말고도 〈강아지 왈츠〉로 유명한 왈츠 6번과 8번이 함께 담겨 있다.

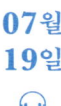

쇼팽:
즉흥곡 3번 Op.51

▶▶ ⏸ ◀◀

Chopin: Impromptu No.3 in G-Flat Major, Op.51

1839년 6월 1일 쇼팽은 조르주 상드와 함께 그녀의 고향인 프랑스 중부의 작은 시골 마을 노앙으로 향했다. 노앙에 있는 상드의 별장은 많은 예술가들의 놀이터이자 영감의 보고가 되었다. 쇼팽의 건강이 악화되면서 파리보다는 노앙 별장에 머무르는 시간이 많아졌는데, 바로 즉흥곡 3번이 쇼팽이 1842년 5월 7일부터 5개월

조르주 상드의 노앙 별장

동안 노앙에서 머물면서 만든 곡이다. 즉흥곡 2번(Op.36)을 작곡한 지 3년 만이었다. 이 곡 외에도 〈세 개의 마주르카〉(Op.50)와 발라드 4번, 폴로네이즈 6번 〈영웅〉, 스케르초 4번(Op.54) 등의 걸작을 완성했다.

삼부 형식으로 구성된 이 곡 안에는 쇼팽의 평온한 마음과 점점 나빠지는 건강에 대한 불안한 마음이 동시에 담겨 있다. 1843년에 출판되었으며, 그의 제자이자 후견인인 에스테르하지 부인에게 헌정되었다.

쇼팽은 슈만이나 리스트와 달리 곡에 별도의 제목을 붙이는 것을 좋아하지 않았다고 한다. 제목 때문에 음악에 대한 선입견이 생길 수 있고, 음악을 올바르게 감상하는 데 방해가 될까 염려했기 때문이다. 쇼팽은 평상시에는 온순하고 조용한 성격이었지만 음악에 관해서는 그 누구보다도 열정이 가득한 사람이었다. 교양을 갖춘 한편, 예술가의 광기를 지닌 천재였다. 쇼팽의 지인들은 그를 이렇게 묘사했다. "쇼팽은 자신의 작품을 연주할 때 평상시에 억눌러두었던 열정을 음악으로 뿜어내느라 온몸의 기운을 빼는 것 같다." 이처럼 극단의 성향이 내재했던 쇼팽은 호불호가 아주 강했으며, 좋아하는 사람에게는 한없는 애정을 보여주었지만 싫어하는 사람들에게는 아주 냉정하게 대했다고 한다.

쇼팽:
왈츠 6번 〈강아지 왈츠〉

▶▶ ⏸ ◀◀

Chopin: Waltz No.6 in D-Flat Major, Op.64-1, Minute Waltz

쇼팽의 〈강아지 왈츠〉는 짧지만 경쾌해서 듣고 나면 기분 좋아지는 곡이다. Op.64에 속한 세 곡의 왈츠 중에서 유일하게 밝은 곡이다. 쇼팽의 연인 조르주 상드의 강아지가 뛰어노는 장면을 보고 곡의 영감을 얻었다고 해서 〈강아지 왈츠〉가 되었다.

조르주 상드의 강아지

쇼팽은 1832년 파리에서 첫 연주회를 성공적으로 끝마치고 사교계의 유명 인사가 되었다. 파리의 여인들은 아름다운 소년 천재 피아니스트에게 흠뻑 빠졌다. 1830년대 초중반의 파리는 그야말로 낭만의 시대, 작곡가들의 시대였는데, 바로 이 시기에 쇼팽의 유명한 작품들이 대거 탄생했다. 그리고 1836년 그의 나이 26세에 운명적인 만남이 이뤄진다. 리스트의 애인인 마리 다구 백작 부인의 파티에서 연상의 소설가 조르주 상드를 만난 것이다. 쇼팽은 자신과는 달리 매우 호탕한 상드에게 매력을 느끼고 금세 사랑에 빠졌다. 그렇게 1830년대 후반에 시작된 두 사람의 관계는 여러 가지 현실적인 문제로 9년 만에 끝났다. 상드에게는 이미 두 명의 아이들이 있었는데 자식들 문제로 둘 사이에 다툼이 자주 일어났고, 설상가상으로 쇼팽의 건강이 악화된 것이 큰 이유였다. 그리고 이 곡은 델피나 포토츠카 백작 부인에게 헌정되었다.

상드와의 이별 후 쇼팽의 건강은 전혀 차도를 보이지 않았고 결국 쇼팽은 1849년 39세의 나이로 눈을 감았다. 그의 장례식에는 모차르트의 레퀴엠이 흘렀고, 시신은 파리 20구 지역에 위치한 공동묘지 페르 라셰즈Père-Lachaise에 묻혔다. 쇼팽의 시신은 파리에 있지만 그의 심장은 고국 폴란드에 있는데, 죽기 직전 쇼팽이 누나 루드비카에게 자신의 심장만은 고국에 데려다 달라고 부탁했고 그의 소원대로 폴란드 바르샤바의 성 십자가 성당에 심장만 묻힌 것이다.

슈만:
교향곡 4번 Op.120 2악장

▶▶ ‖ ◀◀

Schumann: Symphony No.4 in D Minor, Op.120,
II. Romanze

예술가란 다른 사람의 말이 아닌 내면의 소리에 따라 움직이는 사람들이다. 나이를 먹을수록 그러해야 한다는 사실을 점점 체감하게 되니, 일찍부터 그 점을 깨달은 예술가들이 현명한 것같다. 그런 점에서 슈만은 자신이 가고자 하는 길을 똑바로 걸어갔던 사람이다. 그는 법을 공부하라는 어머니의 뜻에 반해 음악 공부를 시작하고 이런 편지를 보냈다. "법 안에서 가난하고 불행하기보다는, 예술 안에서 가난하고 행복하고 싶습니다."

슈만은 교향곡을 총 네 곡 작곡했다. 교향곡 4번은 마지막 번호가 붙었지만 사실 두 번째로 작곡되었다. 1841년에 교향곡 1번을 작곡하고 같은 해 6월에 4번을 작곡했다. 12월 라이프치히에서 초연을 올렸지만, 반응이 좋지 않아서 출판은 무산되었다. 그렇게 10년의 세월이 지나고 1851년 12월에 작품을 수정했다. 그래서 교향곡 4번은 두 개의 판본이 존재하는데, 1841년 라이프치히 초연 당시에 사용된 악보가 초판본이고 다른 하나는 1853년 뒤셀도르프에서 슈만이 직접 지휘하고 같은 해 라이프치히에서 출판된 개정판이다. 초판본은 슈만이 죽고 난 후 1891년에 브람스에 의해 출판되었다. 현재는 대부분 개정판으로 연주된다.

교향곡 2번은 4악장이 쭉 연결되어서 28분 동안 연주된다. 모든 악장이 유기적인 관계가 있어서 1악장에서 들은 멜로디가 4악장으로 넘어가는 부분에서 다시 등장한다. 슈만은 동시에 여러 곡을 작곡한 슈베르트와는 다르게 한 곡에 집중했던 작곡가였다. 그렇게 작곡한 이 교향곡은 클라라의 22세 생일 선물이었다. 마침 당해에 첫딸 마리가 태어났으니 슈만 가족에게는 아주 평온하고 행복한 시기였다. 슈만은 예술 안에서 가난하고 행복하고 싶다고 했지만, 예술을 하는 모든 이들이 가난하지 않고 그저 행복하면 좋겠다.

베르디: 오페라 《아이다》 중 〈개선 행진곡〉

▶▶ ❚❚ ◀◀

254위

Verdi: Aida, Marcia Trionfale

기악과 달리 스토리와 장면이 있는 오페라는 한번 그 매력에 빠지면 헤어 나오기 어렵다. 오늘의 음악은 베르디 오페라 《아이다》에 흐르는 〈개선 행진곡〉이다. 《아이다》는 58세의 베르디가 과거의 23개 작품을 집대성한 걸작으로, 수에즈 운하의 개통을 기념하기 위해 만든 카이로 오페라 극장의 개관작이다. 가창과 선율 중심의 이탈리아 오페라와 전통 오페라의 맥을 이어 보수적인 작풍을 따른 한편, 감정의 표출과 극적인 효과를 부각시키고 합창과 관현악의 규모를 확장시킨 작품이다. 원작은 프랑스의 고고학자 오귀스트 마리에트 베이가 이집트의 수도 멤피스의 돌무

《아이다》를 지휘하는 베르디

덤에서 3,600년 전의 것으로 보이는 한 쌍의 두개골을 발견하고 모티브를 얻어 쓴 『멤피스의 신전』이다. 전 4막 7장으로, 에티오피아의 공주지만 노예가 된 아이다와 이집트의 공주 암네리스, 암네리스와 결혼이 예정된 장군 라다메스의 슬픈 사랑 이야기를 다룬다. 라다메스 장군의 전공戰功을 축하하기 위해 열린 파티 장면에서 흐르는 음악이 바로 이 〈개선 행진곡〉이다. 〈이기고 돌아오라〉, 〈정결한 아이다〉 등의 아리아도 유명하다.

  《아이다》는 베르디가 주문 의뢰를 받아 작곡한 마지막 오페라다. 사실 그는 몇 번이나 고사했지만 어마어마한 작곡료에 결국 수락하고, 이 작품을 끝으로 약 20년 동안 오페라를 작곡하지 않았다. 《아이다》뿐만 아니라 《리골레토》, 《라 트라비아타》, 《오텔로》까지, 베르디의 오페라는 대부분 비극이지만 마지막 작품 《팔스타프》는 유일하게 희극이다. 1861년부터 1865년까지 통일 이탈리아 왕국의 국회의원이 되는 등 음악 외의 일로도 바쁜 인생을 살았던 베르디는 마지막으로 환하게 웃을 수 있는 작품을 남겼다.

베토벤:
현악 사중주 7번 〈라주모프스키〉

▶▶ ❚❚ ◀◀

Beethoven: String Quartet No.7 in F Major,
Op.59-1, Rasumovsky

안드레이 라주모프스키

클래식을 듣는 방법은 각양각색이다. 전공자들은 대부분 자신의 전공 악기를 좋아해서 음악을 시작한 사람들이라, 일반적으로 해당 악기를 위해 작곡된 곡을 가장 많이 듣는다. 첼리스트가 첼로 협주곡을, 플루티스트가 플루트 협주곡을 자주 듣는 것처럼 말이다. 클래식을 감상하는 한 가지 방법으로 특정 장르를 집중적으로 감상하는 법이 있는데, 현악 사중주는 웬만큼 클래식을 들어본 사람들이 특히 좋아하는 장르다. 바이올린 두 대와 비올라, 첼로까지, 네 가지 악기 소리를 따로, 또 함께 들을 수 있는 조화로운 장르가 바로 현악 사중주다. 현악 사중주는 하이든이 68곡, 모차르트가 23곡 그리고 베토벤이 16곡과 대푸가를 작곡해서 고전 시대에 특히 발전했다. 오늘은 베토벤 연구가인 빌헬름 폰 렌츠가 "하늘에서 내려온 세 개의 기적"이라는 평을 남긴 현악 사중주 〈라주모스프키〉 세 곡 중 첫 번째 곡을 들어보자.

라주모프스키는 실존 인물로, 제2바이올린 연주자로 활동하면서 현악 사중주단을 거느리기도 했던 대단한 음악 애호가였다. 그는 당시 빈 주재 러시아 대사로 있으면서 자신의 악단이 연주할 현악 사중주 작품을 베토벤에게 의뢰했고, 이에 베토벤은 러시아적 정서가 담긴 세 개의 사중주(현악 사중주 7~9번)를 작곡했다. 세 곡 모두 연주 시간이 굉장히 길고 어렵다. 바이올리니스트 이그나츠 슈판치히(1776~1830, 오스트리아)는 곡의 난해함 때문에 이 곡을 연주할 수 있는 바이올리니스트는 거의 없을 것이라고 말했다고 한다. 세 곡 모두 1807년 2월에 빈에서 슈판치히 사중주단에 의해 공개 초연을 올렸다.

브람스:
〈자장가〉

▶▶ ❚❚ ◀◀

Brahms: 5 Lieder, Op.49-4, Wegenlied (Lullaby)

어릴 때 엄마가 불러주신 자장가는 어른이 되어서 들어도 참 좋다. 잠이 안 올 때 자장자장 하는 나지막한 소리를 듣고 있으면 스르르 눈이 감겼다. 지금도 잠들기 어려운 밤이면 그때 그 자장가가 더욱 그리워지곤 한다. 클래식 장르에서도 여러 작곡가가 자장가를 작곡했다. 특히 모차르트, 슈베르트, 브람스의 자장가가 유명하다. 모차르트는 결혼해서 아이도 둘이나 키웠다지만 슈베르트와 브람스는 미혼이었는데 어떻게 이런 멋진 선율을 만들었을까? 아마 그들도 나처럼 어렸을 때 어머니가 불러주신 자장가를 떠올린 건 아닐까?

모드 코울스, 〈자장가〉

　브람스의 가곡 중에서 가장 널리 알려진 이 자장가는 그가 36세인 1868년에 작곡했다. 《다섯 개의 가곡》 중 네 번째 곡으로, 함부르크 합창단 지휘 시절 멤버였던 베르타 파버 부인이 둘째 아들을 낳았다는 소식을 듣고 축하 편지와 함께 이 곡을 지어 보냈다. 파버 부인이 아이의 이름을 '요하네스'라고 지은 것을 보면 브람스의 음악을 무척 좋아했던 것 같다. 그녀는 합창단에 있으면서 빈 왈츠풍의 노래를 아주 잘 불렀는데, 그것을 기억하고 있던 브람스가 이 곡을 작업할 때 빈 왈츠 선율을 활용했다고 한다. 처음에는 1절만 작곡했다가 곡이 인기를 얻자 나중에 2절을 추가 작곡했다. 1절 가사는 아힘 폰 아르님과 클레멘스 브렌타노가 쓴 『어린이의 이상한 뿔피리』에서, 2절은 게오르그 쉐러의 『독일 어린이 그림 동화』에서 발췌했다. 원래 이 곡은 내림마장조 3/4박자였는데, 브람스가 1875년에 직접 바장조로 수정했다. 1869년 12월 22일 빈에서 독일의 소프라노와 클라라 슈만의 피아노 반주로 초연되었다. '부드러운 움직임으로Zart bewegt'라는 지시어처럼 한 치의 유해함 없는 아이를 향한 엄마의 따뜻한 사랑이 느껴지는 곡이다.

쇼팽:
녹턴 1번 Op.9-1

▶▶ ❚❚ ◀◀

Chopin: Nocturne No.1 in B-Flat Minor, Op.9-1

쇼팽이 작곡한 녹턴 21곡 중에서 개인적으로 가장 아끼는 곡이다. 특히 첫 음 '시b'를 좋아해서 이 음으로 시작하는 쇼팽의 곡들을 자주 듣는다. 녹턴 1번과 2번이 그렇다. 나는 이 음을 '멜랑콜리 시b'라고 부른다. 음악에는 단순히 12개의 음(흰 건반 7개, 검은 건반 5개)이 있지만, 각 음은 어떤 음악에 어떻게 쓰이느냐에 따라 분위기가 매우 달라진다. 쇼팽의 녹턴 1번은 모든 녹턴 중에 가장 첫 번째 곡이라 더욱 특별하다. 1번이 속한 Op.9는 세 개의 녹턴이 하나로 묶인 작품집으로, 모두 1830년에서

쇼팽의 초상화

1832년 사이에 작곡되었으며 다음 해인 1833년에 출판되었다. 당대 톱 여성 피아니스트였던 마리 플레옐에게 헌정되었다.

왼손의 자유로운 반주를 바탕으로 오른손이 아름다운 선율을 연주한다. 특히 여러 개의 음표로 이루어진 잇단음표의 멜로디가 자유롭게 흘러가는 반주와 조화를 이룬다. 들을 때마다 황홀한 기분이 든다. 첫 주제는 내림나단조의 조성으로 가볍고 구슬프게 시작하지만 두 번째 주제에서는 나란한조•인 내림라장조로 변하면서 묵직한 느낌이 표현된다. 하지만 마지막에서는 다시 내림나단조로 돌아와 여린음으로 곡을 마친다. 녹턴 1~3번은 쇼팽이 젊은 시절에 작곡한 작품인데도 전혀 어리숙하지 않고 오히려 성숙함이 느껴진다.

• 같은 조표를 쓰는 장조와 단조를 이르는 말

비발디:
〈세상에 참 평화 없어라〉

149위

▶▶ ▮▮ ◀◀

Vivaldi: Nulla in Mundo Pax Sincera, RV.630

살다 보면 세상이 원망스럽고 불공평하다는 생각이 들 때가 있다. 그럴 때면 다른 사람들은 모두 잘 사는 것 같은데 유독 나한테만 힘든 일이 생기고 모든 운이 나를 피해가는 것 같은 절망감이 든다. 이럴 때 들으면 마음을 다잡는 데 도움이 되는 음악을 소개한다. 비발디의 모테트Motet 〈세상에 참 평화 없어라〉다. 대부분 노래 제목은 가사의 첫 소절을 가져온 경우가 많다. 이 노래도 제목의 문장으로 시작된다. 모테트는 '말'이라는 뜻의 프랑스어 '모mot'에서 유래한 말로, 우리에게 익숙한 칸타타처럼 성악의 한 장르지만 약간의 차이가 있다. 칸타타는 교회 칸타타와 세속 칸타타로 나뉘는데, 모테트는 내용적인 면에서 교회 칸타타와 성격이 비슷하다. 칸타타에 비해 훨씬 종교적이고 주로 무반주로 불리거나 최소한의 기악 반주가 함께한다.

비발디는 《사계》 같은 바이올린 협주곡뿐만 아니라 종교적인 성악곡도 많이 작곡했다. 비발디의 모테트 중 가장 유명한 이 곡은 네 부분으로 구성된다. 첫 번째 아리아 〈세상에 참 평화 없어라〉, 두 번째는 레치타티보 〈매혹적인 색채로Blando colore〉, 세 번째는 아리아 〈뱀이 꽃 사이에서 숨을 쉰다Spirat anguis inter flores〉, 네 번째는 〈알렐루야Alleluia〉다. 마치 비발디가 음악으로 성경을, 세상의 고난과 유혹에 관해 이야기하며 신앙과 순수한 사랑만이 진정한 평화를 가져다줄 수 있다고 전하는 듯하다. 제목 앞부분에 "고통 없이는"이라는 문장이 생략되었는데, 이를 다시 해석하면 '고통이 존재하는 와중에 진정한 평화를 느낄 수 있다'가 된다. 불행이 있어야 행복을, 결핍이 있어야 가진 것에 대한 감사를 느낄 수 있다는 말이다. 사실 정말 힘들 때는 음악이 귀에 들어오지도 않지만 차분하게 들으면서 헛헛한 마음을 달래보자. "이 세상에 참 평화 없어라. 고통에서 자유로운 평화, 순결하고 진실된 평화는 그대 안에 있을 뿐, 번민과 고뇌 속에 살아가는 영혼이여, 순결한 사랑의 희망으로 만족하라."

베토벤:
현악 사중주 13번 Op.130 5악장

▶▶ ❚❚ ◀◀

254위

Beethoven: String Quartet No.13 in B-Flat Major, Op.130,
V. Cavatina. Adagio molto espressivo

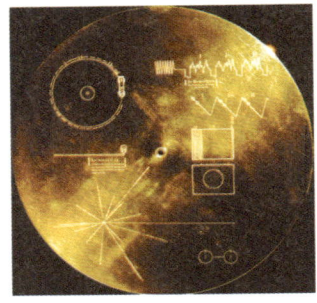

보이저 호에 실린 골든 레코드

베토벤의 현악 사중주는 그의 교향곡 아홉 곡만큼이나 서양음악사에서 중요한 위치를 차지한다. 현악 사중주 13번은 마지막 푸가를 포함해 총 6악장으로 구성되는데, 5악장 카바티나가 가장 유명하다. 처음 작곡했을 때는 마지막 6악장을 대푸가Große Fuge로 구성했다가 해당 악장이 너무 긴 데다 난해한 악장이라는 평가를 받아서 나중에 별도의 작품(Op.133)으로 분리했다. 6악장에 기존의 대푸가를 포함하면 약 50~55분 정도 연주되고, 새로 작곡한 푸가로 연주하면 약 40~45분 정도로 줄어든다. 실제 음반이나 공연에서는 두 가지 버전이 모두 연주되는 경우가 많아 골라 듣는 재미도 있다.

많은 사람들에게 독보적인 사랑을 받는 5악장 카바티나는 이탈리아어로 작은 노래를 뜻한다. 겨우 66마디뿐이지만 연주 시간은 7분 정도로 아주 느리고 비장하다. 특히 40마디부터 바뀌는 셋잇단음표와 독일어로 '누르다, 답답하다'를 뜻하는 베클렘트beklemmt라는 나타냄말의 음악적 표현에 집중하면 곡을 이해하기 쉽다. 내림마장조의 느리고 차분한 제1바이올린 선율이 등장하면 곧이어 제2바이올린이 그림자처럼 제1바이올린 곁에서 연주하기 시작한다. 베토벤이 남긴 매우 아름답고 내밀한 음악 중 하나로, 그가 스스로 "내가 쓴 음악 중에서 가장 마음에 와닿는 곡"이라고 언급했을 만큼 애착이 깊은 곡이다. 1977년에 미국이 우주로 쏘아 올린 쌍둥이 탐사선 보이저 2호에 실린 음악으로도 유명하다. 과연 외계인들은 지구 인류의 클래식 음악을 어떻게 감상할까?

바흐:
〈골드베르크 변주곡〉

▶▶ ❚❚ ◀◀

Bach: Goldberg Variations, BWV.988

"신을 믿지 않는 작곡가는 있어도 바흐를 믿지 않는 작곡가는 없다." 음악가 마우리치오 카겔(1931~2008, 아르헨티나)이 남긴 말에 매우 공감한다. 바흐는 65년이라는 긴 인생을 살면서 굉장히 성실했다. 대체로 예술가라고 하면 현실과 일상에서 동떨어진 화려하고 거창한 삶을 연상하지만 대부분 그들의 삶은 소박한 경우가 더 많았다. 매일의 꾸준함으로 아름다운 작품을 썼던 바흐의 대표작 〈골드베르크 변주곡〉을 감상해보자.

1741년 56세의 바흐에게 가장 중요했던 일은 이 곡을 작곡하는 것과 막내딸 수산나의 탄생이었다. 이탈리아 섬 시칠리아풍의 느리고 서정적인 아리아 주제가 처음 등장하고, 뒤를 이어 30개의 변주가 진행된다. 그리고 곡의 맨 마지막에 처음 나왔던 아리아가 다시 등장하면서 전형적인 수미상관의 구조를 이룬다. 전곡 연주 시간이 평균 70~80분이라 듣고 나면 큰 산을 넘은 것처럼 마음이 꽉 차오른다. 개인적으로는 아리아, 변주 1, 변주 13, 변주 30을 제일 좋아하는데, 이처럼 각자 가장 좋아하는 변주를 골라 듣는 재미가 있는 곡이다.

바흐의 음악은 굉장히 이성적이면서도 감성적이고, 인간적이면서도 신성한 면모가 있다. 누군가가 나에게 무인도에 가거나 우주여행을 떠날 때 가져갈 음악, 나의 마지막 순간에 듣고 싶은 단 하나의 음악을 고르라면 단언컨대 〈골드베르크 변주곡〉을 뽑을 것이다. 원래 바흐가 붙인 이름은 〈2단의 손건반을 가진 쳄발로를 위한 아리아와 여러 변주〉지만, 일반적으로 〈골드베르크 변주곡〉이라고 부른다. 쳄발로Cembalo는 하프시코드의 다른 말로 피아노의 전신이면서 현을 뜯어서 소리를 내는 발현악기다. 피아노가 해머라는 장치로 현을 때려서 소리를 내는 타현악기라면 발현악기인 쳄발로는 잭Jack이라는 깃털이 달린 촉으로 현을 튕기면서 소리를 낸다. 강약 조절이 되지 않아서 단을 구별해 음색에 차별화를 뒀다. 페달이 없고 피아노보다 규모가 작은 데다 소리의 울림이 크지 않지만 독특한 음색 덕분에 좋아하는 마니아들이 많다.

생상스:
바이올린 협주곡 3번 Op.61 1악장

▶▶ ❚❚ ◀◀

Saint-Saëns: Violin Concerto No.3 in B Minor, Op.61,
I. Allegro non troppo

"내가 사랑하는 것은 바흐도 아니고 베토벤도 아니며 바 그너도 아니다. 내가 사랑하는 것은 예술 그 자체다." 과연 생상스다운 말이다. 그는 별과 음악 그리고 순수하게 예술을 사랑한 작곡가였다. 생전에 다양한 협주곡을 작곡했지만 피아노 협주곡 2번과 5번 〈이집트〉, 바이올린 협주곡 3번, 첼로 협주곡 1번(Op.33)이 가장 자주 연주된다. 그중 1880년에 작곡한 바이올린 협주곡 3번은 그가 쓴 세 곡의 바이올린 협주곡 중 가장 마지막에 작곡한 곡이면서 가장 유명하다.

카미유 생상스

생상스는 낭만주의 시대에 활동했지만 고전주의 성향이 강했고, 그의 작품 안에는 프랑스와 스페인풍의 요소가 적절하게 섞여 있다. 이 곡은 총 3악장 구성으로, 독특하게 피날레가 가장 길다. 1악장 처음부터 오케스트라 반주가 트레몰로로 힘차게 등장하면, 독주 바이올린 연주자가 견고하게 첫 음을 긋는다. 2악장은 감미롭고 관능적인 멜로디가 우아하게 흐르고 3악장에서는 대놓고 사라사테를 위한 곡이라는 것을 알려주듯 강한 테크닉이 전개된다. 여기에 오케스트라의 장엄함이 더해져 마지막 음이 끝나고 나서야 나도 모르게 멈췄던 호흡을 가다듬게 된다.

생상스는 이 곡과 〈서주와 론도 카프리치오소〉를 모두 사라사테에게 헌정했다. 아홉 살이나 차이가 났지만 음악을 매개로 한 둘의 우정은 아주 돈독했다.

생상스: 오페라 《삼손과 데릴라》 중
〈그대 음성에 내 마음 열리고〉

▶▶ ⏸ ◀◀

Saint-Saëns: Samson et Dalila, Op.47,
Act II. Mon coevr s' ouvre à ta voix

"사과나무가 사과를 열매 맺듯 타고난 기능을 다하면 그만이다. 굳이 남의 생각에 신경 쓸 필요가 없다." 아, 얼마나 자유로운 생각을 가진 예술가인가. 타인의 평가에 민감한 예술가뿐만 아니라 현대인에게도 힘이 되는 말이다. 이처럼 생상스는 음악가로서는 매우 여유가 넘치고 긍정적인 사람이었다. 다만 이면에는 적잖이 우유부단하고 소심한 모습도 있었다. 결혼하고 나서도 어머니의 눈치를 봤으며, 자식이 죽고 나서는 갑자기 아내의 곁을 떠나 어머니와 같이 살았다. 어머니가 죽은 후에는 파리를 떠나 이곳저곳을 여행하다가 아프리카 알제리에서 86세의 나이로 객사했다.

음악을 들으면서 작곡가의 뮤직 로드를 만들어보곤 한다. 마치 영화 《미드나잇 인 파리》처럼 예술가들의 흔적을 더듬으면서 파리 시내를 누벼보는 장면을 상상만 해도 가슴이 설렌다. 파리 북역에 도착해 생상스가 공부했던 파리음악원을 둘러보고, 근처의 파리 필하모니에 들러 피아노 협주곡을 듣는다. 그리고 오페라 바스티유에서 생상스의 오페라 《삼손과 데릴라》의 〈바카날〉과 아리아 〈그대 음성에 내 마음 열리고〉를 듣고 노트르담대성당을 둘러본 후, 파리의 숨은 명소 생세브랭 성당에서 생상스가 직접 연주한 오르간으로 교향곡 3번 〈오르간〉을 감상할 수 있다면 얼마나 행복할까? 마지막 코스로는 도심 한가운데 위치한 몽파르나스 묘지에 들러 그의 무덤에 장미꽃 한 송이를 바치리라.

오페라 《삼손과 데릴라》는 생상스가 작곡한 13개의 오페라 중 가장 인기 있고 현재까지도 공연이 계속되고 있는 3막의 그랜드오페라다. 구약성경의 사사기 13~16장에 등장하는 삼손과 데릴라 이야기를 가지고 페르디낭 르메르가 프랑스어 대본을 작성했고, 1877년 12월 2일 바이마르의 대공작 극장에서 독일어로 번역해 초연되었다. 이스라엘의 힘센 청년 삼손이 데릴라의 유혹에 넘어가 블라셋의 노예로 잡혀갔다가 신께 회개하여 다시 힘을 얻은 후 신전을 무너뜨리고 모두 몰락시킨다는 내용이다.

리스트: 《사랑의 꿈》 중 3번
〈사랑할 수 있는 한 사랑하라〉

▶▶ ❚❚ ◀◀

Liszt: 3 Nocturne No.3 in A-Flat Major Op.62-1, S.541,
Liebesträume, O Lieb, so lang du lieben kannst

사랑에 아주 충실했던 작곡가 리스트는 1843년에 독일의 시인 프라일리그라트의 시 〈오, 사랑이여〉에 곡을 붙여 소프라노용 가곡을 작곡하고, 이어 울란트의 시 〈고귀한 사랑〉과 〈가장 행복한 죽음〉에 곡을 붙여 총 세 개의 가곡을 완성했다. 이후 직접 피아노곡으로 편곡해 세 개의 녹턴을 출판했다. 《사랑의 꿈》이라는 제목으로 묶인 세 곡 가운데 세 번째 곡이자 가장 처음 작곡한 〈사랑할 수 있는 한 사랑하라〉가 가장 유명하다.

이 곡이 작곡될 무렵의 리스트는 사랑의 폭풍에 휩싸여 격동의 시기를 거치고 있었다. 헝가리에서 태어났지만 음악가로서 입지를 다지기 위해 파리 사교계로 진출한 그는 그곳에서 마리 다구 백작 부인을 만난다. 사교계의 힘 있는 명사였던 그녀는 리스트를 처음 본 순간부터 걷잡을 수 없는 사랑의 소용돌이 속으로 빠져들었다. 당시 리스트는 수려한 외모를 가진 데다 화려한 음악으로 여성들을 마음껏 유혹하고 다녔다. "당신은 나의 하나뿐인 생명이고 나의 소원이며 그 무엇과도 바꿀 수 없는 행운입니다." 이런 말을 들으면 그 누가 넘어가지 않을 수 있을까? 백작 부인은 리스트보다 여섯 살 연상이었고 이미 남편과 아이가 있는 유부녀였지만, 뜨거운 사랑의 화염을 이기지 못하고 그와 함께 스위스 바젤로 떠났다. 가정을 버리고 모든 것을 감수한 사랑이었지만 역시 세상에 영원한 것은 없는 것일까? 그토록 열정적이었던 감정은 어디론가 휘발되고 두 사람은 이 관계에 지치기 시작했다. 1844년, 그들의 사랑은 세 명의 아이만을 남긴 채 끝이 나고 만다. 그리고 리스트는 3년 후에 두 번째 운명의 여인 카롤리네 폰 자인 비트겐슈타인 후작 부인을 만난다. 놀랍게도 그녀 역시 유부녀였다. 사랑할 수 있는 한 사랑을 멈추지 않았던 리스트다. 그녀는 남편을 떠나 러시아에서 독일의 바이마르까지 그를 찾아왔고, 남편과 이혼하기 위해 소송을 제기하는 등 심혈을 기울였지만 끝내 로마 교황청으로부터 거절당하고 결혼에 이르지는 못했다.

8월

AUGUST

베토벤:
교향곡 6번 〈전원〉 1악장

▶▶ ‖ ◀◀

Beethoven: Symphony No.6 in F Major, Op.68, Pastoral,
I. Allegro ma non troppo

교향곡 6번 바장조 〈전원〉은 베토벤이 1808년 여름, 《전원생활의 추억》이라는 공연을 위해 위촉받아 작업한 곡이다. 고전주의 교향곡은 보통 4악장 구성인데, 이 곡은 예외적으로 1악장 '전원에 도착했을 때의 유쾌한 기분', 2악장 '시냇가에서', 3악장 '시골 사람들의 즐거운 풍경', 4악장 '폭풍', 마지막 5악장 '폭풍 후의 감

프리드리히 폰 넬리, 〈전원 풍경〉

사한 기분'까지 총 5악장으로 구성되며, 3악장부터 5악장까지 쉬지 않고 이어서 연주된다. 전체 연주 시간은 47분 정도로 짧지 않다. 악장에 붙은 표제는 모두 베토벤이 직접 썼고, 초연 악보에 베토벤이 《전원 교향곡》이라는 제목을 붙였다. 말 그대로 시골 생활에 대한 그의 감정과 정서를 표현한 곡이다. 음악사에서 베토벤만큼 자연과 시골을 사랑한 작곡가는 찾기 어려울 것이다. 그는 도시에 살았지만 항상 빈 근교를 돌아다녔고, 그가 쓴 악보의 스케치에는 "숲속에서 나는 행복합니다/ 나무들은 말합니다/ 오 신이여, 참으로 훌륭합니다/ 모든 나무가 나에게 말하지 않습니까/ 거룩하구나 거룩하구나/ 숲속은 황홀하도다" 같은 문구들이 적혀 있다.

　베토벤의 교향곡은 5번이 더 유명하지만 그는 6번 교향곡을 더 즐겁게 작곡했던 것 같다. 교향곡 6번은 1807년 말부터 스케치를 시작해 교향곡 5번이 거의 완성되고 나서 1808년 초봄부터 1808년 초가을까지 작곡되었다. 거의 반년 만에 곡이 완성된 것이다. 이 곡의 초연은 1808년 12월 22일 저녁 아카데미(당시에는 연주회를 아카데미로 칭했다)에서 이루어졌는데, 장장 4시간에 달한 긴 연주 시간과 리허설을 딱 한 번하고 무대에 오른 미숙한 오케스트라 때문에 실패로 끝났다.

베토벤:
교향곡 7번 Op.92 2악장

▶▶ ⫾⫾ ◀◀

Beethoven: Symphony No.7 in A Major, Op.92,
II. Allegretto

베토벤의 교향곡은 주로 홀수 번호가 붙은 곡들이 사랑받는데, 교향곡 7번도 예외가 아니다. 특히 2악장은 초연 당시 반응이 가장 뜨거웠던 악장으로, 꼭 들어봐야 할 명곡이다. 베토벤은 인생의 절반 이상을 교향곡에 바쳤다. 그는 2년 전부터 이 곡을 구상했지만, 본격적으로 1811년 말 보헤미아의 휴양지 테플리스에서 요양을 보내면서 작업에 착수하기 시작해 1812년 5월에 완성했다. 전체 4악장으로, 반복되는 부분을 제외하면 40분 안팎으로 연주된다. 1악장은 14분, 2악장은 9분, 3악장은 8분, 4악장은 11분 정도다(클래식은 지휘자의 해석에 따라 연주 시간이 조금씩 차이가 나므로, 여러 지휘자와 오케스트라의 연주를 비교해 감상하는 것을 추천한다). 초연은 1813년 12월 8일에 빈대학 강당에서 열린 전쟁터에서 부상을 당한 오스트리아 병사들을 위한 자선 음악회 프로그램의 일부로 진행되었다. 이때 베토벤은 나폴레옹 군대를 격파한 영국의 웰링턴 장군을 기리며 작곡한 〈웰링턴의 승전〉을 함께 무대에 올렸는데 자신이 아꼈던 교향곡 7번의 인기가 덜해서 짜증을 냈다고 한다. 예술에 대한 평가는 언제나 주관적일 수밖에 없다. 프랑스 작가 로맹 롤랑과 바그너는 이 곡을 극찬한 반면, 베버는 "베토벤은 이제 정신 병원행이다"라는 말을 남겼다고 한다.

베토벤의 기대만큼은 아니었어도 2악장만은 현장에서 뜨거운 환호를 받았는데, 바그너는 이 악장을 "불멸의 알레그레토"라고 불렀다. 7번 교향곡은 특이하게 전체 4악장 중에 가장 느린 2악장이 안단테나 아다지오가 아닌 알레그레토(조금 빠르게)다. 2/4박자로 베토벤이 악보에 기입한 메트로놈 숫자는 ♩=76인데, 사실 메트로놈 숫자를 그대로 따른다면 알레그레토가 아닌 아다지에토(아다지오보다 조금 빠르게)에 더 가깝겠지만, 어쨌든 베토벤이 원했던 바는 말 그대로 아주 느리거나 빠른 음악은 아니었던 듯하다. 음악에서는 숫자가 절대적으로 중요하지 않다.

모차르트: 오페라 《마술피리》 중 〈지옥의 복수가 불타오르고〉

▶▶ ❙❙ ◀◀

Mozart: The Magic Flute, K.620, Act II. Der Hölle Rache
(The Queen of the Night's Aria)

오페라 《마술피리》는 모차르트가 작곡한 2막 오페라다. 1791년 3월부터 작곡을 시작해 9월에 완성하고 바로 첫 공연을 올렸다. 모차르트가 1791년 12월 5일에 죽었으니 최후의 작품이라 할 수 있다. 이집트의 왕자 타미노와 밤의 여왕의 딸 파미나 공주가 주인공이다. 파미나 공주는 자라스트로에게 납치당하고, 왕자는 밤의 여왕으로부터 딸을 구해달라는 부탁을 받는다. 여왕은 왕자에게 어렵고 힘든 순간에 이 피리가 도움을 줄 거라면서 마술 피리를 선물한다. 타미노 왕자는 그의 조수이자 길동무인 새잡이 파파게노와 함께 납치된 파미나 공주를 구하러 간다. 그런데 알고 보니 여왕이 악역이었고, 자라스트로는 착한 철학자였다는 사실이 밝혀진다. 이 오페라는 기존의 오페라가 이탈리아어로 공연된 것과는 달리 일반 대중들도 모두 쉽게 이해할 수 있도록 독일어로 쓰인 징슈필Singspiel이다. 부패한 왕정과 귀족의 부조리를 풍자하고자 했으며 조건에 상관없이 개인의 인권과 자유를 인정받으며 서로 돕고 살아야 한다는 교훈을 담고 있다.

특히 '밤의 여왕 아리아'로 잘 알려진 이 곡은 코미디 프로의 배경음악이나 광고로 자주 흘렀기에 대중에게 익숙하다. 원제는 〈지옥의 복수가 불타오르고〉로, 제목만큼이나 매우 강렬하고 어려운 노래다. 밤의 여왕은 2막에서 이 노래를 부르며 파미나 공주에게 자라스트로를 죽이지 않으면 내 딸이 아니라고, 복수를 하라고 협박하고 복종을 요구한다. 엄청난 가스라이팅이다. 그러나 주인공 타미노 왕자는 착한 철학자 자라스트로의 편에 서서 여왕에게 맞서고, 결국 밤의 여왕의 세계는 무너진다. 타미노 왕자와 파미나 공주는 사랑의 결실을 맺고 파파게노도 파파게나를 만나 짝을 이뤄 완벽한 권선징악의 결말로 막을 내린다.

모차르트:
피아노 협주곡 9번 〈죄놈〉 1악장

▶▶ ❚❚ ◀◀

Mozart: Piano Concerto No.9 in E-flat Major,
K.271, Jeunehomme, I. Allegro

피아노 협주곡 9번은 모차르트의 초기 협주곡 중에서 가장 사랑받는다. 〈작은 별 변주곡〉보다 높은 순위에 있는 걸 보면 이 곡의 특별함을 알 수 있다. 21세였던 모차르트가 1777년 1월 잘츠부르크에서 보수적인 콜로라도 대주교 밑에서 일할 때 작곡한 곡이다. 작품의 별칭인 '죄놈Jeunehomme'은 프랑스의 여류 피아니스트 빅투아르 제나미(1749~1812)를 일컫는데, 모차르트보다 7살 연상이었으며 아버지 레오폴트의 친구인 발레 교사의 딸인 것으로 알려졌다. 출판은 모차르트 사후 1793년에 되었으며, 자필 악보는 독일 베를린 도서관에서 볼 수 있다.

전체 3악장 알레그로-안단티노-론도(프레스토) 구성으로, 30분이면 전곡 감상이 가능하다. 대부분 고전주의 협주곡은 전주가 상당히 길어서 피아니스트가 한참을 기다렸다가 독주를 시작하는데, 이 곡은 특이하게도 오케스트라가 시작하고 바로 피아노가 연주를 시작한다. 1악장 알레그로는 가볍게 산책하면서 듣기에 딱 좋다. 그러니 이 곡을 들을 때는 가만히 앉아서 듣기보다는 빠르기에 맞춰 거닐어보기를 추천한다. 2악장은 다단조로 햇살 좋은 날, 문득 감상에 빠지도록 만든다. 애써 슬픔을 감추는 듯하면서 처연하게 밝은 느낌으로, 전형적인 모차르트의 2악장이다. 나에게 모차르트는 슬픈 이야기를 웃으면서 조곤조곤하게 풀어내는 음악가이기 때문이다. 정작 말하는 사람은 덤덤하지만 듣는 사람은 또르르 눈물을 흘리게 된다. 이처럼 개인적으로 모차르트의 음악을 연주할 때 가장 어려운 점은 느린 악장의 뉘앙스를 살리는 것인 것 같다. 마지막 3악장에서는 언제 그랬냐는 듯이 피날레를 향해 뛰어가는 모습이 연상된다. 빠르게 스퍼트를 올려서 당장 자전거 페달을 힘껏 밟고 싶은 충동을 불러일으키는 악장이다.

모차르트:
교향곡 41번 〈주피터〉 1악장

▶▶ ❚❚ ◀◀

92위

Mozart: Symphony No.41 in C Major, K.551, Jupiter,
I. Allegro vivace

모차르트의 교향곡은 새로운 곡이 최근까지 계속 발견되어서 총 68여 개에 이르지만, 작곡 연도로 따지면 이 곡이 마지막 교향곡이다. 작품 번호가 41번인 이유는 발견된 순으로 번호가 붙었기 때문이다. 최후의 교향곡이지만 다장조 곡이라 매우 활기차고 마치 출발을 암시하는 듯한 인상을 받아서 기억에 남은 곡이다. 모차르트의 둘째 아들 프란츠 크사버 모차르트도 이 곡에 대해 "아버지의 마지막 교향곡 다장조는 기악음악 최고의 승리"라고 남긴 바 있다.

〈주피터〉라는 별명은 하이든의 후원자이자 바이올리니스트 겸 오케스트라의 리더였던 요한 페터 잘로몬(1745~1815, 독일)이 붙였다. 전체 4악장 구성으로, 마지막 4악장의 푸가 형식이 그야말로 압권이다. 주제들이 겹치는 부분 없이 꼬리에 꼬리를 물고 진행되기 때문에 곡의 흐름을 놓치지 않으려면 정신을 바짝 차려야 한다. 처음 이 음악을 들었을 때, '도, 레, 파, 미' 네 음이 마치 나폴레옹이 선두에 서서 깃발을 들고 잘 따라오라고 말하는 것 같은 인상을 받았다. 만약 중간에 잠시 놓쳤더라도 네 음이 울리면 음악의 흐름을 다시 이어갈 수 있다. 이 음악을 듣다가 잠시 정신이 흐트러진다면 길을 가늠하기 위해 밤하늘에 별자리를 찾아보듯이 '도, 레, 파, 미'를 잘 찾아보자.

모차르트는 1788년 6월부터 8월까지 한 달에 한 곡씩 음악을 작곡했다. 그 시절의 그는 우리가 생각하는 것만큼 편안한 생활을 누리지 못했다. 부수입을 얻기 위해 항상 일해야 했고, 음악회를 열어서 직접 연주하고 싶어 했지만 실행에 옮기지는 못하고 피폐한 시간을 보내야만 했다. 그럼에도 불구하고 멋지고 훌륭한 작품들을 만들어냈는데, 이는 자기 음악에 확신이 있었기에 가능한 일이었을 것이다. 이 곡은 아쉽게도 모차르트 생전에 초연된 기록은 없고 사후에 연주되었을 가능성이 높다.

브루흐:
스코틀랜드 환상곡 4악장

▶▶ ⏸ ◀◀

Bruch: Scottish Fantasy for Violin and Orchestra,
Op.46, IV. Finale. Allegro guerriero

본격적으로 여름휴가를 고민하는 시기다. 스코틀랜드나 영국으로 떠나고 싶을 때면 대신 들으면서 마음을 달래는 음악이 있다. 막스 브루흐의 명곡 〈스코틀랜드 환상곡〉이다. 그는 스코틀랜드에 방문한 경험 없이 순전히 상상력으로 이 곡을 작곡했다. 당시 이미 명성이 대단했던 브루흐는 영국 리버풀의 음악감독으로 부

스코틀랜드 풍경

임할 예정이었는데, 스코틀랜드 작가 월터 스코트의 작품을 읽고 깊은 인상을 받아서 이 곡을 작곡했다고 한다. 스페인의 위대한 바이올리니스트이자 작곡가인 사라 사테에게 헌정했다.

스코틀랜드 환상곡은 서주에서 오케스트라가 총 여덟 마디를 연주하면 바로 이어서 바이올린 솔리스트가 PP(아주 여리게)로 '시b'음을 연주한다. 첫 음만으로도 듣는 이를 환상의 세계로 인도한다. 브루흐는 각 악장에 스코틀랜드의 아름다운 민요 선율을 배치했다. 애국가 선율과 비슷한 3악장과 활기찬 4악장이 가장 선호되지만 애절하면서도 간절한 느낌의 1악장도 매우 좋다. 4악장에서는 중세 스코틀랜드의 전투곡 〈우리 스코틀랜드 사람들은 월레스의 피를 흘렸다 Scots Whahae wi Wallace bled〉를 주제 선율로 사용해 아주 과감하고 활달한 멜로디가 흐른다.

브루흐는 평생 고향인 독일 쾰른을 그리워했다. 무엇이 그토록 사무치는 그리움을 느끼게 했을까? 어린 시절 가족과 함께 바라본 라인강의 물결과 주변 숲속의 경치 때문이 아니었을까? 브루흐의 음악은 가톨릭 도시 쾰른에서의 신실했던 그의 어린 시절을 상상하게 해준다. 온화하고 따뜻하면서도 낭만적인 심성은 어머니의 영향이 컸다는데, 그 영향 덕분인지 종교적 신성함을 평생 간직하고 이를 바탕으로 애절하고 달콤한 선율의 음악을 많이 작곡했다.

멘델스존:
교향곡 4번 〈이탈리아〉 1악장

▶▶ ❚❚ ◀◀

118위

Mendelssohn: Symphony No.4 in A Major, Op.90,
MWV.N16, Italian, I. Allegro vivace

역사적으로 많은 예술가들이 여행으로부터 영감을 받아 작품을 만들고 명작을 남겼다. 특히 멘델스존은 여행을 무척 좋아해서 떠날 때마다 작품을 만들었고, 그렇게 탄생한 〈핑갈의 동굴〉(Op.26)과 교향곡 3번 〈스코틀랜드〉(Op.56), 4번 〈이탈리아〉을 듣다 보면 그곳에 있는 기분마저 든다. 그림 실력도 뛰어났던 멘델스존의 음

멘델스존이 그린 그림

악을 들으면서 여행을 떠나보자. 그의 대표 작품으로 교향곡 다섯 곡을 꼽는데, 그 중에서 교향곡 3번 〈스코틀랜드〉와 4번 〈이탈리아〉가 가장 자주 연주된다. 마지막 5번 〈종교개혁〉은 그가 21세였을 때 작곡한 초기 작품이지만 나중에 출판되어서 작품 번호는 Op.107이 되었다. 1832년 런던 필하모니협회는 멘델스존에게 교향곡과 서곡, 성악곡을 위촉했다. 이 의뢰를 받고 이탈리아에 일 년 동안 머무르면서 작곡한 교향곡이 〈이탈리아〉다. 1833년에 런던에서 초연했지만 1837년까지 끊임없이 개정했다. 가만히 듣고 있으면 이탈리아 남부의 맑은 하늘 아래 불어오는 살랑거리는 바람이 절로 느껴지는 것만 같다. '알레그로 비바체(활기차고 생기 있게)'라는 빠르기말이 이 곡과 정말 잘 어울린다. 1악장의 1주제를 바이올린이 신나게 활로 문지르면 클라리넷이 등장해서 2주제를 연주한다. 1악장이 가장 인기 있지만 3악장도 꼭 함께 듣기를 추천한다.

멘델스존은 바흐처럼 여러 식솔을 먹여 살리느라 힘에 부쳤던 생계형 작곡가도 아니었고, 베토벤이나 슈베르트, 브람스처럼 가난한 집안에 태어나 집안을 일으켜야 하는 의무감이 있는 작곡가는 더더욱 아니었다. 헨델처럼 왕의 기분을 맞추기 위해 눈치를 볼 필요도 없었다. 그야말로 이름처럼 운이 넘치는(멘델스존의 이름 '펠릭스'는 라틴어로 '행복, 행운'을 의미한다) 사람이었기 때문일까? 그의 작품에서는 여유가 느껴진다.

드보르자크:
현악 사중주 12번 〈아메리칸〉 1악장

▶▶ ❚❚ ◀◀

Dvořák: String Quartet No.12 in F Major, Op.96,
B.179, American, I. Allegro ma non troppo

조국을 너무나 사랑했던 체코 출신 작곡가 드보르자크의 현악 사중주 〈아메리칸〉을 들어보자. 1893년 미국 뉴욕음악원의 원장으로 부임한 지 1년을 맞이한 52세의 드보르자크는 비서의 권유로 체코 출신 이민자들이 많이 살았던 아이오아주의 스필빌에서 가족들과 휴가를 보낸다. 향수병과 대도시를 향한 호기심이라는 양가적인 감정을 동시에 느끼고 있던 시기였다. 그런 드보르자크에게 스필빌은 체코 사람들의 공동체 지역이나 마찬가지였기에 그의 향수병을 달랠 수 있는 마음의 쉼터 같은 곳이 되어주었다. 스필빌에서 활력을 되찾은 드보르자크는 6월 8일에 작곡에 착수해 2주 만에 작품을 완성했다. 흑인 영가와 인디언 음악에서 많은 영감을 얻었고, 그렇게 탄생한 작품이 바로 현악 사중주 〈아메리칸〉이다. 그가 직접 자필 악보 표지에 "미국에서 작곡한 두 번째 작품"이라고 써서 〈아메리칸〉이라는 부제가 붙었다. 1894년 1월 1일 보스턴의 신년 음악회에서 초연을 올렸고, 이 곡으로 드보르자크는 교향곡뿐만 아니라 현악 사중주에도 대단한 영향을 끼친 작곡가로 각인된다. 같은 제목으로 기존 현악 사중주 구성에 비올라를 한 대 추가한 현악 오중주(Op.97)도 작곡했는데, 두 곡을 구별하기 위해 보통 〈비올라 오중주〉라고 부른다.

〈아메리칸〉은 전체 4악장으로 연주 시간은 총 26분 정도다. 본인이 비올라 연주에 능숙했기 때문인지 비올라에 대한 애정이 곡의 여기저기에서 드러난다. 1악장에서 비올라가 민요풍의 주제 선율을 연주하고 2악장에서 본격적으로 흑인 영가와 체코를 연상시키는 멜로디가 흐른다. 3악장에서는 보헤미아풍의 밝은 주제가, 불규칙한 론도풍의 4악장에서는 드보르자크가 스필빌의 교회에서 들은 선율이 등장한다. 그 누구보다도 민족적인 선율을 좋아했던 드보르자크표 음악이다.

쇼스타코비치:
교향곡 5번 Op.47 4악장

▶▶ ⏸ ◀◀

Shostakovich: Symphony No.5 in D minor, Op.47,
IV. Allegro non troppo

오늘은 혁명의 산 증인이자 "소련이 낳은 천재"라고 불렸던 드미트리 쇼스타코비치가 세상을 떠난 날이다. 그의 상황처럼 아무것도 할 수 없는 상황에 마음이 답답할 때면 즐겨 듣곤 했던 쇼스타코비치의 대표곡 교향곡 5번을 함께 감상해보자. 이 곡은 쇼스타코비치가 그에 대한 당의 비난이 일었던 즈다노프 사건(1936년) 이후 교향곡 4번을 무대에 올리지 못하게 되자 대신 작곡하기 시작한 곡으로, 1937년 7월에 완성해서 당해 11월에 발표했다. 그가 남긴 15곡의 교향곡 중에서도 가장 인기가 좋고 무대에서 자주 연주된다. 흔히 〈혁명〉이라고 불리는데, 사실 작곡가가 직접 붙인 부제는 〈당국의 정당한 비판에 대한 소비에트 예술가의 답변〉이었다. 이 곡을 좋아하는 사람들은 대부분 4악장에서 팀파니의 격렬한 연주에 매료된다. 초연 때 청중들이 엄청난 찬사를 보냈는데, 박수갈채가 곡의 연주 시간(45분)만큼이나 길게 이어졌다고 한다. 쇼스타코비치는 "교향곡 5번 피날레에서 나는 생기에 찬 낙관적인 비전을 보여주고자 한다. 1악장부터 3악장에서 드러난 비극적인 느낌들에 대한 해결책을 추구한 것이다"라며 자신의 회고록에서 이 곡을 소개했다. 마지막 4악장에서는 팀파니와 트럼펫, 트롬본이 함께 엄청난 볼륨으로 주제를 연주한다. 크레센도로 점점 더 세게 울리는데, 아주 섬세하고 내성적이었던 이전 악장과는 완전히 반대로 극적인 느낌을 전달한다.

그는 1906년 태어나 1975년까지 살면서 두 번에 걸쳐 발생했던 전쟁과 공산주의 정권 아래 철저하게 탄압당했던 음악가다. 라흐마니노프나 스트라빈스키와는 다르게 다른 곳으로 망명하지도 않고 계속 러시아에 남아 음악 활동을 이어갔는데, 심지어 스탈린이 죽은 1953년 3월 5일이 인생에서 가장 행복한 날이라고 직접 언급하기도 했다. 그는 스탈린 사망 후 22년을 더 살다가 마지막 작품 비올라 소나타를 작곡하고는 1975년에 69세의 나이로 모스크바에서 심장병으로 사망했다.

슈베르트:
〈송어〉

▶▶ ‖ ◀◀

Schubert: Die Forelle, Op.32, D.550

1817년 20세의 슈베르트가 작곡한 가곡 〈송어〉다. 짧지만 귀에 착 감기는 멜로디를 가진 명곡으로, 우리나라에서는 가전제품의 알림음으로 자주 쓰인다. 더위로 지친 하루에 청량감을 선물해주는 곡이다. 이 곡은 유절형식으로 원작 시는 4절이지만 슈베르트는 3절까지만 곡을 붙였다. 일반적으로 가곡의 형식은 크게 통절형식과 유절형식으로 구분하는데, 통절형식은 하나의 절, 유절형식은 여러 절로 구성된 형식을 말한다. 보통 우리가 알고 있는 가곡은 대부분 유절형식이다. 클래식에 붙은 '송어'라는 제목이 참 재미있는데, 이 곡의 제목을 두고 송어인지 숭어인지 내기를 하는 사람들이 많다. 결론부터 말하자면 슈베르트가 맑은 시내에 뛰노는 '송어'를 보고 영감을 얻어 작곡한 곡이다. 그러니 잘 알아두자. 바다에 사는 숭어가 아닌 민물고기 송어가 맞다.

〈송어〉는 친구인 미하엘 포글을 위해 작곡한 곡으로, 물고기가 유쾌하고 명랑하게 뛰노는 모습을 묘사하고 있다. 거울처럼 맑은 강물에 헤엄치고 있는 송어가 잡히지 않자 낚시꾼이 일부러 물을 흐리고, 결국 거기에 속은 송어가 낚시꾼에게 잡혀 죽는다는 내용으로, 막상 가사를 알고 곡을 들으면 마냥 웃기가 어려워진다.

슈베르트는 이 가곡을 작곡하고 2년 후에 4악장 멜로디를 다시 한번 피아노 오중주 〈송어〉(Op.114)로 탄생시켜서 더 큰 인기를 얻었다. 원래 피아노 오중주는 피아노와 현악 사중주로 구성되지만 〈송어〉는 특별히 한 대의 바이올린을 빼고 그 자리에 더블 베이스를 넣었다. 광산업자이자 아마추어 첼리스트였던 실베스터 파움가르트너가 슈베르트에게 자신이 직접 연주에 참여할 수 있도록 특별히 좋아했던 가곡 〈송어〉의 주제를 넣어 작곡해달라고 의뢰해서 자체 리메이크한 것이다.

멘델스존:《한여름 밤의 꿈》중 〈결혼행진곡〉

▶▶ ❚❚ ◀◀

Mendelssohn: A Midsummer Night's Dream, Op.61,
MWV.M13, No.9, Wedding March

멘델스존은 어릴 때부터 고전을 많이 읽었고, 특히 셰익스피어를 아주 좋아했다고 한다. 셰익스피어의 작품을 원작으로 한 부수음악《한여름 밤의 꿈》을 들어보자. 부수음악Incidental music이란 연극, 영화, 라디오 드라마 등에서 극의 분위기를 조성하거나 장면을 강조하기 위해 삽입되는 배경음악을 말한다. 감정과 분위기를 더해주는 데 중요한 역할을 한다. 음악이 더해지면서 극의 분위기나 흐름을 더 쉽고 구체적으로 파악할 수 있다. 주로 극과 함께 연주되지만 몇몇 곡은 모음곡 형식으로 구

존 시몬스, 〈한여름 밤의 꿈〉

성되어 독립적으로 연주되기도 한다. 대표적인 부수음악으로는 베토벤의《에그몬트》서곡이나 그리그의《페르 귄트》모음곡 등이 있다.

사실 멘델스존은 이미 17세에 요정의 숲에서 벌어지는 한바탕 꿈 같은 사랑 이야기를 다룬 셰익스피어의 희곡『한여름 밤의 꿈』을 읽고 서곡을 작곡했다. 그로부터 16년이 지난 1842년에 프로이센 왕 프리드리히 빌헬름 4세의 부탁을 받고 연극《한여름 밤의 꿈》상연을 위한 음악을 작곡하게 된 것이다. 그래서 어렸을 때 작곡해둔 서곡에 추가로 12곡을 더해 총 13곡으로 작품을 완성했다. 이 중에 오늘의 음악인 〈결혼행진곡〉이 포함되어 있다. 보통 달빛에 물든 요정의 숲을 묘사한 서곡과 결혼식 음악으로 유명한 결혼행진곡 등 일부를 발췌해서 연주하는 경우가 많고, 전곡을 연주하는 경우는 흔치 않다. 이 작품은 1843년에 베를린 궁정극장에서 연극과 함께 처음 초연되었다.

존 케이지:
〈4분 33초〉

▶▶ ‖ ◀◀

J. Cage: 4'33"

미국의 현대 음악가 존 케이지(1912~1992)는 불확실성의 음악이 무엇인지 확실하게 보여준 현대 작곡가다. 어린 시절부터 문학을 좋아해서 대학에서 문학을 전공했지만 똑같은 책만 읽는 교육에 염증을 느끼고 자퇴한 다음 미국으로 건너온 오스트리아 출신 작곡가 쇤베르크에게 2년 동안 음악을 배웠다. 이후 뉴욕에서 뒤샹, 몬드리안, 잭슨 폴록, 막스 에른스트와 교류하며 미국을 대표하는 아방가르드 음악가로 자리 잡는다. 케이지는 우연히 외부로부터 모든 소음이 차단되도록 설계된 녹음실에서 작은 소음이 들리는 경험을 하고 완벽한 침묵이란 불가능하다는 사실을 깨닫는다. 이 경험을 바탕으로 만든 아주 획기적인 음악이 바로 그 유명한 〈4분 33초〉다.

1960년대 이후 독일은 전위 예술의 성지였다. 독일에 모인 예술가들은 플럭서스 Fluxus라는 그룹을 만들어 기성세대와의 단절을 시도하고자 과격한 퍼포먼스를 선보였다. 플럭서스란 '변화, 흐름'을 뜻하는 라틴어 flux에서 유래한 단어로, 1960년대 초부터 1970년대까지 일어난 전위예술 운동을 일컫게 되었다. 삶과 예술의 조화를 주요 가치로 여기며 출발한 이 운동은 이후 베를린·뉴욕·파리·런던·일본 등으로 빠르게 퍼져나갔다. 플럭서스 예술가들이 활동하던 시기에 케이지는 이미 전 세계적으로 유명한 예술가였고, 그는 동료들과 함께 전위음악의 일종인 우연성 음악 Chance music, Aleatoric music을 창안했다. 작곡이나 연주를 할 때 인위적인 구성을 배제하고 우연성을 더한다고 해서 '불확정성의 음악'으로 부르기도 한다. 무대에서 소리를 지르거나 악기를 때리기도 하는 등의 퍼포먼스가 특징이다.

대표적인 작품 〈4분 33초〉는 피아니스트가 피아노 앞에서 4분 33초 동안 가만히 앉아 있다가 퇴장한다. 3악장으로 나뉘어 있긴 하지만, 악보 위에 음표라고는 하나도 없다. 단지 1, 2, 3악장을 구분하는 시간만 쓰여 있다. 그동안에 우연히 들려온 외부의 소리와 관객의 고동이 음악이 된다. 이러한 케이지의 발상은 현대 유럽 작곡계에 많은 영향을 미쳤다. 비정상의 정상에 대한 도전이었다.

마스네:
오페라 《타이스》 중 〈명상곡〉

▶▶ ‖ ◀◀

Massenet: Thaïs, Méditation

특별하고 대단하진 않더라도 성실한 하루를 보냈다면, 오늘도 조금씩 발전하고 있는 스스로에게 보답하는 마음으로 이 노래를 들려주자. 프랑스 작곡가 쥘 마스네 (1842~1912)의 명상곡이다. 1894년 제작된 오페라 《타이스》는 전체 3막 구성이고, 이 명상곡은 제2막 1장과 2장 사이에 간주곡으로 연주된다. 아름답고 서정적인 선율 덕분에 마치 한 편의 독자적인 클래식 소품처럼 자주 연주되는 인기 레퍼토리다. 5분 정도 되는 짧은 곡이지만 듣고 나면 마음이 한결 차분해진다. 간혹 발레 갈라 공

장 베버, 〈타이스〉

연에서 파드되Pas de deux(남녀 무용수 두 사람이 추는 춤)의 배경음악으로 연주되어서, 오페라 제목은 낯설어도 이 곡만큼은 어딘가 익숙할 것이다.

　《타이스》의 줄거리는 서양판 서경덕과 황진이라고 할 수 있다. 타락한 무녀 타이스와 수도사 아타나엘의 이루어질 수 없는 비극적인 사랑 이야기다. 수도사 아타나엘이 방탕한 무녀 타이스에게 과거의 잘못된 행동을 그만두고 참회하라고 설득하자 타이스는 갈등한다. 결국 세속을 버리고 수도원에 들어가 참회하는 삶을 사는데, 이번에는 반대로 아타나엘이 타이스를 잊지 못하고 번민하다가 그녀를 찾아온다. 종교인으로서 절제하지 못하고 금기를 깬 것이다. 그렇게 만난 타이스는 먹지도 않고 기도에 열중하다가 결국 죽음에 이르고, 아타나엘은 죽은 그녀를 붙들고 오열하는 결말로 오페라는 막을 내린다. 인간은 항상 선과 악, 성聖과 세속, 정신과 욕망의 대립 속에서 끊임없이 갈등하고 선택하는 존재임을 작품이 보여준다. 이 작품은 초연은 물론이고 1898년 개정판이 나온 후에도 한동안 성공을 거두지 못했다가 작품이 만들어진 지 10년쯤 지난 1903년 이탈리아 밀라노에서 열광적인 반응을 얻었다.

브람스: 하이든 주제에 의한 변주곡 Op.56a

▶▶ ❚❚ ◀◀

Brahms: Variations on a Theme by Haydn, Op.56a

브람스가 교향곡이 아닌 순수 관현악곡으로 작곡한 작품 중 〈대학 축전 서곡〉과 더불어 사람들에게 많은 사랑을 받는 곡이다. 브람스보다 99년 먼저 태어난 하이든의 디베르티멘토 1번 〈성 안토니의 코랄Corale St. Antoni〉의 주제 선율을 바탕으로 해서 작곡한 곡으로, 8개의 변주와 피날레로 구성된다. 빠르기말은 두 곡 모두 '안단테'지만, 하이든의 디베르티멘토보다 브람스의 곡이 더 빠르고 활기차다. 권위 있는 하이든 연구가이자 하이든의 전기를 쓴 카를 페르디난트 폴의 집을 방문한 브람스는 그곳에서 디베르티멘토 악보를 보고 깊은 끌림을 느꼈고, 1873년 7월 뮌헨 남쪽의 작은 호숫가 마을 투칭에서 여름휴가를 보내는 동안 피아노 버전(Op.56b)을 먼저 완성했다. 그 후에 관현악 버전을 작곡했고, 당해 11월 2일에 브람스가 직접 빈 필하모닉 오케스트라를 지휘해 초연을 올렸다.

관현악 버전에서는 전반적으로 현악기와 관악기의 오묘한 조화가 돋보인다. 다만 첫 주제는 현악기 없이(제1, 2 바이올린은 쉬고 있다) 목관악기인 오보에와 바순이 연주한다. 브람스는 자기 작품을 세상에 발표하는 일에 누구보다도 진중했기에 그의 첫 교향곡 1번(Op.68)을 완성하는 데만 21년이 걸렸다. 이 곡을 완성했을 당시에 이미 머릿속에 교향곡 1번의 스케치를 그리고 있었으니, 관현악법에 능통했던 시기였다.

브람스도 베토벤처럼 자연을 좋아해서 여행을 많이 다니고 숲이나 호숫가에서 산책을 자주 했다고 한다. 독일의 인기 있는 휴양지인 투칭에서 작업한 다른 곡으로는 현악 사중주(Op.51)가 있다. 투칭의 작은 호수공원은 브람스에게 헌정되었고 현재 그가 머물렀던 집 근처에는 기념비가 설치되어 있다.

빌 더글라스:
〈Hymn〉

▶▶ ❚❚ ◀◀

Bill douglas: Hymn

캐나다 출신의 음악가 빌 더글라스(1934~1991)의 음반《Jewel Lake》에 실린 찬송가다. 빌 더글라스는 국내에서 인지도가 높은 편은 아니지만 이 곡만큼은 많은 사람에게 큰 사랑을 받고 있다. 종교인이 아니더라도 이 곡을 들으면 마음이 편안해지고 기도하고 싶어진다. 이 작품 외에도 자연 친화적인 음색이 돋보이는 〈DEEP PEACE〉도 드라마《사춘기》에 삽입되면서 국내에 알려졌고 현재까지 꾸준히 인기를 얻고 있다.

반 고흐, 〈아를의 별이 빛나는 밤〉

　〈Hymn〉은 매일 밤 10시에 KBS 클래식FM에서 진행하는 라디오 방송《당신의 밤과 음악》오프닝 음악으로, 바순의 음색을 아주 잘 드러내는 곡이다. 어둠이 내려앉은 도시에 별들과 가로등이 멋진 조명이 되어 강물을 비추고, 다리 위를 지나가는 지친 영혼들을 달래준다. 신시사이저 전자피아노 음색의 반주가 시끄럽지 않고 조용하게 울려서 기존의 신시사이저 곡과는 다른 명상적인 느낌을 강조한다. 혼자 차 안에서 듣고 있으면 나만의 작은 음악실, 나를 만나는 작은 고해소에 있는 것 같은 기분이 든다.

　더글러스는 토론토 왕립음악원에서 피아노와 음악 교육학을 공부했고 예일대 대학원에서 작곡과 바순으로 박사학위를 받았다. 다양한 분야를 섭렵한 이력에 입이 쩍 벌어지는데, 그는 여기에 그치지 않고 자신의 음악 세계를 계속 확장했다. 아프리카, 인도, 브라질 등 폭 넓은 음악 스펙트럼을 선보이며 1988년 뉴에이지 음악을 통해 대중에게 본격적으로 이름을 알리기 시작한다. 클래식뿐만 아니라 빌 에반스(1929~1980)나 마일즈 데이비스(1926~1991), 존 콜트레인(1926~1967) 등 재즈 음악가들에게도 큰 관심을 가졌던 여러모로 다재다능한 음악가다.

비발디: 두 대의 첼로를 위한 협주곡 RV.531 1악장

▶▶ ❚❚ ◀◀

Vivaldi: Concerto for 2 Cellos in G Minor, RV.531,
I. Allegro

두 대의 첼로를 위한 협주곡은 비발디의 파격적인 면모가 그대로 드러나는 곡이다. 일반적으로 비발디 하면 바이올린 협주곡을 떠올리곤 하는데, 이 곡은 당대에는 거의 반주 악기로만 쓰였던 첼로를 중심 악기로 내세운 데다가 무려 두 대의 첼로를 위한 협주곡이라니 놀랍도록 신박하다. 비발디 이후 바흐, 헨델, 하이든, 모차르트, 베토벤의 시대까지 통틀어, 사실 현재까지도 두 대의 첼로를 위한 협주곡은 매우 드물다. 그는 진정한 시대의 선구자였다. 첼로는 하이든 시대에 이르러서야 독주 악기로 인정받기 시작했는데, 이미 그 전에 비발디가 첼로의 폭발적인 에너지를 이 곡으로 증명한 셈이다. 두 대의 첼로를 위한 협주곡은《사계》를 작곡하기 몇 년 전인 1720년경, 그가 피에타 음악원에서 교사로 활동하던 시절에 작곡한 것으로 추정된다.

　곡은 전형적인 바로크 협주곡 형식을 따르고, 빠름-느림-빠름으로 전개된다. 첼로 두 대가 서로 경쟁하거나 모방하고 사이좋은 친구처럼 대화를 나누듯 연주된다. 바로크 시기에 작곡된 곡인 만큼, 그 시대에 주로 사용되었던 바로크 첼로의 연주로 감상하면 더욱 좋다. 현악기는 시대별로 현의 재료가 달라서 악기의 음색이 크게 달라지는 특징이 있다. 동물의 창자를 꼬아서 만든 거트현으로 제작된 바로크 첼로의 소리가 현대 첼로보다 훨씬 따뜻하고 부드럽다. 소리가 작고 선명하게 들리지 않는다는 단점도 있지만, 각각의 현이 자아내는 음색은 감탄을 불러일으킨다. 비유하자면 바로크 첼로의 음악은 인간 본연의 자연스러운 목소리 같고, 현대 첼로는 마이크가 장착된 증폭된 소리와도 같다.

하이든:
교향곡 94번 〈놀람〉 2악장

▶▶ ▮▮ ◀◀

Haydn: Symphony No.94 in G Major, Hob.I:94,
Surprise, II. Andante

할 일은 태산인데 하기 싫고, 날은 덥고, 그저 축 늘어진 채 낮잠으로 도망치고 싶은 날이 있다. 커피를 연거푸 마셔도 효과가 없을 때, 하이든의 교향곡 〈놀람〉 2악장을 들어보자. 6분이면 잠에서 깨기 충분하다.

하이든은 29세에 헝가리의 에스테르하지 후작 가문의 전속 음악가로 일하기 시작해서 무려 30년 동안 근속했다. 계약이 만료된 1791년 59세에 자유의 몸이 되어 영국 런던으로 향했고 그곳에서 교향곡으로 엄청난 인기를 누렸다. 중간에 잠시 빈으로 돌아오기도 했지만, 두 차례 영국을 방문해 약 3년간 현지에서 활약했다. 이 무렵 발표했던 12곡의 교향곡(93번~104번)을 《런던 교향곡》 또는 하이든의 매니저 역할을 했던 잘로몬의 이름을 따서 《잘로몬 교향곡》이라고도 부른다.

대단한 유머 감각의 소유자였던 하이든은 〈놀람〉으로 자신의 음악에 집중하지 않고 꾸벅꾸벅 조는 청중들을 단숨에 깨운다. 2악장에서 팀파니의 강력한 타격이 노곤함을 단번에 날려버린다. 보통 교향곡은 1악장이나 마지막 악장이 가장 유명한데, 이 〈놀람〉 교향곡은 2악장이 대표 악장이라고 해도 될 만큼 인지도가 가장 높다. 약박으로 느리게 연주되다가 갑자기 튀어나오는 강력한 포르테시모가 단 한 방으로 예상치 못한 순간에 사람들을 깜짝 놀라게 한다. 이처럼 하이든의 음악은 복작거리는 현실 속에서 잠깐이나마 웃음 짓게 해주어서 좋다.

하이든의 아버지는 두 번 결혼해서 12명의 아이를 두었는데, 하이든은 첫 번째 부인의 큰아들이었다. 무려 12남매의 장남이었던 것이다. 어깨에 짊어진 짐이 상당히 무거웠을 텐데 하이든은 좌절하지 않았다. 부모님이나 집안의 가난한 처지를 탓하지도 않고 16세부터는 잡일을 마다하지 않았다. 그가 약 60세까지 한곳에서 일한 것도 오랜 경험에서 비롯된 참을성과 끈기 덕분이었을지 모른다. 성숙한 어른은 쉽게 불평하지 않는다. 하이든은 아무리 불편한 상황을 마주해도 부드럽게 돌려서 표현하고 모두가 기분 좋은 결과를 만들어냈다. 요즘 세상에 정말 필요한 능력을 지닌 그였다.

모차르트: 바이올린 소나타 21번 K.304 2악장

▶▶ ⏸ ◀◀

Mozart: Violin Sonata No.21 in E Minor, K.304,
II. Tempo di menuetto-Dolce

1778년, 이제 22세가 된 청년 모차르트는 신동으로서 실컷 누리던 인기가 거짓말처럼 사그라든 현실에 체념한 채 씁쓸하고 힘겨운 시간을 통과하고 있었다. 말이 여행이지, 그는 구직을 위해 독일을 거쳐 네덜란드와 프랑스를 전전했다. 어머니와 함께였는데 소득이 많지 않아서 여러모로 불편하고 궁핍한 시절이었다. 설상가상으로 어머니 안나 마리아 모차르트는 1778년 7월 3일에 세상을 떠났다.

언제 어디에서나 항상 음악과 함께했던 모차르트는 불만스러운 현실과 어머니의 죽음으로 인해 괴롭고 힘들었던 마음을 담아 바이올린 소나타를 작곡했다. 이 시기에만 바이올린 소나타 여섯 곡(K.301~306)이 탄생했다. 그중 21번의 작곡 시기는 정확히 밝혀지지 않았지만 대략 1778년 3월, 어머니의 죽음 직전에 완성되었다는 의견이 지배적이다.

바이올린 소나타 21번은 35곡이 넘는 그의 바이올린 소나타 중 유일한 단조로, 2악장 구성이다. 1악장은 전주 없이 바이올린과 피아노가 동시에 같은 멜로디를 연주하며 시작된다. 두 악기의 처연한 멜로디가 구슬프기 그지없다. 스물을 갓 넘긴 패기가 가득한 젊은 청년에게는 당최 어울리지 않는 비애가 느껴진다. 전체 12분 중에서 이 곡의 백미인 2악장은 5분 정도 연주되는데, 처음에 16마디 정도 흐르는 피아노의 전주가 곡의 쓸쓸함을 극대화한다. 분명 나타냄말은 템포 미뉴에토(미뉴에트의 빠르기로)인데, 춤을 추기보다는 남몰래 눈물을 흘리는 장면이 연상되는 멜로디다. 모든 걸 내려놓고 오열하기보다는 숨을 죽이고 또르르 눈물을 흘려보내는 듯한 분위기다. 모차르트 특유의 절제된 슬픔이 느껴진다.

슈베르트:
네 개의 즉흥곡 Op.90 D.899 중 4번

▶▶ ‖ ◀◀

Schubert: 4 Impromptus No.4 in A-Flat Major,
Op.90, D.899

슈베르트의 음악은 소박하고 아름다운 멜로디가 특징이다. 그는 31년이라는 짧은 생애 동안 다양한 장르에서 주옥같은 곡을 많이 탄생시켰다. 특히 그는 정식 교육을 받지 않고도 즉흥적으로 떠오르는 멜로디와 감정을 음악으로 옮기는 데 뛰어났고, 즉흥곡은 슈베르트의 이러한 면모를 표현하기에 최적인 장르였다. 그의

구스타프 클림트가 그린 슈베르트

즉흥곡 작품은 네 곡씩 묶어서 Op.90과 Op.142로 출판되었다. 모든 곡이 아름답지만 Op.90이 조금 더 자주 연주되고 대중성이 높다. 오늘의 음악인 즉흥곡 4번 내림가장조는 짧지만 다정하게 속삭이는 듯하면서 강한 여운을 주는 곡이다.

슈베르트의 음악은 연극과 영화에서 자주 사용되는 클래식 목록에 단연코 빠지지 않는다. 세 개의 마지막 피아노 소나타(19번~21번) 피아노곡 〈악흥의 한때〉(Op.94 D.780), 첼로로 자주 연주되는 〈아르페지오네 소나타〉(D.821), 현악 사중주 〈죽음과 소녀〉, 연가곡집 《겨울 나그네》, 〈미완성 교향곡〉 등 그의 음악은 규모와 장르를 가리지 않았다. 〈미완성 교향곡〉은 만화 《스머프》에서 악당 가가멜이 등장할 때 배경음악으로 쓰였고, 즉흥곡 4번은 헨리 제임스의 영화 《여인의 초상》에서 흘렀다. 진정 모두를 위한 음악이다. 바흐만큼 철학적이지 않고, 모차르트만큼 천재적이지 않고, 베토벤만큼 웅장하진 않지만 소박하고 단순한 매력이 있는 작곡가다. 단순하게 살기란 얼마나 어려운 일인가? 그의 음악은 내면에서 끝없이 방황하는 듯하지만 겉보기엔 담담하다. 힘 빼고 자연스러운 느낌이다. 누구의 눈치도 보지 않고 조용히 자기만의 길을 묵묵히 걸어간 슈베르트였다.

베토벤:
피아노 협주곡 1번 Op.15 1악장

▶▶ ❚❚ ◀◀

Beethoven: Piano Concerto No.1 in C Major, Op.15,
I. Allegro con brio

베토벤이 공식적으로 출판한 피아노 협주곡은 총 다섯 곡이다. 협주곡 1번 다장조(Op.15, 1801년 출판), 2번 내림나장조(Op.19, 1801년 출판), 3번 다단조(Op.37, 1804년 출판), 4번 사장조(Op.58, 1808년 출판), 5번 내림마장조(Op.73, 1810년 출판) 순서다. 각각의 곡이 저마다 다른 매력을 지니고 있어, 꼭 모두 들어보길 추천한다.

율리우스 슈미트, 〈베토벤〉

베토벤 피아노 협주곡의 출발점인 협주곡 1번에서는 20대 후반에서 30대로 넘어가는 젊은 청년 베토벤의 모습을 엿볼 수 있다. 전체 3악장 구성으로 1795년 3월에 완성되어 빈의 부르크 극장에서 살리에리의 지휘로 초연되었다가, 5년이 지난 후 1800년에 교향곡 1번(Op.21)과 함께 무대에서 다시 한번 연주되었다. 이 곡을 비롯한 베토벤의 초기 작품에는 하이든과 모차르트의 영향이 묻어 있다. 실제로 그는 1792년 22세에 하이든에게 작곡을 배우기 위해 고향인 독일 본을 떠나 오스트리아 빈을 방문했다.

음악에서 조성은 옷의 원단이라고 표현할 수 있다. 어떤 재질의 원단으로 옷을 만드는지에 따라 퀄리티가 달라지는 것처럼, 조성은 음악에서 아주 중요한 요소다. 특히 곡의 성격을 드러내는 데 큰 역할을 하므로 가능하다면 클래식을 감상할 때 좋아하는 곡의 조성 몇 개 정도는 기억해두기를 추천한다. 만약 다장조가 마음에 들었다면 베토벤의 다장조 곡을 모두 모아서 들어보는 것도 특별한 감상법 중 하나다. 베토벤의 유명한 작품 중 다장조의 곡으로는 무엇이 있을까? 교향곡 1번(Op.21), 피아노 소나타 21번 〈발트슈타인〉, 바이올린, 첼로, 피아노를 위한 삼중 협주곡, 현악 사중주 〈라주모프스키 3번〉(Op.59), 미사(Op.86) 등이 있다. 이렇게 다양하게 음악을 듣다 보면 어느샌가 자신만의 플레이리스트가 완성된다.

브람스:
헝가리 무곡 1번

▶▶ ❚❚ ◀◀

Brahms: 21 Hungarian Dances No.1 in G Minor, WoO.1

《헝가리 무곡》은 브람스가 헝가리를 여행하면서 보고 듣고 느꼈던 감정을 표현한 그의 대표 작품이다. 고향 함부르크의 영향도 있고, 어려웠던 집안 환경 탓인지 그의 음악은 대체적으로 어둡고 진지하다. 모차르트나 베토벤처럼 어려서부터 음악적인 역량을 화려하게 펼친 것도 아니라서 무명 기간도 길었다. 그렇다 해도 20대에 한정되지만 말이다.

레메니(좌)와 브람스(우)

　브람스에게는 음악을 함께 나눌 동료이자 소중한 친구 에두아르드 레메니(1828~1898)가 있었다. 레메니는 헝가리 태생의 유명한 바이올리니스트였다. 둘은 브람스가 19세였을 때부터 같이 유럽 각국으로 연주 여행을 다니며 많은 경험을 쌓았다. 여러 국적의 음악가와 교류하면서 새로운 음악에 눈을 떴는데, 당시 그가 가장 관심을 가진 장르는 헝가리 민요와 집시 음악이었다. 브람스는 레메니를 통해 또 한 명의 음악 동반자인 바이올리니스트 요제프 요하임도 알게 된다. 친구 따라 강남 간다는데 브람스는 친구 따라 헝가리에 갔다가 인생 최대 행운을 잡은 것이다. 이후 그는 꾸준하게 헝가리 음악을 수집했고 차차 자신의 작품을 완성해나갔다. 이렇게 탄생한 곡이 21곡의 헝가리 무곡이다. 지금은 관현악이나 바이올린으로 많이 연주되지만 원래는 피아노 연탄곡이었다. 혼자가 아닌 친구와 같이 연주하고 싶었던 브람스의 속마음이 반영된 것일까?

　21곡 중에서 1번과 5번이 가장 유명하다. 1번에서는 엇박자 리듬이 많이 등장하고, 5번은 양손이 같이 연주한다. 젊을 때 항구의 선술집 피아노 바에서 즉흥 연주를 한 경력이 길어, 리듬에 있어서는 굉장히 자유로운 브람스의 특징을 잘 살린 곡이다. 브람스 마니아들이 브람스의 음악을 좋아하는 이유다.

드뷔시:
〈달빛〉

▶▶ ∥ ◀◀

Debussy: Suite bergamasque, L.75, III. Clair de lune

생일에 가장 하고 싶은 일은 무엇이냐고 묻는다면 나는 단박에 여행이라고 답하겠다. 일상에 지치는 순간이면 우리는 여행을 꿈꾼다. 여행을 통해 새로운 자아를 발견하고 상상의 나래를 펼치며 잠시나마 여유를 느낀다. 많은 예술가에게도 여행은 영감의 원천이자 지속적인 창작의 힘이 되어주었다. 오늘이 생일인 작곡가

뤼시앙 르비 뒤르메, 〈달빛의 세레나데〉

드뷔시는 누구보다 이국적인 취향이 강한 작곡가였다. 파리 만국박람회에서 접한 인도네시아 가믈란●의 소리에 심취했고 이탈리아 여행에서 보고 느낀 감정을 담아 탄생시킨 곡이 《베르가마스크 모음곡》이다. 아직 가본 적은 없지만 그의 음악을 들으면 이탈리아의 공기와 바람이 느껴지는 것만 같다. 《베르가마스크 모음곡》의 세 번째 곡 〈달빛〉을 들어보자.

'베르가마스크'는 이탈리아 북부 베르가모 지방의 춤곡을 일컫는 말이다. 드뷔시가 1890년도에 이 지역을 여행하고 나서 작곡을 시작해 실제 출판이 되기 전까지 수많은 개정 작업을 거쳤고, 최종적으로 1905년에 출판되었다. 1곡 〈전주곡〉, 2곡 〈미뉴에트〉, 3곡 〈달빛〉, 4곡 〈파스피에〉로, 이렇게 네 곡으로 구성되는데 제각각 다른 분위기를 띠고 있어서 다양한 색채를 느낄 수 있다. 〈달빛〉을 작업할 때는 상징주의의 대표 시인인 베를렌의 시 〈월광〉을 읽고 영감을 얻었다고 한다. 원래 피아노 독주용이지만 바이올린이나 플루트 같은 다른 악기들이 주제 선율을 연주하도록 편곡되어 무대에 오르기도 한다. 드뷔시 특유의 몽롱함이 돋보이는 곡이다. 예전에는 드뷔시의 음악이 모호해서 불편했는데 요즘은 모호해서 편하다.

● 　인도네시아 전통 타악 합주 음악 또는 그 음악을 연주하는 합주 편성을 말한다.

슈베르트:
네 손을 위한 환상곡 D.940 1악장

▶▶ ❚❚ ◀◀

Schubert: Fantasy for 4 hands in F Minor, D.940,
I. Allegro molto moderato

슈베르트가 활동했던 18세기 후반에서 19세기 초반에는 악기의 성능이 이전보다 훨씬 발달했고, 당시 중산층에서는 집 안에 모두 피아노를 한 대씩 구비해서 가족이나 친구, 연인이 함께 연주하기를 즐겼다. 이 시기에 출판업자들은 대중의 바람을 정확하게 꿰뚫어 이중주곡을 많이 출판했다. 슈베르트 또한 1828년에 네 손을 위한 피아노곡 세 곡을 작곡한다. 그에게 피아노란 누군가와 함께할 수 있는 가장 친밀한 악기였다.

르누아르, 〈피아노를 치는 두 어린 소녀들〉

오늘의 음악인 네 손을 위한 환상곡 바단조는 세 곡 중 처음으로 완성되었고 가장 유명하다. 모두 4악장 구성이지만 각 장이 끊기지 않고 하나로 쭉 이어진다. 특히 4악장에서는 처음 흘렀던 1악장의 주제가 다시 한번 등장한다. 이 곡은 죽는 날까지 멈추지 않고 흐르는 삶과 생의 마지막에서 어린 시절을 되짚어보는 우리의 인생과 흡사하다. 슈베르트는 환상곡 장르에 특별한 애정을 품었고 방랑, 환상, 죽음 같은 주제에서 많은 영감을 받았다. 그래서일까, 그의 환상곡에서는 우수에 젖은 애절한 선율과 그 안에서 가끔씩 등장하는 분노와 절망의 감정이 돋보인다.

네 손을 위한 환상곡은 연주자 두 명이 네 손으로 연주하는 곡이라 넓은 음역을 사용한다. 덕분에 더욱 풍성한 음색과 음량 표현이 가능하다. 호흡이 맞지 않으면 좋은 연주가 나오기 매우 어려우므로 사이가 좋은 사람들끼리 연주해야 효과가 좋다. 국내 드라마《밀회》에서도 사제지간인 두 남녀 주인공이 연주하는 곡으로 흐른 적이 있다.

사라사테:
카르멘 환상곡 Op.25

▶▶ ❚❚ ◀◀

Sarasate: Carmen Fantasy, Op.25

바이올린 교사이자 저술가인 칼 플레쉬(1873~1944, 헝가리)는 사라사테의 음악을 "신선한 장밋빛 볼을 가진 시골 소녀와 같다"라고 칭찬했다. 장밋빛뿐일까? 사라사테의 음악에는 순백의 미와 불타는 정열이 함께 있다. 진한 빨강의 드레스 차려입은 농염한 여인의 모습 또한 담겨 있는 게 그의 음악이다.

카르멘 환상곡은 비제의 오페라 《카르멘》에 등장하는 명장면들을 오케스트라와 바이올린 독주를 위해 축약하거나 편곡한 작품으로, 사라사테의 초인적인 기술과 탁월한 극적 감수성을 엿볼 수 있다. 4막의 전주곡 아라고네이즈Aragonesse(아라곤 지역의 음악적 특징을 가진 음악), 1막의 하바네라와 세기디야, 2막의 집시들의 춤이 차례로 등장한다. 악장이 구분되기는 하지만, 모두 페르마타(늘임표)로 이어져 있어 하나의 곡처럼 연주된다. 바이올린 연주 기술 중에서도 특히 어려운 트릴, 겹음, 트레몰로, 피치카토 등이 현란하게 펼쳐져서 실연으로 감상하면 더욱 좋은 작품이다.

사라사테는 스페인 이사벨라 여왕의 후원으로 파리에서 공부할 기회를 얻고 1860년에 성공적으로 데뷔해 파리와 런던을 비롯한 유럽 전역과 미국, 남아메리카 등지에서 국제적인 명성을 쌓았다. 음악가로서 사라사테는 바이올린 주법을 다양하게 변화시킨 공으로 더욱 인정받는다. 매우 강렬한 음색과 폭이 넓으면서도 지속력 높은 비브라토의 사용, 완벽한 왼손 자판 운지와 힘찬 오른손의 활의 움직임이 특징이다. 그의 음악은 매우 감각적이고 즉흥적이면서도 절도가 느껴진다. 자유분방함 속의 엄격함이랄까? 최고의 바이올리니스트로 칭송받는 만큼 자신의 작품뿐만 아니라 다른 작곡가들의 작품도 다양하게 소화해낸 그다. 생전에 직접 남긴 녹음 음반 덕분에 다행스럽게도 그의 실연을 쉽게 들을 수 있다.

번스타인: 뮤지컬
《웨스트 사이드 스토리》 중 〈투나잇〉

▶▶ ❚❚ ◀◀

Bernstein: West Side Story, Tonight

역사상 최고의 뮤지컬이라고 찬사받는 《웨스트 사이드 스토리》는 셰익스피어의 유명한 희곡 『로미오와 줄리엣』을 원작으로 한다. 인종 갈등과 갱단 간의 항쟁을 주제로 하며, 원작처럼 비극적인 결말이다. 미국 뉴욕 맨해튼의 슬럼가 어퍼 웨스트 사이드의 링컨스퀘어에서 활동하는 십대 갱단 제트파와 샤크파는 주도권을 두고 대치한다. 한때 제트파 소속이었지만 갱스터 활동을 그만두고 평범하게 살고 있던 토니는 샤크파의 리더인 베르나르도의 여동생 마리아에게 첫눈에 반한다. 두 사람은 처음 만난 무도회에서 함께 춤을 추고, 무도회가 끝난 후에도 몰래 만나서 사랑을 노래하는데 이때 부르는 노래가 그 유명한 〈투나잇〉이다. 두 사람은 싸움이 없는 곳으로 함께 떠나기로 약속하지만, 오해와 충돌 그리고 암투로 가득한 현실 속에서 토니는 총에 맞아 죽고, 마리아는 죽은 토니의 시신을 안고 절규한다. 그제야 두 갱단은 자신들의 잘못을 뒤늦게 깨닫는다.

오늘이 생일이자 '레니'라는 애칭으로 전 세계인의 사랑을 받은 레너드 번스타인(1918~1990, 미국)은 헤르베르트 폰 카라얀(1908~1989, 오스트리아), 게오르그 솔티(1912~1997, 헝가리) 등과 함께 20세기 후반 클래식을 이끌었던 스타 음악가다. 우크라이나계 독실한 유대교 신자로 이발소를 경영하던 아버지의 완강한 반대에도 불구하고 음악가의 길을 꿋꿋이 걸어갔고, 하버드대학과 커티스 음악원에서 공부했다. 그리스 지휘자 디미트리 미트로풀로스(1896~1960)의 공연을 보고 지휘자가 되기로 결심했고, 1943년에 거장 브루노 발터(1876~1962, 독일)의 대타로 뉴욕 필하모닉 오케스트라 지휘대에 올라 이름을 알리기 시작했다. 1954년부터 1989년까지 청소년을 위한 음악회를 진행했는데 지금이야 해설이 있는 음악회가 흔하지만, 당시에 이런 형식의 연주회는 매우 파격적이었다. 그만큼 레너드는 당시에 흔치 않았던 대중 친화적인 음악가였다.

브람스:
피아노 오중주 Op.34a 1악장

▶▶ ❚❚ ◀◀

Brahms: Piano Quintet in F Minor, Op.34a, I. Allegro
non troppo

브람스의 피아노 오중주 Op.34는 수많은 피아노 오중주곡 중에서도 꼭 기억해야 할 작품이다. 드보르자크의 피아노 오중주 2번과 슈만의 작품과 더불어 가장 자주 연주된다. 사실 이 곡은 세상에 빛을 보기까지 우여곡절이 많았다. 원래 1862년에 현악 오중주곡으로 작곡했는데 반응이 좋지 않아서 두 대의 피아노를 위한 소나타 Op.34b로 개작했다가 최종적으로 피아노와 현악 사중주가 함께하는 피아노 오중주곡으로 완성되었다(같은 작품이지만 버전이 여러 개일 경우, 숫자 뒤에 a, b 등의 알파벳을 붙인다). 작곡가가 작품을 완성하는 것은 마치 엄마가 아이를 잉태해 산고를 거쳐 탄생시키는 것과 비슷하다. 세상의 모든 작품이 단박에 쉽게 태어나지 않는다.

브람스의 전기 작가로 유명한 잰 스와포드는 이 곡에 대해 "때로는 고뇌에 찬 느낌이고, 때로는 악마 같으며, 때로는 비극적"이라고 묘사했다. 제1악장은 바이올린, 첼로, 피아노의 유니즌(같은 음이나 같은 멜로디를 연주하는 것)이 바단조의 어둡고 음울한 멜로디를 연주한다. 이 곡과 더불어 브람스의 초기 작품은 매우 규모가 크고 난도가 높은 곡들이 많다. 그 시절의 젊은 브람스는 거침없이 대곡을 쏟아냈는데, 피아노 소나타 1번 다장조(Op.1), 소나타 2번 올림바단조(Op.2), 소나타 3번 바단조(Op.5) 모두가 그의 나이 20세에 작곡되었다. 그러나 어느 순간부터 진지한 자기 성찰을 하기 시작한 브람스는 이후부터 대가들과 비교 접점이 없는 실내악 장르를 시도했다. 다시 말하자면 교향곡 같은 중심 장르가 아닌, 다른 작곡가들이 상대적으로 잘 작업하지 않는 장르를 개척한 것이다. 현악 6중주, 피아노 사중주 등의 실내악 장르가 그렇다. 브람스는 음악은 오직 음악으로서만 존재해야 한다고 생각했기 때문에 이야기가 있는 음악은 견제했다. 그가 오페라와 교향시를 한 곡도 작곡하지 않은 이유다. 낭만 시대에 활동했지만, 고전주의적 원칙을 고수하는 고전주의적 낭만주의자였다. 하물며 슈만이나 쇼팽보다 스물세 살이나 어린데도 그의 음악은 두 낭만주의자에 비해 훨씬 고전적이다.

훔멜:
서주, 주제와 변주 Op.102

▶▶ Ⅱ ◀◀

Hummel: Introduction, Theme and Variations, Op.102

훔멜의 오보에와 오케스트라를 위한 서주, 주제와 변주를 들어보자. 오전 11시에 방송되는 《KBS 음악실》의 시그널 음악이다. 처음에는 아다지오로 아주 느린 서주가 3분 정도 흐르다가 이어서 알레그레토로 경쾌한 주제가 연주된다. 오프닝으로 쓰이는 음악은 주제 부분이다. 이어서 변주들이 나오는데, 변주 2에서는 주제가 셋잇단음표로 바뀌어서 귀엽고 발랄하게 움직인다. 그리고 각 변주와 변주 사이에는 투티(총주)가 8마디 정도 흐른다. 이 변주 간의 총주도 다양하게 변화해서 듣는 재미를 더

요한 네포무크 훔멜

한다. 변주 4는 16분음표가 계속 연달아 나와서 독주 오보이스트가 꽤 힘들어하는 부분이다. 음표가 쉬지 않고 등장하니 호흡 조절을 잘해야 한다. 마지막에 다시 첫 주제가 등장하는데 4/4박자가 아닌 3/4박자 왈츠 템포로 연주되며, 오보에가 독주 기량을 맘껏 뽐내다가 포르티시모로 강렬하게 끝맺는다.

요한 네포무크 훔멜은 우리에게는 낯선 이름이지만 당시 바이마르에서 괴테와 함께 입지 있는 인물이었다. 활동 시기가 베토벤과 비슷하고, 하이든과 모차르트, 클레멘티에게서 음악을 배웠으며 그가 가르친 제자로는 펠릭스 멘델스존, 카를 체르니가 있다. 아일랜드 출신 작곡가 존 필드와 슈베르트, 쇼팽 등에게 영향을 끼친 음악가이기도 하다. 워낙 피아노 연주 실력이 뛰어나서 연주 기법을 극도로 발달시켰다고 평가받는다. 그가 집필한 책으로는 『피아노 연주 예술에 대한 이론 및 실제 완전 정복』이 있으며, 주요 작품으로는 일곱 개의 피아노 협주곡, 트럼펫 협주곡, 9개의 피아노 소나타 등이 있다. 지금은 잘 연주되지 않지만 훔멜의 피아노 협주곡 2번과 3번이 유명하다.

바그너:
오페라《로엔그린》중〈신부의 합창〉

▶▶ ❚❚ ◀◀

Wagner: Lohengrin, WWV.75, Wedding March

1850년 오늘, 바그너의 오페라《로엔그린》이 독일 바이마르에서 초연을 올렸다.《로엔그린》은 바그너가 직접 대본을 쓰고 작곡한 3막 구성의 낭만주의 오페라다. 바그너 작품답게 총 연주 시간이 3시간 30분에 달한다. 백조가 모는 보트를 타고 나타난 기사들이 비탄에 빠진 소녀를 구한다는 '백조 기사'라는 중세 서사시를 소재로 한 것이다. 작품이 강조하는 주제는 바로 '금기'다. 여주인공 엘자는 자신을 구해주고 곧 남편이 될 기사 로엔그린의 이름을 물어서는 안 된다는 한 가지 규칙을 부여받는데, 그녀가 이 금기를 깨면서 오페라는 비극으로 끝난다.

어거스트 폰 헤켈,〈로엔그린〉

3막에 나오는〈신부들의 합창〉이 결혼식 음악으로 자주 사용되어서 가장 유명하다. 가장 축복받아야 할 순간에 흐르는 음악답게 "믿음으로 이끄소서"라는 경건한 합창으로 시작된다. 결혼은 사랑으로 맺어지지만 그 사랑을 이어가는 건 상대를 향한 믿음임을 상기시켜주는 극이다.

바그너는 오페라 작곡뿐만 아니라 직접 대본을 쓰고 연출까지 도맡아 한 만능인이었다. 어찌나 자신감이 넘쳤는지, 자신의 저서『오페라와 드라마』에서 독일 오페라는 이탈리아어로 불리는 이탈리아 오페라와 구분되어야 하며, 특히 자신의 후기 오페라를 '음악극Musikdrama'이라는 새로운 장르로 구분해야 한다고 주장했다. 오페라《로엔그린》은 그가 오페라라고 부른 마지막 작품이고, 대체로 1850년을 기준으로 그 이후의 작품은 음악극으로 분류한다.

베토벤: 피아노 소나타 26번 〈고별〉 1악장

▶▶ ‖ ◀◀

Beethoven: Piano Sonata No.26 in E-Flat Major,
Op.81a, Les Adieux, I. Das Lebewohl, Adagio-Allegro

루돌프 대공

베토벤 피아노 소나타 26번 내림마장조 〈고별〉이다. 1809년에서 1810년에 작곡된 것으로 추정된다. 제목에서 알 수 있듯이 어쩔 수 없이 헤어져야 하는 친구와의 이별을 노래한 곡이다. 1809년 4월 나폴레옹이 오스트리아 빈을 점령하자 왕족이었던 루돌프 대공은 급히 빈을 떠나야 했다. 베토벤은 친구를 떠나보내야 하는 현실에 크게 슬퍼했고 이 곡을 작곡해서 1악장 초고에 "Das Lebewohl"이라고 쓴 뒤 "1809년 5월 4일, 빈에서 경애하는 루돌프 대공 전하의 출발 즈음에"라고 덧붙였다. 베토벤이 직접 부제를 붙인 몇 안 되는 곡이다.

피아노 소나타 26번은 전체 3악장 구성으로, 총 연주 시간은 약 18분이다. 1악장 〈고별〉●과 2악장 〈부재Abwesenheit〉는 루돌프 대공이 빈을 떠난 5월부터 종전을 맞이한 10월까지를, 3악장은 〈재회Das Wiedersehen〉를 다룬다(루돌프 대공은 1810년 1월에 다시 빈으로 돌아왔다). 베토벤과 대공과의 관계가 얼마나 깊었는지 알 수 있는 증거가 그의 여러 작품에서 드러나는데, 피아노 삼중주 〈대공〉도 그중 하나다.

처음에 아다지오로 아주 느리게 시작되었다가 바로 이어서 알레그로로 빠르게 진행된다. 독일어로 'Le-be-wohl'이라고 적힌 첫 세 음 '솔, 파, 미b'는 간단하지만 곡의 전체적인 분위기를 결정하는 아주 중요한 요소다. 3악장은 2악장에 바로 이어 연주된다. 첫 음의 강한 화음이 아주 인상적이고 비바체(아주 빠르게)로 전개되기 때문에 대공의 귀환을 반기는 베토벤의 강렬한 감정이 잘 전해진다.

● 피아노 소나타 26번의 표제와 1악장에 붙은 부제의 원어는 각각 Les Adieux, Das Lebewohl로, 둘 다 '고별'을 뜻한다.

베토벤:
교향곡 8번 Op.93 2악장

▶▶ ⏸ ◀◀

Beethoven: Symphony No.8 in F Major, Op.93, II.
Allegretto scherzando

베토벤의 교향곡은 모두 아홉 곡인데, 주로 홀수 번호의 곡이 가장 인기가 많고 1, 2번은 초기 작품이라 공연장에서 접할 기회가 비교적 많지 않다. 남은 짝수 번호의 곡(4, 6, 8번) 중에서는 6번 〈전원〉이 가장 많은 사랑을 받고, 그다음으로 오늘의 음악 인 8번이 인기 있다.

교향곡 8번은 바장조로 베토벤의 교향곡 중에서 가장 밝은 곡이다. 연주 영상만 봐도 연주자들이 만면에 미소를 머금고 연주하는 장면이 자주 포착된다. 특히 1악 장은 당시에는 드물었던 왈츠 선율을 사용해서 곡의 처음부터 발랄하고 가벼운 분 위기를 자아낸다. 베토벤은 원칙을 지키면서도 변용에 능통했고, 용감하게 새로운 시도를 즐겨 했다. 그의 피아노 소나타 14번 〈월광〉에서 소나타의 전형적인 1악장 구조인 소나타 형식을 따르지 않고 '환상곡풍으로' 작곡했던 것처럼, 교향곡 8번에 서도 왈츠를 사용한 것이다.

이 곡은 1812년 여름, 체코의 휴양지 테플리체에서 베토벤이 요양하는 동안에 작 곡한 것으로 추정된다. 당시 베토벤은 개인적으로 그리 행복한 시기는 아니었지만, 그럼에도 불구하고 이런 밝은 곡이 탄생한 데는 여름휴가의 여유와 당시 연인이었 던 요제피네의 영향이 컸을 것이라고 학자들은 추측한다. 초연은 곡이 완성되고 2년 후인 1814년 빈에서 올렸는데, 청중들의 반응은 아주 미미했고 급기야 전작인 7번이 훨씬 훌륭하다고 날센 비판을 던졌다. 이에 대고 베토벤은 음악을 이해하는 청중의 수준이 아주 부족하다며, 교향곡 8번의 진가를 못 알아보는 것에 불만을 표 했다고 한다. 베토벤의 강한 자기애와 작품에 대한 긍지를 엿볼 수 있는 일화다.

폰키엘리:
오페라 《라 조콘다》 중 〈시간의 춤〉

▶▶ ❚❚ ◀◀

Ponchielli: La Gioconda, Dance of the Hours

〈시간의 춤〉은 매일 아침 오전 9시에 방송되는 KBS 클래식FM 《가정음악실》의 오프닝 곡이다. 이 곡을 작곡한 아밀카레 폰키엘리(1834~1886, 이탈리아)는 이탈리아 사실주의 오페라 시기에 활약한 인물로, 베르디와 푸치니 사이의 과도기적 음악가로 평가받는다. 그의 대표작으로는 빅토르 위고의 『파도바의 폭군 안젤로』를 원작으로 한 4막 구성의 오페라 《라 조콘다》가 있다. 특이하게 발레가 함께한다.

베네치아의 여가수 조콘다는 공작 엔치오를 짝사랑하고 있다. 그러나 엔치오에게는 법무부 장관 알비제의 아내인 라우라라는 연인이 있다. 자신이 사랑하는 남자가 다른 여자를 사랑하고 있다는 것에 질투를 느낀 조콘다는 두 사람을 헤어지게 만들고 엔치오의 사랑을 독차지하고자 한다. 한편, 조콘다를 몰래 사랑하는 바르나바는 교묘한 술책으로 엔치오와 라우라를 함정에 빠뜨릴 음모를 꾸미고 조콘다의 마음을 돌리려고 한다. 하지만 조콘다는 마음을 바꿔서 엔치오와 라우라의 순수한 사랑을 지켜주기로 결심하고 둘을 멀리 피신시킨 다음에 바르나바가 보는 앞에서 자결한다. 현대의 감수성으로는 상당히 납득하기 어려운 내용이지만, 어디까지나 배경이 17세기 베네치아 공국이라는 점을 고려하자. 오페라를 빛내는 주요 음악은 1막에서 조콘다가 부르는 〈인자한 그 목소리〉, 2막에서 엔치오가 부르는 〈하늘과 바다〉, 3막의 연회 장면에서 연주되는 관현악곡 〈시간의 춤〉 그리고 4막에서 조콘다가 부르는 〈자살〉이다.

〈시간의 춤〉은 3막에서 알비제가 주최한 파티에서 흐르는 발레 음악이다. 멜로디가 정말 감미로워서 마치 해피엔딩으로 끝날 것만 같은 기대를 심어준다. 여러 춤곡으로 구성되어 경쾌하고 활기차며, 곡의 각 부분이 하루를 시간대별로 나누어 표현되었기에 아침, 낮, 저녁, 밤에 어울리는 다양한 분위기를 느낄 수 있다.

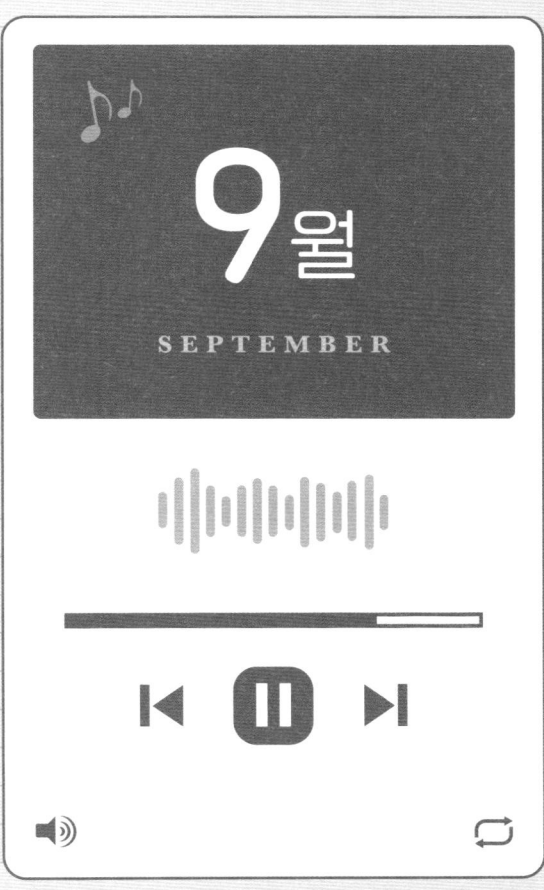

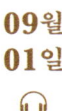
파헬벨:
〈캐논〉

▶▶ ❚❚ ◀◀

Pachelbel: Canon in D Major

더위가 슬슬 물러나는 9월이다. 오늘은 〈캐논과 지그〉라는 사랑스러운 곡을 탄생시킨 작곡가 요한 파헬벨(1653~1706, 독일)의 생일이다. 그는 독일 남동부 뉘른베르크에서 태어나 평생을 그곳에서 활동했다. 파헬벨의 〈캐논과 지그〉, 비발디의 〈사계〉, 바흐의 〈G선상의 아리아〉는 클래식을 처음 듣는 사람들에게 주로 권하는 곡이다. 세 곡 모두 제목이 있어서 기억하기 쉽고, 곡의 길이도 길지 않은 데다 금방 따라 부를 수 있을 정도로 멜로디도 간단하다.

　〈캐논과 지그〉의 정확한 작곡 연도는 분명하지 않지만, 바흐의 큰형이자 파헬벨의 제자였던 요한 크리스토프 바흐(1671~1721)의 결혼식에서 연주하기 위해 작곡되었다고 전해진다. 이야기대로라면 1694년일 가능성이 크다. 1919년 음악학자인 구스타프 베크만에 의해 지그를 제외한 캐논 부분만 최초로 출판되었고, 1940년에는 음반으로 출시되기도 했다. 캐논은 '규칙, 표준'을 뜻하는 그리스어로, 엄격한 모방 형식을 갖춘 대위법 악곡의 일종이다. 1성부의 주제 선율이 시작되면 다른 성부가 이에 응답하듯이 일정하게 시간적 간격을 두고 멜로디를 정확하게 모방한다.

　파헬벨의 페르소나처럼 느껴지는 〈캐논과 지그〉는 처음에는 바이올린과 바소 콘티누오(통주저음)로 구성되었다. 그리고 뒷부분에 후렴처럼 같은 라장조의 춤곡 지그가 더해져서 〈캐논과 지그〉로 완성되었는데, 현재는 〈캐논〉만 따로 분리해서 피아노나 바이올린 솔로로 연주한다. 처음 두 마디의 통주저음이 곡 전체에 28번 반복되어 전체 56마디다. 바이올린 세 대가 순서대로 등장하고 서로 뒤쫓아가면서 비슷한 음형을 변주하는 전형적인 돌림노래 형식이다. 한국인이 좋아하는 클래식 10위 안에 꼭 드는 곡으로, 미국의 뉴에이지 피아니스트 조지 윈스턴(1949~2022) 덕분에 잘 알려졌다.

브람스:
교향곡 3번 Op.90 3악장

▶▶ ⏸ ◀◀

47위

Brahms: Symphony No.3 in F Major, Op.90, III. Poco allegretto

가을 하면 낭만, 낭만 하면 브람스다. 브람스의 고독했던 인생과 우수에 찬 음악이 귀를 기울여보라고 손짓하는 것만 같다. 오늘의 음악은 교향곡 3번이다. 특히 3악장이 영화와 드라마 등에 자주 흘러서 가장 대중적으로 잘 알려졌다. 프랑스 작가 프랑수아즈 사강의 소설 『브람스를 좋아하세요...』를 원작으로 한 영화에 사용

헬머 오슬룬드, 〈가을〉

된 후 더욱 유명해졌다. 소설에는 무려 열 네 살 연상의 클라라를 사랑한 브람스처럼 열네 살 연상의 여인 폴을 좋아하는 젊은 변호사 시몽이 등장한다. 서른아홉 살의 폴은 오래된 연인 로제와 스물다섯 살의 청년 시몽 사이에서 흔들리는 자신을 들여다보며 사랑의 본질을 고민한다.

교향곡 3번은 1883년 5월부터 10월까지 작곡되었고, 연주 시간은 40분 정도로 브람스의 교향곡 중에서 가장 짧다. 1883년 12월 2일에 한스 리히터의 지휘로 빈 필하모닉 오케스트라가 초연했고, 리히터는 이 곡을 "브람스의 영웅 교향곡"이라고 부를 정도로 마음에 들어 했다고 한다. 어떤 음악학자는 이 곡을 두고 브람스의 작품 중에서 가장 독백적이고 순수하다고 평했다. 유명한 3악장은 알레그레토보다 약간 빠른 '포코 알레그레토Poco allegretto' 템포가 약 6분간 이어지는 다단조 악장이다. 곡 전체에 브람스의 음악적 지문인 '자유롭게 그러나 고독하게Frei, aber einsam'의 색채가 짙게 깔려있다. 첼로가 먼저 연주를 시작하면 바이올린이 한 옥타브 위에서 선율을 이어받고 플루트와 오보에, 호른이 조화롭게 어우러져 음악을 더욱 풍성하게 만든다. 현악기와 목관악기의 멋진 하모니가 마음을 울린다. 브람스는 이 곡을 클라라에게 보내면서 헌사에 "산은 높고, 골짜기는 깊고, 나는 당신에게 천만 번의 인사를 보냅니다"라고 적었다.

쇼팽:
녹턴 2번 Op.9-2

▶▶ ❚❚ ◀◀

Chopin: Nocturne No.2 in E-Flat Major, Op.9-2

흔히들 쇼팽을 '피아노의 시인'이라 부른다. 그를 묘사하기에 이보다 적절한 표현은 없는 듯하다. 그의 음악 한가운데에는 '녹턴'이라는 장르가 있다. 밤의 신이라는 뜻의 라틴어 '녹스Nox'에서 유래한 이 단어는 '노투르노'나 '녹턴', '녹튀른'으로 불리기도 한다. 말 그대로 은은한 조명이 켜진 밤과 어울리는 음악이다. 낮의 삶이 현실이라면 밤은 어딘가 차분하고, 사색에 잠기고, 내 안의 또 다른 내가 꿈틀거리며 현실과는 다른 환상을 꿈꾸게 만드는 시간이다.

알프레드 스티븐스, 〈달빛〉

　쇼팽의 녹턴 18곡은 생전에, 나머지 3곡은 사후에 발표되었다. 1827년부터 1847년까지 20년에 걸쳐 작곡된 그의 녹턴은 어떠한 형식에도 구애받지 않고 부드럽게 흐르는 시적 정취로 듣는 이를 황홀케 한다. 녹턴 2번은 전체 21개 녹턴 중에서 가장 유명하며, '멜랑콜리'라는 단어와 정말 잘 어울린다. 시종일관 조용히 흐르던 음악이 마지막 코다 부분에서는 강렬하게 콘 포르자con forza(힘 있게)로 연주되었다가 포르티시모에서 정점을 찍고 다시 차분하게 돌아와 마무리된다. 쇼팽의 포르티시모는 다른 작곡가의 그것과는 뉘앙스가 다르다. 무조건 볼륨을 키워서 강하고 세게 연주하는 것이 아니라, 음색으로 표현해야 한다. 슬픔과 살짝 다른 뉘앙스의 '애달프다'라는 단어가 쇼팽의 곡을 묘사하기에 적합할 듯싶다.

그리그:
피아노 협주곡 Op.16 1악장

▶▶ ‖ ◀◀

Grieg: Piano Concerto in A Minor, Op.16, I. Allegro
molto moderato

클래식계의 작은 거인 에드바르드 그리
그가 눈을 감은 날이다. 그의 고향 노르웨
이는 산과 빙하가 만든 U자형으로 굽어
진 피오르가 지천에 펼쳐진 나라다. 천혜
의 자연환경 덕분이었을까, 그리그는 아
름다운 선율의 곡을 많이 작곡해서 '노르
웨이의 쇼팽'이라고 불렸다.

아델스텐 노르만, 〈노르웨이의 피오르〉

그리그는 19세기와 20세기 초 벨 에포
크 시대에 활동했고, 25세에 피아노 협주곡 가단조를 작곡했다. 음악적으로 승승장
구했던 젊은 그리그의 원대한 포부가 그의 음악에서 잘 드러난다. 이 곡은 그가 작
곡한 단 한 곡의 피아노 협주곡이자 역사상 최초로 녹음된 피아노 협주곡이라는 점
에서 음악사에서 중요한 위치를 점한다. 격동적인 노르웨이 춤곡의 리듬과 부드러
운 협곡의 이미지가 도드라진다. 전체 3악장 구성으로 연주 시간은 33분 정도다.
1악장이 15분 정도를 차지하며, 2악장에서 3악장은 페르마타(늘임표)로 바로 이어
진다.

그리그는 독일 라이프치히로 유학을 떠나 슈만의 음악을 접했고 그로부터 다양
한 영향을 받았다. 그리그의 피아노 협주곡도 라이프치히의 게반트하우스에서 클
라라 슈만이 연주하는 것을 듣고 아이디어를 얻은 것이다. 슈만의 피아노 협주곡과
조성도 가단조로 같고, 전주 없이 피아노와 오케스트라가 거의 동시에 연주를 시작
하는 것도 비슷하다. 이런 이유로 그리그의 피아노 협주곡과 슈만의 피아노 협주곡
이 같은 음반에 앞뒤로 수록되기도 한다.

브람스:
첼로 소나타 1번 Op.38 1악장

▶▶ ❚❚ ◀◀

Brahms: Cello Sonata No.1 in E Minor, Op.38,
I. Allegro non troppo

브람스는 64년을 살면서 얼마나 웃었을까? 그도 사람인지라 기쁜 순간이 분명 있었을 텐데 그의 얼굴에서는 당최 익살과 유머를 쉽게 찾아볼 수 없다. 음악도 마찬가지다. 성격 면에서 똑같이 만만치 않았던 바흐나 베토벤의 곡에서도 그나마 약방의 감초처럼 익살스러움이 살짝씩 드러나건만, 브람스의 음악에서는 아

에른스트 오플러, 〈첼로 소나타〉

예 흔적도 찾아볼 수 없다. 그의 곡 중에서도 이보다 더 무거울 수 없는 첼로 소나타 1번 마단조를 감상해보자. 첼로는 음역이 낮고 사람의 목소리와 가장 흡사한 음파를 갖고 있다. 악기 모양도 여인의 실루엣처럼 고운 데다 품에 안고 연주할 수 있는 유일한 악기인지라 흔히 사람에 비유된다.

첼로 소나타 1번은 1862~1865년 사이에 작곡되었다. 모든 악장이 단조라서(1악장 마단조, 2악장 가단조, 3악장 마단조) 매우 우울한 분위기로 전개된다. 첼로는 저음역에서만 맴돌 뿐 절대 피아노의 선율 위로 올라가지 못한다. 피아노는 첼로를 거들면서도 첼로 선율의 위아래를 조심스레 넘나들면서 분위기를 조성한다.

브람스의 작품 번호가 붙은 첼로 소나타는 이 곡과 1886년에 작곡된 첼로 소나타 2번 바장조(Op.99) 두 곡뿐이다. 그러나 사실 이 곡 외에도 브람스가 첼로와 피아노를 위한 곡을 한 개 더 작곡했다고 알려진다. 첼로 소나타의 작곡 시기를 보면 1번은 어머니의 죽음으로 인해 가장 우울했던 시기고, 2번은 죽음을 얼마 남기지 않은 시점에 작곡한 말년의 작품이다. 두 곡 사이에 20년이라는 시간차가 있다. 에드바르드 그리그가 브람스의 첼로 소나타 1번에 대해 너무나 적절하게 묘사한 말이 전해진다. "안개와 구름으로 찢긴 풍경 속에서 폐허가 된 오래된 교회들이 보인다… 그것이 브람스다."

슈베르트:
네 개의 즉흥곡 Op.90 D.899 중 2번

▶▶ ❚❚ ◀◀

Schubert: 4 Impromptus No.2 in E-Flat Major,
Op.90, D.899

슈베르트 즉흥곡 시리즈(Op.90) 중 두 번째 곡이다. 처음과 끝이 반복되고 82마디부터 단조로 바뀌면서 더 어둡고 무거워진다. 169마디부터 다시 원래대로 돌아와서 283마디에서 끝을 맺는다. 마디 수에 비해 총 연주 시간은 5분으로 길지 않다. 처음부터 끝까지 막힘없이 흐르는 물처럼 연주되어 생각을 정리할 때 듣기 좋은 곡이다.

슈베르트는 가곡의 왕으로 불리지만 피아노 소나타 장르에도 열정을 쏟았다. 20여 곡에 가까운 작품을 썼는데 초기 소나타는 조잡하고 무의미하게 반복된다는 이유로 자주 연주되지 않았다. 현대에 와서 말기 소나타가

오토 노웍,
〈슈베르트와의 대화〉

큰 사랑을 받고 있긴 하지만, 초기 소나타는 여전히 관심이 덜하다. 그는 인생 말기가 되어서야 대중들의 취향을 고려해 길이가 짧은 소품을 작곡했다. 이 시기에 탄생한 즉흥곡은 한 곡의 길이가 평균 5분 정도로 짧은 데다 연주하기에도 기교적으로 어렵지 않다. 그래서 초등학생들의 피아노 콩쿠르에서 자주 연주된다. 물론 깊은 음악적인 표현은 곡의 길이와 상관없이 언제나 쉽지 않다.

이 곡은 슈베르트가 인생을 마무리하는 시점에 작곡한 연가곡집 《겨울 나그네》보다 뒤늦게 1827년 12월에 발표되었는데, '즉흥곡'이라는 제목을 붙인 사람은 출판업자 하슬링거였다. 이 시기에 슈베르트의 음악 세계관은 청아하고 순진한 느낌의 피아노 소나타와 진지하고 어두운 느낌의 가곡이 반대 지점에서 공존하고 있었다.

슈베르트:
〈아베 마리아〉

▶▶ ⏸ ◀◀

Schubert: Ave Maria, D.839

피오트르 스타치에비치,
〈아베 마리아〉

살면서 인간으로서 이겨내기 어려운 불가항력적인 일을 겪을 때마다 슈베르트의 〈아베 마리아〉를 들으면서 마음을 다잡는다. 원래 제목은 〈엘렌의 세 번째 노래〉다. 프란츠 슈베르트가 월터 스콧의 서사시 〈호수의 연인〉을 가사로 해 1825년 발표한 가곡인데, 앞부분에 '아베 마리아'라는 가사가 나와서 〈아베 마리아〉로 알려지게 되었다. 작품이 제대로 정리되기 전까지 모든 성악곡의 제목은 가사의 첫 구절이었다. 슈베르트는 시에서 호수의 연인 엘렌이 성모 마리아에게 기도하는 장면에서 영감을 얻어 이 곡을 작곡했다. 본 가사 대신 라틴어로 된 성모송을 부를 때도 있는데, 종교와 상관없이 모든 사람에게 잔잔한 위로와 공감을 건넨다.

가사가 나오기 전부터 들리는 차분한 전주와 그 위에 얹어지는 멜로디가 감미롭다. 피아노 반주든 오케스트라 반주든 전체적으로 고요한 분위기를 유지한다. 소프라노 조수미(1962~)가 2006년 프랑스에서 올린 데뷔 20주년 기념 공연에서 노래한 영상을 추천한다. 아버지가 돌아가셨다는 부고를 듣고도 의연한 모습으로 공연을 강행하고 마지막 앙코르로 이 곡을 불렀다. 신의 품으로 여행을 떠난 아버지에게 가닿을 만큼 정말 간절하게 노래하는 모습이 아주 인상적이다. 이 외에도 라트비아 출신 소프라노 이네사 갈란테(1954~)가 부르는 블라디미르 바빌로프의 〈아베 마리아〉도 추천한다. 살다가 기도가 필요한 순간이나 지푸라기라도 잡고 싶은 간절한 마음이 들 때면 이 노래가 분명 위안이 되어줄 것이다.

드보르자크:
교향곡 9번 〈신세계로부터〉

▶▶ ⏸ ◀◀

Dvorak: Symphony No.9 in E Minor, Op.95,
From the New World

고향을 떠나 있으면 집을 향한 그리움이 파도처럼 몰려오는 순간이 있다. 생일날이면 더욱 그렇다. 인터넷만 연결되면 언제든 쉽게 연락이 가능한 지금은 고향의 의미가 예전보다 퇴색되었지만, 그래도 타향살이는 언제나 외롭다. 오늘이 생일인 안토닌 드보르자크도 52세의 생일을 고향인 체코가 아닌 미국에서 맞았고, 누

폴 내쉬, 〈우리는 신세계를 만들고 있다〉

구보다 고향을 간절하게 그리워하는 마음으로 명곡 〈신세계로부터〉를 탄생시켰다.

《슬라브 무곡》의 대성공 덕분에 드보르자크의 명성은 유럽을 넘어 멀리 신대륙 미국까지 퍼졌고, 그는 망설임 끝에 가족 몇 명만을 데리고 신대륙으로 향했다(당시 아이가 6명이었는데 4명은 프라하에 두고 2명만 데리고 갔다). 그러나 고국을 향한 그리움을 쉽게 떨칠 수 없었고, 향수병을 달래보고자 작곡한 곡이 바로 이 곡이다. 작곡된 그해 12월에 카네기 홀에서 초연을 올렸고 결과는 대성공이었다.

드보르자크가 작곡한 교향곡은 총 아홉 곡으로, 그중 마지막 9번인 이 곡이 가장 유명하다. 미국의 흑인 음악과 보헤미안 음악을 결합해 작곡했으며, 고향과 고향에 두고 온 사람들에 대한 그의 애절한 마음이 특히 2악장에 잘 녹여져 있다. 이 2악장 멜로디는 드보르자크의 제자 윌리엄 피셔(1861~1948, 미국)가 가사를 붙여서 〈Going Home〉이라는 곡으로 재탄생시켜 잘 알려졌다. 마지막 4악장에서는 트럼펫, 트롬본 등의 금관악기가 웅장함을 힘껏 더해서 곡의 제목인 신세계를 제대로 상기시킨다. 마지막에 길고 우람하게 울리는 관악기가 강력한 에너지로 심장을 때린다.

베토벤:
바이올린 소나타 9번 〈크로이처〉 1악장

▶▶ ‖ ◀◀

Beethoven: Violin Sonata No.9 in A Major, Op.47,
Kreutzer, I. Adagio Sostenuto-Presto

클래식 전파자로서 클래식을 감상하는 방법을 요리조리 떠올리다 보면 가끔 엉뚱한 생각이 들 때가 있다. 날짜의 숫자가 들어간 곡만 모아서 들어보는 일! 예를 들어, 오늘은 9월 9일이니 유명한 9번 작품들만 모아서 들어보는 거다. 이렇게 선정된 오늘의 곡은 베토벤이 1805년에 작곡한 바이올린 소나타 9번 〈크로이처〉다. 이 소나타보다 한참 뒤에 나온 작품이긴 하지만 톨스토이의 소설 『크로이처 소나타』가 떠오르지 않는가? 소설과 곡명의 제목이 같아서 서로 시너지를 얻은 경우다.

이쯤 되면 어느 정도 눈치챘겠지만, 클래식의 제목은 대부분 인명이다. 주로 헌정된 사람들 또는 작품과 연관된 사람들인 경우가 대부분이다. '크로이처' 역시 이 곡을 헌정 받은 바이올리니스트의 이름이다. 원래 베토벤은 이 곡을 루돌프 크로이처(1766~1831, 프랑스)가 아닌 아프리카 출신의 흑인 바이올리니스트 조지 브리지타워(1778~1869)에게 헌정하고자 했다. 당시 브리지타워는 영국에서 활발한 연주 활동을 하면서 명성을 떨치고 있었고, 베토벤과 함께 이 소나타를 연주해 호평을 받았다. 그러나 브리지타워가 베토벤의 연인을 비난하자 둘 사이는 멀어졌고, 결국 이 곡은 크로이처에게 헌정되었다. 우여곡절 끝에 작품의 헌정자가 된 크로이처 역시 당대 유명한 바이올리니스트였지만 정작 그는 이 소나타를 두고 거칠고 무식하게 음표만 많은 곡이라며 깎아내렸고 한 번도 연주하지 않았다고 한다. 실제로 이 곡은 바이올리니스트와 피아니스트 두 사람 모두에게 엄청난 에너지를 요구하는 곡이다. 연주 시간이 47분가량으로 상당히 길고 음표도 많은 데다 음량 또한 만만치 않게 커서 마치 두 악기가 싸우는 것처럼 들린다. 1805년에 작곡된 바이올린 소나타 〈크로이처〉를 들으면서 베토벤의 뜨거운 생生의 에너지를 느껴본다.

엘가:
《위풍당당 행진곡》 1번

▶▶ ‖ ◀◀

Elgar: Pomp and Circumstance Marches No.1
in D Major, Op.39

영국의 대표적인 클래식 페스티벌이자 BBC 국영방송이 주최하는 클래식 음악 축제 '프롬스Proms'에서 피날레로 연주되고 잉글랜드의 제2의 국가와도 같은 《위풍당당 행진곡》이다. 1901년부터 오랜 시간을 거쳐 작곡된 이 곡은 전체 여섯 곡으로 구성되는데, 일반적으로 첫 번째 곡이 제일 유명해서 그만큼 자주 연주된다. 가장 엘가다운 곡이다. 1번부터 4번까지는 1901년부터 1907년 사이에 작곡되었고 5번은 1930년에 작곡되었다. 마지막 여섯 번째 곡은 미완성이었다가 앤서니 페인(1936~2021, 영국)에 의해 완성되었다.

1902년 에드워드 7세의 대관식 음악으로 작곡된 1번은 〈희망과 영광의 나라〉라는 시를 가사로 붙여서 지금까지도 영국에서 국가처럼 널리 불리고 있다. 2002년 영국 버킹엄궁정에서 열린 엘리자베스 2세의 즉위 50주년 기념 공연에서도 연주되었다. 원제인 'Pomp and Circumstance Marches'는 셰익스피어의 희곡 『오셀로』 중 3막 3장의 대사에서 따왔다. 영국뿐만 아니라 미국에서도 고등학교나 대학교 졸업식에 이 곡의 중간 부분인 트리오가 자주 흐른다.

사실 엘가는 피아노 가게를 했던 가난한 조율사의 아들로 태어나 음악가로서 오랫동안 빛을 보지 못하고 무명의 시기를 거쳐야만 했다. 그러나 이 곡을 작곡해서 인생의 말년까지 국왕의 사랑을 받으면서 'Sir' 호칭이 따라붙는 영광을 안았다. 1904년에는 기사 작위를 받았고 이후 준准 남작 작위도 수여받았다. 그리고 1905년부터 1908년까지는 버밍엄대학교 최초의 음악 교수로 활동했다. 이 곡을 만든 30년 동안 엘가의 삶은 정말 위풍당당해졌으니, 그야말로 위풍당당한 행진곡이다.

슈베르트:
교향곡 9번 〈더 그레이트〉 1악장

▶▶ ❚❚ ◀◀

Schubert: Symphony No.9 in C Major, D.944, The Great,
I. Andante

"이 교향곡을 들어보라. 이 교향곡은 장 폴의 장편소설 못지않게 천국처럼 길다. 이것들이 모두 좀처럼 끝나지 않는 데에는 그럴만한 이유가 있는데, 결국 독자들로 하여금 뒤를 마음껏 생각하도록 하게 마련이므로 끊을 수가 없는 것이다. 전곡에 넘치는 풍성한 감명은 얼마나 사람의 마음을 시원하게 해주는가… 마치 꾸며진 것 같은 에피소드이기는 하지만 이 곡이 '그레이트'라 불리는 이유는 여기에 있다."

슈만이 발행한 『음악신보』

　슈만이 슈베르트의 교향곡 9번을 듣고 늘어놓은 찬사다. 이 교향곡은 슈베르트가 작곡한 아홉 개의 교향곡 중 마지막 곡이자 가장 긴 곡이다. 1825년에 작곡하기 시작해 1826년에 완성되었다. 너무 길어서 연주할 수 없다는 이유로 슈베르트 생전에는 연주된 적이 없다가 그가 사망한 지 10년이 지난 1839년에 라이프치히 게반트하우스에서 펠릭스 멘델스존의 지휘로 초연되었다. 실제로 전체 4악장의 연주 시간이 57분 정도로 매우 길다. 슈베르트가 이전에 작곡한 다장조 교향곡 6번과 같은 조성이 사용되어서 두 곡을 구분하기 위해 〈더 그레이트〉라는 부제를 붙였다. 작품이 초연되기 전에 슈만이 슈베르트의 자필 악보를 발견하고 자신이 발행하고 있던 신문 『음악신보』를 통해 "성스러울 정도의 음량을 지닌 작품"이라고 극찬했다고 한다. 슈만은 교향곡을 작곡할 때 슈베르트의 교향곡 9번을 모델로 삼았고 실제로도 그의 영향을 많이 받았다.

베토벤:
〈당신을 사랑하오〉

▶▶ ❚❚ ◀◀

Beethoven: Zärtliche Liebe, WoO.123, Ich liebe dich

오늘은 낭만주의 작곡가 슈만이 클라라와 결혼식을 올린 날이다. 슈만은 가곡 〈헌정〉을 작곡해 자신의 결혼에 대한 기쁨과 클라라를 향한 고마움을 동시에 표현했다. 만약 이 결혼식에 베토벤이 하객으로 참석했다면 아마도 축가로 자신의 가곡 〈당신을 사랑하오〉를 불러주지 않았을까? 이 가곡은 베토벤이 1795년에 작곡한 후 1803년에 처음 출판한 사랑의 노래다. 독일의 무명시인 카를 프리드리히 헤로제의 시 〈부드러운 사랑〉에 곡을 붙여 만들었다. 25세 청년 베토벤은 사랑 때문에 울고 웃는

구스타브 클림트, 〈키스〉

로맨티스트였다. 원제는 〈부드러운 사랑Zärtliche Liebe〉이지만, 노래가 "당신을 사랑하오, 그대가 날 사랑하듯이Ich liebe dich, so wie du mich"로 시작해서 〈당신을 사랑하오〉로 더 잘 알려졌다. 가만히 읊어보기만 해도 마음속에 사랑이 차오르는 것 같다.

전주 없이 "이히 리베 디히"로 바로 시작되는 것도 이 곡을 특별하게 만드는 요소다. 독일의 예술가곡을 '리트'라고 하는데, 보통 리트 하면 슈베르트를 떠올리지만, 그의 멘토였던 베토벤도 아름다운 리트를 많이 작곡했다. 베토벤은 음악가로서는 굉장히 이성적이었지만 실생활에서는 아주 감성적이고 감정적이었다. 매우 열정적으로 사랑했고 물불을 가리지 않았다고 한다. 그러다 보니 실패로 끝난 경우가 대부분이었지만 적어도 자신의 감정에 솔직하고 후회없이 사랑했다.

클라라: ⟨세 개의 로망스⟩

▶▶ ❚❚ ◀◀

Clara: Trois Romances, Op.11

클라라 슈만

오늘은 클라라 슈만의 생일이다. 클라라가 태어나서 가장 행복한 사람은 누구였을까? 1위는 당연히 클라라의 부모님일 테고, 2위는 슈만과 브람스가 각축전을 벌였을 것 같다. 독일 라이프치히의 음악가 부모 아래서 태어나고 자란 클라라는 아버지로부터 직접 음악을 배웠다. 11세에 순회공연을 시작해 파리와 빈을 비롯한 여러 도시에서 신동으로 이름을 날렸다. 클라라는 무려 61년 동안 무대에서 연주했고, 피아노 독주곡, 피아노 협주곡, 실내악, 합창곡, 가곡 등 다양한 장르의 작품을 작곡했다. ⟨세 개의 로망스⟩는 클라라 슈만이 20세였던 1839년에 작곡해 미래의 남편인 슈만에게 헌정한 곡이다. 그때가 결혼 1년 전으로, 아버지 비크 교수와 슈만이 한창 소송 중인 때였다. 결과는 잘 알려졌듯이 비크 교수가 재판에서 졌고 클라라와 슈만은 사랑의 결실을 맺었다(만약 이때 비크 교수가 승소했다면 낭만주의 음악사는 다시 써졌을지도 모른다). 두 사람은 클라라의 생일 전날에 결혼식을 올렸으며, 여덟 명의 자녀를 두었다. 슈만과 브람스에게 있어 클라라는 연인으로서도 음악 동반자로서도 아주 소중한 사람이었다.

슈만과 클라라는 사랑을 시작한 후부터 함께 음악과 일기를 쓰며 일상을 공유했다. 클라라는 "작곡은 나에게 큰 기쁨을 준다… 창작의 기쁨을 능가하는 것은 없다. 그것을 통해 자신을 잊어버리는 시간을 얻을 수 있기 때문이다. 그때 우리는 소리의 세계에 살게 된다"라고 썼다. 하지만 나이가 들면서 삶의 다른 부분들을 책임지느라 작곡에 시간을 할애하기 어려워졌고, 클라라 슈만의 음악 대부분은 그대로 잊히고 만다. 그러다가 1970년대부터 관심이 되살아나기 시작해서 다행히 요즘은 그녀의 작품이 점점 더 많이 연주되고 있다.

차이콥스키:
《6개의 소품》 중 4번 〈녹턴〉

▶▶ ‖ ◀◀

Tchaikovsky: 6 Pieces, Op.19, No.4, Nocturne in D minor

존 앳킨슨 그림쇼,
〈달빛 거리〉

가을과 정말 잘 어울리는 곡, 차이콥스키의 〈녹턴〉을 들어보자. 그는 아직 무명이었던 1873년에 생활비를 벌기 위해 피아노 소품 여섯 곡을 작곡했다. 각각의 곡은 〈저녁의 꿈〉, 〈유머러스한 스케르초〉, 〈앨범의 꽃〉, 〈녹턴〉, 〈카프리치오〉, 〈주제와 변주〉처럼 모두 제목이 붙어 있다. 이 중에서 가장 유명한 네 번째 〈녹턴〉은 원래 피아노 독주곡이지만 첼로곡으로 편곡된 버전이 자주 연주된다. 차이콥스키가 처음 작곡하고 나서 15년 후인 1888년에 첼로와 오케스트라를 위한 작품으로 직접 편곡했다. 첼리스트 빌헬름 피첸하겐(1848~1890, 독일)의 제자 아나톨리 브란두코프(1859~1930, 러시아)를 위해서였다. 피첸하겐은 차이콥스키의 〈로코코 주제에 의한 변주곡〉을 초연한 첼리스트로, 두 사람은 매우 절친한 관계였다고 한다.

차이콥스키는 1885년 모스크바 근처 마이다노보에 저택을 구매해 1892년까지 그곳에서 살았다. 이 시기에 여행을 자주 다녔는데, 1888년 독일의 라이프치히를 방문해서 브람스와 그리그를 만났고 함부르크, 베를린, 프라하를 거쳐 프랑스 파리와 영국 런던 등을 여행했다. 그 해에 자신의 작품을 지휘하기 위해 유럽 순회 연주 여행을 했고 교향곡 5번(Op.64)을 작곡했다. 〈녹턴〉도 이때 편곡되었다. 편곡된 버전은 첼로 덕분에 피아노보다 훨씬 무겁고 진중한 느낌이 강조되어서, 같은 곡이지만 매우 색다르다. 이 첼로곡을 듣다 보면 힘없는 어깨를 축 늘어뜨리고 저벅저벅 걸어가는 차이콥스키의 뒷모습이 상상된다. 처음 작곡했을 때와는 다르게 모든 작품이 성공하고 음악가로서 승승장구하던 시기였지만 차이콥스키는 개인적으로는 아주 우울하고 불행한 가을을 통과하고 있었다.

쇼팽:
연습곡 Op.25 12번

▶▶ ‖ ◀◀

Chopin: 12 Études, Op.25, No.12 in C Minor

쇼팽은 피아노의 역사에 획기적인 변화를 가져온 장본인이다. 연습곡이라고 하면 피아노 학원에서 지겹게 쳤던 하농이나 체르니가 떠오르지만 쇼팽의 에튀드도 빼놓을 수 없다(참고로 하농과 체르니는 모두 작곡가 이름이다). 다만 쇼팽의 에튀드는 '연습을 위한 곡'이라기보다는 '연주를 위한 곡'이다. 피아니스트 임윤찬이 연주하는 쇼팽의 에튀드를 듣고 있으면 무슨 말인지 자연스레 알게 된다.

쇼팽의 연습곡은 Op.10과 Op.25에 각각 12곡씩 담겨있는데, Op.10이 인기가 더 많다. 하지만 Op.25 안에도 주옥같은 곡이 많다. 1번 〈에올리안 하프〉, 2번 〈꿀벌〉, 9번 〈나비〉, 11번 〈겨울바람〉, 12번 〈대양〉 등은 무대에서 앙코르로 자주 연주된다. 각각의 곡이 저마다의 특징을 가진다. 특히 7번은 빠른 연습곡들 사이에서 잠시 숨을 돌릴 수 있게 렌토(아주 느리게)로 연주한다. 쇼팽의 서정성을 살리는 것이 관건이다. 12번 〈대양〉은 양손이 비슷한 모양으로 아르페지오를 연주하는데, 마치 큰 파도가 피아노 위를 휩쓸고 가는 것 같다. 마지막을 장식하기에 손색이 없는 화려하고 멋진 곡이지만 마지막 음 하나까지도 신경을 써서 연주해야 하므로 엄청난 에너지가 소모된다. Op.25는 1832년부터 1836년 사이에 작곡되어 1837년에 출판되었고, 당시 리스트의 연인이었던 다구 백작 부인에게 헌정되었다.

19세기에는 귀족뿐만 아니라 부르주아 계층에게도 피아노가 보급되기 시작하면서 가정용 악기로 최고의 인기를 누렸다. 체르니, 리스트, 훔멜, 모셸레스 같은 엄청난 기교를 가진 스타 피아니스트들이 탄생하면서 더더욱 활기를 띠었다. 이때도 마찬가지였지만 특히 현대에는 쇼팽의 연습곡이 피아노 전공자라면 필수로 통과해야 하는 코스로 자리 잡았다. 어떤 평론가는 쇼팽이 작곡한 피아노 음악 대부분이 사라지더라도 그의 연습곡들만큼은 절대 사라지지 않을 것이라고 말했다.

모차르트:
현악 사중주 17번 〈사냥〉 1악장

▶▶ ❚❚ ◀◀

Mozart: String Quartet No.17 in B-Flat Major, K.458,
The Hunt, I. Allegro vivace assai

모차르트는 1781년에 빈에 정착했다. 고향 잘 츠부르크에서 콜로라도 대주교 아래서 일하면서 통제받는 음악 생활에 답답함을 느끼다가 빈으로 옮긴 후부터는 자신만의 음악적 색깔을 자유롭게 펼치기 시작했다. 빈에서 지내는 동안 하이든의 음악 세계에 깊은 관심을 두었고, 두 사람은 24세라는 나이 차를 뛰어넘어 깊은 우정을 쌓았다. 하이든은 1781년 여름과

아우구스트 퀘르푸르트, 〈사냥의 출발〉

가을에 현악 사중주 《러시아 사중주》(Op.33)를 작곡했는데, 이 작품을 감상하고 자극을 받은 모차르트가 작곡한 작품이 바로 현악 사중주 17번 〈사냥〉이다.

〈사냥〉은 이 곡이 수록된 여섯 곡의 현악 사중주곡집 중에서 가장 유명한 곡으로 꼽히는데, 이 제목이 붙은 이유는 제1악장에서 사냥의 뿔피리와 비슷한 소리가 등장하기 때문이다. 전체 4악장 구성이고 연주 시간은 35분 정도로 짧지 않다. 1악장 알레그로 비바체 아사이, 2악장 미뉴에트와 트리오 모데라토, 3악장 아다지오, 4악장 알레그로 아사이 등의 빠르기말을 가진다. 특이하게 2악장이 느린 악장이 아닌 미뉴에트다.

모차르트는 하이든에게 영감을 받아 작곡한 사실을 증명하듯 그에게 이 곡을 헌정했다. 곁에서 보고 배울 수 있는 좋은 사람이 있다는 건 감사한 일이다.

쇼팽:
녹턴 15번 Op.55-1

▶▶ ❚❚ ◀◀

Chopin: Nocturne No.15 in F minor, Op.55-1

쇼팽의 음악을 들으면 마치 눈앞에 장면이 펼쳐지는 것만 같다. Op.55에는 두 곡이 수록되었는데 15번(Op.55-1)이 멜랑콜리하고 우울하다면 16번(Op.55-2)은 상대적으로 밝다. 게다가 16번은 매우 자유롭고 불규칙하지만 15번은 쉽게 예상할 수 있는 단순한 형식이라 훨씬 편안하게 감상할 수 있다. 이 15번 녹턴은 쇼팽의 마지막 연인 제인 스털링에게 헌정된 곡이다. 첫 음이 못갖춘마디에서 '도'하고 당김음으로 길게 울리면 이어서 '파, 미, 레'가 한 음씩 처연하게 하강하며 진행된다. 가을에 떨

제인 스털링

어지는 진노란 낙엽이 바로 떠오른다. 2분 30초 정도 지나서 갑자기 피우 모소 più mosso(조금 더 빠르게)로 변하면서 격동적으로 움직인다. 셋잇단음표 진행으로 1분 정도 흐른 후 다시 처음의 멜로디가 등장한다. 반복되어서 자칫 지루해질 수 있는 멜로디에 꾸밈음이 많이 붙은 음표로 변화를 준다.

쇼팽은 주로 연상의 여인들과 사귀었는데, 스털링은 그보다 여섯 살 연상으로 쇼팽의 전 연인인 조르주 상드와 나이가 같았다. 그녀는 많은 유산을 물려받은 미모의 여인이었으며 1842년부터 쇼팽에게 피아노를 배웠다. 사람들은 그녀를 '쇼팽의 미망인'이라고 불렀는데, 연인 관계였지만 우정 이상의 느낌은 없는 음악적 소울메이트였다고 한다. 그녀는 쇼팽이 1848년 파리에서 생애 마지막 연주를 할 수 있도록 준비했고, 영국 빅토리아 여왕 앞에서 연주하는 자리를 적극적으로 주선하기도 했다. 게다가 그녀의 고향 스코틀랜드에 쇼팽을 초청해 콘서트는 물론 그의 생계까지 책임졌다. 그의 사후에 장례식 비용은 물론이고 쇼팽의 심장을 폴란드까지 가지고 가기 위해 파리에 방문한 쇼팽의 누나 루드비카의 경비도 모두 지불했다고 하니, 쇼팽에게 있어선 정말 큰 행운이었던 헌신적인 여인이었다.

브람스:
교향곡 1번 Op.68 1악장

▶▶ ⏸ ◀◀

Brahms: Symphony No.1 in C Minor, Op.68, I. Un poco
sostenuto-Allegro

브람스는 '음악의 성인'이라고 불리는 베토벤을 존경했다. 둘이 실제로 만난 적은 없지만 브람스에게 베토벤은 좋은 음악적 스승이자 넘지 못할 산이었다. 브람스는 베토벤 이후 더 이상의 교향곡은 없다고 생각했고, 그랬기에 자신의 교향곡 1번을 작곡하면서 많은 머뭇거림과 갈등을 겪었다. 그의 교향곡 1번은 곡 전체에 흐르는 비장함과 웅장함 덕분에 '베토벤 교향곡 10번'이라고 불리기도 한다.

윌리엄 터너, 〈눈보라〉

이 곡은 1854년 브람스가 21세였을 때 구상하기 시작했지만, 20여 년이 지난 1876년에 완성되었다. 전통적인 4악장 형식의 다단조 곡이다. 1악장의 처음부터 팀파니의 시작음이 긴장감을 조성한다. 연타로 울리는 팀파니가 마치 등 뒤에서 무언가 나를 쫓아 오는 느낌을 들게 한다. 1악장에서는 팀파니와 목관악기 오보에의 선율에 귀 기울여야 한다. 베토벤 교향곡 5번 4악장에서 팀파니가 곡의 분위기를 결정짓는 것처럼, 브람스도 자신의 교향곡 1번에 비슷한 음악 장치를 사용했다. 마지막 4악장은 아다지오(매우 느리게)로 시작해서 어둠에서 벗어나 영광의 길로 들어서며 다장조로 끝난다. 베토벤 교향곡 9번 4악장의 〈환희의 송가〉 주제처럼, 곡 마지막 2분여 동안의 총주에서 현악기를 뒷받침하며 웅장하게 울리는 호른과 트롬본, 팀파니가 매우 멋지다. 마지막 악장까지 모두 듣고 나면 복잡하게 꼬여있던 현실의 문제들이 가볍게 느껴지면서 다시 열심히 살아갈 동력을 얻을 수 있는 곡이다.

비에니아프스키:
〈전설〉

▶▶ ❚❚ ◀◀

Wieniawsky: Légende, Op.17

폴란드에는 쇼팽 국제 피아노 콩쿠르와 함께 아주 유명한 바이올린 콩쿠르가 있다. 바로 오늘의 주인공인 헨리크 비에니아프스키(1835~1880, 폴란드)의 탄생 100주년을 기념하기 위해 1935년부터 개최된 비에니아프스키 국제 바이올린 콩쿠르다. 비에니아프스키가 활동한 시대에는 바이올린의 비르투오소 시기라고 불러도 과언이 아닐 만큼 대단한 음악가들이 많이 활약했다. 대표적으로 파가니니, 앙리 비외탕(1820~1881, 벨기에), 요제프 요아힘, 사라사테, 외젠 이자이(1858~1931, 벨기에), 프리츠 크라이슬러 등을 꼽을 수 있다. 1848년 페테르부르크의 공개 연주회에서 비에니아프스키의 연주를 들은 앙리 비외탕은 "이 아이가 천재라는 데에 의심의 여지가 없습니다. 이 나이에 그렇게 열정적인 감정으로, 게다가 그렇게 이해심이 많고 잘 구상된 계획으로 연주하는 것은 불가능할 테니까요"라고 극찬했다고 한다.

1859년 연주 여행을 다니던 비에니아프스키는 런던에서 이사벨라 햄프턴을 만나 사랑에 빠진다. 그러나 이사벨라의 부모는 둘의 결합을 반대했고, 상심에 빠진 그는 슬픈 마음을 담아 〈전설〉을 작곡했다. 그런데 얼마 후 비에니아프스키가 보낸 음악회 초대장을 받고 연주회에 참석한 햄프턴의 아버지가 마음을 바꿔 결혼을 승낙했다. 두 사람은 1860년 8월 8일 파리에서 결혼식을 올렸는데, 그야말로 세기의 작곡가들이 총출동했다. 안톤 루빈시테인이 신부의 손을 잡고 입장했고, 조아키노 로시니가 서약의 증인이었으며, 앙리 비외탕이 바이올린 축주를 담당했다. 이보다 클래식한 결혼식이 있을까! 그를 결혼하게 만들어준 〈전설〉은 비에니아프스키가 페테르부르크 궁정 음악가로 일할 당시 작곡했던 〈모스크바의 추억〉과 함께 가장 유명한 소품으로 손꼽힌다.

비에니아프스키는 비브라토와 피치카토 그리고 오른쪽 팔꿈치를 높이 들고 손가락으로 활을 눌러 음을 내는 기법인 '러시안 보잉Russian bowing'의 창시자이기도 하다. 바이올리니스트와 교육자로서의 영광을 모두 누렸지만 아쉽게도 45세의 이른 나이에 눈을 감고 만다.

시벨리우스:
〈핀란디아〉

▶▶ ⏸ ◀◀

Sibelius: Finlandia, Op.26

옷깃을 여미는 가을이 되면 북유럽 작곡가들의 음악을 플레이리스트에 하나씩 추가하는데, 핀란드의 작곡가 장 시벨리우스를 빼놓을 수 없다. 오늘은 그의 작고일이다. 사진 속에서 양미간을 찡그린 채로 눈에 힘을 강하게 주고 있어서 날카로워 보이지만, 핀란드의 민족적 소재들을 많이 사용해 작곡한 대표적인 국민악파 음악가다.

장 시벨리우스

그는 바이올린 연주에 능통해서 바이올린 곡을 많이 작곡했다. 가족들이 음악을 반대했기에 어쩔 수 없이 헬싱키대학교에서 법을 공부했지만, 독학으로 공부해서 음악원을 졸업하고 독일과 빈으로 유학을 떠났다. 고국으로 돌아온 후 헬싱키음악원의 교수로 취임했고 1899년에 오늘날 그의 작품 중 가장 유명한 교향시 〈핀란디아〉를 발표했다. 핀란드의 민족 서사시에서 내용을 가져왔으며, 금관악기와 타악기의 절묘한 조화가 돋보이는 작품이다. 두 개의 악장으로 구분되지만 실제로는 끊지 않고 이어서 연주한다. 총 연주 시간은 8분 정도다.

러시아의 지배하에 민족주의가 태동하던 시절, 핀란드 국립극장 설립자인 카를로 베르그봄은 총 6막으로 이루어진 핀란드 역사 연극을 만들고 시벨리우스에게 반주 음악을 부탁했다. 음악을 붙인 연극은 1899년에 초연되었고, 연극의 제일 마지막 막에 흐르는 〈핀란드는 각성한다〉의 반주에 덧붙여 발표된 곡이 바로 이 작품이다. 러시아 제국이 핀란드 민족주의를 자극한다는 이유로 공연을 금지했기에 1900년에 프랑스 파리에서 초연을 올렸다. 그 후로도 핀란드 본토에서는 〈핀란디아〉의 공연이 오랫동안 금지되었기에 〈핀란드에 봄이 찾아 왔을 때의 행복한 기분〉이라는 제목으로 몰래몰래 연주되었다.

홀스트:
《행성》 중 〈목성, 쾌락의 전령〉

▶▶ ❚❚ ◀◀

Holst: The Planets, Op.32,
IV. Jupiter, the Bringer of Jollity

해피 버스 데이, 홀스트! 천문학에 관심 있는 사람이라면 구스타브 홀스트(1874~1934, 영국)의 이름을 한 번은 들어봤을 것이다. 오늘은 그의 대표작 《행성》의 네 번째 곡 〈목성〉을 감상해보자.

　《행성》은 관현악 모음곡이다. 1913년 친구 클리포드 백스가 들려준 점성술에 관한 이야기에서 영감을 받아 작곡했다. 1914년 〈화성, 전쟁의 전령〉을 시작으로, 〈금성, 평화의 전령〉, 〈수성, 날개를 단 전령〉, 〈목성, 쾌락의 전령〉, 〈토성, 노년의 전령〉, 〈천왕성, 마법사〉, 〈해왕성, 신비주의자〉 총 7곡으로 완성되었다. 우리가 알고 있는 천문학 배열이 아니라 점성술에 의한 배열을 따른다. 제4곡 〈목성〉은 금관악기가 총출동하는, 굉장히 멋진 곡이다. 연주 시작 후 3분 뒤에 흐르는 느리고 웅장한 선율은 영국 외교관 세실 스프링 라이스의 시를 가사로 붙여 〈내 조국이여 나 그대에게 맹세하노라 I Vow to Thee, My Country〉로 재탄생하기도 했다. 영국에서 제2의 애국가처럼 불린다.

　홀스트는 스웨덴 혈통이지만 어머니가 영국인 피아니스트였고, 그 또한 영국에서 태어나 영국 왕립음악학교에서 공부했다. 따라서 그의 음악은 영국 음악 전통에 깊이 뿌리를 박는다. 1905년부터 죽을 때까지 런던에 있는 세인트 폴 여학교의 음악감독으로 일하면서 아마추어 작곡가들의 교육에 힘썼다. 원래 피아니스트가 되고 싶었지만 오른팔에 부상을 입고 트롬본으로 전공을 바꿨다. 독주 멜로디를 자주 연주하지 않는 트롬본이 〈목성〉에 자주 등장하는 것을 보면 트롬본에 상당한 애착을 가졌음을 알 수 있다. 〈목성〉은 아주 오래전 MBC 뉴스데스크의 오프닝으로 사용되기도 했고, 현재는 게임 음악이나 드라마의 BGM으로도 많이 쓰인다. 이런 것을 보면 클래식은 절대 진부하지 않다.

차이콥스키: 〈현을 위한 세레나데〉 1악장

▶▶ ❚❚ ◀◀

Tchaikovsky: Serenade for Strings, Op.48, I. Pezzo in forma di sonatina, Andante non troppo-Allegro moderato

러시아 태생이지만 서유럽 문화에 큰 관심이 있었던 차이콥스키는 1880년에 〈현을 위한 세레나데〉를 작곡했다. 차이콥스키는 모차르트를 매우 좋아했고, 모차르트의 음악적 어법을 그의 작품 속에 투영시켰다. 그리고 모차르트처럼 여행으로부터 많은 음악적 영감을 얻은 작곡가이기도 하다. 이탈리아·독일·프랑스·영국·미국 등을 여러 번 방문하면서 보고 느낀 것을 음악에 그대로 담아냈다. 이를 바탕으로 그는 러시아 민족주의 음악가

아메데 조야, 〈왈츠〉

모임인 '러시아 5인조'와는 다른 음악을 탄생시켰고, 이는 러시아 5인조가 그를 달갑게 여기지 않은 이유가 되기도 했다.

차이콥스키는 이 작품을 매우 아꼈다. 그는 자신이 음악 형식에 취약하다고 느껴 이 곡을 현악 사중주나 교향곡으로 작곡하려다가 절충해서 현악 합주곡 형태로 완성했다. 1악장이 '소나티나풍의 소품'으로 시작하고 4악장에서 1악장 서주의 멜로디가 다시 한번 흐르면서 곡의 통일성을 부여한다. 전체 네 악장 중 1악장과 2악장의 왈츠가 인기 있는데, 차이콥스키의 왈츠는 요한 슈트라우스 부자의 빈 왈츠와는 다르게 묘한 센티멘털리즘이 자리하고 있다. 차이콥스키는 이 곡을 작곡할 당시에 그의 열렬한 후원자이자 음악적 소울메이트였던 폰 메크 부인에게 쓴 편지에서 "내면적 충동에 따라 작곡했고, 자유로운 생각으로 가득 차 있으며, 진정한 예술적 가치를 지닌 작품"이라고 밝혔다.

전 세계적으로 열풍을 일으킨 드라마 《오징어 게임》에 이 음악이 흐른다. 생사를 넘나드는 게임이 끝나고 식사를 하는 장면에서 2악장 왈츠가 잔잔하게 울려 퍼진다. 게임을 시작하려고 계단을 오르는 장면에서는 요한 슈트라우스 2세의 〈아름답고 푸른 도나우강〉 왈츠가 흐른다. 모두가 목숨을 걸고 게임에 참여하는 처절한 상황에서 그와 어울리지 않는 우아한 음악이 흘러 오싹했던 기억이 난다.

벨리니: 오페라 《노르마》 중 〈정결한 여신〉

▶▶ ❚❚ ◀◀

Bellini: Norma, Act I. Casta diva

이탈리아 벨칸토 오페라 작곡가 빈첸초 벨리니(1801~1835)가 세상을 떠난 날이다. 벨칸토Bel canto는 이탈리어로 아름다운 노래를 뜻하고, 벨칸토 오페라는 성악가의 화려한 기교와 극적인 효과가 돋보이는 오페라 장르다. 벨리니는 워낙 아름다운 멜로디와 서정적인 아리아를 작곡하는 데 탁월했기에 그보다 아홉 살 어린 낭만주의 작곡가 쇼팽이 그의 아리아를 무척 좋아했다고 한다. 로시니, 도니체티와 함께 벨칸토 오페라의 중심인물로 평가받는 벨리니는 고작 오페라 열 작품만을 남겼지만, 작품 수와 상관없이 오페라 애호가들에게 매우 큰 사랑을 받는다. 이탈리아 오페라 하면 생각나는 작곡가 베르디에게 많은 영향을 준 선배격 작곡가이기도 하다. 대표작으로 1827년 《해적》, 1830년 《카플렛가와 몬테규가》, 1831년 《몽유병의 여인》, 《노르마》, 1835년 《청교도》가 있다.

오페라 《노르마》는 기원전 1세기를 바탕으로 한 2막 구성의 오페라다. 주인공 노르마는 드루이드(고대 켈트족의 높은 성직자를 겸한 전문직)의 딸이자 여사제로서 정결 서약을 했지만 조국을 점령한 로마의 총독 폴리오네를 사랑해 그의 아이를 낳는다. 그러나 폴리오네는 노르마의 신하였던 젊은 여사제 아달지사와 사랑에 빠진다. 〈정결한 여신〉은 1막에서 드루이드인들이 로마와 결사 항쟁을 하려 하자, 노르마가 정결한 달의 여신에게 로마와의 평화를 기원하며 부르는 노래다. 사랑해선 안 될 사람을 사랑한 비운의 여주인공 노르마의 절절한 연기와 목소리가 인상적이다. 벨리니는 마음에 들 때까지 이 극의 가사를 여덟 번이나 고쳤다고 한다. 오페라의 전막 공연은 작품의 높은 난도 때문에 자주 있지 않지만, 이 아리아만큼은 많은 콜로라투라 소프라노들에게 매우 중요한 의미를 가진다. 세기적인 소프라노 마리아 칼라스가 부른 〈정결한 여신〉이 아주 유명하다.

존 루터:
〈아름다운 세상을 위하여〉

▶▶ ❚❚ ◀◀

John Rutter: For the beauty of the earth

오늘은 아름다운 음악으로 세상을 구원하고자 하는 영국의 작곡가 존 루터(1945~)의 생일이다. 그는 런던 출신으로 케임브리지대학교의 클레어 칼리지에서 음악을 공부했다. 재학 시절에 대학교 성가대에서 활동했는데, 1975년부터 1979년까지 성가대의 음악 감독으로 지내면서 합창단의 위상을 국제적으로 널리 알리기도 했다. 1974년에는 미국 오마하의 위더스푼 홀에서 자신의 칸타타 〈글로리아Gloria〉를 초연 지휘했다. 1981년에는 자신의 합창단 '케임브리지 싱어즈The Camvridge Singers'를 결성했고, 음반 제작사도 창설해서 합창단과 함께 많은 음반을 발표했다. 1980년에는 프린스턴 웨스트민스터 합창대학의 명예교수가 되었고, 1996년에는 켄터베리 대주교로부터 교회음악에 헌신한 공로로 음악 박사 학위를 받았다. 그는 종교음악부터 오케스트라 작품, 어린이를 위한 오페라, 필립 존스 브라스 앙상블과 킹스 싱어즈를 위한 작품들까지, 작품의 규모와 장르를 구분하지 않고 자유로운 음악 세계를 펼치는 음악가다. 하지만 루터가 가장 관심을 가지고 작곡하는 분야는 바로 종교음악이다. 특히 1985년에 발표한 〈레퀴엠〉과 1990년에 작곡된 〈마니피카트Magnificat〉는 지금도 영국뿐만 아니라 미국과 전 세계에서 널리 연주되고 있다.

오늘의 음악인 〈아름다운 세상을 위하여〉는 그의 작품 중 가장 대중적이고 성스러운 합창곡으로, 1980년에 출판되었다. 아름다운 세상을 위해 우리가 할 수 있는 일은 무엇일까? 정답은 없지만 "모든 것이 제자리에 있는 풍경"이라는 노래 가사처럼 사람과 사물, 숨을 쉬고 쉬지 않는 세상의 모든 만물이 제자리에서 제몫을 다하며 아름답게 존재하는 것, 그것이 바로 우리가 할 수 있는 일이 아닐까 하고 생각해 본다. 루터는 2025년이면 80세가 되지만 작곡, 편곡, 음반 녹음, 지휘 등을 하며 여전히 바쁘게 지내고 있다.

쇼스타코비치:
왈츠 2번

▶▶ ⏸ ◀◀

Schostakovich: Waltz No.2

1906년 오늘, 드미트리 쇼스타코비치가 러시아 제국의 수도였던 페테르부르크에서 태어났다. 그는 피아노를 배운 지 2년도 안 된 시점에 바흐의 평균율 전곡을 연주했고, 초견 연주와 즉흥 연주에도 뛰어난 재능을 보인 천재 음악가였다. 그러나 그의 삶은 체제의 격동기로 인해 평탄치 못했다. 우리가 쇼스타코비치의 음악을 지금처럼 자유롭게 들을 수 있게 된 것은 그리 오래되지 않았다. 80년대까지만 해도 그의 음악은 몰래 숨어들어야만 했다. 그러나 쇼스타코비치는 혁명이 일어났을 때도 고국을 떠나지 않았고, 철저하게 자신의 음악 세계를 지키려고 노력한 작곡가였다. 시대정신을 가지고 사회에 대항했다고 해서 음악학자들은 그를 20세기 베토벤이라고 부른다. 스탈린이 많은 예술가를 앞세워 정치 선동을 할 때도 은밀한 방법으로 항거를 했는데, 바로 미국에서 건너온 재즈 형식을 작품에 도입한 것이었다. "나는 히틀러뿐만 아니라, 스탈린의 파시즘에도 구역질이 난다." 이 한 문장만으로도 그가 얼마나 힘든 시기를 버텨야만 했는지 상상이 된다. 자신을 비난하는 사람들에게 일일이 대꾸하지 않았고, 훗날 제자 첼리스트 므스티슬라프 로스트로포비치(1927~2007)에게 이런 말을 남겼다고 한다. "우리는 모두 음악의 전사들일세. 어떠한 바람 속에서도 꿋꿋이 살아남아 인간을 옹호해야 하는 전사들…."

　왈츠 2번은 쇼스타코비치의 음악 중에서 대중들에게 가장 널리 알려진 곡이다. 이 곡은《버라이어티 관현악단을 위한 모음곡》의 수록곡인데, 워낙 영화나 드라마, 광고에 자주 등장해서 클래식을 모르는 사람들은 대중음악으로 착각할 만큼 유명하다. 왈츠 2번의 세 박자 선율은 영화《번지점프를 하다》와《텔 미 썸딩》에 사용되었다.

거슈윈:
〈아이 갓 리듬〉

▶▶ ❚❚ ◀◀

Gershwin: I Got Rhythm

야구 선수를 꿈꿨던 천재 작곡가 조지 거슈윈이 태어난 날이다. 그는 20세기를 대표하는 음악가로 대중적인 음악과 재즈를 이용해 관현악곡과 오페라를 작곡하면서 새로운 분야를 개척했다. 대표작으로 〈랩소디 인 블루〉와 교향시 〈파리의 미국인An American in Paris〉, 〈피아노 협주곡 바단조〉, 오페라 《포기와 베스Porgy and Bess》 등이 있다. 오늘은 그의 생일을 기념해서 아주 신나고 경쾌한 음악 〈아이 갓 리듬〉을 들어보자. 이 곡은 뮤지컬 《걸 크레이지》에서 처음 연주되었다. 활기찬 리듬, 매력적인 멜로디 그리고 독창적인 화성 진행 덕분에 전 세계적으로 사랑받는 재즈 스탠더드jazz standard가 되었다.

　당시 거슈윈은 프랑스 인상주의 작곡가인 드뷔시, 라벨 등과 교류하면서 자신의 음악에 미국적 요소와 파리의 감성을 접목시켰다. 한 가지 에피소드로, 거슈윈이 모리스 라벨에게 음악을 배우겠다고 찾아갔을 때 라벨은 일류 거슈윈이 되는 편이 이류 라벨이 되는 것보다 낫지 않겠냐며 거절했다고 한다. 이때 파리를 여행하면서 느낀 인상과 경험을 담아낸 작품이 1928년에 발표한 교향시 〈파리의 미국인〉이다. 정통 클래식 기법에 재즈를 가미해 클래식의 규칙성이 느껴지면서도 자유로운 재즈 풍미가 느껴진다. 거슈윈은 음악에서 대도시 파리의 활기찬 인상과 다양한 변화를 최대한 표현하고자 첼레스타나 색소폰 등의 악기 소리뿐만 아니라 실제 자동차 경적 소리, 거리의 소음을 함께 삽입했다. 1928년 12월 13일 뉴욕에서 올린 초연에서는 거슈윈이 파리에서 직접 가져온 택시 경적 소리를 사용했다고 한다. 동명의 뮤지컬 영화 《파리의 미국인》에는 조지 거슈윈의 곡이 대거 등장해서 보고 듣는 즐거움이 가득하다. 파리에서 꿈을 키우는 미국인 청년 화가 제리의 이야기로, 이 영화 속에도 명배우 진 켈리가 부르는 〈아이 갓 리듬〉이 등장한다.

본 윌리엄스:
〈푸른 옷소매 주제에 의한 환상곡〉

▶▶ ❚❚ ◀◀

Vaughan Williams: Fantasia on Greensleeves

영국 작곡가들의 계보는 윌리엄 버드(1540~1623), 헨리 퍼셀(1659~1695), 에드워드 엘가, 구스타브 홀스트, 벤저민 브리튼(1913~1976), 막스 리히터 등으로 이어진다. 오늘의 음악인 〈푸른 옷소매 주제에 의한 환상곡〉을 작곡한 본 윌리엄스(1872~1958, 영국)는 홀스트보다 두 살 어렸지만 홀스트에 비해 훨씬 전통적이고 명상적인 음악을 만든 작곡가다. 매우 많은 종교곡을 작곡했지만 놀랍게도 평생 무신론자였으며 불가지론자였다. 아홉 곡의 교향곡과 합창곡, 관현악곡 〈종달새의 비상〉, 오페라, 실내악 등 민속적인 테마가 돋보이는 작품들을 주로 만들었다.

『윈저의 즐거운 아낙네들』의 한 장면

　푸른 옷소매를 뜻하는 '그린슬리브스'는 16세기 영국 르네상스 시대의 전통 민속 멜로디로, 〈What Child Is This〉라는 크리스마스 찬송가의 멜로디이기도 하다. 본 윌리엄스는 이 전통적인 멜로디를 오페라와 관현악 작품으로 다시 탄생시켰다. 영국이 낳은 세계적인 극작가 셰익스피어의 희극 『윈저의 즐거운 아낙네들』에서 영향을 받아 작곡한 오페라 《사랑에 빠진 존 경Sir John in Love》에 이 환상곡이 연주된다. 관현악과 하프의 조화로운 선율이 무척이나 아름답고, 영국의 전통적이고 목가적인 분위기를 묘사하고 있어 들으면 마음이 차분하게 가라앉는다.

　〈그린슬리브스〉는 특히 오르골 연주가 명상이나 수면을 위한 취침용 음악으로 자주 사용된다. 국내에서는 인기 드라마 《미스터 션샤인》에 삽입되어 큰 주목을 받았다. 게다가 한국 프로야구 응원가 중에는 은근히 클래식 음악이 많은데, SSG 랜더스 구단의 응원가 〈승리를 외쳐라〉의 원곡도 바로 이 곡이다.

바흐:
브란덴부르크 협주곡 3번 1악장

▶▶ ❚❚ ◀◀

Bach: Brandenburg Concerto No.3 in G Major,
BWV.1048, I. Allegro

바흐의 브란덴부르크 협주곡 3번은 1721년 그의 나이 36세에 작곡되었다. 매우 활기차고 경쾌해서, 30대 중반에 활발하게 음악 커리어를 펼치고 있던 그의 패기가 잘 느껴진다. 빠름-느림-빠름 3악장의 전형적인 바로크 협주곡 형식이고, 2악장 아다지오는 15초 정도의 길이로 보통의 2악장에 비해 매우 짧다. 하프시코드 연

브란덴부르크

주자의 자유로운 프리지안 케이던스Phrygian cadence•가 특징이다.

    이 협주곡은 다양한 악기가 화려한 연주를 뽐내서 마치 초호화 성찬같다. 바이올린, 비올라, 첼로 세 개의 독주 악기가 오케스트라와 응답하는 형식으로 연주한다. 전체 악기 구성은 바이올린 세 대, 비올라 세 대, 첼로 세 대 그리고 쳄발로와 더블베이스다. 이 곡의 감상 포인트는 화려하고 복잡한 대위법 선율이다. 제1악장에서 바이올린 세 대가 동시에 연주를 시작하고, 이어서 각 악기가 주제 멜로디를 연주한다. 음표가 쉬지 않고 물처럼 흘러서 듣고 있으면 마치 공기 좋은 산속에 앉아 있는 듯한 청량감이 느껴진다. 이 작품을 작곡하던 당시 바흐는 독일 쾨텐에 머무르고 있었는데, 브란덴부르크로 이직하고 싶어서 영지의 주인 루트비히 공에게 잘 보이고자 자신의 곡을 헌정한다. 그런데 막상 이 곡을 연주하기에 브란덴부르크궁정의 음악가들은 실력이 부족했다. 곡의 난이도와 연주자의 수준이 어긋났기에 바흐가 꿈의 일자리를 얻는 데는 실패했지만, 그의 도전적이고 창의적인 음악적 시도는 동시대의 음악가 동료와 후대인들에게 큰 영감을 선물해주었다.

•   단조에서 나타나는 반종지(반마침)로, 주로 느린 악장을 마무리할 때 자주 사용된다.

드뷔시:
첼로 소나타 L.135 1악장

▶▶ ❚❚ ◀◀

Debussy: Cello Sonata in D Minor, L.135, I. Prologue

1915년, 53세의 드뷔시가 작곡한 유일한 첼로 소나타를 들어보자. 드뷔시는 원래 이 작품에 〈달에게 화를 내는 피에로〉라는 제목을 붙이고 싶어 했다. 드뷔시의 후기 음악 스타일을 잘 보여주는 작품으로, 제1차세계대전 중에 작곡되었다. 서곡, 세레나데, 피날레의 삼악장으로 구성되고, 작곡과 동시에 출판되었다. 1917년에 드뷔시가 파리에서 직접 공식 초연을 올렸다. 왼손 피치카토나 스타카토, 포르타멘토 등과 같은 첼로 테크닉이 다양하게 사용되어 첼리스트들에게 아주 중요한 의미를 가지는 곡이다. 처음에 드뷔시는 다양한 악기를 위한 여섯 개의 소나타 시리즈를 작곡하려 했으나, 세 곡만 완성하고 그만 눈을 감고 만다. 이 곡과 더불어 비올라, 플루트, 하프를 위한 두 번째 소나타(L.137)가 1915년 10월에, 세 번째 바이올린 소나타 사단조(L.140)가 1916~1917년 겨울에 완성되었다.

첼로 소나타 1악장은 모더레Moderé라는 느린 템포로 시작하는데, 피아노가 전주 세 마디를 조용히 연주하면 첼로가 특유의 애절한 음정으로 연주하기 시작한다. 프랑스 음악계의 이단아라 불린 드뷔시답게 동양적인 분위기가 느껴지기도 한다. 피아노는 보조를 맡을 뿐, 결코 앞서가지 않고 첼로를 조용히 뒤따라 간다. 곡의 리듬과 화음이 매우 불규칙하지만, 전체적인 분위기가 잔잔하게 유지되어 마음을 고요하게 정화시켜준다.

이 시기에 드뷔시는 전쟁의 영향을 받아 감정적으로나 음악적으로 많은 변화를 겪었는데, 드뷔시의 그런 비통한 마음이 이 첼로 소나타를 통해 잘 전해지는 것 같다. 그는 친구인 작곡가 폴 뒤카스(1865~1935, 프랑스)에게 "작품에서 시를 추구해야 한다"라면서 자신만의 음악적 신조와 방식을 드러냈다.

비제: 오페라 《진주조개잡이》 중 〈귀에 익은 그대 음성〉

▶▶ ‖ ◀◀

Bizet: Les Pêcheurs de perles, Je crois entendre encore

비제의 오페라 《진주조개잡이》가 초연된 날이다. 이 오페라는 3막 구성이지만 전체 연주 시간이 100분 내외로 오페라치고는 짧은 편이다. 하지만 워낙 고난도의 아리아가 많아서 전막이 공연되는 횟수는 상당히 드물다.

《진주조개잡이》의 한 장면

비제의 오페라 중 비교적 초기 작품인 《진주조개잡이》는 두 남자가 한 여인을 사랑하는 전형적인 삼각 구도의 사랑 이야기다. 고대 인도의 남부 실론 섬을 배경으로 한다. 여주인공인 천민 출신 레일라(소프라노)는 뛰어난 노래 솜씨를 가진 신비로운 미모의 여성이다. 그녀는 어떤 남자와도 사랑하지 않고 정결한 여사제가 될 것을 약속한 몸이었다. 두 남주인공 나디르(테너)와 주르가(바리톤)는 어부이고 친구 사이지만 같은 여인을 사랑한 연적이기도 하다. 레일라는 사제가 되었지만 결국 사제직을 버리고 나디르와 다시 연인 사이가 된다. 주르가는 배신감을 느끼고 나디르와 레일라 두 사람을 죽이려고 계획을 세우지만, 언젠가 자신을 위험에서 구해준 소녀가 레일라였음을 알아차리고 둘의 사랑을 보호하기로 한다. 오페라는 주르가가 마을에 불을 지르고 어수선한 상황을 틈타 다른 두 사람을 도망시킨 다음, 대신 벌을 받는 비극적인 결말로 끝난다.

특히 많은 사랑을 받는 〈귀에 익은 그대 음성〉은 1막에서 레일라가 여사제가 되어 어부들을 위해 기도하러 왔을 때 나디르가 그녀의 음성을 듣고서 '귀에 익은 음성'이라며 부르는 노래다. 목소리만 듣고도 자신이 사랑한 여인임을 알아차린 것이다. 느리고 고즈넉한 반주가 흐르면 테너의 가녀리고 처량한 목소리가 노래를 시작한다. 보통 테너는 오페라에서 남주인공을 맡아 극적이고 화려한 노래를 부르기 마련인데, 이 아리아는 마치 여성이 부르는 노래처럼 감미롭고 절절하다. 오히려 여성의 음성보다 훨씬 구슬프게 들린다.

10월

OCTOBER

브루크너:
교향곡 7번 WAB.107 2악장

▶▶ ‖ ◀◀

Bruckner: Symphony No.7 in E Major, WAB.107,
II. Adagio

브루크너는 신을 위한 작곡가였다. 평생 독신으로 남아 자신의 존재 이유마저 신에게서 찾았던 절실한 신도였다. 그의 음악에는 종교의 다른 이름이라고 부를 수 있을 정도로 영적이고 초월적인 아름다움이 존재한다. 그런 브루크너가 열렬히 추종했던 사람이 바로 바그너. 브루크너는 바그너의 죽음을 애도하며 교향곡 7번 마장조를 작곡했다. 〈서정적〉 또는 〈로맨틱〉이라고도 불리며, 브루크너에게 진정한 성공을 가져다준 작품이다. 웅장한 스케일과 감동적인 멜로디가 특징이다. 1881년부터 1883년 사이에 작곡되어 아르투르 니키시(1855~1922, 헝가리)의 지휘로 라이프치히 오페라극장에서 1884년 12월 30일에 초연을 올렸다. 마찬가지로 바그너의 추종자이자 든든한 후원자였던 바이에른의 루트비히 2세에게 헌정되었다. 전체 4악장 구성으로, 연주 시간은 70분 정도다.

브루크너는 교향곡 7번을 작곡하는 도중 바그너가 죽었다는 비보를 듣고 그를 애도하는 감정을 담아 2악장을 작업했다. 2악장 아다지오의 지시어는 '매우 엄숙하고 느리게Sehr feierlich und sehr langsam'다. 이 아다지오는 브루크너의 아다지오 중 가장 감동적이고 아름다운 곡으로 인정받는다. 바그너 음악의 독특한 음색을 살리기 위해 클라이맥스에서 바그너 튜바를 4대나 등장시킨다. 브루크너의 교향곡은 많은 판본이 있어서, 누가 어떻게 해석하고 편집했는지에 따라 연주가 상당히 달라진다. 현대에는 1954년에 출판된 레오폴트 노바크(1904~1991, 오스트리아)의 판본이 가장 많이 연주된다.

브람스:
교향곡 4번 Op.98 1악장

▶▶ ❚❚ ◀◀

Brahms: Symphony No.4 in E Minor, Op.98,
I. Allegro non troppo

매년 열네 번째 절기인 처서가 되면 브람스의 교향곡 4번을 듣는다. 무라카미 하루키의 대표작이자 최고의 베스트셀러인 『노르웨이 숲』에서 여자 주인공 나오코가 매우 좋아하는 곡으로 소개된 곡이기도 하다. 브람스의 네 개의 교향곡 중 마지막 작품이다. 1876년에 교향곡 1번이

헨리 켐퍼, 〈가을 강 풍경〉

완성되었으니 그 후 9년 동안 세 곡의 교향곡을 봇물 터트리듯 작곡한 셈이다. '브람스의 영웅 교향곡'이라고 불리는 교향곡 3번이 1883년 5월부터 10월까지 작곡되었는데, 직후 바로 교향곡 4번 작업에 착수하여 1885년에 완성했다. 초연은 브람스가 직접 1885년 10월 25일 독일 중부 도시 마이닝겐에서 지휘봉을 잡아 올렸다.

1악장에서는 왠지 모를 쓸쓸함과 불안과 적잖은 긴장이 감돌지만, 3악장에서는 트라이앵글이 앙증맞고 경쾌하게 연주되면서 활기차고 밝은 음악이 전개된다. 마냥 진지하지만은 않았던 브람스의 반전 모습을 보여주는 듯하다. 그의 교향곡 1번에서 팀파니와 금관이 리듬과 분위기를 주도했듯, 교향곡 3번에서도 팀파니와 금관이 중요한 역할을 한다. 그러다가 마지막 4악장에서는 바흐의 칸타타 〈주여, 저는 당신을 갈망합니다〉(BWV.150) 파사칼리아의 주제를 변용해 비탄에 잠긴 마음을 표현했다. 30개 이상 이어지는 변주가 마치 인생의 굴레 같다. '고전적 낭만주의자'라는 별명처럼 그는 쇼팽과 슈만의 시대에 살았지만, 바흐와 베토벤과 유대감을 나눈 작곡가였다.

라흐마니노프:
보칼리제 14번

▶▶ ❚❚ ◀◀

Rachmaninoff: Vocalise, Op.34, No.14

토마스 에이킨스, 〈성악가〉

클래식에 대해 '너무 어렵고 길다!'라는 선입견이 있는 데, 그런 편견을 한 방에 날려줄 음악을 소개한다. 라흐마니노프의 성악곡 중 가장 유명한 곡인 〈보칼리제〉로, 6분 정도의 짧은 곡이다. 제목을 그대로 해석하면 '모음으로 이루어진' 또는 '모음의 성질을 지닌'이 된다. 원래 '보칼리제'는 모음으로만 소리를 내는 테너나 소프라노 성악가들의 발성용 연습곡으로 작곡되었다. 쉽게 말하면 '아', '어' 또는 '음' 등 한 모음으로만 부르는 발성곡이다. 이 곡은 1915년에 작곡되어 앞서 1912년에 작곡한 13개의 가곡집 Op.34의 맨 마지막 곡으로 수록되었다. 라흐마니노프의 음악은 우수가 가득해 특히 가을이나 겨울에 자주 당긴다. 굉장히 고전적인데다 학구적이면서도 서정적이라 감상자의 감정을 잘 건드리곤 한다. 〈보칼리제〉 역시 이러한 특징 때문에 주로 비극적인 장면의 배경음악으로 자주 삽입된다.

라흐마니노프는 정서적으로 불안했던 20대를 거치고 29세인 1902년에 사촌 동생인 나탈리아와 결혼해서 두 딸 이리나와 타티아나를 낳았다. 결혼 후 마음의 안정을 찾은 덕분인지 다시 활발하게 음악 활동을 하기 시작했고, 1908년 이후부터 유럽과 미국에서 명성을 쌓았다. 그러나 유명세 때문에 창작에 할애할 시간이 부족해지자 다시 러시아로 돌아가 1909년부터 1917년까지 시골 이바노프카에서 고독과 자연을 벗삼아 여러 명곡을 작곡했다. 그러다 사회주의 혁명이 일어난 1917년에 스톡홀름 등의 북유럽을 거쳐 미국으로 망명을 가게 된다. 그의 나이 44세로, 미국으로 넘어가서는 작곡보다는 피아노 연주 수입으로 생계를 이어나갔다. 타향살이를 해야만 했던 작곡가, 진정한 비르투오소였던 그는 1943년 70세에 암으로 세상을 떠났다.

슈베르트:
《백조의 노래》 중 〈세레나데〉

▶▶ ❚❚ ◀◀

Schubert: Schwanengesang, D.957, Serenade

슈베르트는 시를 사랑한 전형적인 낭만 가객이었다. 시는 소설과는 또 다른 매력이 있어, 단어 하나하나의 메타포(은유)가 사람 마음을 들었다 놨다 한다. 연가곡집 《백조의 노래》 중에서 네 번째 곡인 〈세레나데〉는 그가 좋아한 독일의 시인이자 음악 평론가 루트비히 렐슈타프와 하이네 등 여러 시인의 시에 곡을 붙인 것이다. 연가곡집이란 노래가 연속적으로 이어지는 가곡집이다. 내용이나 성격적으로 관련 있는 몇 개의 가곡이 일정한 순서로 배열되고 독립적으로 완결성을 띠지만, 전체적

칼 스피츠베그, 〈세레나데〉

으로는 하나의 곡처럼 들리는 것이 특징이다. 슈베르트의 다른 유명한 연가곡집으로는 《아름다운 물방앗간의 아가씨》, 《겨울 나그네》 등이 있다.

《백조의 노래》는 이야기가 연결되지는 않지만 여러 시인의 작품에 곡을 붙인 거라 연가곡집으로 분류한다. 일반적으로 예술가들의 마지막 작품을 '백조의 노래'라고 하는데, 이는 평생 울지 않는 백조가 죽을 때 딱 한 번 우는 모습에 비유한 것이다. 슈베르트는 병으로 세상을 떠나기 전, 생애의 마지막 여름에 이 예술가곡집을 작곡했다. 전체 14곡으로 구성되며, 1~7번은 렐슈타프, 8~13번은 하인리히 하이네, 그리고 마지막 열네 번째 곡은 요한 가브리엘 자이들의 시에 곡을 붙인 것이다.

원래 세레나데는 이탈리아어로 '저녁sera, serus의 음악'이라는 뜻으로 해가 진 뒤에 연주하는 다양한 음악을 가리키는 명칭이었다. 그러나 슈베르트의 〈세레나데〉는 연인에게 들려주는 사랑의 노래다. 독창회나 바이올린 독주회의 앙코르로 자주 연주되며, 여자 성악가들이 부르기도 하지만 원래는 남자 바리톤이 불렀던 곡이다. 슈베르트는 가곡을 작곡할 때 특정 성부를 지정하지는 않았지만, 당시에는 테너와 바리톤이 부르는 게 전통이었다.

브루흐:
〈콜 니드라이〉

▶▶ ❚❚ ◀◀

Bruch: Kol Nidrei, Op.47

독일 루터교 신자인 막스 브루흐는 여러 나라의 민속음악과 유대교 예배 성가에 깊은 관심을 보였고, 독일 태생 유대인 작곡가 멘델스존의 음악을 특히 좋아했다. 그러한 성향이 적극적으로 반영된 브루흐의 명곡 〈콜 니드라이〉는 첼로와 오케스트라를 위한 곡이다. 1880년 영국 리버풀에서 이 작품을 완성했고, 1881년 베를린에서 출판했다. 10분쯤 연주되는 차분한 첼로 음악이 동요하는 마음과 복잡한 머리를 가라앉혀준다. 연주 시작 후 6분 정도 지나면 '조금 더 생기있게'라는 나타냄말이 써 있는 조바꿈 부분부터 하프가 등장하고, 하프의 아르페지오가 첼로와 함께 매우 아름다운 소리를 낸다. 초연을 맡은 첼리스트 로버트 하우스만(1852~1909, 독일)에게 헌정되었는데, 하우스만은 후에 브루흐의 바이올린 협주곡 1번 사단조(Op.26)를 헌정받은 요제프 요아힘과 브람스의 이중 협주곡을 공동 초연한다.

콜 니드라이Kol nidrei(히브리식) 또는 콜 니드레Kol nidre(영어식)는 '모든 서약들, 모든 맹세들'을 뜻한다. 이스라엘 사람들이 일년에 단 하루뿐인 '속죄의 날'(욤 키푸르 Yom Kippur)에 하는 기도를 가리킨다. 이날은 대제사장이 성전에 들어가 하느님의 이름을 부를 수 있는 유일한 날이며, 모든 성도들은 자신이 지키지 못한 서약을 반성하고 용서를 빈다. 자기 고백과 고해의 시간인 것이다. 모두가 이 예배에서 특별한 성가를 부르는데 그 곡이 바로 〈콜 니드라이〉다. 막스 브루흐뿐만 아니라 쇤베르크도 〈콜 니드레〉라는 곡을 만들었는데, 분위기가 사뭇 다르다.

한때 브루흐는 〈콜 니드라이〉 때문에 독일인임에도 유대인이 아니냐는 오해를 받아서 배척당하기도 했다. 나치는 아예 브루흐 사후에 유대인의 예식을 찬미했던 그의 음악을 독일에서 연주하지 못하도록 약 10여 년간 금지시켰다. 어떤 시대에서 음악은 공공연한 희생양이 된다.

10월 06일 🎧

베토벤:
교향곡 5번 〈운명〉 1악장

▶▶ ‖ ◀◀

4위

Beethoven: Symphony No.5 in C Minor, Op.67,
I. Allegro con brio

오늘은 베토벤이 하일리겐슈타트에서 유서를 남긴 날이다. 그의 나이 32세였다. 만약 베토벤이 1802년에 잔혹한 운명에 굴복했더라면 오늘날 우리는 이 멋진 교향곡을 들을 수 없었을 것이다.

베토벤은 교향곡을 총 아홉 곡 작곡했는데, 교향곡을 포함한 그의 모든 작품 중에 가장 잘 알려진 곡이 교향곡 5번 〈운명〉이다. 총 네 악장으로 구성되고 연주 시간은 약 35분 정도다. 독일 음악사학자 파울 베커는 각 악장에 '몸부림Struggle', '희망Hope', '의심Doubt', '승리Victory'라는 부제를 붙였다. 1악장의 연주 시간만 10분 정도 되는데 거의 쉼 없이 연주된다. 자신에게 닥친 시련과 고뇌를 한탄하며 원망을 막 내뿜는 것 같다. 베토벤은 어린 시절에 아버지의 술주정 때문에 무척이나 힘든 시기를 통과해야만 했고, 그는 가난하고 척박한 환경 속에서도 음악에 대한 열정 하나로 버텼다. 그러나 하늘은 그마저도 빼앗으려고 했으니 그야말로 잔인한 운명이었다. 1악장에서는 모든 악기가 한꺼번에 울리는 것에 반해 2악장은 비올라와 첼로가 살살 달래주듯 연주한다. 그만 화내라고, 진정하라고 위로해주는 것만 같다. 2악장에서는 다시 찾은 평온함이, 3악장에서는 쉼 없는 열정이, 4악장에서는 마침내 환희가 느껴진다.

베토벤의 작품 중에서도 가장 치밀하게 설계된 〈운명〉은 교향곡 역사상 처음으로 피콜로, 콘트라 바순, 트롬본이 등장한다. 베토벤 전문가이자 비평가인 로맹 롤랑은 이 시기를 베토벤의 "걸작의 숲"이라고 칭했다. 암흑에서 시작된 1악장에서 광명을 찾은 4악장까지, 이 운명의 곡은 후세의 작곡가들에게 모범이 되었다. 교향곡 3번 〈영웅〉이 완성된 직후인 1804년경 스케치를 시작했고 1808년 완성했다. 1808년 12월 22일 안 데어 빈 극장Theater an der Wien에서 직접 초연했는데, 이날의 연주회는 4시간 이상 진행되어 화제가 되었다. 피아노 협주곡 4번과 교향곡 6번 〈전원〉도 함께 연주되었다.

베토벤:
현악 사중주 14번 Op.131 1악장

▶▶ ▌▌ ◀◀

Beethoven: String Quartet No.14 in C-Sharp Minor,
Op.131, I. Adagio

베토벤이 말년에 작곡한 현악 사중주 다섯 곡(현악 4중주 12~16번)은 현악기가 낼 수 있는 모든 소리의 가능성을 보여주는 작품이다. 그는 인생 후기로 갈수록 내면에 집중하는 모습을 보인다. 18세기에 하이든이나 모차르트가 주로 유희와 즐거움을 목적으로 작곡을 했다면, 베토벤은 자기 내면을 고백하고자 현악 사중주를

현악 사중주단

작곡했다. 머리 아픈 대위법이 등장했다가 아주 단순해지기도 하고, 아름다운 멜로디 덕분에 귀에 쏙 박히는 악장이 있다가도 악장 사이의 구성이 불규칙해서 난해하게 들리기도 한다. 마치 베토벤이 살아온 인생의 총합을 보여주는 듯하다.

베토벤의 음악을 좀 더 가깝게 느껴보고 싶다면 영화 《마지막 4중주》를 추천한다. 결성 25주년을 맞이한 현악 사중주단의 이야기로, 그들이 기념 연주회에서 연주할 곡으로 바로 오늘의 음악인 현악 사중주 14번이 선정된다. 1825년에서 1826년 사이에 작곡되었고, 현악 사중주 13번, 15번과 함께 베토벤 말년의 걸작으로 꼽힌다. 전체 4악장 구성으로 전 악장이 모두 연결되어 약 40분 동안 연주된다. 보통의 작곡가들은 현악 사중주에서 주요 선율을 연주하는 제1바이올린을 강조하는데, 베토벤은 제2바이올린과 비올라를 부각시켰다.

베토벤 스스로도 그 어떤 곡보다 이 곡을 매우 사랑했는데, 베토벤을 존경한 작곡가들도 예외는 아니었던 듯하다. 슈베르트가 죽기 전 마지막으로 듣고 싶어 했던 곡도 바로 이 작품이었다. 그는 이 곡을 듣고 "이후에 우리가 무엇을 쓸 수 있겠소?"라고 말했다고 한다. 슈만은 이 곡과 베토벤의 12번 사중주에 대해 "그것들은 감히 단어로 표현할 수 없을 정도의 위대함을 가졌습니다. 예술과 인간의 상상 속에서 지금까지 달성된 모든 것의 극한 경계에 있는 것 같습니다"라고 감상을 밝혔다.

쇼팽:
첼로 소나타 Op.65 3악장

▶▶ ⏸ ◀◀

Chopin: Cello Sonata in G Minor, Op. 65, III. Largo

많은 피아니스트와 첼리스트가 꼽은 사랑하는 실내악곡 10위 안에 반드시 드는 첼로 소나타 사단조다. 쇼팽이 첼리스트 오귀스트 프랑솜(1808~1884, 프랑스)과 나눈 오랜 우정에 대한 보답으로 만들었으며, 쇼팽 생전에 마지막으로 출판된 곡이자 그가 남긴 유일한 첼로 소나타다(쇼팽은 평생 총 네 곡의 소나타를 작곡했는데, 이 곡을 제외한 나머지 세 곡은 모두 피아노 소나타다). 쇼팽은 폴란드에서 태어났지만 20세에 고국을 떠나 잠깐 빈에서 머무르다 1831년 파리에 입성했다. 그리고 죽는 날까지 파리에서 지냈다. 1831년 쇼팽이 파리로 건너와 알게 된 여러 문화 예술계 인사 중에서 프랑솜은 각별한 존재였다. 친구이자 동료였으며, 쇼팽이 어려울 때마다 도움을 주는 은인이었다. 1843년 프랑솜은 2만 5천 프랑이나 되는 1711년산 스트라디바리우스 첼로를 구입하는데, 이를 무척이나 기뻐하는 프랑솜을 보고 선물로 이 작품을 작곡한 것이다. 1845년에 작곡을 시작해 1846년에 완성되었고, 이듬해 3월 23일에 자택에서 프랑솜과 함께 시연했다. 그리고 1848년 2월 16일 파리의 플레이엘 홀에서 두 사람이 직접 초연을 했는데, 이날 올린 초연에서는 쇼팽스럽지 않다는 친구들의 조언에 따라 1악장은 연주하지 않았다고 한다. 이는 파리에서 열린 쇼팽의 마지막 연주회였다.

총 4악장 구성으로 연주 시간은 30분 내외다. 보통은 2악장이 느린 악장인데 반해, 이 곡은 3악장이 느리고 2악장이 익살스러운 스케르초로 전개된다. 자리가 바뀐 듯 어색하지만, 라르고(아주 느리게)의 3악장이 피아노(여리게)로 조용하게 마무리되고, 4악장이 알레그로(빠르게)로 마지막을 장식하는 구조가 꽤 멋있다. 3악장은 쇼팽의 피아노 소나타 2번 3악장 〈장송 행진곡〉(Op.35-3) 트리오 부분의 선율과 비슷한 느낌으로, 매우 아름답고 고풍스러운 분위기를 연출한다. 참고로 쇼팽의 피아노 소나타 2번도 첼로 소나타처럼 2악장이 스케르초고 3악장이 느린 렌토다.

라흐마니노프:
첼로 소나타 Op.19 3악장

▶▶ ❚❚ ◀◀

Rachmaninoff: Cello Sonata in G Minor, Op.19,
III. Andante

라흐마니노프의 음악을 듣기 위해 날씨가 어서 빨리 선선해지기를 기다린다. 그의 음악에는 우수가 가득해서 비오는 날이나 바람이 스산하게 부는 날이면 감동이 배가 된다. 첼로와도 상성이 좋은데, 이를 증명하듯 그의 첼로 소나타 3악장 사단조는 가을에 어울리는 대표적인 첼로곡으로 언제나 높은 순위를 자랑한다(참고로 쇼팽의 첼로 소나타도 사단조다). 1악장이 특이하게 렌토로 시작해

카를 홀소, 〈첼로가 있는 실내 풍경〉

서 알레그로 모데라토로 이어지고, 2악장은 알레그로 스케르잔도, 3악장은 안단테, 4악장은 알레그로 모소(생동감 있게)로 끝맺는다. 3악장은 유명 피아니스트 아르카디 볼로도스(1972~, 러시아)가 피아노 독주곡으로 편곡한 버전으로도 자주 연주된다.

　라흐마니노프는 작곡뿐만 아니라 피아노 연주 실력도 뛰어나서 특히 피아노곡을 주로 다루었다. 그래서일까, 보통의 첼로 소나타는 첼로가 주요 멜로디를 연주하고 피아노가 반주하는데, 이 곡은 피아노 소나타라고 부를 수 있을 정도로 피아노가 차지하는 비중이 크다. 첼로를 위한 소나타지만 피아노와 함께할 때 훨씬 돋보인다. 전체적으로 조성과 구성 면에서 쇼팽과 비슷한 부분이 많다. 보통의 소나타는 1악장이 가장 유명한 경우가 많은데, 라흐마니노프의 첼로 소나타는 쇼팽의 첼로 소나타처럼 3악장이 느린 악장이고, 가장 아름다운 선율이 흐른다. 1901년 11월에 완성되어 그다음 해에 피아노 협주곡 2번과 같은 해에 출판되었지만, 피아노 협주곡의 대성공에 가려져 진가를 발휘하지 못했다. 라흐마니노프의 첼로 소나타는 언젠가 헤어진 옛 연인이 생각나는 날, 추억을 회상하며 배경음악으로 듣기 딱 좋은 음악이다.

베르디: 오페라 《라 트라비아타》 중 〈축배의 노래〉

▶▶ ❚❚ ◀◀

Verdi: La traviata, Act I. Libiamo ne'lieti calici (Brindisi)

성공한 음악가 중에서도 남들이 지독하다고 혀를 내두를 만큼 악착같이 돈을 모든 작곡가가 있다. 바로 오페라 작곡가 주세페 베르디다. 지금은 오페라의 대가로 인정받지만 그의 음악적 커리어는 출발부터 결코 순탄치 않았다. 이탈리아의 작은 시골 부세토 근교 론콜레에서 태어난 그는 밀라노음악원에 입학하려 했지만 시험에서 떨어지고 만다. 하지만 다행스럽게도 경제적 능력이 없던 친아버지를 대신해 양아버지로 섬기던 바레치의 도움으로 개인교습을 받아 작곡 공부를 시작했고, 음악가로서 입지를 다졌다. 그뿐만 아니라 바레치의 딸 마르게리타와 결혼식도 올린다. 하지만 불행하게도 부인과 두 어린 자녀 모두가 너무나 일찍 세상을 떠나버리고, 베르디는 잇단 비극으로 슬픔에 빠져 모든 작업을 중단하고 만다. 그러나 친구들의 격려로 힘을 내서 다시 오페라를 쓰기 시작하고, 무엇보다 자신의 창작물을 제대로 보호하고 독립된 음악 생활을 하려면 경제적 안정이 가장 우선되어야 한다고 생각해서 열심히 돈을 벌고 모았다. 나중에 소프라노 가수 주세피나 스트레포니(1815~1897, 이탈리아)와 재혼해 안정을 되찾았다.

베르디의 유명한 아리아 중 가장 익숙한 멜로디의 〈축배의 노래〉를 들어보자. 알렉상드르 뒤마의 소설 『춘희』를 바탕으로 1853년에 작곡한 3막 구성의 오페라 《라 트라비아타》에 등장하는 노래다. 주인공 알프레도가 제1막에서 친구 가스통의 권유로 여주인공 비올레타가 주최한 파티에서 그녀와 함께 부르는 권주가다. 비올레타는 코르티잔Courtesan이었는데, 이는 상류사회 남자들의 공인된 정부情婦를 말한다. 《라 트라비아타》는 다름 아닌 화려한 사교계 여성 비올레타와 평범한 청년 알프레도의 비극적 사랑 이야기로, 사회적 약자에 대한 인습을 지적하는 사회 고발적인 극이다. 〈축배의 노래〉는 '브린디시Brindisi'라고도 하는데, 다음 가사처럼 매우 흥겹고 신나서 축제나 행사에서 축가로 많이 불린다. "마셔라, 마셔라. 오늘 이 밤의 아름다움과 웃음을 마음껏 즐기자! 낙원 속에서 우리에게 새로운 날이 밝아온다."

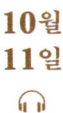

브루크너:
교향곡 9번 WAB.109 3악장

▶▶ ❚❚ ◀◀

Bruckner: Symphony No.9 in D Minor,
WAB.109, III. Adagio

"구스타프 말러는 끊임없이 신을 찾았고, 안톤 브루크너는 이미 신을 찾았다." 독일 출신의 말러 지휘 전문가 브루노 발터가 남긴 유명한 말이다. 교회음악에 관심이 많았던 브루크너는 1863년 바그너의 음악을 처음 듣고 아주 깊은 감명을 받아 자신의 음악을 만들 때 적극 참고했다.

브루크너의 마지막 교향곡 9번은 3관 편성으로 플루트, 오보에, 클라리넷, 바순이 각각 세 대씩 연주된다. 추가로 호른 8대(5, 8번은 바그너 튜바가 겸함), 트럼펫 세 대, 트롬본 세 대, 튜바 그리고 팀파니 등의 타악기와 현5부(제1, 2바이올린, 비올라, 첼로, 더블베이스)가 필요한데, 이렇게만 해도 연주자가 이미 70명가량이 된다. 총 연주 시간은 3악장까지 연주한다면 70분가량이지만, 지휘자의 해석에 따라 3악장이 1악장보다 더 길게 연주되기도 한다. 이 곡의 백미는 단연코 3악장이다. 마치 바그너의 오페라를 연상시키는 극적인 상승으로 시작한다. 브루크너는 이미 이 악장을 작곡하면서 생과의 이별을 염두에 두고 있었는지도 모른다. 1896년 10월 11일에 브루크너가 사망했을 때 4악장은 미완성이었다. 브루크너는 자신이 죽기 전에 교향곡 9번을 완성하지 못한다면 4악장 자리에 오래 전에 별도로 작곡한 합창과 오케스트라를 위한 종교곡 테 데움Te Deum을 넣어달라는 유언을 남겼다. 실제 연주회에서는 브루크너가 직접 완성한 부분인 3악장까지만 연주되기도 하고, 이따금 브루크너의 스케치를 바탕으로 4악장을 후대의 사람들이 완성한 판본으로도 연주된다.

2024년에는 브루크너 탄생 200주년을 맞아 빈 필하모닉의 1월 1일 신년 음악회에서 아주 예외적으로 브루크너의 곡이 연주되었다. 그가 생전에 청중의 인정을 받은 것은 나이 60세가 넘어 교향곡 7번을 발표했을 때였다. "이 작품을 사랑하는 신에게 바친다"라는 숭고한 문장만 남긴 채 그는 세상과 작별했다.

말러:
교향곡 4번 3악장

▶▶ ❚❚ ◀◀

Mahler: Symphony No.4, III. poco adagio

말러의 교향곡은 길고 심오해서 너무 어렵다는 평가를 받지만, 선입견을 버리고 단순히 그의 '순수함'에 집중해서 듣는다면 이보다 더 친근할 수 없다. 말러의 교향곡 4번 3악장은 슈베르트나 브람스의 음악 같이 느린 악장이다. 듣고 있으면 말러의 고향인 보헤미아 민요풍의 차분한

마르쿠스 페른하르트, 〈뵈르터제 호수〉

멜로디가 입안에서 맴돌게 된다. 교향곡 4번은 1899년 여름부터 1901년 사이에 작곡되었다. 전체 4악장이고 연주 시간은 50분 정도로, 그의 교향곡 중에서 비교적 길이가 짧은 편에 속한다.

말러는 평소에 지휘자로 활동하느라 아주 바빴기 때문에 뵈르터제의 작은 오두막에서 여름휴가를 보낼 때만 작곡을 할 수 있었다. 그래서 말러를 '여름의 작곡가'라고 부르기도 한다. 이 곡 또한 1899년 여름에 작업해 1901년 11월 25일 뮌헨에서 말러의 지휘로 초연을 올렸지만, 그의 기대가 무색하게도 대중은 혹평을 쏟아냈다. 사실 말러의 인생은 언제나 쉽게 흘러가지 않았고, 그의 작품 또한 한 번에 성공한 적이 없었다. 그러나 말러는 멈추지 않고 계속 나아갔다.

4악장에서는 〈천상의 삶〉이라는 시를 소프라노가 독창한다. 비록 현실에 없지만 천국이 있길 바라는 간절한 마음을 묘사했다. 천국은 먹을 것이 가득할 거라는 아이의 환상과 굶어죽는 아이, 가난이 도처에 도사리는 속세를 대조해서 보여준다. 그보다 앞선 3악장에서는 죽음을 조용히 받아들이는 모습을 묘사했다. 말러는 "교회 성단의 양측에 새겨진, 두 손을 모으고 기도하는 모습에서 음악적 영감을 떠올렸다"라고 말했다. 속세를 떠난 지 벌써 100년이 훨씬 넘은 지금, 말러는 자신이 꿈꾸던 천국에서 지내고 있을까?

바흐: 관현악 모음곡 2번
BWV.1067 5악장

▶▶ ⏸ ◀◀

Bach: Orchestral Suite No.2 in B Minor,
BWV.1067, V. Polonaise

350여 년 전, 전기도 없는 어두운 밤에 촛불 하나에 의지해 책상에 앉아서 악보를 채워 넣었을 바흐의 모습을 상상해본다. 바흐의 관현악 모음곡 2번은 관현악 모음곡 중에서도 유명한 곡을 가장 많이 포함하고 있는 작품이다. 프랑스 궁정의 세련되고 화려한 춤곡과 독일의 민중적인 춤곡을 섞어서 모음곡 형식으로 작곡했고

코넬리 쉬레겔, 〈야외 폴로네이즈〉

그만큼 다양한 음악적 색채가 돋보 인다. 정확한 작곡 연도는 알기 어렵지만, 바흐가 쾨텐 궁정악단의 악장으로 일하던 1717년부터 1723년 사이에 작곡했을 것으로 추정된다. 이 시기는 궁정악단에 귀속되어 있던 바흐가 종교적인 곡만 만들어야 하는 의무를 벗어나 조금은 자유롭게 작곡할 수 있었던 편안한 시기였다.

보통 모음곡 장르는 알르망드, 쿠랑트, 사라방드, 지그 네 곡을 기본 구성으로 하고, 그 사이사이에 가보트, 미뉴에트, 부레 같은 춤곡과 아름다운 선율을 가진 아리아를 넣기도 했다. 관현악 모음곡 2번은 모음곡 전체가 나단조로 통일되어 있고, 총 일곱 곡으로 구성된다. 제1곡 〈서곡〉, 제2곡 〈론도〉, 제3곡 〈사라방드〉, 제4곡 〈부레〉, 제 5곡 〈폴로네이즈〉, 제6곡 〈미뉴에트〉, 제7곡 〈바디네리〉다. 이 곡에서 특히 귀 기울여 들어야 하는 악기는 플루트다. 플루트는 첫 곡인 서곡에서부터 제1바이올린과 함께 멜로디를 담당할 정도로 독주 악기의 기능을 톡톡히 한다. 그래서 플루트 독주자들에게 바흐의 관현악 모음곡 2번은 매우 좋은 교과서다. 제5곡 〈폴로네이즈〉에서는 16세기경부터 발전한 폴란드 귀족들의 화려한 무도회가 연상되고, 제7곡 〈바디네리〉에서는 '농담, 희롱, 익살 맞는 짓'이라는 뜻에 걸맞게 간질거리는 귀여움이 느껴진다.

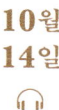
슈만: 《시인의 사랑》 중 〈나는 원망하지 않아요〉

▶▶ ‖ ◀◀

Schumann: Dichterliebe, Op.48, VII. Ich grolle nicht

슈만에게 시는 음악의 언어였다. 슈베르트에게 《겨울 나그네》가 있다면 슈만에게는 《시인의 사랑》이 있다. 250여 편에 달하는 슈만의 가곡 중 최고의 걸작이라고 인정받는 《시인의 사랑》의 전체 연주시간은 30분 정도 된다. 1번부터 6번까지는 사랑의 시작과 설레는 기쁨을, 7번부터 14번까지는 실연의 아픔을 묘사한다. 그저 반짝반짝하게 빛나던 첫사랑의 감정이 실연을 겪으면서 슬프게 변하는 분위기가 인상적이다.

슈만은 1828년 라이프치히 법과 대학에 입학하지만 법보다는 음악과 문학에 훨씬 관심이 많았고, 그해 가을에 남독일로 여행을 떠났다. 이때 뮌헨에서 그가 평생에 걸쳐 영향을 받은 세 작가(바이런, 호프만, 하이네) 중 한 명인 하인리히 하이네와 운명적인 만남을 했다. 당시 슈만은 1827년에 발표된 하이네의 〈노래의 책Buch der Lieder〉에 깊은 감동을 받아 이미 그의 예찬론자가 되어 있었다.

오늘의 음악은 《시인의 사랑》 중 일곱 번째 노래인 〈나는 원망하지 않아요〉다. 이 곡은 〈아름다운 5월에〉처럼 못갖춘마디가 아닌 주어 '나Ich'부터 강박으로 시작한다. 비록 제목에서는 원망하지 않는다고 말하지만 음악을 들으면 실제로는 너무나도 원망스럽지만 원망하지 않으려고 애쓰는 모습이 그려진다. 함께 들으면 좋은 제 12곡 〈맑게 갠 여름 아침에〉에는 서정적인 아르페지오 반주가 등장한다. "맑게 갠 여름 아침에 꽃동산을 산책하니, 꽃들은 소곤소곤 이야기하고 있는데 나는 아무 말 없이 걸어갔네." 애써 분노를 가라앉히고 용서하려는 듯한 느낌이다. 제13곡 〈나는 꿈속에서 울고 있었네〉에서는 시인이 꿈속에서 울다가 깨어난다. 그리고 아무도 없는 어두운 방에서 창백하게 독백한다. 피아노는 그저 띄엄띄엄 멜로디를 구분할 정도로만 최소한으로 연주된다. 마치 음표를 아끼는 것이 말을 절제하는 듯하다. "나는 꿈속에서 울고 있었네/ 그대가 무덤 속에 있는 꿈을 꾼 때문이네/ 잠을 깨었어도 계속 눈물이 뺨을 타고 흘러내리고 있었네."

슈만:
피아노 오중주 Op.44 1악장

▶▶ ∥ ◀◀

Schumann: Piano Quintet in E-Flat Major, Op.44,
I. Allegro brillante

피아니스트라면 한 번쯤 꼭 도전하는 슈만의 대표 실내악곡이다. 슈만은 다양한 구성의 실내악을 작곡해보라는 리스트의 권유로 1839년부터 실내악 작업을 시작했다. 1842년 6월과 7월에 세 곡으로 구성된 현악 사중주(Op.41)를 완성했고, 10월에는 피아노 오중주 내림마장조를, 11월에는 피아노 사중주 내림마장조(Op.47)를 작곡했다. 그에게 1842년은 그야말로 실내악의 해였다.

이 피아노 오중주는 내용과 형식이 이상적으로 조화를 이룬 최초의 피아노 오중주였다. 1841년 11월, 아내인 클라라와 함께 바이마르에서 교향곡 1번을 포함해 여러 가곡을 발표했지만, 직접 피아노를 연주할 수 없다는 사실에 좌절했다. 당시 슈만은 과도한 연습으로 오른쪽 네 번째 손가락을 다친 후 피아니스트로 무대에 서지 못하고 있던 상황이었다. 슈만은 클라라가 덴마크로 연주 여행을 떠나 있을 동안 혼자 라이프치히로 돌아와 내내 우울하게 하루하루를 흘려보냈다. 그렇다고 아무것도 하지 않은 건 아니었다. 작곡가에게 큰 숙제인 대위법과 푸가에 몰두하고 하이든과 모차르트, 베토벤의 현악 사중주 등을 연구했다. 그러면서 본격적으로 실내악 작곡에 힘쓰고 싶었지만, 어쩔 수 없이 슈만의 원 앤 온리 사랑은 피아노였다. 이 곡을 클라라에게 헌정하면서 부부 사이는 다시 좋아졌다고 한다. 클라라는 이 곡에 대해서 "활력과 신선함으로 가득 찬 화려한 작품"이라고 격찬했고, 남편이 죽은 이후에도 자주 연주했다. 1843년 1월 라이프치히 게반트하우스에서 클라라의 연주로 공개 초연되었고, 슈만 이전에는 없었던 피아노 오중주라는 장르의 시발점이 되었다. 이후 피아노 오중주는 브람스, 드보르자크, 포레, 엘가, 레거, 쇼스타코비치 등에 의해 더욱 발전했다.

슈만:
피아노 사중주 Op.47 3악장
▶▶ ❚❚ ◀◀

Schumann: Piano Quartet in E-Flat Major, Op.47,
III. Andante Cantabile

슈만의 피아노 오중주가 남긴 여운을 이번에는 사중주곡으로 달래보자. 한 달 간격으로 작곡된 두 작품은 조성이 내림마장조로 같고, 피아노가 중심이 되어 곡을 이끈다는 점도 비슷하다. 피아노 사중주는 피아노 오중주보다 늦게 작곡되었지만 대위법을 더 많이 사용했기 때문에 더욱 오래되고 고전적인 음악처럼 들린다. 사실 실내악 연주용으로 사중주보다는 오중주를 선택하는 연주자가 더 많긴 하지만, 슈만의 피아노 사중주 3악장은 누구도 부정할 수 없을 만큼 아름다운 선율로 가득 차 있다. 전체 4악장 구성으로 2악장에 스케르초를, 이 곡의 백미인 3악장에는 안단테 칸타빌레(느리고 노래하듯이)를 배치했다.

비올라의 진가를 느낄 수 있는 음악을 추천해달라고 하면 서슴지 않고 이 곡을 소개한다. 주제 선율을 연주하는 악기들보다 중간 중간 빈틈을 풍성하게 메꾸는 비올라 소리에 귀가 절로 기울어진다. 보통 비올라를 바이올린과 첼로의 중간 악기로만 여기고는 하는데, 비올라가 빠진 연주를 들으면 이 악기가 얼마나 많은 역할을 하고 있었는지가 바로 드러난다. 이 곡은 바이올린, 비올라, 첼로가 동시에 활을 내려 그으며 소리를 내는 첫 음부터 응어리진 마음을 스르르 녹아내리게 만든다. 이어서 서정적이고 기품이 느껴지는 주제 선율을 첼로와 바이올린이 번갈아 연주하고, 피아노가 멜로디를 이어받는 부분에서는 비올라가 피아노와 이중주를 하며 피아노만으로는 채울 수 없는 매력적인 음악을 완성한다. 뒷부분에서는 비올라가 주제 선율을 연주하고 피아노가 뒷받침한다. 실제 연주회에서 피아니스트와 비올리스트가 시선을 주고받는 장면을 엿보는 것도 큰 재미다.

어떤 악기든 작곡가가 특정 악기를 배치한 데는 분명한 이유가 있다. 이 곡에서 비올라는 사물의 짙은 그림자처럼 실체를 더 입체적으로 만들어주는 중요한 역할을 한다. 이 세계에는 분명 비올라 같은 역할을 하는 사람들이 있고, 그들 덕분에 세상은 더욱 풍요로워진다.

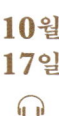
쇼팽:
녹턴 20번

▶▶ ❚❚ ◀◀

50위

Chopin: Nocturne No.20 in C-Sharp Minor, Op.posth

국내에서 쇼팽의 이름은 피아니스트 조성진이 2015년 제 17회 쇼팽 국제 피아노 콩쿠르에서 우승한 덕분에 더 많이 알려졌다. 오늘은 피아노의 시인 쇼팽이 세상과 이별한 날이다. 그의 죽음을 애도하며 녹턴 20번을 들어본다. 쇼팽이 20세였던 1830년에 고국인 폴란드를 떠나 오스트리아 빈에 도착해서 고국에 대한 그리움

펠릭스 조제프 바리아스, 〈쇼팽의 죽음〉

을 담아 작곡한 곡이다. 누나 루드비카에게 편지와 함께 보내 헌정한 곡으로, 그가 세상을 떠난 뒤 1870년에 유작으로 출판되었 다. 연주 시간은 5분 정도로 아주 짧지만 강렬한 울림을 준다. 전체 65마디로 전형적인 A-B-A 삼부 형식이다. 앞에서 등장한 주제가 뒷부분에 다시 반복해 등장한다. 피아노뿐만 아니라 바이올린 편곡으로도 많이 연주된다.

　'아주 느리고 풍성한 감정을 가지고Lento con gran espressione'라는 지시어가 이 곡의 분위기를 정의한다. 처음에 묵직하게 누르는 코드부터 이미 마음을 쿵! 내려앉게 만든다. 곳곳에 쉼표가 등장해 끊어질듯 말듯하면서 긴장을 조성한다. 이 곡에는 여러 음표가 묶음처럼 이어져 나오는 잇단음표가 자주 등장하는데, 쇼팽의 음악은 대체로 리듬이 복잡해서 오른손과 왼손이 정확하게 맞아떨어지지 않는다. 그래서 기계적이고 분석적으로 접근해서는 안 된다. 루바토는 쇼팽 음악의 중요한 특징이다. 음악을 밀고 당기며 연주하지만, 결코 흐트러져서는 안 된다. 우리 인생도 마찬가지다. 생각하고 계획한 대로 흘러가지 않는 것이 인생이다. 원칙을 세우는 것도 중요하지만 적당한 융통성과 전체를 두루 살펴보는 거시적인 관점도 필요하다. 쇼팽의 잇단음표나 루바토를 인생살이에도 적용해보자.

쇼팽:
피아노 협주곡 2번 Op.21 1악장

▶▶ ❚❚ ◀◀

Chopin: Piano Concerto No.2 In F Minor, Op.21,
I. Maestoso

프레데리크 쇼팽

1829년, 19세의 쇼팽은 첫사랑 때문에 단단히 가슴
앓이하고 있었다. 모든 것의 처음은 처음이라는 인
상 덕에 더 선명한 흔적을 남긴다. 특히 음악사에서
사랑이라면 쇼팽을 빠뜨릴 수 없다. 그의 사랑은 음
악에 어떤 음으로 흩날렸을까? 쇼팽에게 처음으로
설레는 마음을 선사한 여인은 그와 동갑이자 같은
음악원의 학생이었던 소프라노 콘스탄차 글라드코
프스카였다. 쇼팽이 빈으로 떠나기 전까지 사랑했고
평생 잊지 못한 여인이었다. 정작 당사자는 그의 마
음을 전혀 몰랐고 쇼팽이 죽은 후 그의 전기를 읽고 알았다고 한다. 첫사랑으로도
모자라 안타까운 외사랑이었다. 이 곡은 처음에 그녀를 생각하며 썼지만, 파리 체
류 시절에 알게 된 미모의 백작 부인 델핀 포토카에게 헌정되었다.

쇼팽은 생전에 두 곡의 피아노 협주곡을 작곡했는데, 오늘의 음악인 2번과 1번
(Op.11)이다. 이 곡이 먼저 작곡되었지만(1829년) 출판사 측에서 대중의 선호도를 고
려해 1번을 1833년에 먼저 출판해서 작품번호는 뒷번호가 붙었다(피아노 협주곡 2번
은 1836년에 출판되었다). 이 곡은 일반적인 협주곡처럼 3악장 구성이고, 전체 연주 시
간은 36분 정도다. 1악장 마에스토소Maestoso(당당하고 위엄있게), 2악장 라르게토
Larghetto(라르고보다 조금 빠르게), 3악장 알레그로 비바체Allegro vivace(아주 빠르게)다.

쇼팽의 두 협주곡은 오늘날에도 끊임없이 조명을 받고 있는데, 쇼팽 국제 피아노
콩쿠르 최종 결선에서는 쇼팽의 피아노 협주곡 중 하나를 선택해서 연주해야 한다.
영화《트루먼쇼》에서는 트루먼과 첫사랑 실비아가 헤어지는 장면에 쇼팽 피아노
협주곡 1번 2악장〈로망스〉가 흐른다.

바그너:
오페라 《탄호이저》 서곡

▶▶ ❚❚ ◀◀

92위

Wagner: Tannhäuser, Overture

1845년 오늘 빌헬름 리하르트 바그너의 오페라 《탄호이저》가 드레스덴 궁정극장에서 초연되었다. 32세의 바그너가 완성한 초기 작품이다. 바그너는 음악뿐만 아니라 대본도 직접 쓰고 연출도 직접 담당했기에 극 곳곳에 그의 손길이 묻어난다. 게다가 성격이 아주 치밀해서 수정을 거듭하느라 여러 판본이 존재한다. 러닝타임이 3시간을 훌쩍 넘어서 공연자들이나 감상자들에게 여러모로 쉽지 않은 극인데, 한국에서는 45년 만인 2024년에 국립오페라단이 전막을 공연한 적이 있다.

　13세기 기사 탄호이저가 관능의 여신 베누스(비너스)와 고향의 순수한 여인 엘리자베트 사이에서 갈등하다가 자신의 행실을 뉘우치고 구원받는다는 것이 기본 줄거리다. 중세의 실존인물이었던 기사 볼프람 등이 욕망을 억제하고 절제하는 숭고한 정신적 사랑을 예찬하지만, 탄호이저는 그들을 비웃으며 "사랑의 본질은 쾌락"이라고 말한다. 영주는 베누스와의 사랑을 탐닉한 탄호이저를 응징하려고 하지만 엘리자베트가 대신 용서를 빌며 다시 한번 그에게 참회의 기회를 달라고 간청한다. 그러자 헤르만 영주는 탄호이저에게 로마 순례를 다녀오라고 명령한다. 탄호이저는 떠날 준비를 하고 마을에는 순례를 마친 순례자들이 입성한다. 이 상반된 순간에 부르는 노래가 바로 〈순례자의 합창〉이다. 이 합창곡은 인기가 많아서 단독으로도 자주 공연된다. 한편, 순례를 떠난 탄호이저는 행렬에서 이탈해 베누스 여신을 만났고 결국 다시 한번 구원의 기회를 놓치고 만다. 절망한 탄호이저가 베누스 여신을 부르며 쾌락의 세계로 돌아가려고 하는 순간, 끝까지 자신을 위했던 엘리자베트가 죽었다는 사실을 알게 된다. 탄호이저는 깊이 참회하며 그녀에게 용서를 구하고 서서히 죽음을 맞이한다. 이때 고목 지팡이에 푸른 싹이 돋아나고, 순례자들이 탄호이저가 구원받았음을 알리면서 오페라가 끝난다.

브람스:
현악 6중주 1번 Op.18 2악장

▶▶ ⏸ ◀◀

Brahms: String Sextet No.1 in B-Flat Major, Op.18,
II. Andante ma moderato

현악 6중주 1번 2악장은 27세의 브람스가 클라라를 향한 사랑을 담아 그녀의 41세 생일 선물로 건넨 곡이다. 슈만이 죽은 지 4년 뒤인 1860년에 완성되었다. 하필이면 스승의 부인을 사랑해서 이룰 수 없는 사랑의 공허함과 간절함을 함께 느꼈을 브람스의 심정을 미루어 짐작해 '브람스의 눈물'이라고 부르기도 한다. 이 곡을 작곡하던 당시 브람스는 클라라의 추천으로 독일 데트몰트에서 궁정음악가로 일하기 시작했고, 뛰어난 연주자들과 함께 연주할 기회가 많았다. 덕분에 여러 실내악 장르를 도전할 수 있었다. 오늘은 1860년 독일 하노버에서 이 곡이 초연된 날이다. 브람스의 절친한 친구인 바이올리니스트 요아힘이 제1바이올린을 맡았다.

전체 4악장 구성으로, 2악장을 제외한 나머지 악장은 상큼하고 활발하다. 1악장은 내림나장조로 시작하지만 2악장에서는 라단조의 강한 민요풍 선율이 묵직하게 울린다. 사랑에 빠져 고뇌하는 브람스를 연상시킬 만큼 진중한 느낌의 비올라가 첫 주제 선율을 연주한다. 브람스는 바이올린, 비올라, 첼로가 각각 두 대씩 연주하는 현악 6중주를 총 두 곡 작곡했다. 1번은 1860년에 2번은 1865년에 완성했다. 그 외 유명한 현악 6중주로는 브루크너 현악 6중주 내림마장조(WAB.120), 차이콥스키의 〈플로렌스의 추억〉, 드보르자크의 현악 6중주 가장조(Op.48), 쇤베르크의 〈정화된 밤〉(Op.4) 등이 있다.

브람스의 작품 번호는 20세에 작곡한 피아노 소나타 1번 다장조(Op.1)부터 1896년에 작곡한 오르간을 위한 코랄 전주곡(Op.122)까지 붙어 있지만, 사실 브람스는 122곡 외에도 훨씬 더 많은 곡을 만들었다. 언제나 완벽을 추구했기에 완성작일지라도 마음에 들지 않으면 불태워 버렸다고 한다. 수없이 많은 시간을 작품에 할애하고 각고의 노력을 통해 작품을 탄생시켰으면서도 자기 점검을 게을리하지 않았던 사람이라 그런지, 그의 인생이 깊어질수록 음악의 풍미도 한층 더 깊어지는 것 같다.

브람스:
헝가리 무곡 5번

▶▶ ⏸ ◀◀

Brahms: Hungarian Dances No.5 in G Minor, WoO.1

브람스의 헝가리 무곡은 여러 매체에서 자주 흘러서 익숙하다. 헝가리 무곡은 총 21곡의 모음집으로, 1번은 이미 앞에서 소개했다. 두 곡 모두 좋지만, 오늘 감상할 5번이 조금 더 대중적이다. 원래 헝가리 무곡은 네 손을 위한 피아노 연탄곡으로 작곡되었는데, 요즘은 관현악곡이나 바이올린 독주곡으로 많이 연주된다(브람스가 직접 관현악곡으로 편곡했다). 음악은 연주하는 악기에 따라 느낌이 상당히 달라지는데, 이 곡은 피아노도 좋지만 집시풍을 살리기에 관현악이 더 적격인 것 같다. 헝가리 하면 집시, 집시 하면 자유로운 영혼이 떠오른다. 헝가리 무곡 5번은 민속 선율 멜로디를 사용해서 따라 부르기도 정말 쉽고 흥겹다. 특히 5번은 한때 엄청난 인기를 끌었던 만화 《라바》에서 흐른 적이 있어, 아이들에게도 낯설지 않다. 모든 곡이 대체로 3분 이내로 길이가 짧아서 한 곡씩 끊어서 듣기 좋다.

브람스는 여러모로 운이 좋은 음악가였는데, 그에게 찾아온 첫 번째 행운은 레메니와 요하임 같은 좋은 친구를 만난 것이다. 살면서 취미나 취향을 공유할 수 있는 친구가 곁에 있다는 건 참 행복한 일이다. 브람스가 헝가리 무곡을 발표할 무렵 유럽에서는 집시 음악에 대한 대중의 관심이 점차 높아지고 있었고, 피아노가 독일 중산층 가정에 널리 보급되면서 연탄 연주가 유행했다. 당시에는 집안에 피아노를 한 대씩 두는 게 교양 있는 중산층 가정의 전형적인 모습이었다. 이 곡은 발표되자마자 전 유럽에서 뜨거운 반응을 보였고 브람스는 대중의 사랑을 받는 인기 작곡가로 거듭났다. 처음과 끝이 똑같은 A-B-A 삼부 형식으로, 주요 테마가 연주자의 해석에 따라 다르게 연주된다. 템포에 변화를 주고 때로는 밝게, 때로는 어둡게 연주하면서 극적인 대비와 즉흥적인 요소를 가미하기도 한다. 주로 마지막 앙코르나 연주회의 오프닝을 산뜻하게 시작하고 싶을 때 연주하는 곡이다.

리스트: 《파가니니 주제에 의한 대연습곡》 중 3번 〈라 캄파넬라〉

▶▶ ❚❚ ◀◀

Liszt: Grandes Études de Paganini No.3 in G-Sharp Minor,
S.141, La Campanella

오늘은 피아노를 장난감처럼 다룬 엄청난 기교의 소유자, 프란츠 리스트가 태어난 날이다. 리스트의 실력만큼이나 그가 작곡한 작품들은 대부분 엄청난 난이도를 자랑한다. 대표적으로 여섯 곡이 묶인 《파가니니 주제에 의한 대연습곡》이 있는데, 그중 세 번째 곡인 〈라 캄파넬라〉가 가장 유명하다. 원래 1838년에 《파가니니 초절기교 연습곡》으로 발표했는데 너무 어려워서 연주가 불가능하다는 사람들의 의견을 받아들여 쉽게 고친 것이 《파가니니 주제에 의한 대연습곡》이다. 초절기교에서 대연습곡으로 제목만 조금 바뀌었을 뿐이지, 연주의 난이도는 여전하다. 〈라 캄파넬라〉는 고음부의 검정 건반이 내는 소리가 마치 종소리 같이 들린다. 감상할 때는 너무나 멋진 곡이지만, 직접 연주한다면 정말 쉽지 않은 곡이다.

《파가니니 주제에 의한 대연습곡》은 어느 날 리스트가 파가니니의 연주를 듣고 '난 꼭 피아노계의 파가니니가 되겠어'라고 다짐하고 만든 곡이다(리스트가 파가니니의 연주를 듣지 않았더라면 지금의 피아노 연주자들이 좀 편했을지도 모르겠다). 연습곡 1번 다단조 트레몰로로 파가니니의 카프리스(또는 카프리치오) 제6번을, 제2번 내림마장조 안단테 카프리치오는 카프리스 제17번을, 제3번 라 캄파넬라 올림사단조는 파가니니의 바이올린 협주곡 나단조의 3악장을 바탕으로 작곡된 곡이다. 제4번 마장조 아르페지오는 카프리스 제1번을, 제5번 마장조 〈사냥〉은 카프리스 제 9번을, 마지막 제6번 가단조 〈주제와 변주〉는 카프리스 제24번을 참고해서 작곡했다. 이 6개의 곡 중 가장 유명한 〈라 캄파넬라〉만 바이올린 협주곡 2번 3악장에 바탕을 두었고, 나머지 다섯 곡은 모두 파가니니의 카프리스를 참고했다. 리스트는 파가니니보다 29세나 어렸고, 그를 존경하는 동시에 경쟁자로 여겼다. 하지만 파가니니는 대단한 음악적 재능을 가졌음에도 하루에 10시간 이상 연습했다고 하니, 노력하는 천재는 못 이긴다는 말이 진실인 것 같다.

리스트: 《파가니니 주제에 의한 대연습곡》 중 5번 〈사냥〉

▶▶ ⏸ ◀◀

Liszt: Grandes Études de Paganini No.5 in E Major
S.141, La Chasse

어제에 이어 《파가니니 주제에 의한 대연습곡》 중 5번 〈사냥〉을 들어보자. 클래식 음악 중에는 '사냥'이라는 제목을 단 곡들이 꽤 많다. 리스트는 새로운 곡을 작곡하는 능력뿐만 아니라 편곡 실력도 우월했다. 피아노 한 대로 오케스트라의 음색을 표현한 장본인이다. 그가 편곡한 작품의 목록을 보면 굉장히 유명한 관현악

조지 워싱턴, 〈사냥〉

곡이 많은데, 가장 독보적이고 괄목할만한 성과는 베토벤의 교향곡 아홉 곡을 모두 편곡한 것이다. 클래식 편곡은 원곡의 멜로디나 화성 등 음악적인 요소를 최대한 보존하고 연주하는 악기나 연주 환경에 따른 방식을 최소한으로 변형시키는 방식으로 작업한다. 화성학적인 지식이 풍부하고 모든 악기에 대한 지식과 음악적 감각이 뛰어나야지만 편곡을 잘 할 수 있다. 대중가요에서 원곡을 누가 어떻게 편곡하느냐에 따라 느껴지는 감정이 천차만별인 것과 비슷하다.

리스트는 파가니니의 기교를 그대로 피아노로 옮겨 왔다. 원곡에서 느껴지는 활기찬 사냥의 모습을 표현하기 위해 세분화된 리듬과 도약하는 선율, 손가락의 현란한 움직임을 피아노로 새롭게 구현했다. 익살스러운 스케르초의 템포가 강한 에너지를 전달한다. 여기서 명심해야 할 한 가지! 경쾌하고 활기찬 느낌을 전달하려고 무작정 서두르면 안 된다. 대부분 연주자가 리스트의 곡을 연습할 때 십중팔구 속도가 아주 빨라지면서 음들이 미끄러지고 음악적 흐름이 깨지곤 한다. 그러면 안 된다. 사는 일과 비슷하다. 아무리 어렵고 힘들더라도 서두르거나 초조해하지 않고 차분하게 일상의 템포를 맞춰 가면 미끄러지지 않고 잘 해낼 수 있다.

리스트:
피아노 소나타 S.178

▶▶ ❚❚ ◀◀

Liszt: Piano Sonata in B Minor, S.178

리스트의 유일한 피아노 소나타 나단조는 1853년에 완성해서 1854년에 출판되었다. 초고는 이미 1849년에 완성했는데, 그 뒤로 4년 정도 계속 다듬었다고 한다. 1839년에 슈만이 그의 환상곡을 리스트에게 헌정한 것에 대한 답례로, 이 곡을 작곡했다고 한다. 하지만 이때 슈만은 정신병원에 입원 중이어서 직접 받지 못했고 부인 클라라가 대신 받았는데, 마음에 들지 않아서 특별히 관심을 두지 않았다고 한다. 고전적인 클라라의 취향에 리스트의 급진적이고 변화무쌍한데다 고난도의 테크닉이 들어간 곡이 맞진 않았을 것 같다. 초연은 1857년 1월 27일 베를린에서 리스트의 사위인 한스 폰 뷜로에 의해 이루어졌다. 뷜로는 19세기 독일의 가장 유명한 지휘자이자 피아니스트였고, 1857년에 리스트의 둘째 딸 코지마와 결혼했지만 1869년에 이혼했다.

　리스트는 수없이 많은 피아노곡을 작곡했지만, 피아노 소나타로 분류되는 작품은 이 곡이 유일하다. 일명 '단테 소나타'라고 불리는 곡이 있긴 하지만, 정확한 제목은 〈단테를 읽고, 소나타풍의 환상곡〉으로, 소나타가 아닌 환상곡이다. 보통의 소나타는 3악장 또는 4악장이지만 리스트의 소나타는 단악장이다. 변화무쌍한 템포 변화가 일어나지만 처음과 끝은 매우 느리게 렌토 아사이Lento assai로 동일하게 연주된다. 다섯 개의 주요 모티브가 곡의 사이사이에 배치되어 등대의 불빛처럼 길을 안내한다. 악장이 구분되지 않아 연주자가 쉴 수 있는 시간이 없기 때문에, 스스로 무대 위에서 흐름과 호흡을 다스려야 한다. 20세기 최고의 피아니스트인 블라디미르 호로비츠는 이 곡을 "정신적으로는 물론 육체적으로도 주의해야 하는 악마와 같은 피아노 소나타"라고 언급했지만, 호로비츠만큼 리스트의 의도를 잘 파악하고 표현한 피아니스트도 드물다. 브람스를 지지했던 비평가 에드워드 한슬릭은 "누구든지 리스트의 소나타를 듣고 아름답다고 생각하는 사람은 어쩔 수 없다"라고 공격했지만, 이 곡에 열광했다고 한다.

요한 슈트라우스 2세:
오페레타 《박쥐》 서곡

▶▶ ∎∎ ◀◀

J. Strauss II: Die Fledermaus, Overture

왈츠의 왕 요한 슈트라우스 2세는 매우 낙천적이고 긍정적인 사람으로 유명했는데, 그래서인지 주로 밝은 음악을 작곡했다. 오페레타 《박쥐》의 서곡을 감상해보자. 19세기 후반에 등장한 오페레타는 오페라에 비해 내용이 간단하고 현대적이라 특별히 공부하지 않아도 공연을 감상하는 데 불편함이 없다. 오페라가 부담스럽다면 가벼운 오페레타부터 접하기를 추천한다.

오페레타 《박쥐》

오페레타 《박쥐》는 요한 슈트라우스 2세가 프랑스의 연극 《한밤의 축제》에서 영감을 받아 작곡한 것이다. 귀족 부부들이 서로를 속이며 가면무도회에 참석하고 불륜을 저지르는 모습을 묘사해 상류사회의 애정 없는 결혼과 졸부 근성을 비웃는 풍자극이다. 《박쥐》에는 아내 로자린데를 속이고 파티에 참석한 남편 아이젠슈타인 남작, 여주인인 로자린데를 속이고 파티에 참석한 하녀 아델레, 로자린데를 사랑하는 알프레도까지, 네 명의 주인공이 등장한다. 마지막에는 서로가 속인 것을 솔직하게 사과 하고 용서받으며 훈훈하게 해피엔딩으로 마무리되기 때문에 신년 음악회의 단골곡으로 연주된다.

요한 슈트라우스의 부부 생활은 어땠을까? 요한 슈트라우스 2세는 총 세 번 결혼했는데, 첫 번째 부인 헨리에타와는 1862년부터 1878년까지 16년 동안 사이 좋게 잘 지냈지만 안타깝게 사별했다. 재정적으로도 음악적으로도 음악가의 아내로서 모든 면에서 최상의 여인이었지만 애석하게도 하늘은 그들의 영원한 사랑을 허락하지 않은 모양이다. 한편, 그의 영원한 뮤즈가 되어준 사람은 세 번째 부인 아델레 도이치였다. 요한 슈트라우스 2세보다 무려 31세나 어렸던 젊은 미망인이었지만 슈트라우스 2세를 위해 헌신적으로 내조했다. 둘의 결혼 생활은 요한 슈트라우스 2세가 죽는 날까지 12년 동안(1887~1899) 지속되었고, 자녀는 없었다.

말러: 《대지의 노래》 1악장
〈현세의 불행에 대한 주가〉

▶▶ ❚❚ ◀◀

Mahler: Das Lied Von Der Erde,
I. Das Trinklied Vom Jammer Der Erde

말러가 인생 말년에 《대지의 노래》를 완성한 곳은 제1차세계대전 이후 이탈리아 영토가 된 토블라흐다. 토블라흐의 이탈리아어 이름은 도비아코인데, 이곳은 오늘날에도 독일어를 쓰는 지역으로 오스트리아의 티롤 지방과 비슷하다. 산과 호수를 즐겼던 말러는 말년에 온통 숲으로 뒤덮인 토블라흐에서 《대지의 노래》를 완성했다. 테너와 알토로 이루어진 두 명의 성악 독주와 관현악단을 위한 대규모의 교향곡으로 총 6악장 구성이다. 1악장 〈현세의 불행에 대한 주가酒歌〉는 웅장하고 당찬 호른과 테너가 함께 삶의 무상함과 죽음의 불가피함을 노래한다. 활기찬 듯하지만 절망적인 비애가 느껴진다. 두 번째 〈가을에 고독한 사람〉에서는 알토나 바리톤이 독창하고, 3악장 〈청춘에 대하여〉에서는 테너가 노래한다. 4악장 〈아름다움에 대하여〉에서는 알토가 독창하고, 5악장 〈봄에 술 취한 자〉에서는 다시 테너가 열정적이고 몽환적인 음색으로 노래한다. 알토가 마무리하는 6악장 〈작별〉은 전곡 가운데 가장 길고 무겁다. 한스 베트게가 중국 당나라의 시인 이태백의 시를 번역한 시집 『중국의 피리』에서 제목을 인용했다. 베트게의 시집이 1907년에 출판되었으니 아마도 말러는 그의 시를 읽고 난 후 1911년경에 곡을 완성했을 것으로 추정된다.

말러가 음악에서 동양적 요소를 사용한 것은 이 곡이 유일하다. 다만 음악만 들어서는 동양적이라고 느끼기 어렵다. 말년에 말러는 죽음을 끊임없이 두려워했고 부인의 외도로 인한 충격으로 마음 편할 날 없는 시기를 보내고 있었다. 그런데도 창작에 대한 열정은 식지 않아서 꾸준히 교향곡을 작곡했다. 결국 그는 1910년에 정신분석학자인 지크문트 프로이트를 찾아가 심리 상담을 받았는데, 프로이트는 말러의 잠재기억 속에서 그의 우울증이 어린 시절 형제들의 죽음과 아버지에게서 받은 학대에서 시작되었다는 사실을 확인했다. 그리고 부인 알마에 대한 집착은 그녀에게서 어머니의 모습을 갈구하려고 한 탓이라고 진단을 내렸다고 한다.

파가니니:
카프리스 24번

▶▶ ❚❚ ◀◀

Paganini: 24 Caprices For Violin No.24 in A Minor
Op.1, MS.25

오늘은 그야말로 악마의 재능을 부여받은 바이올린의 귀재 니콜로 파가니니의 생일이다. 24곡의 카프리스가 유명한데, 마지막 24번째 카프리스 가단조가 가장 인지도가 높다. 원제를 자세히 살펴보면 작품 번호가 여러 개가 있는데 Op는 출판 순서로 매겨진 번호이고, '필사筆寫'를 뜻하는 MS는 파가니니가 직접 악보를 쓴 순서로 정리한 번호다. 즉, MS.25란 파가니니가 스물다섯 번째로 필사하고 작곡한 곡이라는 뜻이다. Op만 쓰는 경우도 있고, MS가 붙는 경우도 있다.

24곡의 카프리스는 모두 무반주로 연주되어 연주자의 테크닉이 민낯처럼 모두 드러난다. 반주에 숨을 수도 없다. 다양한 바이올린 주법들이 열거되어 있어, 바이올리니스트라면 꼭 공부해야 하는 필수곡이다. 24곡 모두를 연주하면 73분 정도 소요되는데, 한 곡의 길이는 길지 않지만 짧은 시간 안에 모든 기교를 보여줘야 해서 연주자에게는 매우 어렵고 긴장되는 작품이다.

카프리스 전곡 가운데 가장 유명한 24번 가단조는 연주 시간이 약 5분으로 길이가 가장 길다. 주제와 변주 형식을 취하고 있는데, 가단조 주제 뒤로 11곡의 변주와 종결부가 펼쳐진다. 리스트와 브람스, 라흐마니노프가 이 주제를 차용하기도 했다. 바이올리니스트는 오른손잡이건 왼손잡이건 상관없이 무조건 오른손은 활, 왼손은 지판을 짚으며 연주하는데, 이때 손가락과 몸의 움직임이 중요하다. 24번에서는 옥타브(도에서 다음 위 성부의 도까지, 8도)나 10도 음정(도에서 다음 옥타브 미까지)을 짚어야 하므로 마지막 새끼손가락의 유연성과 근력이 매우 중요하다. 자세히 보는 것이 쉽진 않지만, 바이올린 연주를 감상할 때 연주자의 왼쪽 새끼손가락의 움직임을 관찰하면 많은 것을 알 수 있다.

말러:
교향곡 1번 〈거인〉 1악장

▶▶ ❚❚ ◀◀

Mahler: Symphony No.1 in D Major, Der Titan,
I. Langsam, schleppend

"나에게 있어서 교향곡이란, 하나의 세계를 이룩하기 위해 동원할 수 있는 모든 기술적 수단을 사용하는 것을 의미한다." 교향곡 1번은 말러의 음악에 입문할 때 사람들이 가장 많이 찾는 곡이다. 지금은 꽤 사랑받지만 이 곡이 처음 탄생했을 때 세간의 평가는 정반대였다. 처음에 말러는 5개의 악장을 완성해 각 악장에 제목을 붙였지만, 1896년 베를린 연주 때부터는 1악장과 2악장 사이의 '블루미네(꽃의 악장)'를 곡에서 빼버렸고 표제도 지워버렸다. 블루미네는 말러의 교향곡 1번의 별책 부록으로, 말러가 약 10여 년에 걸쳐 썼다 지우기를 반복하면서 교향곡에 포함하기도 하고 아예 삭제하기도 했던 악장이다. 말러의 제자이자 친구였던 지휘자 브루노 발터는 이 곡에 대해 "말러의 베르테르"라고 칭했다. 말러의 교향곡은 그 자신의 표현대로 하나의 거대한 세계였다. 그는 세상의 모든 소리를 교향곡 속에 담아내고자 갖가지 악기들을 총동원해 온갖 신기한 소리들을 창조해냈다.

　당대인들은 말러를 지휘자로 인식했지만 말러 자신은 작곡가로 남기를 바랐다. 그러나 그는 유대인이었기에 작품 대부분이 나치 독일의 탄압에 의해 거의 묻히고 말았다. 말러의 교향곡이 주목을 받게 된 것은 1960년 이후, 미국의 지휘자 레너드 번스타인 덕분이었다. 우리나라에서는 1990년대 후반부터 그의 교향곡 전곡이 무대에 자주 오르면서 클래식 애호가들 사이에 팬덤이 형성되기 시작했다. 말러에 이르러서 낭만주의 교향곡은 우렁차고 커다란 사운드가 많이 등장하고 곡의 길이도 상대적으로 아주 길어지기 시작한다. 그나마 교향곡 1번 〈거인〉이 말러의 교향곡 중 짧은 편에 속하는데, 4악장의 전체 연주 시간만 50분에 달할 정도다. 〈거인〉의 원제 'Der Titan'은 독일의 소설가 장 파울이 쓴 동명의 소설에서 따온 것이다. 소설의 내용과는 전혀 관계없고, 그저 자신의 음악이 거인처럼 웅장하다는 표현을 하고 싶어 했을 뿐이다. 이 곡의 주인공은 다른 누구도 아닌 운명에 대항하는 거인인 말러 자신이었다.

그리그:
《홀베르그 모음곡》 전주곡

▶▶ ❚❚ ◀◀

Grieg: Holberg Suite, Op.40, I. Praeludium. Allegro vivace

노르웨이를 대표하는 작곡가 그리그는 대곡大曲 보다는 서정적인 소품과 성악곡에서 탁월함을 보였다. 피아노 협주곡 가단조를 제외하고는 별다른 큰 규모의 관현악곡을 작곡하지 않았는데, 교향곡이 한 곡 있긴 하지만 20세에 작곡한 습작이다. 오늘은 《페르 귄트》와 함께 많은 사랑을 받고 있는 《홀베르그 모음곡》을 들어보자. 그리그가 41세인 1884년에 작곡한 피아노 소품집으로, 나중에 직접 현악 합주용으로 편곡했다. 현악 합주곡은 관악기나 타악기 없이 현악기들로만 연주되기 때문에 체임버 오케스트라Chamber orchestr•가 주로 연주한다.

　《홀베르그 모음곡》은 홀베르그 남작 탄생 200주년을 기념하기 위해 작곡되었다. 루드비히 홀베르그는 18세기 초 덴마크-노르웨이 이중 왕국 시절에 활동했던 문학가로, '노르웨이 문학의 아버지'로 칭송받는다. 코펜하겐 대학을 졸업 후 덴마크 국왕의 총애를 받아 궁정극장을 위해 활동하기도 했다. 역사, 연극, 철학 등 다방면에 걸쳐 저작을 남겼는데, 특히 풍자적 성격이 강한 희극으로 큰 인기와 명성을 얻어 '덴마크의 몰리에르'로 불렸다. 그 또한 그리그의 고향 베르겐 출신이었기에 동향인에 대한 애정이 남달랐다고 한다. 초연은 1884년 12월, 베르겐 광장에 세워진 홀베르그 기념상 앞에서 그리그의 피아노 독주로 이루어졌다. 그리고 현악 합주용 편곡판의 초연은 이듬해 1885년 3월 베르겐에서 그리그의 지휘로 이루어졌다. 곡의 원래 제목은 《홀베르그의 시대로부터》였다. 전주곡에서 200년 전 바로크 분위기가 물씬 풍긴다. 총 다섯 곡으로 구성되고 전곡의 연주 시간은 대략 20분이다.

●　적게는 10명에서 많게는 50명 정도로 구성되는 소편성 오케스트라로 '실내 관현악단'이라고도 한다. 주로 현악기로만 구성되고 지휘자 없이 바이올린 수석이 연주와 지휘를 동시에 하기도 한다.

베르디:
《레퀴엠》 중 〈진노의 날〉

▶▶ ❚❚ ◀◀

Verdi: Requiem, IIa. Dies irae

베르디 국립음대

밀라노에 있는 밀라노 주세페 베르디 국립음악원은 '베르디 국립음대'로 통용되기도 한다. 1807년에 개교해 베르디의 서거를 기념하고자 1901년부터 학교 명칭을 바꿨다. 아이러니하게도 베르디는 자신의 이름이 붙은 학교의 입학시험에 낙방했다. 이탈리아의 국민 오페라 작곡가 베르디가 61세에 작곡한《레퀴엠》을 들어보자. 이 곡은 크게 총 일곱 부분으로 나뉘는데, 두 번째 곡인 〈진노의 날〉에는 아홉 곡의 세퀜티아(부속가)가 수록되어 있다. 레퀴엠은 죽은 사람의 영혼을 위로하기 위해 미사에 쓰이는 곡이다. 그러나 미사곡이라고 해서 잔잔하고 조용할 거라고 예상한다면, 베르디의《레퀴엠》을 듣고 크게 놀랄 것이다. 지휘자의 손에 있는 지휘봉이 마치 판결을 내리는 판결봉처럼 단호하게 내리꽂히고, 무대에 있는 모든 연주자가 동시에 작심한 듯 강렬하게 네 번 탕! 탕! 탕! 탕! 하고 연주한다. 마치 총으로 누군가를 응징하는 장면이 연상된다.

　《레퀴엠》이라는 제목은 "레퀴엠 아이테르남Requiem Aeternam, 영원한 안식을"이라는 첫 가사에서 유래했다. 베르디가 처음《레퀴엠》을 구상한 것은 1868년 이탈리아 작곡가 조아키노 로시니의 죽음을 기리기 위해서였다. 12명의 작곡가가 참여한 이 프로젝트에서 베르디는《레퀴엠》의 마지막 악곡 〈리베라 메Libera Me〉의 작곡을 담당했는데, 여러 문제로 프로젝트는 무산되고 만다. 그 후 책상 속에 잠들어 있던 〈리베라 메〉는 이탈리아의 대문호 알렉산드로 만초니의 죽음을 계기로 다시 작업에 돌입해 초연되었다. 〈리베라 메〉는 '나를 구원하소서'라는 뜻의 라틴어로, 초연 당시에는 너무 드라마틱한 내용 때문에 종교곡을 빙자한 오페라라는 혹평을 받기도 했지만, 오늘날에는 걸작으로 평가받는다.

김효근:
〈내 영혼 바람 되어〉

▶▶ ❚❚ ◀◀

쓸쓸한 바람이 부는 날에는 하염없는 그리움이 몰려온다. 10월의 마지막 날에 같이 듣고 싶은 음악은 세월호 추모곡으로 온 국민의 슬픔을 깊이 위로했던 〈내 영혼 바람 되어〉(A Thousand Winds)다.

그 곳에서 울지마오
나 거기 없소, 나 그곳에 잠들지 않았다오
그 곳에서 슬퍼마오
나 거기 없소, 나 그곳에 잠든게 아니라오

나는 천의 바람이 되어
찬란히 빛나는 눈빛 되어
곡식 영그는 햇빛 되어
하늘한 가을비 되어

그대 아침 고요히 깨나면
새가 되어 날아올라
밤이 되면 저 하늘 별빛 되어
부드럽게 빛난다오

이 곡의 가사는 인디언들의 구전 영시이자, 미국 작가 메리 엘리자베스 프라이가 1932년에 쓴 시 〈내 옆에 서서 울지 마세요Do Not Stand at My Grave and Weep〉를 바탕으로 한다. 이화여대 김효근 교수가 한국 정서에 맞춰 번역한 시에 멜로디를 붙인 것이다. 원래 2006년에 돌아가신 어머니를 기리며 2009년 여름에 완성한 곡인데, 2014년 세월호 참사 이후 유가족을 위로하기 위해 추모곡으로 쓰이게 되었다.

바흐:
〈G선상의 아리아〉

▶▶ ❚❚ ◀◀

22위

Bach: Orchestral Suite No.3 in D Major,
BWV.1068, II. Air (on the G String)

11월의 첫날이다. 바흐의 차분한 곡으로 늦가을의 정취를 느껴보자. 바흐의 이름을 모르는 사람도 이 음악은 알 정도로 유명한 곡이다. 국내 공공기관 화장실이나 국가 공무원 시험 시작 전에 자주 들리고, 일본 애니메이션《신세계 에반게리온》,《도라에몽》, 영화《세븐》,《필라델피아》,《동감》, 아이돌 그룹 레드벨벳의 〈Feel My Rhythm〉, 애니 해슬렘의 팝송 〈Still life〉에도 이 곡의 멜로디가 사용되었다. 정말 다양한 매체에서 여러 버전으로 응용된다. 원래는 바흐가 작곡한 관현악 모음곡 중에서 두 번째로 실린 〈아리아〉인데, 바이올린의 가장 낮은 음역대인 G선 위에서 연주할 수 있도록 편곡되어 〈G선상의 아리아〉라고 불린다. 독일의 바이올리니스트 아우구스트 빌헬미(1845~1908, 폴란드)가 편곡했다. 즉, 관현악 버전이 바흐의 원곡이고, 바이올린 한 대가 연주하는 버전은 빌헬미의 편곡이다. 첼로나 피아노 독주곡으로 연주되기도 한다.

바흐의 관현악 모음곡의 작곡 연도는 정확하지 않지만 대략 1723년 이후로 알려졌다. 바흐가 30대 후반에서 40대에 접어든 시기로, 라이프치히 토마스 교회의 음악 감독 자리를 맡아 불철주야 교회음악을 많이 작곡했던 시기였다. 그래서 그런지 이 시기 음악들은 특히나 더 경건한 느낌이 든다. 관현악 모음곡은 총 네 곡(BWV.1066~1069)인데, 오늘의 음악은 관현악 모음곡 중 세 번째 곡인 1068번에 수록된 곡이다. 1068번은 서곡, 아리아, 가보트, 부레, 지그 등 각각 다른 춤곡들로 이루어져 있고, 전곡은 25분 정도 연주된다. 바흐의 음악은 자신을 돌아보는 시간을 가질 때 배경음악으로 틀어두기에 아주 적절하다. 슬프면서도 따뜻해서 위로가 되고 머리를 맑게 해주어 집중력도 높여준다. 나에게는 바흐의 음악이 세상에서 가장 평화로운 음악이다.

드보르자크:
첼로 협주곡 Op.104 B.191 1악장

Dvořák: Cello Concerto in B Minor, Op.104, B.191,
I. Allegro

드보르자크의 첼로 협주곡은 총 두 곡인데, 그중 두 번째 곡이 훨씬 인기가 많다. 1865년에 작곡된 첫 번째 첼로 협주곡 가단조는 미완성 초기작이고, 30년 뒤인 1894~1895년에 작곡된 첼로 협주곡 나단조는 첼리스트들에게 '근대 첼로 협주곡의 황제'라고 불릴 정도로 매우 웅장하고 유명하다. 빠름-느림-빠름의 전형적인 3악장 협주곡이다. 1악장에서 첼로는 오케스트라 연주가 시작되고 한참 지난 후에 독주를 시작한다. 가장 처음에 현악기를 반주하면 목관악기 클라리넷이 여섯 마디 전주를 연주하고 점점 다른 악기가 합세하면서 곡의 분위기가 점차 웅장해진다. 곡이 시작된 후 2분 10초경에 호른이 연주하는 2주제의 선율이 매우 아름답기로 유명한데, 드보르자크는 이 부분을 들으면서 눈물을 흘렸다고 한다. 드보르자크를 물심양면으로 도왔던 작곡가 브람스는 죽기 5개월 전 이 곡을 듣고 "이와 같은 첼로 협주곡을 (인간이) 쓸 수 있다는 것을 알았다면, 나도 첼로 협주곡을 써보는 건데…"라고 극찬했다고 한다.

원래 드보르자크는 첼로에 별 흥미를 느끼지 못하다가 1894년 3월에 음악원 동료인 미국 작곡가 빅터 허버트(1859~1924)의 첼로 협주곡 2번 마단조(Op.30) 연주를 듣고 강한 자극을 받았다고 한다. 그리고 첼로가 독주 악기로서 역할을 아주 잘할 것이라는 확신을 하게 되고 첼로 협주곡을 작곡했다. 만약 첼로에 대한 드보르자크의 마음이 바뀌지 않았다면 이 명곡은 탄생하지 못했을 것이다.

벨리니: 오페라 《노르마》 중
〈들어보세요, 노르마〉

▶▶ ‖ ◀◀

Bellini: Norma, Act II. Mira, o Norma

《노르마》에서 제일 유명한 아리아는 1막에서 노르마가 부르는 〈정결한 여신〉이지만, 2막의 노르마와 아달지사의 이중창 〈들어보세요, 노르마〉도 굉장히 아름답고 멋있다. 두 성악가의 실력이 비등해야지만 조화로운 멋진 소리가 완성될 수 있다. 모든 게 끝이라는 극단적인 생각에 사로잡혀 아이들을 죽이고 스스로 목숨을 끊으려던 노르마는 차마 아이들을 죽이지 못하고 아달지사에게 아이들을 부탁한다. 아달지사는 노르마를 위로하면서 아이들을 포기하지 말라고, 자신이 폴리오네를 설득해보겠다고 말한다. 같은 여자로서 서로를 위하는 마음

앙투안 마리 샤티니에르,
〈노르마〉

이 잘 드러나는 아름답고 서정적인 멜로디다. 원래 아달지사는 소프라노가 맡았지만, 요즘은 메조소프라노가 부른다. 메조소프라노 엘리나 가랑차(1976~, 라트비아)의 노래를 들어보길 추천한다.

자신의 조국인 드루이드도 버리고, 사랑하는 아버지도 버리고, 여사제로서의 본분도 버린 채, 한 남자를 향한 사랑이면 충분하다고 생각했던 가련한 노르마는 아버지 오로베소가 보는 앞에서 절망을 이기지 못하고 불타 죽는다. 폴리오네는 뒤늦게 자신의 죄를 뉘우치며 노르마의 뒤를 따라간다. 벨리니는 "모든 것을 희생시켜서라도 노르마만은 살리고 싶다"라고 했을 만큼 이 작품에 대해 강한 의지와 자부심을 보였다.

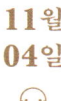
포레:
〈파반느〉

▶▶ ❚❚ ◀◀

Fauré: Pavane, Op.50

프랑스의 위대한 서정적 작곡가 가브리엘 포레는 남프랑스에서 시골 교사의 아들로 태어났다. 아들의 음악적 능력을 일찌감치 알아본 아버지는 포레를 스위스 출신 프랑스 작곡가 루이 니더마이어

에드윈 오스틴 애비, 〈파반느〉

(1802~1861)가 운영하는 음악학교에 보냈고, 포레는 이곳에서 교회음악을 공부했다. 후에 생상스를 만나면서 낭만주의 음악에 눈을 뜨고 리스트와 슈만, 바그너 등 낭만주의 음악가들의 영향을 많이 받는다. 1865년에 작곡과를 수석으로 졸업한 후 음악가로 활발히 활동하다가 보불전쟁에 참전하기도 했다. 포레는 1896년에는 파리 음악원의 작곡과 교수로 임명되었고 경제적으로 안정을 찾은 후에는 오롯이 작곡에 전념한다. 차이콥스키에게 폰 메크 부인이 있었다면 프랑스 작곡가들에게는 폴리냑 공작부인이 있었다. 포레뿐만 아니라 사티, 플랑크, 라벨도 그녀의 지원을 받았다. 이윽고 포레는 생상스와 함께 설립한 국립음악협회 회장을 맡으며 레종 도뇌르 명예훈장을 받는다. 1913년에 초연된 그의 첫 오페라 《페넬로페》의 실패로 낙담한 포레는 제1차세계대전 중에 파리에 머물면서 바이올린 소나타 2번과 첼로 소나타 1번을 작곡했다. 79세로 눈을 감았을 때 프랑스인들은 그의 죽음을 깊이 애도했고, 장례식은 국장으로 치러졌다.

피아노 소품에도 관심이 있었던 포레는 쇼팽의 분위기와 비슷한 우아한 선율을 많이 작곡했다. 〈파반느〉는 16세기 초 로코코 시대에 유행했던 스페인의 느린 2박자 궁정 무곡으로, 공작새를 흉내내는 우아한 형태의 춤에 어원을 두고 있다. 그는 1887년에 이 곡을 작곡한 뒤 "우아하지만 다른 특별한 의미는 없는 곡"이라고 스스로 평했는데, 오늘날에는 오케스트라를 비롯한 여러 악기로 편곡되어 널리 사랑받는다.

브람스:
〈인터메조〉
▶▶ ∎∎ ◀◀

Brahms: 6 Piano Pieces,
Op.118-2, Intermezzo in A Major

여름의 뜨거운 열기가 식고 깊어가는 늦가을에는 브람스의 음악이 안성맞춤이다. 브람스는 자유로운 영혼의 예술가들 사이에서 가장 이성적이고 절제에 능한 작곡가로 알려진다. 브람스는 누가 봐도 뛰어난 작곡가였지만 함부로 아무 곡에나 작품 번호를 붙이지 않았다. 자신의 이름을 걸고 내보일 수 있는 준비가 되었을

페르디난드 레피에, 〈바트 이슐의 풍경〉

때만 세상의 빛을 보게 했다. 오늘은 브람스가 그의 인생의 가을에 작곡한 곡이나 다름없는 〈인터메조〉를 감상해보자.

오스트리아의 산속에 위치한 온천 마을 바트 이슐은 예로부터 예술가들의 사랑을 받은 곳이다. 많은 음악가가 창작의 영감을 얻기 위해 이곳을 자주 찾았고, 브람스의 마지막 피아노곡들도 이곳에서 작곡되었다. 피아노 모음곡집 Op.116~119는 브람스의 말년을 대표하는 작품이라고 해도 과언이 아니다. 각각 7개, 3개, 6개, 4개로 구성된 이 모음곡집은 1892년부터 1893년까지 단 2년만에 작곡되었다. 이때 탄생한 곡들 중에서 가장 유명한 곡이 바로 〈인터메조〉다. 클라라 슈만에게 헌정되었고, 그녀가 브람스의 노래 중에서 가장 좋아한 곡으로 알려져 있다. 매우 서정적이고 아름다운 선율을 자랑해서, 클라라를 향한 브람스의 조용하지만 뜨거운 사랑이 느껴진다.

브람스는 이 곡의 머리말에 '안단테 테네라멘테Andante teneramente'라는 지시어를 적었다. 테네라멘테란 '상냥하게, 애정을 가지고'를 뜻한다. 평생을 걸쳐 천천히, 상냥하게 지속되었던 클라라를 향한 그의 사랑처럼 연주해달라는 당부인 것만 같다.

차이콥스키:
교향곡 6번 〈비창〉 2악장

▶▶ ⏸ ◀◀

Tchaikovsky: Symphony No.6 in B Minor, Op.74,
Pathétique, II. Allegro con grazia

1893년 오늘, 차이콥스키가 세상의 별이 되었다. 그의 교향곡 6번 나단조 〈비창〉을 초연하고 9일 후에 맞이한 죽음이었다. 그는 "영감은 게으른 자에게 제발로 찾아오지 않는다"라는 명언을 남긴 채 우리 곁을 떠났다.

차이콥스키가 남긴 마지막 교향곡 6번은 흔히 4번, 5번과 함께 후기 3대 교향곡으로 묶인다. 전체 4악장 구성으로, 특이하게 3악장이 빠르게, 마지막 4악장은 매우 슬프고 느리게 연주된다. 당시에는 이런 구성이 매우 획기적이었다. 가끔 3악장 연주를 마치면 곡이 완전히 끝난 줄 알고 관객들이 환호와 함께 박수를 치는 해프닝이 벌어지기도 한다. 차이콥스키가 직접 붙인 〈비창〉이라는 제목부터가 곡의 분위기를 짐작하게 한다. 아마도 그는 자신의 죽음을 예견하고 이 곡을 작업했는지도 모른다. 곡과 연관된 어떤 사연이 있는 건 아니고 그저 삶의 한 축을 담당하는 불안, 절망, 공포, 비극이라는 정서를 표현한 것이라고 한다. 전체 연주 시간은 대략 46분이지만 지휘자의 해석에 따라 전체 연주 시간이 크게 차이가 난다.

차이콥스키는 교향곡 5번을 초연한 이듬해인 1889년에 지인들에게 보낸 편지에서 "내 창작 생활의 마지막을 장식할 교향곡을 쓰고 싶다"라고 포부를 밝혔는데, 본격적으로 작곡에 착수한 시기는 1891년에 미국에서 순회공연을 마치고 대서양을 건너 돌아오는 동안이었다. 발레극 《호두까기 인형》을 함께 작곡하고 있었기 때문에 여러모로 온전히 한 곡에만 집중할 시간이 없었다. 급기야 1892년이 되자 자포자기하는 심정으로 자신의 조카이면서 은밀한 연인 관계였던 블라디미르 다비도프에게 작곡을 포기하겠다고 편지를 보내기도 했다. 결국 이전에 써왔던 교향곡을 중도에 포기하고 1893년 2월에 다시 새로운 교향곡을 작곡하기 시작했는데, 이때는 전작과 다르게 끝까지 몰두해서 당해 9월에 완성했다. 차이콥스키는 마치 자신의 죽음을 예견이라도 한 것처럼 이 곡을 두고 어째서인지 진혼곡 같다고 말했다고 한다. 곡은 다비도프에게 헌정되었다.

베토벤:
피아노 소나타 31번 Op.110 1악장

▶▶ ❚❚ ◀◀

Beethoven: Piano Sonata No.31 in A-Flat Major, Op.110,
I. Moderato cantabile molto espressivo

S. J. 울프, 〈베토벤〉

베토벤의 후기 소나타 다섯 곡을 모두 한 자리에서 들어본 적이 있다. 피아노 소나타 28번부터 32번까지였는데, 약 2시간 30분이 소요되었다. 다섯 곡을 두 번으로 나누어 연주한 것은 이미 본 적이 있지만 한 자리에서 다섯 곡 모두를 연주한 경우는 처음이었다. 3분 짜리 동영상도 길다고 하는 요즘 같은 세상에 이런 한가한 음악 감상이 가당키나 한가 싶기도 하지만, 가능하다면 한 번쯤 이런 경험을 해보길 권한다. 집중해서 듣다 보면 뿌듯함마저 느껴진다. 마치 읽어야겠다고 생각만 한 채 여태 못 읽고 있던 고전을 작정하고 완독한 기분이랄까?

다섯 개의 후기 소나타 중 딱 중간에 위치한 피아노 소나타 31번 내림가장조를 소개한다. 1820년과 1822년 사이에 작곡한 곡으로, 이 시기 베토벤의 건강은 날로 쇠퇴하고 있었다. 이 소나타는 현악 사중주 15번의 3악장 〈성스러운 감사의 노래〉로 생각해도 될 만큼 자기 자신과 치열하게 싸움을 벌여 이겨낸 자의 승리의 결과물이었다. 3악장에 표기된 "레치타티보-아리오소 돌렌테-푸가-아리오소 돌렌테-푸가"에서 보이듯이 푸가가 두 번이나 등장한다. 베토벤은 말년에 어느 장르건 대위법 형식의 푸가를 많이 사용했다. '슬프게 노래하듯이'를 뜻하는 아리오소 돌렌테 부분에는 "탄식의 노래"가 함께 적혀 있으며, 3악장 전반에 걸쳐 수많은 지시문 "지쳐, 탄식하면서"가 등장한다. 뒷부분에서는 "점차 원기를 되찾으면서"라고 적힌 푸가 부분부터 다시 힘을 내서 진격하는 멜로디가 연주된다. 마지막은 웅장하고 당당하게 마무리된다.

프랑크:
바이올린 소나타 CFF.123 1악장

▶▶ ❚❚ ◀◀

Franck: Violin Sonata, CFF.123, I. Allegretto ben moderato

벨기에 출신의 프랑스 음악가 세자르 프랑크(1822~1890)는 우리에게 〈생명의 양식〉으로 비교적 이름이 알려졌으며, 교향곡, 피아노를 곁들인 협주적 관현악곡, 몇 곡의 실내악곡으로 높은 평가를 받는 작곡가다. 그중에서도 가장 많은 사랑을 받고 있는 곡은 그의 나이 64세인 1886년에 작곡한 바이올린 소나타 가장조다. 프랑크의 작품 번호 CFF는 프랑스의 음악학자 조엘-마리 포케가 정리했다.

프랑크는 벨기에의 바이올린 연주자이자 작곡가인 외젠 이자이(1858~1931)와 결혼하면서 자축하기 위해 이 곡을 작곡했다. 결혼식에서 이자이가 직접 연주했고, 3개월 뒤에 브뤼셀 현대미술관에서 정식 초연을 올렸다. 바이올린 소나타라는 제목이 붙었지만 사실 바이올린과 피아노가 동등하게 조화를 이루며 연주하는 곡이다.

오르간 연주자이자 절실한 가톨릭 신자였던 프랑크는 모든 작품에서 생명의 탄생과 소멸, 다시 생성하는 모습을 표현했다. 삶의 회귀와 부활을 강하게 믿었던 작곡가다. 바이올린 소나타 가장조에는 1악장의 주제가 여기저기 숨어 있어서, 4악장으로 구분되지만 마치 한 곡을 듣는 것 같다. 프랑크가 각각의 악장들을 사촌 관계라고 언급하면서 서로 유기적으로 연관되므로 개별적인 악장들을 따로 떼어 연주하는 것보다 전곡을 연주하는 것이 의미가 있다고 직접 밝혔다. 전체적으로 특별히 느린 악장은 없고, 2악장이 모든 악장 중에서 가장 빠르고 길다. 고난도의 테크닉이나 음악적 표현을 굉장히 많이 필요로 하는 곡이다. 어려운 곡인 만큼 연주하고 나면 짜릿한 성취감이 몰려온다. 드뷔시는 프랑크에 대해 이렇게 평가했다. "사람들은 프랑크의 천재성에 대해 떠들어대곤 하지만, 정작 순수한 의미로 그가 단순한 사람이라는 사실을 지적한 이는 없다." 프랑크는 매우 단순하고 대단히 낙천적인 사람이었다고 한다. 아주 닮고 싶은 부분이다.

드보르자크: 〈현을 위한 세레나데〉 2악장

▶▶ ‖ ◀◀

Dvořák: Serenade for Strings in E Major, Op.22, B.52,
II. Tempo di valse

안토닌 드보르자크가 1873년에 작곡한 〈현을 위한 세레나데〉다. 5악장으로 이루어진 관현악 곡으로, 전체 연주 시간은 27분 정도다. 동명의 제목을 가진 곡들이 몇 곡 있는데, 차이콥스키의 다장조 〈현을 위한 세레나데〉(Op.48)와 함께 가장 잘 알려졌다. 세레나데는 연인의 창가에서 기타나 만돌린 같은 현악기를 연주하면서 부르는 사랑 노래를 가리키는데, 사람들과 함

월프레도 레토, 〈세레나데〉

께 어울리면서 기분전환을 하기 위해 작곡한 실내악곡을 말하기도 한다. 후자의 목적으로 작곡된 대표적인 세레나데로 모차르트 〈작은 밤의 음악〉이 있다.

드보르자크의 〈현을 위한 세레나데〉는 1악장 모데라토(보통 빠르기), 2악장 템포 디 발스, 알레그로 콘 모토(왈츠 템포로, 빠르고 힘차게), 3악장 스케르초 비바체(아주 빠르게), 4악장 라르게토(라르고보다 조금 빠르게), 5악장 알레그로 비바체(매우 빠르고 생기 있게)로 구성되는데, 2악장의 왈츠가 가장 유명하다. 초연은 1876년 12월 10일, 체코 프라하의 연금 기금 모금 연주회에서 가설극장 오케스트라와 독일 극장 오케스트라의 연합 연주로 이루어졌다. 1877년에 드보르자크가 직접 편곡한 네 손 피아노용 편곡본이 프라하에서 출판되었고, 이어 1879년에는 베를린에서 원곡 악보가 출판되었다.

바흐: 《커피 칸타타》 중 〈아, 커피는 어쩌면 이렇게 달콤한지〉

▶▶ ❚❚ ◀◀

Bach: Schweigt stille, plaudert nicht, BWV.211,
Kaffeekantate, IV. Aria, Ei! wie schmeckt der Coffee süße

현대인 못지않게 음악사에도 엄청난 커피 매니아가 있었다. 바흐가 주인공이다. 바흐는 엄청난 커피 애음가로 유명했다. 철저한 종교인이었던 바흐마저도 커피의 유혹을 떨치지 못했다. 대부분 그의 음악은 종교음악이거나 교육용 음악이었는데, 예외적으로 《커피 칸타타》는 세속 칸타타로 아주 서민적인 곡이었다. 바흐의 개인적인 취향이 드러나는 몇 안 되는 곡이다. 정식 제목은 《조용히 해라, 떠들지 말고 Schweigt stille, plaudert nicht》인데, 근엄하고 진지하기만 한 그에게도 이런 재치가 있었다니 새삼 인간미가 느껴진다.

커피 하우스 짐머만

당시에 대부분의 성악곡을 칸타타라고 지칭했는데, 이 곡만큼 상업적이고 개인적인 취향이 담긴 곡은 드물었다. 바흐가 라이프치히의 커피 하우스 짐머만에서 직접 공연할 목적으로 1732년에 작곡했다. 최초의 광고 음악으로 여겨지기도 한다. 보통은 바이올린 같은 현악기나 쳄발로 같은 건반악기가 같이 연주하는데, 유독 이 아리아에서는 플루트가 중요한 역할을 한다.

《커피 칸타타》는 총 열 곡으로 구성되며 풍자와 유머가 가득하다. 가곡의 가사는 당시 라이프치히의 유명 시인 피칸더가 여덟 곡을 썼고, 나머지 두 곡은 바흐를 비롯한 몇몇이 덧붙였다고 한다. 딸이 아버지에게 커피가 얼마나 맛있는지 설명하는 네 번째 아리아 〈아, 커피는 어쩌면 이렇게 달콤한지〉가 가장 유명하다. 익살스러운 해설자와 감정 조절에 미숙해서 늘 버럭! 하는 아버지, 재치 있고 영리한 딸이 만담을 주고받는다. 아버지는 딸이 커피를 마시는 것을 반대하지만 자식을 이기는 부모는 없다는 말대로 결국 딸이 승리한다. "천 번의 키스보다 더 사랑스러워/ 모스카토 와인보다 더 부드러워/ 누군가 나에게 한턱 내고 싶다면 아, 그냥 나에게 커피 한 잔을 따라줘요." 바흐는 커피 칸타타를 작곡하면서 몇 잔의 커피를 마셨을까?

바흐: 바이올린과 오보에를 위한 협주곡 BWV.1060

▶▶ ❚❚ ◀◀

Bach: Concerto for Violin and Oboe in C minor,
BWV.1060

바로크 시대에는 자신의 작품을 다른 악기 곡으로 편곡하는 일이 유행했다. 같은 곡이지만 색다른 느낌을 전달하는 바흐의 편곡 작품을 들어보자. 이 협주곡 원곡의 원고는 유실되었지만, 1736년에 바흐가 〈두 대의 하프시코드와 관현악을 위한 협주곡〉으로 편곡한 버전이 남아 있다. 이후 음악학자 막스 슈나이더가 〈두 대의 바이올린을 위한 협주곡〉으로 복원했고, 막스 자이페르트가 1920년에 〈바이올린과 오보에를 위한 협주곡〉으로 복원

요한 함자, 〈바로크 분위기의 콰르텟〉

해서 오늘날에는 두 개의 판본이 연주된다. 빠름-느림-빠름 구성의 전형적인 바로크 협주곡이다. 1악장이 5분, 2악장도 5분, 3악장이 4분 정도 연주되는데, 대부분 바로크 협주곡의 길이는 대략 10분에서 15분 안팎으로 길지 않다.

바흐는 하프시코드 협주곡으로 모두 14곡을 만들었다. 독주 협주곡 여덟 곡, 〈두 대의 하프시코드를 위한 협주곡〉 세 곡, 〈세 대의 하프시코드를 위한 협주곡〉 두 곡, 〈네 대의 하프시코드를 위한 협주곡〉 한 곡이다. 14곡 중 여섯 곡은 자체 리메이크 했거나 다른 작곡가의 작품을 편곡했다. 〈두 대의 하프시코드를 위한 협주곡〉은 각각의 하프시코드가 독주 악기로서 역할뿐만 아니라 얼마나 조화로운 음악을 만들어내는지가 관건이다. 현악 합주단과의 호흡도 중요하다. 이렇게 여러 대의 악기로 악기군을 조합해 다중 협주곡을 만드는 것이 바로크 시대 음악의 특징이었다.

드보르자크:
현악 오중주 3번 Op.97 1악장

▶▶ ‖ ◀◀

Dvořák: String Quintet No.3 in E-Flat Major, Op.97,
B.180, I. Allegro non tanto

8월 8일에 소개한 현악 사중주 12번 〈아메리칸〉과 같이 들으면 좋은 곡이다. 드보르자크가 미국으로 건너가 뉴욕에서 음악원장으로 활동하던 중, 여름방학 동안 체코계 이민자 마을 스필빌에서 지내면서 작곡한 곡이다. 작품 번호로 보아 〈아메리칸〉(Op.96)을 작업한 직후에 바로 이어서 작곡한 것으로 추정된다. 기존의 현악 사중주 구성에 비올라를 추가해서 중간 음역대가 훨씬 보강되었고, 이 덕분에 더 알차고 웅장하게 들린다. 비올라를 추가한 이유는 드보르자크의 유별난 비올라 사랑 때문

비올라

이었을 것이다. 비올라는 바이올린과 비슷하게 생겼지만, 크기가 약간 더 커서 투박하고, 음역은 바이올린보다 5도 낮아서 수수한 느낌을 주는 현악기다. 그는 본격적으로 작곡가로 활동하기 전에 비올라 연주자로 먼저 음악 일을 시작했는데, 이 시기의 추억 때문인지 오랜 기간 저평가되었던 비올라의 역할을 넓히고 싶어 했다. 〈아메리칸〉이 간결하고 서정적이라면 이 현악 오중주는 교향곡의 느낌이 물씬 풍겨서 웅장하다. 드보르자크가 직접 "내가 쓴 실내악 중 가장 잘 된 작품"이라고 평가한 것을 보면, 이 곡에 대한 애정이 얼마나 깊었는지 알 수 있다. 전체 연주 시간은 오중주가 사중주보다 5분 정도 더 길다.

로시니:
오페라 《도둑까치》 서곡

▶▶ ❚❚ ◀◀

Rossini: La gazza ladra, Overture

일본의 작가 무라카미 하루키의 소설 『태엽 감는 새』에 이런 구절이 나온다. "오전 10시 30분 스파게티 삶기에 가장 적당한 음악은 《도둑까치》 서곡이다." 가을이 지나고 슬슬 겨울을 맞이할 준비를 하는 11월 중순에 들으면 힘을 낼 수 있는 음악이다. 로시니의 다른 오페라 서곡처럼 독립적으로 자주 연주된다.

존 굴드, 〈까치〉

《도둑까치》는 1817년에 작곡된 2막 구성의 오페라 부파(코믹 오페라)다. 하녀 니네타가 은그릇을 훔쳤다는 누명을 쓰고 재판에 회부되는데, 알고 보니 범인은 도둑까치였다는 것이 밝혀져 누명이 벗겨지고 해피엔딩으로 끝나는 희극이다. 까치는 우리나라에서는 행운을 몰고 오는 새지만 유럽에서는 얍삽하고 얄미운 새로 인식된다고 한다.

로시니의 작품들은 오페라 자체로도 유명하지만 서곡이 훨씬 대중적으로 잘 알려졌다. 특히 《도둑까치》의 서곡은 시작부터 작은 북(스네어 드럼)의 멋지고 강렬한 연주가 돋보이는 곡이다. 마치 작은 북의 지휘와 리듬에 맞춰 현악기와 관악기가 행진하는 듯하다. 작은 북소리가 곡 전체에 걸쳐 긴장감과 흥미를 유발한다. 얍삽한 까치의 음색은 오보에와 피콜로가 주고받는 선율로 표현된다. 관악기의 웅장한 테마와 목관과 현의 활기찬 멜로디가 서로 조화를 이룬다. 리듬이 빨라지고 크레센도로 곡의 음량이 점점 커지면서 관객의 흥분을 고조시킨다. 로시니의 곡들은 대체로 가만히 앉아서 귀로만 듣는 게 아니라 어깨를 양옆으로 들썩이게 하고 마치 지휘자가 된 것처럼 음악에 맞춰 손가락을 움찔하게 만든다. 워낙 웅장하고 극적이라 만화나 영화, 광고 등 다양한 매체에서 자주 사용되었다.

코플런드:
〈엘 살롱 멕시코〉

▶▶ II ◀◀

Copland: El salon Mexico

미국의 작곡가 에런 코플런드(1900~1990)의 생일이다. 코플런드는 뉴욕 브루클린에서 러시아계 유대인 이민자의 아들로 태어났다. 거의 한 세기를 살았던 그는 일흔 무렵 알츠하이머를 판정받은 뒤에도 10년 정도 더 활동했다. 코플런드는 초기에 브루클린 출신답게 정통 클래식보다는 변화무쌍한 재즈에 관심을 더 가졌다. 미국의 여러 전통적인 요소를 담아 작업한 음악가다. 저서 『우리의 새로운 음악』에서 "라디오와 음반의 인기로 인해 완전히 새로운 대중이 등장했다. 기기들이 발명되기 이전처럼 음악을 만들어야 할 이유가 없다"라고 언급하면서, 보다 쉽고 대중적인 음악을 만드는 데 힘썼다. 이 업적으로 1964년에 대통령 자유 훈장과 퓰리처상을 받았다. 복잡하고 어려운 음악을 작곡한다는 편견이 가득한 현대음악가들과는 달리 코플런드는 생전에도 대중에게 많은 사랑을 받았다. 작곡이란 언제나 모험과 도전 정신에서 시작된다고 말했던 그는 음악에 대한 자기 확신과 신뢰가 있는 작곡가였다.

1937년에 작곡한 그의 대표작 〈엘 살롱 멕시코〉를 감상해보자. '엘 살롱 멕시코'는 멕시코시티에 있는 유명한 카바레 겸 댄스홀이다. 코플런드는 1932년에 처음으로 작곡가 친구인 카를로스 차베스(1899~1978, 멕시코)의 초대로 멕시코 여행을 가게 된다. 본인의 개인 비서이자 애인이자 평생토록 예술적 영향을 주고받은 사진작가 빅터 크래프트와 함께였다. 멕시코에서 엄청난 환대를 받은 코플런드는 보답으로 멕시코인들을 위한 음악을 작곡하고자 했다. 본격적으로 멕시코에 관심을 가지고 여러 가지 책을 찾아보기도 하며 이곳저곳을 다니던 그는 엘 살롱 멕시코를 방문하게 된다. 그는 그곳에서 '진짜' 멕시코 주민들과 어울리며 영감을 얻었고, 그리하여 멕시코 민요를 바탕으로 한 관현악 교향시 〈엘 살롱 멕시코〉가 탄생했다. 멕시코 사람들은 멕시코의 정서를 제대로 표현해준 그에게 고마워했고, 코플런드 또한 자신의 음악을 기꺼이 환대해준 멕시코인들 덕분에 다시 한번 큰 기쁨을 느꼈다. 원래는 관현악으로 연주하는 단악장 교향시인데, 번스타인이 피아노 독주와 두 대의 피아노를 위한 버전으로 편곡했다.

글루크: 오페라 《오르페오와 에우리디체》 중 〈에우리디체 없이 나는 어떻게 살아야 하나요?〉

▶▶ ❚❚ ◀◀

Gluck: Orfeo ed Euridice, Wq.30,
Act III. Che farò senza Euridice?

오페라의 개혁을 외쳤던 크리스토프 빌리발트 글루크(1714~1787, 독일)가 73세의 나이로 세상과 이별한 날이다. 그는 독일에서 나고 자랐지만 1750년에 빈의 부유한 상인의 딸 마리안네와 결혼한 후로 주로 빈과 파리에서 활동했다. 글루크는 오페라의 불필요한 요소들을 과감히 제거하고 카스트라토의 연기가 아닌 오페라 대본에 충실한 작품을 만들어야 한다고 주장한 작곡가다.

그의 대표작 《오르페오와 에우리디체》 중 3막에 흐르는 〈에우리디체 없이 어떻게 살아야 하나요?〉를 들어보자. 그의 작품 번호 Wq는 글루크의 작품을 정리한 음악학자 알프레드 보트켄Alfred Wotquenne의 이니셜을 딴 것이다. 오페라 《오르페오와 에우리디체》는 전체 3막 구성으로, 초연은 1762년 10월 5일 프란시스 1세의 탄생 기념일에 오스트리아 빈에 위치한 부르크 극장에서 이뤄졌다. 이 작품은 빈과 파리, 베를리오즈 등 세 개의 판본이 존재하는데, 1774년에 파리에서 개정본이 출판되었다. 그리스 신화를 바탕으로 해서 원작의 등장인물인 '오르페우스와 에우리디케'로 표기하기도 한다. 오르페오는 음악과 태양의 신 아폴로의 아들로, 아버지처럼 리라Lyra 연주에 능숙했다. 요정 에우리디체와 사랑에 빠져 결혼했지만 아내가 뱀에게 물려 죽자 그녀를 되찾기 위해 지하 세계로 떠나면서 본격적인 이야기가 시작된다. 그는 탁월한 연주 솜씨로 지하 세계의 왕 플루토를 감동시켰고 아내를 되찾아 함께 지상으로 향한다. 다만 한 가지 조건이 있었는데, 지상에 도착하기 전까지 절대 뒤를 돌아보면 안 된다는 것이었다. 하지만 오르페오는 참지 못하고 뒤를 돌아보았고, 에우리디체는 다시 지하 세계로 끌려가고 만다. 이 장면에서 오르페오가 슬픔에 잠겨 부르는 노래가 〈에우리디체 없이 나는 어떻게 살아야 하나요?〉다. 원작 신화는 비극적으로 끝나지만, 글루크의 오페라에서는 에우리디체가 환생하면서 두 사람이 행복하게 사는 해피엔딩으로 끝난다. 즐거운 결말을 원했던 당시 궁정인들의 바람을 반영해 각색했다고 한다. 죽음을 뛰어넘는 사랑의 힘을 그린 작품이다.

베버:
〈무도회의 권유〉

▶▶ ‖ ◀◀

Weber: Aufforderung zum Tanze, Op.65

카를 마리아 폰 베버(1786~1826)는 낭만주의 시기에 독일 최초의 오페라《마탄의 사수Der Freischütz》를 작곡한 낭만파 음악의 창시자다. 놀랍게도 베버는 볼프강 아마데우스 모차르트의 부인 콘스탄체와 사촌이었다. 어릴 때부터 음악에 뛰어난 재능을 보여 일찌감치 음악가의 길을 걸었고, 1813년에 프라하 오페라 극장의 지휘자, 1816년에 드레스덴의 오페라 극장 지휘자와 궁정 예배당 지휘자로 활약하면서 작곡도 열심히 한 다재다능한 음악가였다. 하지만 선천적인 뼈의 이상으로 네 살이될 때까지 잘 걷지도 못했으며, 20세 때는 주스로 착각한 약물을 잘못 마셔서 목소리를 망쳤다는 안타까운 이야기가 전해진다.

피아노 독주곡으로 작곡된 〈무도회의 권유〉는 사랑하는 아내 카롤리네 브란트(1794~1852, 독일)에게 바친 곡이다. 베버가 드레스덴 오페라 극장의 지휘자로 있을 때 카롤리네는 오페라 가수였다. 첫 청혼은 거절당했다가 1817년에 결혼식을 올렸다. 결혼한 지 2년이 되는 해에 이 곡을 작곡했고, 나중에 프랑스 출신의 작곡가 베를리오즈가 관현악곡으로 편곡했다. 제목 그대로 신사가 귀부인에게 춤을 권해 두 사람이 함께 춤을 추는 모습을 묘사한 곡이다. 원래 이 곡의 제목은 〈화려한 론도Rondo Brillante〉였는데, 바뀐 제목 덕분에 훨씬 더 유명해졌다. 관현악 버전은 편곡의 대가 베를리오즈다운 특징이 드러난다. 신사가 무도회에 등장하는 장면에는 정중한 소리를 내는 첼로를, 숙녀가 답하는 장면에서는 수줍어하는 음색의 오보에를 연주해 현악기와 목관악기의 하모니를 만들어냈다. 요즘에는 원곡인 피아노곡보다 관현악 편곡 버전이 무대에서 더 자주 연주된다. 표제 음악의 시작이라고 할 수 있는 〈무도회의 권유〉는 베를리오즈의 교향곡, 리스트의 교향시 그리고 바그너의 극음악에 결정적 영향을 미쳤다.

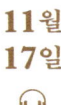
차이콥스키:
교향곡 5번 Op.64 2악장

39위

▶▶ ❚❚ ◀◀

Tchaikovsky: Symphony No.5 in E Minor, Op.64,
II. Andante cantabile con alcuna licenza

늦가을에 자주 듣는 차이콥스키의 교향곡 5번 마단조가 1888년 오늘 상트페테르부르크에서 초연되었다. 여섯 곡의 교향곡 중 마지막 곡인 〈비창〉과 함께 사랑받는 곡이다. 이 곡은 차이콥스키가 1888년 5월부터 8월 사이에 작곡했으며, 당시 그는 마흔여덟 살 봄에서 여름으로 넘어가는 길목에 있었다. 차이콥스키가 '신의 섭리'라고 이름 붙인 이 곡은 총 네 개의 악장으로 구성되는데, 악장 구분이 있기는 하지만 1악장의 주제 선율이 모든 악장에 등장하는 터라 전체적으로 통일감을 준다. 처음에는

표트르 차이콥스키

마단조로 우울하게 시작되지만, 마지막 4악장에서는 승리의 조성인 마장조로 끝을 맺는다. 1악장의 시작을 알리는 클라리넷, 2악장 호른 솔로의 멜로디가 너무도 황홀하고, 3악장에서는 현악기가 우아하게 왈츠를 연주한다. 뒤이어 목관악기가 주제를 이어받고 4악장에서는 1악장 처음에 나왔던 부점 리듬의 주제 선율을 모든 악기가 같은 리듬으로 연주한다. 금관악기지만 매우 따뜻한 소리를 내고 마성의 매력을 가진 악기 호른을 좋아하는 사람들이 특히 2악장에서 귀를 쫑긋하게 되는 곡이다.

차이콥스키는 여러 곳을 전전하면서 거처를 옮겨 다닌 끝에, 1885년에 시골 마을 마이다노보에 정착했다. 모스크바를 기차로 쉽게 오갈 수 있으면서도 한적한 정원과 산책하기 좋은 공원이 갖춰진 곳이었다. 차이콥스키는 꿈의 집에서 생활 하면서 겉으로는 평온해 보였지만 끊임없는 자기 의심과 걱정에 시달렸다. 흐느낄 때도 많았다고 한다. 그의 음악에는 그림자처럼 우울과 슬픔, 외로움이 짙게 스며들어 있어, 뙤약볕이 내리쬐는 여름보다 스산한 바람이 부는 늦가을이나 초겨울에 잘 어울린다.

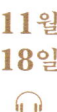

모차르트:
교향곡 31번 〈파리〉 1악장

▶▶ ❚❚ ◀◀

Mozart: Symphony No.31 in D, K.297, Paris,
I. Allegro assai

교향곡 31번 〈파리〉는 모차르트의 후기 교향곡의 시작점이라고 할 수 있다. 모차르트가 1778년에 일자리를 얻기 위해 파리에 들렀을 때 작곡한 교향곡이다. 비록 파리에서 구직은 실패했지만, 보석 같은 작품을 남겼다. 결과가 좋지 않다고 해서 과정이 무의미하지는 않다고나 할까? K 는 모차르트의 작품 번호인데, 보통은 이

라이문드 가레타, 〈파리 리츠 호텔의 무도회〉

곡을 K.297로 표기하지만 간혹 K.297(300a)로 표기되는 경우도 있다. 처음 쾨헬이 1862년에 297번으로 정리했지만, 후대 학자들이 300a라는 대체 번호를 붙인 것이다.

모차르트는 파리에 도착하기 전에 들른 독일 만하임에서 만하임 악파의 영향을 받아 이 교향곡에 처음으로 클라리넷을 등장시켰다. 프랑스 청중의 취향에 맞게 작곡한 곡이라 모차르트의 교향곡 중에서도 대단히 활기차고 화려한 작품으로 손꼽힌다. 대중의 입맛을 반영하면서도 자신의 고유한 음악적 색채를 잃지 않고 조화롭게 융화시켰다. 파리에서 작곡한 유일한 교향곡이라 〈파리〉라는 부제가 붙었다.

1악장은 소나타 형식, 2악장은 세도막 형식, 3악장은 론도 형식으로 전체적으로 빠르고 경쾌하고 활발하다. 초연은 1778년 6월 12일 파리의 콩세르 스피리튀엘에서 성공적으로 이루어졌고, 모차르트 본인도 이 곡에 매우 만족했다고 한다. 그러나 그의 개인적인 상황은 별로 좋지 못했는데, 이 곡을 초연했을 당시에 그의 어머니 안나 마리아 모차르트의 병세가 급격하게 악화하고 있었기 때문이었다. 그녀는 결국 그해에 파리에서 눈을 감았고, 모차르트의 음악 세계는 어머니의 죽음을 경험하면서 큰 변화를 맞이한다.

슈베르트:
교향곡 7번 D.729 1악장

▶▶ ❚❚ ◀◀

Schubert: Symphony No.7 in E Major, D.729,
I. Adagio-Allegro

슈베르트는 미완성과 미스테리함으로 자주 표현되는 작곡가다. 그의 교향곡 번호에 대한 의견이 분분한 것이 하나의 이유인데, 작품 번호가 정해지고 나서 새로운 악보가 발견되는 경우가 적지 않았으며, 작곡 연도의 혼란으로 정정해야 하는 경우도 많았기 때문이다. 오늘의 음악인 교향곡 7번도 그의 미스테리 중 하나인 곡으로, 우리에게 '미완성 교향곡'이라는 별칭으로 잘 알려진 교향곡 8번(D.759)과 비교 감상하기 좋은 곡이다. 그의 교향곡 8번은 작곡된 후 수십 년 동안 알려지지 않았다가 엄청나게 유명해졌다. 그러나 불과 일 년 전인 1821년에 먼저 작곡된 교향곡 7번은 작곡된 후 200년가량 알려지지 않았다. 두 곡 다 미완성인 것은 마찬가지지만 교향곡 8번은 2악장까지의 완성된 악보가 존재하는 데 반해, 교향곡 7번은 4악장의 스케치 악보만 남아 있을 뿐이다. 게다가 처음 10장은 완전히 편곡되었고 나머지는 악기 구성이 완벽하지 않아 실제로 오케스트라가 연주하는 데는 어려움이 있었다. 그래서 슈베르트 사후 음악학자들이 나머지 관현악 파트를 보완했고, 지금 들을 수 있는 버전은 그렇게 완성되었다. 보통 누구에 의해 완성된 작품인지 명시하기에 비교 감상하는 재미가 있다. 잘 들어보면 작곡가별로 차이가 느껴진다. 보통 존 프랜시스 바넷(1881년 편곡), 펠릭스 바인가르트너(1934년 편곡), 브라이언 뉴볼드(1980년 편곡), 리하르트 뒹저(2022 편곡)가 완성한 작품이 주로 연주된다.

교향곡 7번은 1악장에서 마단조로 시작되었다가 마장조로 바뀐다. 진지함은 어디론가 사라지고, 슈베르트가 익살스럽고 어린아이처럼 행동하는 모습이 떠오른다. 어리숙하지만 항상 음악에 진심이었던 슈베르트의 양면적인 면모가 엿보이는 작품이다. 슈베르트의 후기 교향곡 7번부터 9번까지 연결해서 들어보기를 추천한다.

쇼팽:
연습곡 Op.10 3번 〈이별의 곡〉

▶▶ ❚❚ ◀◀

Chopin: 12 Études, Op.10, No.3, Tristesse

스무 살의 쇼팽은 찬 바람이 부는 11월에 고국을 떠나 평생 돌아가지 못했다. 당시 폴란드는 러시아의 압재로 인해 폭동이 일어나는 등 매우 불안정했다. 조국 폴란드와 음악가의 꿈 사이에서 고민하던 그는 결국 오스트리아 빈을 거쳐 프랑스 파리로 향했다. 쇼팽은 스무 살의 이별이 영원한 이별이 되리라곤 전혀 상상하지 못했을 것이다.

대중적으로 잘 알려진 〈이별의 곡〉이라는 제목은 쇼팽이 직접 붙인 것은 아니지만, 그가 고국을 떠난 날의 기분이 이와 같지 않았을까 짐작을 해본다. 누구든지 인생에서 만남과 이별을 겪는다. 만남이 행복할수록 이별의 아픔은 크게 다가오기 마련이다. 쇼팽 또한 사랑했던 사람들과 조국 폴란드와 이별하면서 무척 슬퍼했다고 한다. 불안한 정세의 조국, 혁명의 중심지인 폴란드를 떠난 일은 비록 어쩔 수 없었다고 하더라도 그의 가슴에 평생 응어리로 남았다. 이 곡은 가사가 붙여져서 〈Tristesse〉라는 노래로 불리기도 한다. 귀로 듣는 음악에서 입으로 부르는 음악이 되면 느낌이 사뭇 달라진다. 너무도 아름답고 애절한 멜로디라서 로맨스를 다룬 영화나 드라마에서도 종종 배경음악으로 흐른다. 쇼팽도 이 곡에 대해 "나는 여태껏 이만큼 아름다운 멜로디를 써본 적이 없다"라고 자찬을 남겼다고 한다. 가고 싶어도 갈 수 없는 고향에 대한 그리움을 음악에 담아 표현했다. 당대의 유명한 음악평론가이자 지휘자였던 한스 폰 뷜로도 이 곡을 "감정 표현의 연구"라며 호평했다. 혹시 이별을 겪고 있다면, 또는 아직 아물지 않은 이별의 흔적을 어루만지고 있는 중이라면 이 음악을 들어보기를 추천한다. 음악은 감정을 표현하는 가장 강력한 도구니까.

타레가: 〈알함브라 궁전의 추억〉

▶▶ ⏸ ◀◀

174위

Tárrega: Recuerdos de la Alhambra

오늘은 기타로 바흐 같은 존재감을 내뿜었던 프란치스코 타레가(1852~1909)의 생일이다. 타레가의 대표곡이자 명불허전 최고의 기타곡으로 뽑히는 〈알함브라 궁전의 추억〉을 들어보자. 그는 스페인 출신 민족주의 작곡가로 클래식 기타로 혁신적인 연주 기법을 완성해서 '현대 클래식 기타 음악의 아버지'라 불린다. 체코의 작곡가 레오시 야나체크(1854~1928)와 비슷한 연배다. 타레가라는 이름은 처음 들어도 그가 작곡한 이 곡만큼은 누구나 한번쯤 들어봤을 것이다.

호아킨 소로야, 〈알함브라〉

　타레가는 원래 마드리드와 바르셀로나에서 피아노와 작곡을 공부했고, 이를 기타에 접목해 기타의 대가가 되었다. 기타와 피아노는 한 대의 악기로 선율과 화음을 동시에 연주할 수 있다는 점에서 비슷했다. 그러나 54세에 오른팔이 마비되어 연주 생활을 중단하게 되었고, 대신 작곡에 몰두해 이 곡을 비롯한 연습곡 등을 많이 남겼다. 바흐와 베토벤의 작품을 기타 음악으로 편곡하기도 했다.

　〈알함브라 궁전의 추억〉은 처음 트레몰로로 시작한다. 마치 사랑 때문에 떨리는 감정을 표현한 듯하다. 1896년 타레가는 제자이자 유부녀였던 콘차 부인을 짝사랑하고 있었다. 그러나 그녀는 그의 마음을 거부했고 슬픔에 잠긴 타레가는 여행을 떠났다. 그렇게 방문한 알함브라 궁전에서 이 곡을 만들었다고 한다. 아랍어로 '붉은 성'을 뜻하는 알함브라 궁전은 이슬람 왕의 별궁으로, 도시 전경을 한눈에 바라볼 수 있게 언덕 위에 세워져 그라나다에서 최고의 경치를 자랑한다. 특히 석양이 질 때 방문하면 궁 자체가 위대한 예술 작품이 된다. 비록 이슬람 왕조는 역사 속으로 사라졌지만 그리스도교도들이 잘 보존한 덕택에 19세기 이후에 완전히 복원되었다. 타레가는 세 살 때 사고로 시력을 잃어 앞을 보지 못했다는데, 비록 눈이 보이지는 않았지만 세상을 느낄 수 있었고, 그런 그의 마음을 기타의 선율에 실어 보냈다.

로드리고:
〈아랑훼즈 협주곡〉 2악장

▶▶ ❚❚ ◀◀

Rodrigo: Concierto de Aranjuez, II. Adagio

기타 소리가 좋아지면 찬바람이 부는 것이라는데, 딱 이맘때에 듣기 좋은 기타곡이 있다. 바로 〈아랑훼즈 협주곡〉이다. 작곡가 호아킨 로드리고(1901~1999, 스페인)는 어제의 주인공인 프란치스코 타레가와 비슷한 점이 참 많은 작곡가다. 둘 다 기타를 연주했고, 사고로 시력을 잃었고, 심지어 생일도 나란하다. 그래서 그런지,

존 싱어 서전트, 〈아랑훼즈의 정오〉

둘 사이에는 비록 49년의 시간차가 있지만 음악적으로 비슷한 정서를 공유한다.

'아랑훼즈'는 스페인의 수도 마드리드 남쪽에 위치한 도시다. 과거 스페인 왕실의 여름 궁전이 있던 곳으로, 로드리고는 옛 스페인의 영광을 상기하며 이 곡을 작곡했다. 기타와 관현악을 위한 협주곡으로서는 최고봉으로 손꼽히며 막 발표되었을 당시에도 굉장히 히트했다. 전체 3악장 구성이고 특히 2악장 아다지오가 유명하다. 이 곡 역시 제목은 몰라도 들으면 바로 아! 하게 된다. 지금이야 OTT로 전 세계의 모든 흥행작을 앉은 자리에서 모두 볼 수 있지만 예전에는 그렇지 않았다. 온 가족이 텔레비전 앞에 둘러앉아서 목 빠지게 기다렸던 KBS 《토요명화》의 오프닝이 바로 〈아랑훼즈 협주곡〉이었다.

타레가와 로드리고의 나라 스페인은 열정이 가득하면서도 사라진 존재들에 대한 애잔함이 공존하는 도시다. 타레가가 그리워하는 알함브라의 궁전도, 로드리고가 회상하는 아랑훼즈도 모두 비슷한 정서가 느껴진다.

슈베르트:
미완성 교향곡 8번 D.759

▶▶ ‖ ◀◀

Schubert: Symphony No.8 in B Minor, D759, Unfinished,
I. Allegro moderato

슈베르트는 가곡으로 잘 알려졌지만 그가 작곡한 장르는 실로 장대하다. 피아노 소나타를 23곡, 네 손용 피아노 작품 40여 곡을 작업했다. 게다가 독주 소나타와 삼중주, 현악 사중주, 미완성 교향곡까지 합하면 교향곡도 무려 아홉 곡이나 된다. 슈베르트는 워낙 동시에 이 곡 저 곡을 작곡한 데다가 영감이 떠오르는 대로 내킬 때마다 바로 악보에 옮기는 식으로 작업을 해서 한 곡을 진지하고 끈덕지게 앉아서 작곡하는 유형은 분명 아니었다.

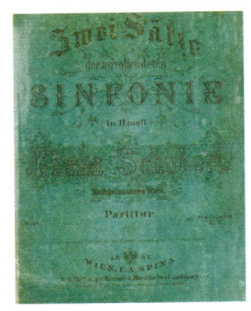

미완성 교향곡 8번 초판

　　슈베르트의 첫 교향곡은 라장조 교향곡(D.82)이다. 교향곡 1번부터 6번까지는 완성작이고(7번은 의견이 분분하다) 유명한 8번 교향곡은 2악장으로 구성된 미완성의 나단조 곡이다(보통 교향곡은 전부 4악장으로 구성된다). 뒤를 이은 아홉 번째 곡은 '베토벤의 9번째 교향곡' 징크스가 두려워 9번이라는 번호를 붙이는 대신에 '대Great 교향곡'이라고 불렀다. 하지만 안타깝게도 슈베르트 역시 '베토벤의 9번째 교향곡' 징크스를 깨지 못하고 마지막 10번째 교향곡을 작곡하다가 세상과 이별한다.

　　이 곡은 슈베르트가 1822년에 작곡에 착수했다고 전해진다. 당시 슈베르트는 1악장과 2악장을 작곡하고 나서 3악장 스케르초 악장의 작곡을 시작했지만, 다른 일 때문에 차일피일 미뤄졌다. 그러고 나서 그가 죽은 후 1865년에 다시 발견되었다. 그래서일까? 곡 또한 피날레의 느낌을 확실하게 전달한다기보다 조용히 하던 말을 멈춰버린 듯한 여운을 남겨 궁금증을 자아낸다. 마치 조용히 세상에 왔다가 조용히 사라진 슈베르트의 인생처럼 말이다.

모차르트:
교향곡 34번 K.338 3악장

▶▶ ⏸ ◀◀

Mozart: Symphony No.34 in C Major, K.338,
III. Finale. Allegro vivace

모차르트 교향곡 34번은 20대 천재 청년의 재기
발랄함이 느껴지는 곡이다. 파리에서 구직에 실
패하고 어머니를 떠나보내면서 사뭇 진지해졌다
가 다시 본연의 모습으로 돌아온 모차르트의 경
쾌함이 묻어난다. 그는 이 교향곡을 1780년 파리
에서 잘츠부르크로 돌아온 후 빈으로 떠나기 바
로 직전에 작곡했다. 일반적으로 고전 후기 교향
곡은 4악장 구성인데, 이 곡은 보통 교향곡 3악장

로버트 보노, 〈심포니〉

에 삽입되는 미뉴에트를 뺀 3악장 구성이다. 고전 교향곡의 특징인 3악장 제시부의
반복 여부와 지휘자의 템포 해석에 따라 짧게는 15분부터 길게는 25분까지, 연주
시간이 10분 정도 차이가 난다. 모차르트의 교향곡은 후기로 갈수록 대체로 4악장
(1악장 소나타, 2악장 느린 안단테, 3악장 미뉴에트와 트리오, 4악장 론도 또는 소나타)으로 구
성되는데, 31번과 34번은 모두 3악장 구성이다.

　1악장이 시작되자마자 이 곡의 중심인 '도'가 총주로 울려 퍼진다. 아주 당당하
고 용감한 느낌이다. 모차르트 교향곡 중에서 '다장조'를 사용한 곡들은 대표적으로
교향곡 9번(K.73), 교향곡 16번(K.128), 교향곡 22번(K.162), 교향곡 28번(K.200), 교향
곡 36번 〈린츠〉(K.425), 교향곡 41번 〈주피터〉가 있다. 교향곡 34번은 모차르트가 잘
츠부르크에서 작곡한 마지막 교향곡으로, 새로운 도시 빈에서의 생활을 잔뜩 기대
하며 설레는 마음이 가득 담겨 있다. 지나치다 싶을 정도로 신나서 마치 팡파르를
터뜨리는 것 같다. 수많은 작품 중에서도 유난히 경쾌함이 느껴지는 걸 보면 그에
게 고향 잘츠부르크는 하루라도 빨리 떠나고 싶은 애증의 도시였나 보다.

모차르트:
오페라《마술피리》서곡

▶▶ ⏸ ◀◀

Mozart: Die Zauberflöte, K.620, Overture

모차르트 시대에 음악가들은 자신을 경제적으로 뒷받침해주는 후원자의 존재가 매우 절실했는데, 모차르트는 자신의 든든한 후원자였던 오스트리아의 황제 요제프 2세가 죽고 나서부터 극심한 경제적 빈곤에 시달린다. 빚이 점점 늘어가는 모차르트에게 친구이자 극작가였던 엠마누엘 쉬카네더가 자신이 운영하는 극장에서 공연할 징슈필(독일어로 된 오페라)의 작곡을 부탁해 탄생한 것이《피가로의 결혼》,《돈 조반니》와 함께 모차르트의 3대 오페라로 꼽히는《마술피리》다. 1791년 9월 30일, 오페라《마술피리》공연은 대 성공을 거뒀고 그 후로 100회 이상 공연되면서 모차르트의 오페라 중 가장 훌륭한 흥행 성적을 기록했다.

오페라에서 서곡은 여러 역할을 수행한다. 전반적인 곡의 흐름을 느끼게 해주거나, 청중의 집중을 모으기 위해 오페라 내용과 상관 없이 작곡되기도 한다. 오페라《마술피리》서곡은 7분이라는 짧은 시간에 빛과 어둠, 선과 악의 세계와 권선징악을 표현한다. 강한 팡파르를 연주하는 금관악기와 우아한 현악기의 대비가 분명하다. 주인공 타미노 왕자는 자라스트로에게 잡혀간 밤의 여왕의 딸 파미나 공주를 구하러 길을 떠난다. 그 외의 등장인물로는 여행에 동참한 새잡이 파파게노와 그의 여자친구 파파게나 그리고 어려운 상황이 닥치면 언제든지 나타나서 왕자를 도와주는 밤의 여왕의 세 시녀가 있다. 왕자는 무사히 공주를 구하고, 진짜 악역이었던 밤의 여왕과 세 시녀는 천둥 번개와 함께 지옥으로 떨어진다. 간단한 이야기지만 복합적인 주제가 숨어 있다. 이런 걸 보면 모차르트는 해학과 재치가 있으면서도 지혜로운 작곡가였다. 오페라의 시작을 알리는 서곡과 1막에서 파파게노가 부르는 〈아, 나는야 새잡는 새잡이!〉, 2막의 대표적인 아리아 〈지옥의 복수가 불타오르고〉, 파파게노와 파파게나가 함께 부르는 〈사랑의 이중창〉 등의 아리아가 유명하다.

브람스:
피아노 협주곡 1번 Op.15 1악장

▶▶ ⏸ ◀◀

Brahms: Piano Concerto No.1 in D Minor, Op.15,
I. Maestoso-Poco più moderato

잊을만 하면 등장하는 가을 남자 브람스의 피아노 협주곡 1번을 들어보자. 개인적으로 매년 봄, 여름, 가을, 겨울에 고정적으로 감상하는 제철 음악이 있다. 봄에는 비발디의 사계 〈봄〉, 모차르트의 〈봄을 기다리며〉, 베토벤의 바이올린 소나타 5번 〈봄〉을 듣고, 여름에는 시원한 관악기 울림을 들을 수 있는 리스트의 헝가리 랩소디 2번과 드보르자크의 《슬라브 무곡》, 교향곡 9번을 듣고, 가을에는 쇼팽의 〈스케르초〉와 〈녹턴〉, 차이콥스키의 교향곡 6번과 교향곡 5번, 라흐마니노프의 첼로 소나타를 듣는다. 여기에 브람스가 작곡한 두 곡의 피아노 협주곡을 빼놓을 수 없다.

브람스는 쇼팽이나 리스트처럼 피아노 협주곡을 단 두 곡 작곡했다. 피아노 협주곡 1번 라단조는 〈두 대의 피아노를 위한 소나타〉로 작곡했다가 1악장을 관현악곡으로 편곡했고, 다시 피아노 협주곡으로 재편성했다. 브람스의 나이 21세인 1854년부터 25세인 1858년까지 4년의 공이 들어간 명곡이다. 그의 절친한 친구이자 바이올리니스트 요아힘에게 헌정되었다. 1859년 하노버 궁정극장에서 초연을 올려 꽤 괜찮은 반응을 얻었지만, 뒤를 이어 라이프치히에서 열린 연주회에서 대중의 반응은 처참했다. 청중들의 냉대에 브람스는 애써 태연한 척했지만 속으로는 깊은 상처를 받았다. 그 후로 더 좋은 협주곡을 만들겠다며 고향 함부르크에서 칩거했고, 두 번째 협주곡이 나오기까지 약 20년이 걸렸다. 브람스의 협주곡은 피아노 협주곡 두 곡, 바이올린 협주곡 라단조 한 곡, 바이올린과 첼로를 위한 협주곡 한 곡 등 모두 네 곡이지만, 4악장으로 구성된 곡은 피아노 협주곡 2번뿐이다.

2악장 자필 원고에는 "주님의 이름으로 오시는 분 찬미 받으소서…"라는 미사 통상문이 악보 첫머리에 쓰여 있다. 슈만의 죽음을 애도한 진혼곡이라고도 하고, 미망인 클라라를 향한 사랑의 선율이라고도 하는데 진실은 그만이 알 것이다.

브람스:
피아노 협주곡 2번 Op.83 1악장

▶▶ ❙❙ ◀◀

Brahms: Piano Concerto No.2 in B-Flat Major, Op.83,
I. Allegro non troppo

브람스는 바흐, 베토벤과 더불어 독일 음악의 '위대한 3B'로 불린다(세 사람 모두 이름에 B가 들어가기 때문이다). 브람스는 두 거인의 발자취를 따라가면서도 독보적인 음악 세계를 펼쳤다. 자칫 지루하게 느껴질 정도로 긴데다가 대부분 우울하고 매우 심각한 분위기다. 만약 브람스의 음악이 좋아지기 시작했다면 인생의 쓰고 단맛을 모두 포용할 수 있는 진정한 어른이 된 것인지도 모른다.

브람스는 20년의 간격을 두고 두 곡의 피아노 협주곡을 작곡했다. 10년이면 강산도 변한다는데, 그래서인지 두 곡의 성격은 매우 다르다. 피아노 협주곡 2번에는 보석처럼 아름다운 선율이 곳곳에 숨어 있다. 1악장 처음부터 등장하는 호른의 선율이 사람의 마음을 끌어당긴다. 피아노 협주곡 1번에서는 긴 전주 다음에 피아노 솔로가 등장했다면, 2번은 호른과 피아노의 다정하고 따뜻한 대화로 시작된다. 1악장이 매우 길어서 웬만한 모차르트의 피아노 협주곡의 전 악장과 길이가 비슷하다.

이탈리아 여행을 마치고 돌아온 브람스는 1881년 3월 빈 근교에 머물면서 이 협주곡을 구상했다. 여행에서 얻은 영감과 집중력 덕분에 그해 여름에 이미 총보를 완성했다. 48세의 브람스는 더 이상 피가 끓어오르고 한때 야망만이 가득했던 스무 살 청년이 아니었다. 피아노 협주곡 2번은 전통적인 협주곡의 3악장 형식에서 벗어나 2악장에 스케르초를 배치했고, 네 개의 악장으로 구성된다. 3악장은 안단테로 느리게 연주된다. 1번 협주곡과 비교하면 첫 시작부터 '우르르 쾅쾅'하는 극단적인 감정보다 여유를 갖추고 노래하는 농익은 작곡가의 표현력이 돋보인다. 규모가 매우 장대해서 '피아노로 연주하는 교향곡'이라는 평가를 받는다. 피아노 협주곡 1번도 연주하기 어렵지만 2번은 훨씬 더 높은 기교와 에너지를 필요로 한다. 한국을 대표하는 피아니스트 백건우(1946~)는 "브람스의 음악 세계는 피아노 협주곡 2번에 압축되었다"라고 말했다.

베토벤:
피아노 협주곡 5번 〈황제〉

▶▶ ❚❚ ◀◀

2위

Beethoven: Piano Concerto No.5 in E-Flat Major,
Op.73, Emperor, I. Allegro

베토벤의 피아노 협주곡 5번 내림마장조 〈황제〉가 라이프치히의 게반트하우스에서 공개 초연된 날이다. 이 작품이 작곡된 1809년은 나폴레옹 군대가 오스트리아 빈을 점령한 매우 혼란한 시기였다. 베토벤은 갈수록 심해지는 난청 때문에 개인적으로 매우 힘든 시간을 통과하고 있었음에도 불구하고 명곡을 탄생시켰다. 베토벤의 음악 인생은 보통 세 시기로 구분되는데, 1기는 1802년 유서를 썼던 해까지, 2기는 걸작의 숲이라고 불렀던 1803~1812년까지, 3기는 숨을 거둔 1827년까지를 가리킨다. 1802년에 유서를 썼다가 다시 살아보기로 마음먹은 베토벤이 해야 할 일은 오로지 하나였다. 자신을 삶의 길로 다시 인도한 음악! 그는 이때부터 예술적 절정기를 맞아 음악사에 족적을 남길 여러 작품을 탄생시킨다. 그중 한 곡이 바로 피아노 협주곡 5번 〈황제〉다.

〈황제〉는 전체 3악장 구성으로 교향곡을 방불케 할 정도로 규모가 매우 거대하고 위풍당당하다. 1악장에서 전주 없이 바로 피아노가 오케스트라와 함께 내림마장조의 가장 중요한 음인 '미b'를 연주한다. 첫 음부터 하늘이 열린 듯 가슴이 뻥 뚫리는 소나타 형식의 악장이다. 2악장은 자유로운 변주곡 형식의 악장이다. 찬송가풍의 매우 우아하고 아름다운 선율이 흐른다. 3악장은 론도 형식으로 마침내 승리를 향해 행진하는 악장이다. 2악장에서 쉬지 않고 바로 이어지며 오케스트라와 피아노가 팽팽한 긴장감을 유지하면서도 매끄럽게 서로의 음악에 스며든다. 개인적으로는 2악장 처음과 2악장에서 3악장으로 넘어가는 부분을 좋아한다. 〈황제〉는 1811년 1월 13일에 진행된 비공개 초연에서 협연을 맡은 오스트리아의 루돌프 대공에게 헌정되었다. 루돌프 대공은 직접 이 곡의 피아노 파트를 연주할 수 있을 만큼 뛰어난 피아노 실력의 보유자였다.

도니체티: 오페라 《사랑의 묘약》 중
〈남몰래 흘리는 눈물〉

▶▶ ❚❚ ◀◀

Donizetti: L'elisir d'amore, Act II. Una furtiva lagrima

이탈리아 오페라의 역사는 벨칸토 오페라에서 19세기 낭만주의 황금기를 거쳐 19세기 후반 사실주의 오페라(베리스모 오페라)로 이어진다. 벨칸토 오페라는 아름다운 멜로디로 극을 이끌고 성악가의 기교와 음색을 강조하기 때문에, 아리아와 카바티나 같은 서정적이고 감미로운 노래들이 많이 등장한다. 이탈리아 출신 가에타노 도니체티(1797~1848)는 로시니, 벨리니와 함께 19세기 전반 벨칸토 오페라를 이끈 작곡가다. 1832년에 펠리체 로마니의 대본을 바탕으로 2막 구성의 오페라 《사랑의 묘약》을 작곡했다. 그해 5월 12일 밀라노의 카노비아나 극장에서 초연되었다. 도니체티는 로시니의 후배였는데 작업 속도가 빠르기로 유명한 로시니보다도 곡을 빨리 써서 이 작품도 2주만에 완성했다고 한다.

《사랑의 묘약》은 사랑을 얻기 위해 싸구려 포도주를 사랑의 묘약으로 알고 마신 후 그 덕분에 사랑을 쟁취했다고 생각하는 순진한 시골 청년 네모리노가 주인공이다. '하루를 못 보면 병이 들고, 사흘을 못 보면 죽는다'라고 알려진 묘약의 효과를 진실로 믿었던 네모리노가 모든 오해와 장애물을 이겨내고 사랑하는 여인과 사랑의 결실을 맺는 결말로 끝난다. 네모리노의 순수하고 진실한 사랑이 핵심이다. 남주인공 네모리노는 테너가, 여주인공 아디나는 소프라노 그리고 사랑의 묘약을 파는 약장수 둘카마라는 베이스가 맡는다. 〈남몰래 흘리는 눈물〉은 네모리노가 아디나의 사랑을 얻었다며 기뻐하는 장면에서 부르는 곡이다. 목관악기 바순의 처연하고 아름다운 멜로디에 얹어진 아리아 덕분에 오페라의 내용을 비극이라고 오해하는 경우가 종종 있는데, 비극처럼 들리는 아름다운 멜로디가 잠깐 흐를 뿐이다. 도니체티의 지인들은 희극에 어울리지 않게 이런 처연한 아리아를 사용했다고 핀잔을 줬지만, 사실 이 아리아 덕분에 오페라는 유명세를 탔다.

드뷔시:
〈아마빛 머리카락의 소녀〉

▶▶ ❚❚ ◀◀

Debussy: 24 Préludes,
Book 1, L.117, VIII. La fille aux cheveux de lin

"나는 음악을 정열적으로 사랑하기에 메마른 전통으로부터 자유롭고자 한다. 음악은 외부로 나아가는 예술이며 바람, 하늘, 바다를 노래할 수 있는 자유로운 예술인 것이다. 음악은 전통만을 중요시하는 예술이어서는 안 된다." 20세기 음악의 문을 열었다고 해도 과언이 아닌 프랑스 작곡가 클로드 드뷔시는 시대를 뛰어넘은 사람이었다. 현실에서도 음악에서도 자유를 추구하고 여성 편력이 심했던 그였지만, 친구의 아내였던 엠마와 결혼한 후 사랑스러운 딸 슈슈를 낳아 평온하고 정착된 삶에 만족한다. 하지만 그의 경제적 상황은 갈수록 나빠졌고, 설상가상으로 1909년 47세에 암이 발병한다. 1916년에 드뷔시가 남긴 기록을 살펴보면 "살기가 점점 더 어려워지고 더 이상 작곡을 하지 못하게 된 나는 존재해야 할 이유가 없어졌다. 나는 취미도 없고 음악 말고는 배운 게 아무것도 없다는 것을 깨달았다"라고 쓰여 있다. 그토록 자유분방했던 그가 이렇게 왜소해진 모습에 마음 한구석이 아려온다.

《24곡 전주곡》의 1권은 1909년부터 1910년 사이에 작곡되었고, 2권은 1912년부터 1913년에 작곡되었다. 특이한 점은 곡마다 제목이 붙어 있는 것인데, 악보의 첫 부분이 아니라 곡의 제일 뒷부분에 숨은 메시지처럼 적혀 있다. 연주자가 제목 때문에 곡을 자유롭게 해석하는 데 방해가 될까 봐 이렇게 했다고 한다. 이 모음곡집은 드뷔시가 피아노로 할 수 있는 다양하고 새로운 시도를 직접 구현한 작품으로, 추상적인 색채감, 구조와 형식, 화성과 멜로디, 연주법이 그의 기존 작품과는 확연히 다른 양상을 띤다. 상징주의 문학을 사랑했던 그답게 음악을 할 때도 구체적인 장면을 그리기보다 상상력을 발휘한 경우가 많았다. 1권의 여덟 번째 곡 〈아마빛 머리카락의 소녀〉가 특히 유명한데, 산들산들 부는 따뜻한 봄바람처럼 조곤조곤하고 다정하게 시작되는 5음계의 곡이다. 프랑스의 시인 리콩트 드 리슬의 『스코틀랜드 노래』 중 네 번째 시에서 인용한 제목으로, 아마빛 머리의 소녀가 히스 꽃밭에 앉아 노래를 부르는 목가적인 풍경을 묘사했다.

모차르트:
교향곡 40번 K.550

▶▶ ❚❚ ◀◀

Mozart: Symphony No.40 in G Minor, K.550,
I. Molto allegro

음악사에서 '모차르트'는 상징적인 이름이다. 하이든을 기점으로 시작된 고전 시대는 모차르트 덕분에 빛을 발했다. 그런 모차르트에게도 인생의 무게를 견디는 일은 만만하지 않았다. 누구에게나 삶은 빛과 어둠이고 낮과 밤이다. 모차르트는 일찍이 여섯 살 때부터 아버지와 유럽 순회 연주 여행을 다녔다. 가장 많은 시간을 함께 보낸 아버지였지만, 엄격했던 아버지보다 어머니와 누이를 훨씬 사랑했다고 한다. 어려서부터 어머니의 부재로 인해 쓸쓸함과 외로웠던 그의 내면을 잘 보여주는 곡이 있다. 교향곡 40번이다.

어린 모차르트

작은 사단조 교향곡 25번과 더불어 큰 사단조라 불리는 40번은 그의 비애와 삶의 무게를 여실히 느끼게 한다. 서주 없이 바로 시작하는 불안한 1악장부터 음이 직선으로 올라가는 로켓 멜로디의 마지막 악장까지, 총 4악장으로 구성된다. 이 곡은 전형적인 18세기 교향곡 형식은 아니다. 전형적인 1악장은 느린 서주로 시작해서 점차 빨라져야 하는데, 이 곡은 서주 없이 멜로디가 바로 시작된다. 마치 천재 작곡가의 불안하고 초조한 마지막 순간을 들려주는 것 같다.

교향곡 40번은 1788년에 작곡되어서 1791년에 초연되었다. 오리지널 악보에는 원래 클라리넷 편성이 없었는데, 살리에리가 지휘한 초연에서는 한 쌍의 클라리넷이 추가된 새로운 악보로 연주되었다. 모차르트와 친분이 깊었던 클라리넷 연주자 안톤 슈타틀러와 그의 남동생 요한 슈타틀러가 연주에 참여할 수 있도록 클라리넷 편성을 추가한 것으로 추측된다.

바흐:
무반주 파르티타 2번 〈샤콘느〉

▶▶ ▮▮ ◀◀

Bach: Partita No.2 in D minor, BWV.1004, Chaconne

바흐가 쾨텐 궁정악장 시절에 작곡한 《무반주 바이올린을 위한 소나타와 파르티타》(BWV.1001~1006)는 세 곡의 무반주 소나타와 세 곡의 파르티타를 포함한다. 정확한 작곡 연도는 알 수 없지만 1720년경으로 추정된다. 그의 사후 52년이 지나 1802년이 되어서야 출판되었다. 여섯 곡의 모음곡집 앞에 "Sei Solo"가 적혀 있는데, '혼자', 즉 반주 없이 바이올린을 독주로 연주하라는 뜻이다. 바이올린은 선율 악기라서 일반적으로 화성을 반주하는 악기가 있어야 한다. 보통 오르간이나 하프시코드, 피아노 같은 건반악기나 기타, 오케스트라 등의 반주가 주요 선

에버트 콜리어, 〈바이올린 정물화〉

율을 받쳐주는 역할을 하는데, 무반주로 연주한다면 단 한 명의 바이올리니스트가 무대에 서서 음악의 모든 부분을 책임져야 한다.

'파르티타'는 원래 변주곡을 의미지만 모음곡이라는 의미로도 쓰인다. 파르티타 2번은 알레망드(독일)-쿠랑트(프랑스)-사라방드(스페인)-지그(영국)-샤콘느의 순서로 전개되며, 모두 춤곡의 이름이다. 다섯 악장을 모두 연주하면 35분 정도가 걸리는데, 마지막 〈샤콘느〉의 연주 시간만 무려 15분이다. 무반주 파르티타 2번 중에서도 가장 길고 유명해서 이 곡만 따로 연주될 때가 많다. 바흐는 이 곡으로 바이올린의 모든 가능성을 펼쳐내보였다. 마치 바이올린 악기 한 대가 오케스트라의 사운드를 내는 것만 같다. 느린 사라방드풍의 진지한 주제와 30개의 변주로 구성되고, 매우 어려운 테크닉이 동반된다. 자유로우면서도 엄격하고 즉흥적이면서도 형식의 중요성을 강조하는 악장이다.

쇼팽:
녹턴 21번

▶▶ ❚❚ ◀◀

Chopin: Nocturne No.21 in C minor, KK.IVb/8, Op.posth.

녹턴 21번 다단조는 쇼팽의 마지막 녹턴이다. 쇼팽 사후 발견된 작품이라 유작Posth으로 표시한다. Posth는 posthume의 줄임말로, 라틴어 posthumus에서 유래했고, '죽고 난 이후'를 의미한다. 쇼팽의 또 다른 유작으로 녹턴 20번 올림다단조가 있지만, 개인적으로는 이 곡을 더 좋아한다.

녹턴 21번은 1847년에서 1848년 사이에 작곡되었으며 출판은 거의 100년 후인 1938년에 되었다. 전체 44마디로 채워진 4분가량의 짧은 음악이지만, 이 음악을 들으면 타임머신을 타고 200년 전의 쇼팽을 만나는 기분

에드워드 스타이켄, 〈녹턴, 나무들〉

이 든다. 첫머리에 적힌 안단테 소스테누토Andante sostenuto는 '음을 천천히 유지하면서, 최대한 늦게'라는 뜻의 빠르기말이다. 연주 속도를 지시할 뿐만 아니라 음악을 어떻게 표현해야 하는지 안내해주는 말이기도 하다. 이처럼 모든 곡에는 작곡가의 의도를 알려주는 용어들이 곳곳에 심어져 있다. 이 짧은 단어들이 일종의 내비게이션 역할을 한다. 음악을 제대로 연주하고 감상하려면 작곡가의 언어와 의도를 우선 파악해야 한다. 물론 아무런 정보 없이 그저 감상하는 것만으로도 충분할 때도 있다. 그렇지만 조금 욕심을 부려서 약간의 지식을 곁들인다면 더 깊고 풍부한 음악 감상이 가능해진다. '아는 만큼 들린다'라는 옛말은 분명 틀리지 않다.

슈만:
피아노 협주곡 Op.54 1악장

▶▶ ❙❙ ◀◀

Schumann: Piano Concerto in A Minor, Op.54,
I. Allegro affettuoso

슈만의 유일한 피아노 협주곡 가단조가 1845년 오늘 독일 드레스덴에서 초연되었다. 독주 피아니스트는 당연하게도 그의 부인 클라라 슈만이었다. 총 3악장 구성이고 2악장과 3악장이 쉬지 않고 이어서 연주된다. 슈만이 클라라에게 영감을 받아 작곡해서 바친 곡이 한두 곡이 아니지만, 이 피아노 협주곡은 유독 특별하다. 그의 원 앤 온리 피아노 협주곡으로 1악장 처음부터 클라라 모드를 사용한다. 슈만은 클라라 이름의 알파벳을 따서 '도'를 C로 '라'를 A로 표기했는데, '도 시라라' 음표가 진행될 때 이를 클라라 모드라고 불렀다. 단번에 이해하기 어렵지만, 중요한 점은 악보에 둘만이 아는 사랑의 기호가 많이 숨어 있다는 것이다.

이 곡은 처음부터 협주곡으로 작곡된 작품은 아니었다. 슈만은 일찍부터 피아노 협주곡을 완성하고 싶었지만 〈환상곡〉이라는 제목으로 겨우 1악장만 발표한다. 그리고 결혼 후에 클라라의 격려와 위로를 받고 다시 용기를 내서 나머지 2, 3악장을 완성했다. 〈환상곡〉으로 작곡된 1악장은 1841년에 라이프치히 게반트하우스에서 클라라 슈만의 독주로 초연을 올렸고, 3악장까지 모두 완성된 작품은 1845년 드레스덴에서 마찬가지로 클라라의 연주로 초연되었다. 오케스트라 전주 없이 바로 피아노가 연주하는 도입부는 당시에 아주 파격적인 형식이었다. 1악장 중반부의 멜로디는 두 남녀가 사랑의 밀어를 나누듯 피아노와 클라리넷, 오보에가 번갈아 가며 연주한다. 2악장도 피아노와 첼로의 이중창으로 전개되는데, 슈만은 이 협주곡에서 피아노가 우월하게 돋보이기보다 함께 연주하는 악기들과 조화를 이루기를 강조했다. 은은하게 스며드는 느낌이랄까? 그는 이 곡을 작곡하는 동안 클라라와 함께 일기를 공유하면서 의견을 나누었다고 한다. 곡에 스민 두 사람의 짙은 사랑의 밀도가 들려오는 것만 같다.

모차르트:
《레퀴엠》 중 〈라크리모사〉

▶▶ ❚❚ ◀◀

Mozart: Requiem in D Minor, K.626, VII. Lacrimosa

음악의 천재가 우리를 떠나간 날이다. 볼프강 아마데우스 모차르트! 이름이 수도 없이 불렸을 세기의 작곡가가 남긴 마지막 작품 《레퀴엠》을 들어보자. 레퀴엠이란 죽은 영혼을 위로하기 위해 만든 진혼곡으로, 가톨릭 미사에서 연주된다. 모차르트는 세상을 떠나기 직전, 1791년 봄에 이 작품을 의뢰받았다. 영화 《아마데우스》에서도 이 곡을 작곡할 당시의 상황이 자세하게 묘사되는데, 실제 이 작품을 의뢰한 사람은 발제크-슈투파흐 백작이었다. 영화에서는 검은 두건을 쓴 무서운 모습을 한 사내로 등장한다. 백작은 병으로 죽어가는 부인을 위로하고자 모차르트에게 작품을 주문한다. 단지 연주를 위해서가 아니라 천재의 작품을 자신이 쓴 작품이라고 속이기 위해서였다. 모차르트는 몸 상태가 좋지 못했음에도 불구하고, 대작代作을 해서라도 돈을 벌어야 하는 상황이었다. 그렇게 작업에 매진하다가 마지막을 맞는다. 11월의 늦가을이었다. 어쩌면 모차르트는 백작이 아닌 자신을 위한 진혼곡을 준비했는지도 모른다.

《레퀴엠》은 입당송, 키리에, 시퀀스(연속된 여섯 개의 노래), 두 개의 봉헌송, 거룩송, 축복송, 하느님의 어린양, 영성체송 이렇게 총 8부로 구성되어 전체 14곡이다. 모차르트가 3부 〈라크리모사〉 주제의 8마디까지 작곡했고, 뒷부분은 그의 제자이자 당시 빈에서 왕성한 활동을 하고 있던 작곡가 쥐스마이어가 모차르트가 완성한 앞부분 입당송과 키리에 주제를 재활용해 작곡했다. 모차르트의 스케치가 남아 있던 부분은 최대한 그것에 근거했고, 나머지는 모차르트의 음악적 성향을 분석해서 자작으로 완성했다고 한다. '눈물의 날'이라고 해석되는 〈라크리모사〉가 가장 유명하다. 첫 음을 듣는 순간 마음이 저려온다. 지휘자 카를 뵘(1894~1981, 오스트리아)이 빈의 피아리스텐 교회에서 연주한 영상을 추천한다.

비발디:
《사계》 중 〈겨울〉

⏩ ⏸ ⏪

Vivaldi: Le Quattro Stagioni No.4 in F minor, Op.8,
RV.297, L'inverno

《사계》는 비발디가 교육용 음악으로 작곡한 바이올린 협주곡집이다. 무려 350여 년이 지나고 지구 반대편에서도 여전히 크게 사랑받고 있는 것을 보면, 비발디는 시대를 앞서간 음악가인 것이 분명하다. 그의 음악은 클래식이지만 로큰롤처럼 심장을 요동치게 만든다. 《사계》는 〈봄〉이 가장 유명하지만, 나머지 세 계절 또한 봄

조르주 부이스, 〈겨울 풍경〉

못지않게 좋다. 〈겨울〉의 마지막 3악장까지 감상해보기를 추천한다. 한 계절당 9분 정도 소요되니, 네 계절을 모두 들어도 웬만한 고전 교향곡 한 곡을 듣는 시간과 비슷하다.

1악장과 3악장은 겨울의 매서운 바람을 묘사한다. 32분음표로 이루어진 빠른 멜로디를 듣고만 있어도 추위가 절로 느껴지는 것 같다. 비발디의 《사계》를 더 깊이 감상하고 싶다면 비발디가 악보에 직접 기록했다는 소네트(시)를 읽어보면 큰 도움이 된다. 사계절의 모든 악장마다 붙어 있는데, 〈겨울〉 3악장의 내용은 다음과 같다. "꽁꽁 얼어붙은 길을 조심스레 걸어간다/ 미끄러지면 다시 일어나 걸어간다/ 바람이 제멋대로 휘젓고 다니는 소리를 듣는다/ 이것이 겨울이다/ 그렇지만 겨울은 기쁨을 실어다 준다."

이 곡은 바이올린 협주곡답게 독주 바이올린의 역할이 아주 중요한데, 보통 바로크 시기의 바이올린 협주곡은 지휘자를 별도로 두지 않고 독주 바이올리니스트가 연주와 지휘를 동시에 하는 경우가 많다. 곡의 유명세만큼 이 곡을 연주한 연주자들이 무척이나 많지만 '사계의 전설'이라고 불리는 이탈리아의 실내악단 '이 무지치 I Musici'('음악가들'을 뜻하는 이탈리아어)의 연주를 들어보길 특히 추천한다.

마스카니: 오페라
《카발레리아 루스티카나》 중 간주곡

▶▶ ∥ ◀◀

Mascagni: Cavalleria rusticana, Intermezzo

오페라 작곡가 피에트로 마스카니(1863~1945, 이탈리아)는 도니체티처럼 가난한 집에서 태어났고, 마스카니의 아버지는 아들이 음악 대신 다른 실용성 있는 학문을 공부하기를 바랐다. 하지만 마스카니는 자신을 믿고 지지해준 삼촌 덕에 음악 공부를 이어갈 수 있었고, 선배 작곡가 베르디처럼 좋은 후원자를 만나서 밀라노음악원에 입학했다. 푸치니와 동기였는데 마스카니는 그보다 다섯 살 어렸지만 오페라 작곡가로서 데뷔는 6년이나 앞섰다.

다만 마스카니는 그의 음악 성향 때문에 학교에서 잦은 마찰을 빚고 끝내 졸업은 하지 못한 채 독립적으로 활동하기 시작했다. 그런 마스카니에게 일생일대의 기회가 찾아왔는데, 오늘 감상할 오페라 《카발레리아 루스티카나》다. 1889년 밀라노에서 열린 1막짜리 단막극 오페라 공모전에 마스카니가 8일 만에 완성한 작품을 제출해서 입상한 것이다. 그의 나이 고작 26세였다. 마스카니는 이후에 15개의 오페라를 작곡하며 이탈리아 오페라계의 핵심 인물로 우뚝 섰다. 밀라노의 세계적인 오페라 라 스칼라 극장의 극장장을 맡아 지휘자로 활약하기도 했다.

오페라 《카발레리아 루스티카나》는 극 자체도 재밌지만, 중간에 오직 기악으로만 연주되는 간주곡이 특히 인기가 많다. 원래 간주곡은 막과 막 사이에 연주되지만, 이 오페라는 단막극이라 분위기가 한껏 고조된 중간쯤에 등장한다. 카발레리아는 '기사'를, 루스티카나는 '시골풍의'를 의미한다. 즉, 제목을 그대로 해석하면 '시골 기사'가 된다. 부활절 전야, 이탈리아 시칠리아섬을 배경으로 하고 전체 내용은 한마디로 '피의 복수극'이다. 곡의 처음은 현악기가 조용히 '파, 라, 도' 음을 연주하며 시작된다. 음악만 들어서는 매우 고요하고 평온한 전원곡 같지만, 사실은 피로 물든 복수극이 시작되기 직전이다. 간주곡은 영화 《대부 3》에 흘러서 더욱 유명해졌다.

시벨리우스:
바이올린 협주곡 Op.47 1악장

▶▶ ❚❚ ◀◀

39위

Sibelius: Violin Concerto in D Minor, Op.47,
I. Allegro moderato

얀 초인글린스키, 〈핀란드 풍경〉

겨울과 잘 어울리는 작곡가 장 시벨리우스의 생일이다. 이맘때면 그의 조국인 핀란드에서는 그를 기리는 연주회가 곳곳에서 열린다. 핀란드가 러시아 제국의 지배를 받던 시기에 태어난 그는 시민으로서 민족의식이 강했고, 조국의 독립에 깊은 관심을 가졌다. 독일식 음악에 익숙하면서도 북유럽 특유의 어두운 분위기와 웅장함을 곡에 담아낸 작곡가다.

　바이올린 협주곡 라단조는 시벨리우스가 바이올린만을 위해 작곡한 협주곡으로는 유일한 곡이다. 1903년에 작곡을 시작해 1904년에 완성했는데, 완벽주의 기질이 있어서 스스로 만족하지 못했고 수정에 수정을 거듭했다. 1905년에 개정판을 출판하고 같은 해 10월 베를린에서 카렐 할리르(1859~1909, 체코)의 바이올린 독주와 리하르트 슈트라우스의 지휘로 초연했다. 시벨리우스 본인이 워낙 바이올린에 관심이 많았고 연주 또한 능숙하게 잘했기에 악기의 특색을 매우 잘 파악하고 있었다. 시벨리우스 전기 작가의 말을 빌리자면 본인이 스스로 상상 속의 독주자가 되어 협주곡에 필요한 테크닉을 잘 활용했다고 한다. 음악사를 살펴보면 흥미롭게도 작곡가마다 특별히 더 잘 다루었던 전문 악기들이 있다. 비발디와 파가니니, 사라사테, 크라이슬러는 바이올린에 특화된 작곡가였다. 이 곡은 베토벤, 멘델스존, 브람스, 차이콥스키의 바이올린 협주곡과 함께 특별한 반열에 올랐다. 시벨리우스는 북구의 고유한 어두운 분위기를 표현하는 데 있어 조국의 특징적인 리듬을 자주 사용했고, 핀란드의 개성이 드러나는 표제음악과 교향곡을 많이 작곡했다. 대표적으로 7개의 교향곡, 교향시 〈핀란디아〉등이 있다. 바이올린 독주회의 앙코르로 자주 연주되는 시벨리우스의 〈마주르카〉(Op.81)도 매우 아름답다.

발트토이펠:
〈스케이터 왈츠〉

▶▶ ‖ ◀◀

Waldteufel: Skater's Waltz, Op.183

12월이면 아이스링크에서 울리는 클래식! 생상스와 비슷한 시기에 활동한 음악가 에밀 발트토이펠(1837~1915, 프랑스)이 작곡한 〈스케이터 왈츠〉다. 고전 게임 '남극 탐험'의 BGM으로 흘러서 상당히 익숙한 멜로디다. 1882년에 작곡되었으며 듣기만 해도 스케이트를 타고 신나게 달리고 싶어진다. 전체 연주 시간은 5~7분

윈즐로 호머, 〈뉴욕 센트럴파크의 스케이팅〉

정도로, 도입부와 네 개의 작은 왈츠, 후주로 구성된다. 요한 슈트라우스 2세 등이 작곡한 비엔나 왈츠와 비교했을 때 박자의 악센트와 구성 면에서 차이를 보이고, 다양한 악기의 앙상블이 멋지게 울려 퍼진다. 빈 신년 음악회의 연주 프로그램 대부분을 오스트리아 작곡가들이 차지하는데, 예외적으로 이 곡이 2017년 신년 음악회에서 연주되었을 만큼 인기가 많은 곡이다.

오늘이 생일인 발트토이펠은 현시대에 유명한 음악가도 아니고 작품 수도 많지 않지만, 생전에 궁정 피아니스트로 활동하면서 프랑스 상류 사회에서 명성을 쌓았다. 특히 1874년 영국의 에드워드 7세 앞에서 자신의 왈츠 〈마놀로 왈츠Manolo waltz〉(Op.140)를 연주해 큰 찬사를 받았고, 이때를 기점으로 국제적으로 이름을 날린다. 프랑스의 '요한 슈트라우스'라고 불릴 정도로 왈츠 작곡에 힘쓴 작곡가이기도 하다. 또한 나폴레옹 3세(보나파르트 나폴레옹의 조카)와 그 황비를 섬기며 궁정용 무곡을 많이 썼는데, 그래서인지 그의 음악은 대체로 화려한 특징이 있다. 그 외에 유명한 작품으로는 〈여학생 왈츠Estudiantina〉(Op.191)가 있다.

프랑크:
〈천사의 양식〉

▶▶ ❚❚ ◀◀

199위

Franck: Panis Angelicus, CFF.209

12월이 되면 평소에 미처 챙기지 못했던 소외된 이웃들이 더 많이 생각나고 더 자주 기도하게 된다. 오늘의 음악 〈천사의 양식〉으로 모든 사람이 조금이라도 더 따뜻하게 이 겨울을 통과하기를 바란다. 곡의 제목은 예수가 최후의 만찬에서 "이것은 내 몸이다"라고 언급한 데서 유래한다. 13세기 성 토마스 아퀴나스가 성체축일 미사를 위해 쓴 기도문의 일부분으로, 첫 가사가 "파니스 안젤리쿠스(천사 또는 생명의 양식)"로 시작한다. 이 가사를 가지고 여러 작곡가들이 작곡한 곡 중에서 이 곡이 가장 유명하다. 프랑크가 작곡한 《장엄미사》(Op.12) 5악장의 일부로 흐르기도 한다. 1872년 파리음악원에 교수로 임명된 프랑

〈천사가 있는 크리스마스 카드〉

크는 이미 12년 전에 작곡해 놓은 《장엄미사》 가장조의 일부분으로 테너, 하프, 첼로, 오르간을 위한 〈천사의 양식〉을 추가로 작업했다. 그리고 3성부를 위한 장엄 미사곡의 5악장에 집어넣어 드디어 《장엄미사》를 완성했다. 〈천사의 양식〉은 독립곡으로도 자주 연주된다.

《장엄미사》는 전체 여섯 곡으로, 키리에-글로리아-크레도-산투스/베네디투스-파니스 안젤리쿠스-아그누스의 순서다. 프랑크는 매우 신실했고 항상 기도하고 묵상하며 경건한 삶을 살았다. 그의 음악도 그를 닮아서 마음을 평화롭고 차분하게 가라앉혀준다. 오래된 영상이지만 유튜브에서 루치아노 파바로티와 그의 아버지 페르난도 파바로티가 합창하는 모습을 감상할 수 있다. 아버지는 아들 파바로티와 함께 주일마다 성당을 방문해 미사곡을 자주 불렀다는데, 부자간의 애정이 잘 느껴진다. 또 가수 스팅(1951~, 영국)이 기타 반주를 하고 파바로티가 노래를 부른 음원도 들어보길 추천한다. 팝과 클래식의 조합이 굉장히 독특하고 멋있다.

가르델:
〈간발의 차이로〉

▶▶ ❚❚ ◀◀

Cardel: Por Una Cabeza

탱고의 아버지, 크리올의 꾀꼬리, 부에노스아이레스의 노래하는 새. 이 모든 애칭이 한 사람을 가리킨다. 바로 프랑스 태생의 아르헨티나 가수 카를로스 가르델(1890~1935)이다. 그는 전설적인 탱고 가수이자 작곡가, 영화배우이면서 피아졸라의 스승으로도 유명하다. 어릴 때부터 춤과 음악에 천부적인 재능을 보여 십대에 성악가로 데뷔하고 20세에 탱고 가수로 전향했다. 원래 춤의 한 장르였던 탱고에 가사를 붙여서 '탱고-칸시온Tango-Canción'이라는 장르를 개척했다(칸시온은 '노래'를 의미한다). '네 다리 사이의 예술'이라고 불리는 탱고는 남녀 간의 춤으로 알려졌지만 사실은 부둣가에서 직업여성을 기다리는 남자들이 대기하면서 무료함을 달래기 위해 그들끼리 춘 춤에서 유래했다. 가르델이 1910년대부터 1930년대 사이에 녹음한 음반과 관련 문서들은 2003년 유네스코 세계문화유산으로 등재되었다.

어쩐지 일탈을 꿈꾸고 싶은 날엔 탱고를 들어보자. 탱고 음악 특유의 애잔한 분위기는 아코디언과 비슷하게 생긴 반도네온이라는 악기의 음색 때문이다. 카를로스가르델의 탱고 음악 〈간발의 차이로〉는 경마장에서 아깝게 패배한 상황의 아쉬움을 노래한 곡이다. 1992년 영화 《여인의 향기》에서 배우 알 파치노가 아름다운 젊은 여인과 춤을 추는 장면에서 배경음악으로 흘러 대중에게 각인되었다. 그 이전에는 잘 알려지지 않았지만 가르델이 영화배우로 활동했던 1935년에 영화 《탱고 바》에서 부른 적이 있다. 지금은 기악 연주곡으로 편곡되어 많이 연주된다. 우리나라에서는 연세대학교의 응원가 〈연세여 사랑한다〉와 각종 매체의 배경음악으로도 자주 사용된다. 가르델의 노래 〈당신이 나를 사랑하게 되는 날El día que me quieras〉도 함께 감상해보길 추천한다.

베를리오즈:
《환상교향곡》 중 2악장 〈무도회〉

102위

▶▶ ‖ ◀◀

Berlioz: Symphonie fantastique, Op.14, H.48, II. Un Bal

"사랑과 음악은 영혼의 두 날개다!" 프랑스 작곡가 엑토르 베를리오즈(1803~1869)가 남긴 말이다. 그의 《환상교향곡》은 미친 사랑의 광기가 피워낸 환상적인 걸작이다. 총 5악장으로 악장 별로 제목이 붙어 있다. 1악장 〈꿈과 열정〉, 2악장 〈무도회〉, 3악장 〈들판에서〉, 4악장 〈단두대 행진〉, 5악장 〈마녀들의 밤의 꿈〉으로, 전곡을 연주하면 50분 정도 된다. 특히 2악장과 5악장이 유명하다. 2악장에서는 〈무도회〉라는 제목답게 우아하고 경쾌한 왈츠가 흐른다. 당시 교향곡에 왈츠를 삽입한 것은 아주 이례적인 발상이었다. 음악만 들으면 서로에게 푹 빠진 두 연인이 낭만적으로 춤추는 장면이 연상되지만, 작곡가의 설명에 따르면 음악의 주인공은 정신없는 무도회장 안에서 사랑하는 여인의 모습을 찾아 이리저리 헤매는 중이다.

베를리오즈는 음악 이전에 의학을 공부했고, 문학에도 큰 관심을 보였다. 음악가 치고는 늦은 나이인 23세에 파리음악원에 입학해서 그때부터 음악을 제대로 공부하기 시작했고 1830년에 로마대상을 받으면서 음악계의 신예로 떠오른다. 정식 교육을 늦게 시작해서인지, 그의 음악은 정형화되지 않고 매우 자유로웠다. 쇼팽이나 슈만보다 일곱 살이나 많았지만 음악은 그들에 비해 현대적이다. 《환상교향곡》 특징은 '고정 악상idée fixe'이다. 각 악장에 주인공을 상징하는 선율을 배치한 것으로, 쉽게 말해 인물의 테마곡이다. 고정 악상은 악장에 따라 주제에 맞게 변형된다. 이 곡에서는 베를리오즈가 깊이 사랑한 여인 스미드슨을 상징하는 일정한 가락을 만들어 악장마다 알맞게 배치했다. 1악장의 연주가 시작되고 5분쯤에 다장조 부분에 고정 악상이 처음 등장한다. 베를리오즈의 교향곡은 나중에 교향시를 만든 리스트나 음악극의 제왕 바그너와 같은 작곡가들에게 큰 영향을 미쳤다.

슈베르트:
아르페지오네 소나타 1악장

▶▶ ❚❚ ◀◀

Schubert: Sonata For Arpeggione And Piano in A Minor, D.821,
I. Allegro moderato

1824년, 슈베르트는 매독으로 인한 합병증으로 심각한 우울증과 두통, 정신 질환을 앓고 있었다. 그의 일기를 보면 그가 얼마나 심적으로 힘들었는지, 이 시련을 음악으로 어떻게 극복하고자 했는지가 잘 드러난다. "나의 작품은 음악에 대한 나의 이해와 슬픔이 표현되어 있습니다. 슬픔에 따라 만들어진 작품이 세계를 가장 즐겁게 하리라고 생각됩니다. 슬픔은 이해를 돕게 하고 정신을 강하게 합니다."

당해 여름, 슈베르트는 헝가리에서 〈아르페지오네 소나타〉를 작곡하기 시작해 빈으로 돌아와 완성했다. 이 곡은 지금은 없어진 악기 '아르페지오네'를 위해 작곡된 유일한 곡이다. 아르페지오네는 1823년에 오스트리아의 악기 제작자이자 슈베르트의 친구인 게오르그 슈타우퍼가 만든 현악기다. 크기는 첼로와, 외형은 기타와 비슷하다. 6개의 현에 금속으로 만든 프렛이 달려 있어, 활을 사용해서 소리를 냈다. 아쉽게도 이 악기는 19세기에 잠깐 연주되었다가 잊혀졌고, 아르페지오네 전문 연주자로 그나마 이름을 알린 이는 이 곡을 초연한 빈센초 슈스터(1797~1863, 오스트리아)뿐이다.

아르페지오네가 사라진 이후, 이 소나타는 첼로, 비올라, 플루트, 기타 등 다양한 악기로 연주되었다. 음역 자체가 첼로보다 조금 높아서 첼로 연주자들이 어려워하는 곡 중 하나다. 그래서 첼로보다는 음역이 높고 바이올린보다는 낮은 비올라로도 자주 연주된다. 보통 슈베르트의 피아노 삼중주나 현악 사중주에서 느껴지는 비극적이고 격정적인 느낌과는 반대로 아주 감미롭고 사색적이다. 전체 3악장으로 구성되고 유난히 연주자들의 템포 해석이 다양해서 연주 시간의 차이가 크게 나는 편이다. 1악장에서 피아니스트가 먼저 연주하기 시작하면 뒤이어 첼로가 따라 들어온다. 고즈넉한 멜로디로 시작해 부드러운 론도로 끝나고, 2악장의 아다지오는 짧지만 감탄을 자아낼 만큼 멋지다.

비발디:《그만두어라, 이젠 끝났다》중 〈왜 나의 슬픔 외에는 원치 않을까〉

▶▶ ❚❚ ◀◀

Vivaldi: Cessate, omai cessate, RV.648,
Ah, ch'infelice sempre

오늘은 비발디의 세속 칸타타《그만두어라, 이젠 끝났다》중에서 〈왜 나의 슬픔 외에는 원치 않을까〉를 들어보자. 작곡 연도는 정확하지 않지만 대략 1720년대에서 1730년대 초반 사이, 비발디가 베네치아에서 활동하던 시기에 작곡한 것으로 추정된다. 사랑을 잃은 양치기의 모습을 표현한 세속 칸타타로, 바로크 세속 칸타타 중 바흐의 《커피 칸타타》와 더불어 가장 유명하다. 국내에서는 한국을 대표하는 박찬욱 감독의 영화《친절한 금자씨》의 OST로 쓰여 더욱 주목을 받았다. 알토와 현악기를 위해 작곡된 곡으로, 두 개의 레치타티보와 두 개

에드치드 로버트 휴스, 〈경솔한 양치기〉

의 아리아로 구성된다. 첫 번째 레치타티보 〈그만두어라, 이젠 끝났다〉와 두 번째 아리아 〈왜 나의 슬픔 외에는 원치 않을까〉, 세 번째 레치타티보 〈그러므로 나는 당신들에게 달려갑니다〉 그리고 마지막 아리아 〈끔찍한 거처, 고통의 안식처 안에서〉 네 곡을 모두 부르면 11분 정도 소요된다. 레치타티보와 아리아가 교대로 나온다.

칸타타는 교회에서 자주 불리는 교회 칸타타와 세속적인 내용을 담은 세속 칸타타로 나뉘는데, 이 곡은 내용을 슬쩍 훑어만 봐도 당연히 세속 칸타타에 속한다는 사실을 알 수 있다. 특히 두 번째 아리아가 복수의 허무함과 비애를 다룬《친절한 금자씨》와 내용이 상당히 비슷하다. 세속 칸타타는 독창·중창·합창과 기악 반주로 이루어진다. 바로크의 성악 장르인 '모테트'도 유명한데, 모테트는 일반적으로 더 보편적이고 순수한 종교적 가사에 중점을 두고, 교회 칸타타는 예배에서 분위기를 조성하려는 목적으로 부른다. 가사의 내용과 노래하는 장소에 따라 달라지지만, 일반적으로 모테트가 교회 칸타타보다 좀 더 종교적인 색채가 짙다.

바흐: 《마음과 입과 행동과 생명으로》 중 〈예수, 인간 소망 기쁨〉

▶▶ ❚❚ ◀◀

Bach: Herz und Mund und Tat und Leben, Cantata BWV.147,
Jesus bleibet meine Freude

바흐의 세속 칸타타 중에 가장 유명한 곡이 《커피 칸타타》였다면, 교회 칸타타 중에 가장 유명한 곡은 《마음과 입과 행동과 생명으로》다. 칸타타는 바흐의 성실함과 신앙심을 가장 잘 나타내는 성악 장르였고, 그는 약 200곡의 교회 칸타타를 작곡했다. 1723년에 작곡된 이 칸타타는 열 곡으로 구성되며, 전체 연주 시간은 32분

요한 제바스티안 바흐 교회

정도다. 이 칸타타는 독일어로 불리는 루터교 예배 음악으로, 신앙, 사랑, 경건한 삶의 중요성을 주제로 한다. 마지막 합창 〈예수, 인간 소망 기쁨〉에는 3박자 계통의 잔잔하고 차분한 멜로디가 흘러서 가만히 듣거나 따라 부르다 보면 마치 명상을 하는 듯한 효과가 있다. 정말로 신이 평화를 내려주는 기분이다.

〈예수, 인간 소망 기쁨〉는 20세기 초에 피아니스트 마이라 헤스(1890~1965, 영국)가 피아노 솔로 〈예수, 인간 소망의 기쁨Jesu, Joy of Maús Desiring〉으로 편곡해서 자주 연주되었다. 그밖에 크로스오버 연주자들에게도 많은 사랑을 받았는데, 아일랜드 4인조 여성 그룹 켈틱 우먼Celtic Woman의 연주나 영국의 킹스 칼리지 합창단Choir of King's College, Cambridge의 노래도 훌륭하다.

바흐:
《크리스마스 오라토리오》

▶▶ ‖ ◀◀

Bach: Christmas Oratorio, BWV.248

바흐가 1734년 라이프치히에 있을 때 작곡한 《크리스마스 오라토리오》를 들어보자. 성탄절에 교회에서 연주될 목적으로 작곡된 곡이니 12월과 제일 잘 어울리는 곡이라 할 수 있다. 바흐는 오페라를 작곡하지는 않았지만, 누가복음, 마태복음 등 신약성서에서 영감을 얻어서 세 곡의 오라토리오 《크리스마스 오라토리오》,《부활절 오라토리오》(BWV.249),《승천 오라토리오》(BWV.11)를 작곡했다. 특히 이 곡은 바흐가 자신의 아리아를 개사하는 패러디 기법으로 작곡한 것이다.

《크리스마스 오라토리오》의 연주 시간은 약 2시간 30분으로, 꽤 길어서 보통 중간에 쉬는 시간을 두고 두 번에 걸쳐서 연주한다. 총 여섯 부분으로 나뉘는데 각각 독립된 칸타타 형식이라 발췌해서 따로 연주되기도 한다. 예수가 탄생한 12월 25일부터 26일, 27일 그리고 신년인 1월 1일, 1월 2일, 주님 공현 대축일인 1월 6일, 이렇게 여섯 날을 음악으로 표현했다.

1부는 〈환호하라, 기뻐하라!〉로 크리스마스 첫날을 기념하듯이 밝고 경쾌하고 웅장한 합창으로 시작된다. 3/8박자 빠른 템포로 예수 탄생을 축하하고 천상과 지상에서 기뻐하는 모습을 묘사한다. 2부 〈그곳에는 목자들이 있노라〉에서는 천사들이 목동들에게 예수의 탄생을 알리는 내용과 어울리는 목가적이고 따뜻한 멜로디가 흐른다. 자장가 〈잠드소서, 존귀한이여〉는 평화로운 분위기를 조성한다. 3부 〈하늘의 왕이여, 우리를 들으소서〉는 아기 예수를 경배하러 가는 장면에 걸맞게 경건한 합창이 울린다. 4부 〈감사와 찬양으로 엎드리라〉에서는 예수의 위대함을 찬양하고, 5부 〈하나님께 찬송과 영광을〉은 동방박사들이 베들레헴으로 가는 길을 묘사하는 레치타티보와 찬송가 합창이 흐른다. 마지막 6부 〈주여, 교만한 적이 분노할지라도〉에서는 동방박사들이 예수를 숭배하고 경배하면서 음악을 마무리한다.

베토벤:
교향곡 3번 〈영웅〉 1악장

▶▶ ❚❚ ◀◀

Beethoven: Symphony No.3 in E-Flat Major, Op.55, Eroica,
I. Allegro con brio

음악의 성인 루트비히 반 베토벤의 생일이다. 음악가로서도 인간으로서도 '영웅'이라 부르고 싶은 그의 교향곡 〈영웅〉을 감상해보자. 베토벤은 이 음악으로 고전에서 낭만으로 가는 문을 열었다. 1803년과 1804년 사이에 작곡해 1805년 4월 7일 빈에서 초연을 올렸다. 당시 대규모의 편성과 긴 연주 시간에 대중들은 크게 당황했다고 한다. 원래 이 곡은 프랑스 장군 나폴레옹 보나파르트에게 헌정할 목적으로 작곡되었다. 하지만 나폴레옹이 황제로 즉위하자 즉시 계획을 철회하고 "위대한 한 인간의 추억을 위하여"라고 표지에 적었다. 따라서 이 곡의 부제 '영웅'은 나폴레옹이 아니라 일반적인 영웅상을 의미하게 되었다. 나폴레옹은 베토벤과 한 살 차이밖에 나지 않는 동시대인으로, 베토벤은 그가 자유와 평등을 실현해줄 것이라 굳게 믿었는데, 막상 그의 독재적인 행보가 계속되자 큰 상실감을 느꼈다.

베토벤은 시대와 정치에 관심이 많았고, 자신의 감정, 정치적 이상, 인간적인 고뇌와 승리를 음악에 그대로 담아내고자 했다. 〈영웅〉은 전체 4악장으로 구성된다. 2악장은 장송곡 형식이라 장중한 분위기를 띠고, 3악장은 경쾌하고 빠르게, 4악장은 주제와 변주곡 형식으로 연주된다. 4악장의 멜로디는 베토벤의 피아노 변주곡 〈에로이카〉(Op.35)에서도 흐른다.

1802년, 32세에 귓병으로 인해 자살까지 생각하며 유서를 썼던 베토벤은 이 음악으로 다시 영웅처럼 환생했다. 고뇌를 통해 더욱 성숙해진 그의 모습을 살펴볼 수 있다. 교향곡 1번 다장조(Op.21)의 연주 시간이 25분, 교향곡 2번 라장조(Op.36)의 연주 시간이 30분인 것에 비해 이 곡의 연주 시간이 50분으로 길어진 것을 보면, 그가 음악으로 전하고 싶은 이야기가 훨씬 많아졌음을 보여준다.

라벨:
피아노 협주곡 M.83 2악장

▶▶ ‖ ◀◀

Ravel: Piano Concerto in G Major, M.83, II. Adagio assai

모리스 라벨은 자유분방한 파리지엔이라기보다 예의와 품격이 뼛속까지 배인 영국 신사 같다. 언제나 정돈된 머리 모양을 하고 제대로 갖춘 양복을 입고 있다. 겉모습만 봐도 그가 얼마나 외모를 중시했고 결벽에 가까운 완벽주의 성향을 지녔는지 알 수 있다. 라벨은 생상스와 포레 그리고 드뷔시에 이어 프랑스 음악의 바통을 이어갔다. 19세기 후반 인상주의를 대표한다는 점에서는 상통하지만, 라벨과 드뷔시는 성격이나 음악적인 면에서 많은 차이가 있다. 드뷔시의 음악은 라벨에 비해 매우 감각적이고 몽환적이다. 사생활에서도 자유로운 영혼의 표상 그 자체였던 반면, 라벨의 음악은 훨씬 형식적이고 규칙적이면서 고전적이다. 드뷔시보다 13년 늦게 태어났지만 훨씬 더 보수적이고 규범적이었다. 그는 160cm에 채 못 미치는 작은 키와 왜소한 몸 때문에 제1차세계대전이 발발했을 때 전방에서 직접 총을 들고 싸우지는 못했지만 공군의 운전병으로서 성실하게 전쟁에 임했다. 전우들의 부상과 전장의 비극을 온몸으로 겪은 그는 전역 후 음악에 인간 존재에 대한 깊은 성찰을 담기 시작했다. 1917년 그의 명곡인 〈쿠프랭의 무덤〉이 탄생한 배경이다.

전쟁 후 한동안 휴지기를 둔 라벨은 1928년에 미국 여행을 다녀온 이후 두 개의 피아노 협주곡 작곡에 착수한다. 하나는 왼손을 위한 피아노 협주곡 라장조(M.82)이고 다른 하나는 피아노 협주곡 사장조(M.83)다. 오늘의 음악인 피아노 협주곡 사장조는 특히 2악장의 아름다운 피아노 독주가 널리 사랑받고 있다.

어머니로부터 물려받은 스페인 혈통의 영향인지, 이 곡에서 그의 열정적이면서도 경쾌한 바스크Basque(프랑스 국경과 스페인의 경계지역) 기질이 뚜렷하게 부각되고, 마치 경쟁하듯 치열하게 연주하던 오케스트라와 피아노가 마지막 한 음을 동시에 터뜨리고 화려한 막을 내린다. 1932년 1월 14일 파리에서 절친인 피아니스트 마르게리트 롱(1874~1966, 프랑스)의 연주와 라벨의 지휘로 초연되었다.

드보르자크:
교향곡 8번 Op.88 B.163 3악장

▶▶ ⏸ ◀◀

Dvořák: Symphony No.8 in G Major, Op.88, B.163,
III. Allegretto grazioso-Molto vivace

드보르자크는 팔색조 같은 매력을 지닌 작곡가다. 자유롭지만 쉽게 눈치채지 못할 만큼 자연스럽게 조성과 화음을 변화시킨다. 특히 조국 체코의 보헤미안 정서를 바탕으로 그만의 독보적인 색채를 더해 음악을 작곡했다. 그러나 그는 천재적인 음악성과는 별도로, 예술가의 기벽이 엿보이지 않고 주변에서 쉽게 만날 수 있는 보통 사람 같은 분위기를 풍긴다. 그의 음악에서 왠지 모를 편안함이 느껴지는 것도 그의 인간적인 면모가 투영되었기 때문일 것이다. 그는 독주곡부터 교향곡까지 다양한 장르에 관심이 깊었고, 베토벤처럼 교향곡을 총 아홉 곡 작곡했다. 그 유명한 '9번 징크스'도 드보르자크에게는 통하지 않았다. 전곡 모두 4악장 구성으로 무사히 완성했으며, 그중에서 교향곡 8번이 가장 밝고 전원적이며 목가적인 것으로 알려져 있다.

교향곡 8번은 전체 4악장이 어느 한 악장도 포기할 수 없을 만큼 아름다운 곡이다. 1악장은 첼로가 주가 되어 서정적인 선율을 연주하고 베토벤의 전원 교향곡처럼 자연 풍경과 농촌의 정서가 물씬 풍긴다. 2악장은 플루트와 클라리넷, 오보에 같은 목관악기가 마치 새 여러 마리가 합창하는 듯한 소리를 내는데, 1악장만큼이나 연주 시간이 길다. 다단조로 시작해서 다장조로 끝나는 조성의 변화도 특별한 감상 포인트다. 가장 유명한 3악장은 사단조의 우아한 왈츠풍으로, 알레그레토 그라지오소(조금 빠르며 우아하게)로 시작해서 몰토 비바체(매우 빠르게)로 끝난다. 3악장도 사단조로 시작해서 사장조로 바뀌며 곡의 분위기에 변화를 주었다. 첫 멜로디는 마치 실크 스카프가 바람에 휘날리는 모양새처럼 바이올린이 부드럽게 연주하는데, 비록 강렬한 사운드는 아니지만 그의 유머레스크처럼 자연스럽게 다가와 품에 폭 안기는 따뜻한 느낌이다. 이 시작 부분을 들으려고 20분을 기다린다는 사람도 있을 정도로 감미롭다.

모차르트:
피아노 소나타 8번 K.310 1악장

▶▶ ❚❚ ◀◀

Mozart: Piano Sonata No.8 in A Minor, K.310,
I. Allegro maestoso

모차르트가 사랑하는 어머니를 떠나보내고 작곡한 피아노 소나타 8번 가단조를 감상해보자. 모차르트가 작곡한 피아노 소나타는 모두 19곡인데, 편곡한 소나타를 제외하고 18곡으로 세기도 한다. 1774년 그의 나이 18세에 작곡한 K.279부터 1789년에 작곡한 마지막 소나타 K.576까지, 피아노 소나타는 그의 생애 전반을 지배한 장르였다. 모차르트는 오페라와 협주곡 등 규모가 큰 장르에 관심이 더 많았지만 피아노 소나타에 대한 애정도 만만치 않았다. 주로 생계를 위해 작곡을 하고 작품을 팔아 돈을 벌었던 그였지만, 그 안에서도 자기다움을 잃지 않았고 어떤 소나타를 들어 봐도 그의 음악이라는 것을 눈치챌 만큼 모차르트의 색깔이 진하게 느껴진다.

이 곡은 1778년 22세에 파리에서 작곡한 곡이다. 19개 소나타 중 14번(다단조)과 더불어 유일한 단조 소나타이고, 전체 3악장 구성이다. 1악장의 시작은 알레그로 마에스토소(빠르고 당당하고 위엄있게)인데, 오른손이 멜로디를 연주하고 왼손은 화음으로 반주한다. 상당히 남성적으로 들리면서도 어딘가 마음 한편에 슬픔을 한 움큼 품고 있는 것처럼 들린다. 오른손의 멜로디만큼이나 왼손의 끊이지 않는 반주도 상당한 기술력과 음악성을 요구한다. 2악장(바장조)의 지시어는 안단테 칸타빌레(느리고 노래하듯이)지만 마냥 평온하고 따뜻한 느낌은 아니다. 게다가 세 악장 중에서 제일 길다. 전곡이 22분 정도 연주되는데 2악장만 11분을 차지한다. 모차르트의 색채는 주로 온화한 악장에서 가장 잘 드러난다. 3악장은 다시 가단조로 돌아와서 론도 형식으로 불안한 멜로디를 선보인다. 이 곡을 작곡했을 당시 모차르트는 어머니 안나 마리아와 함께 파리에 머무르고 있었다. 병약했던 어머니는 끝내 7월에 모차르트를 남겨두고 세상을 떠났다. 그렇게 허망하게 손 한번 제대로 쓰지 못하고 어머니를 보내야만 했던 모차르트는 이 음악으로 그의 심정을 대변했다.

푸치니: 오페라 《토스카》 중
〈오묘한 조화〉

▶▶ ‖ ◀◀

Puccini: Tosca, Act I. Recondita armonia

푸치니는 로마제국과 사랑 이야기, 담배와 정장, 새벽을 사랑했다. 푸치니의 히트작 중 하나인 오페라 《토스카》의 배경은 로마다. 세 명의 주인공이 모두 죽는 유혈극으로, 남녀 주인공인 카바라도시와 토스카는 각각 테너와 소프라노가 맡고 악역 스카르피아는 바리톤이 노래한다. 오페라의 원작은 프랑스 작가 사르두의 연극 《토스카》다. 연극의 인기가 얼마나 대단했으면 사람들이 벽에 붙은 현수막마저 뜯어갔다는 일화가 전해진다. 체코 출신의 아르누보 장식 미술가 알폰스 무하가 만든 연극 포스터는 지금 봐도 멋있다. 1890년에 이 연극을 처음 보고 푹 빠진 푸치니는 바로 사르두와 계약을 맺었다. 그렇게 3막으로 줄인 연극에 음악을 입혀 오페라 《토스카》를 탄생시켰다.

　이 오페라에는 각 막마다 대표 아리아가 있다. 1막의 주요 무대는 남주인공 카바라도시가 성화를 그리고 있는 성 안드레아 델라 발레 성당이다. 이곳에 로마공화국의 정치범 안젤로티가 몸을 숨기기 위해 들어온다. 그리고 이때 안젤로티의 옛 친구이자 혁명파 화가 카바라도시가 마리아 막달레나 성화를 그리면서 부르는 노래가 〈오묘한 조화〉다. 2막에서는 토스카가 경찰서장 스카르피아에게 연인을 살리고 싶다면 자신의 요구를 들으라고 협박당하고, 이에 극도로 슬퍼하면서 오페라의 시그니처 아리아 〈노래에 살고, 사랑에 살고〉를 부른다. 3막의 배경은 그 유명한 산탄젤로 성(천사의 성)이다. 옥상 꼭대기에 성 미카엘 천사가 청동검을 들고 서 있다. 주인공 카바라도시는 사형 집행 전에 토스카와의 좋은 시절을 회상하며 아리아 〈별은 빛나건만〉을 부른다. 토스카는 스카르피아의 협상을 따르는 척했지만 그를 칼로 찔러 죽이고 사형에 처하게 된 애인 카바라도시를 구하러 간다. 하지만 때는 이미 늦었고, 카바라도시는 스카르피아의 명령으로 총살을 당한다. 그의 죽음을 슬퍼한 토스카도 절벽에서 뛰어내려 자결하고, 〈별은 빛나건만〉의 도입부가 다시 흐르며 막이 내린다.

푸치니: 오페라 《투란도트》 중 〈아무도 잠들지 마라〉

▶▶ ⏸ ◀◀

Puccini: Turandot, Act III. Nessun dorma

지아코모 푸치니는 토스카나 지방의 작은 도시 루카의 음악가 집안에서 태어났다. 푸치니는 "좋은 대본이 없으면 나의 음악은 쓸모가 없다"라고 말할 정도로 오페라 작곡에 있어 소재를 선택하고 대본을 다듬는 일에 매우 공을 들였다. 그는 오페라 《투란도트》를 두고 "이제까지의 내 오페라들은 전부 버려도 좋다"라고 말할 정도로 큰 애정을 보였다.

'투란도트'는 중앙아시아의 지역 이름 '투란Turan'과 '딸'이라는 뜻의 '도트dokh'의 합성어다. 수수께끼 세 개를 맞추지 못하면 목숨을 내놓아야 한다는 조건에도 공주의 아름다움에 눈이 먼 외국 왕자들은 투란도트에게 청혼을 하러 찾아왔다가 목숨을 잃는다. 그러던 중 전쟁에서 패해 나라를 잃은 이방의 왕자 칼라프가 목숨을 걸고 수수께끼에 도전한다. 왕자는 앞서 두 문제를 간단하게 맞추고 모두의 응원을 받으며 마지막 문제를 마주한다. "그대에게 불을 붙이는 얼음, 그러나 그대가 뜨겁게 타오를수록 더욱 차갑게 어는 얼음. 그건 대체 뭘까?" 칼라프는 잠시 당황했지만 "투란도트!"라고 공주의 이름을 외친다. 수수께끼를 통과한 칼라프가 역으로 투란도트에게 자기 이름을 맞춰보라는 문제를 내고, 이때 승리를 확신하며 부르는 유명한 아리아가 〈아무도 잠들지 마라〉다. 어떻게든 결혼을 피하려는 투란도트는 필사적으로 칼라프의 이름을 알아내려고 티무르 왕을 모시는 여종이었던 류와 한때는 왕이었으나 나라가 망하자 떠돌이 신세가 되어버린 티무르를 고문한다. 그 과정에서 류는 자신이 남몰래 사랑했던 왕자를 위해 자결하는데, 푸치니는 후두암 후유증으로 여기까지만 작곡하고 세상을 떠났다. 칼라프가 마침내 투란도트의 사랑을 얻게 되는 해피엔딩은 푸치니의 절친한 친구였던 프랑코 알파노가 완성한 것이다. 이 작품이 초연된 1926년 4월 25일 저녁, 지휘자 토스카니니가 '류의 죽음' 부분까지만 연주하고 "푸치니 선생님은 여기까지 작곡하고 돌아가셨습니다"라고 말한 뒤에 숙연하게 지휘봉을 내려놓았다는 일화가 전해진다.

바흐:
⟨사라방드⟩

▶▶ ‖ ◀◀

Bach: Cello Suite No.6 in D Major, BWV.1012,
IV. Sarabande

바흐의 무반주 첼로 모음곡 6번은 1번에 비해서는 덜 유명하지만, 매니아층이 상당히 두터운 작품이다. 겨울이 되면 꼭 들어야 하는 제철 음악이기도 하다. 이 모음곡집은 다른 모음곡과 달리 다섯 줄 첼로(비올론첼로 피콜로)를 위해 작곡된 것으로 추정된다. 그래서 지금도 이 곡을 연주할 때는 시대 악기인 비올론첼로 피콜로(피콜로 첼로라고도 한다)가 자주 사용된다. 악기 이름에 '피콜로'가 붙으면 크기가 더 작고, 연주할 수 있는 음역은 더 높다는 뜻이다. 피콜로 플루트, 피콜로 트럼펫, 피콜로 바이올린, 피콜로 첼로, 피콜로 기타, 피콜로 클라리넷, 피콜로 트롬본 등이 있는데 현재에는 주로 피콜로 플루트와 피콜로 트럼펫, 피콜로 기타만 연주되고 나머지는 거의 사용되지 않는다. 현대 첼로와 피콜로 첼로의 가장 큰 차이는 음색과 연주의 용이성으로, 피콜로 첼로의 음색이 더 밝고 선명하며 5현(E현)이 추가되어 있어서 고음역대를 연주하기가 더 편하다. 첼로의 원래 이름은 비올론첼로Violoncello인데, 줄여서 첼로라고 부른다.

　무반주 첼로 모음곡 6번은 높은 음역을 주로 사용하고, 바흐가 작곡한 여섯 곡의 무반주 첼로 모음곡 중 가장 화려하고 기교적으로 어렵다. 바흐의 대표적인 기악곡이 대부분 쾨텐 시기에 작곡되었다는 사실을 여러 번 언급했는데, 이 곡도 마찬가지다. 모두 다섯 악장 구성으로, 화려하고 빠르게 시작되는 ⟨프렐류드⟩가 보통 빠르기로 연주되고, 부드럽고 섬세한 독일풍의 춤곡 ⟨알르망드⟩, 빠르고 생동감 있는 ⟨쿠랑트⟩, 그리고 두 개의 ⟨가보트⟩와 느리고 깊이 있는 스페인 춤곡풍의 ⟨사라방드⟩, 마지막으로 빠르고 경쾌한 6/8박자의 춤곡인 ⟨지그⟩가 순서대로 등장해 화려하게 끝을 맺는다. 바로크 시기 모음곡은 대부분 춤곡이었는데, 원래 춤곡은 춤을 추기 위해 만들어진 음악이지만 점차 기악 연주만을 위한 곡으로 발전한다. 다섯 번째로 등장하는 느린 춤곡 ⟨사라방드⟩의 멜로디가 매우 고혹적이고 아름다운데, 클래식 매니아이자 영국의 팝가수 스팅이 이 멜로디에 가사를 붙인 ⟨You Only Cross My Mind In Winter⟩도 함께 들어보길 권한다.

차이콥스키: 《호두까기 인형》 중 〈꽃의 왈츠〉

▶▶ ❚❚ ◀◀

Tchaikovsky: The Nutcracker, Op.71, Waltz of the Flowers

차이콥스키는 멜랑콜리한 정서로 잘 알려진 19세기 후반의 러시아 작곡가다. 대부분 그의 작품들이 어둡고 고상한데 반해, 발레《호두까기 인형》은 좀 다르다. 경쾌하고 귀엽다고 할까? 매우 의외지만. 차이콥스키는 '예쁜 것'을 굉장히 좋아했다. 예를 들면 발레 같은 예술 장르 말이다. 발레에는 전통 클래식 발레와 현대 기법을 더한 네오 클래식 발레, 완전히 새로운 형식과 내용으로 전통의 틀을 깬 현대 발레(컨템퍼러리 발레) 등이 있다. 발레는 음악이 만들어내는 이야기 위에 동작이라는 색채를 덧입힌 종합예술이다. 15세기 이탈리아에서 시작되어 16~17세기에 프랑스 궁정에서 꽃을 피웠다. 이탈리아 최대 갑부 가문 메디치가의 카트린 드 메디치 공주가 14세에 프랑스의 앙리 왕자와 결혼식을 올리면서 이탈리아의 음악가와 발레 무용수들을 프랑스로 데려갔다. 프랑스인들은 발레에 한껏 매료되었고 이 장르는 18세기와 19세기 제정 러시아 시기에 또다시 전성기를 맞았다. 그 중심에 프티파라는 프랑스 무용가와 차이콥스키가 있다. 다른 음악가들과 달리 차이콥스키는 발레에 큰 애정을 가지고 수작을 남겼다.《백조의 호수》,《잠자는 숲 속의 미녀》,《호두까기 인형》이 그의 3대 발레 음악으로 손꼽힌다.

《호두까기 인형》은 독일 극작가 E. T. A. 호프만의 환상 동화를 각색하여 만든 15곡의 모음곡으로, 1892년 12월 18일 러시아 상트페테르부르크의 마린스키 극장에서 초연되었다. 클라라라는 한 소녀가 크리스마스이브에 선물 받은 호두까기 인형과 함께 환상의 세계를 여행하는 이야기다. 공연이 열렸다 하면 티켓이 남아나지 않아서 못 보지만, 1892년 초연 당시에는 혹평을 금치 못했다. 성인 남녀의 로맨스가 빠져서 극적인 장면이 없다는 것이 이유였다.

**12월
25일**

🎧

〈저 들 밖에 한밤중에〉

▶▶ ❙❙ ◀◀

The First Noël

모두가 손꼽으며 기다리는 연말의 크리스마스다. 소음 문제 때문에 어쩔 수 없다지만, 이맘때가 되면 거리에 캐럴이 울려 퍼졌던 그 옛날의 크리스마스 분위기가 유독 그리워진다. 아쉬운 마음을 음악으로 달래보자. 오늘의 음악은 〈The First Noël〉로, 한국어로 번역된 제목은 〈저 들 밖에 한밤중에〉이다. 'Noël'은 프랑스어로 성탄 또는 크리스마스를 뜻하는데, 영국 남서부의 콘월 지방에서 유래한 것으로 추측된다.

제임스 쿨라넥, 〈크리스마스〉

〈The First Noël〉은 1823년에 가수 윌리엄 샌디스 (1792~1874, 영국)의 앨범 《Christmas Carols Ancient and Modern》에 처음 등장했다. 이 곡을 들으면서 성큼 다가온 크리스마스의 분위기와 예수 그리스도의 탄생을 기리면서 성탄의 기쁨을 누려보자. 천사들이 목자들에게 예수의 탄생을 알리고, 동방 박사들이 아기 예수를 경배하는 모습이 눈앞에 펼쳐지는 것만 같다. 가사는 성경의 누가복음 2장과 마태복음 2장을 바탕으로 했다. "이스라엘의 왕 예수 그리스도가 구세주로 나셨다Noël, Noël, Noël, Noël! Born is the King of Israel!"를 반복하면서 온 인류의 평화와 희망을 노래한다. 오케스트라 연주 버전과 미국의 팝페라 가수 조쉬 그로반 (1981~)의 감미로운 목소리로 들어보길 권한다. 간단하고 소박한 멜로디지만 부르는 사람도 듣는 사람도 모두 평온해지는 곡이다. 모두에게 사랑과 희망 그리고 평화를. 메리 크리스마스!

슈베르트: 피아노 삼중주 2번 Op.100 D.929 2악장

⏭ ⏸ ⏮

Schubert: Piano Trio No.2 in E-Flat Major, Op.100, D.929,
II. Andante con moto

오늘의 음악은 슈베르트가 작곡한 두 곡의 피아노 삼중주(Op.99, Op.100) 중 두 번째 내림마장조 곡이다. 두 곡 모두 상당히 매력적이지만 대중에게는 이 곡이 조금 더 사랑받고 있다. 그가 사망하기 1년 전에 완성한 작품으로, 초연은 다음 해인 1828년 1월 26일에 빈에서 슈베르트가 직접 연주했다. 그의 생전 마지막 연주회였다. 깊은 감성과 서정성이 돋보이며, 피아니스트라면 꼭 연습해야 하는 곡으로 인정받는다. 작품 번호를 자세히 살펴보면, 출판된 순서(Op)는 100번째이지만 이전에 그가 작곡한 곡(D)의 수는 무려 929개나 된다.

주로 짧은 곡을 즐겨 작곡했던 그였지만 말년의 작품은 정반대의 모습을 띤다. 슈베르트의 마지막 피아노 소나타들은 연주 시간이 평균 40분을 넘는다. 이 곡 역시 총 4악장으로 42분 정도 연주되는데, 시간적 여유가 있다면 꼭 전 악장을 감상해보기를 추천한다. 피아노, 바이올린, 첼로 세 악기가 혼연일체가 되어 동시에 1악장을 시작한다. 그 짜릿한 긴장감이란! 누구 하나 뒤로 빠지지 않고 각각의 악기가 독주자로서 선명한 소리를 내뿜는다. 이게 바로 실내악의 매력이자 묘미다. 이 곡은 마라톤을 뛰는 느낌이 들 정도로 많은 에너지를 필요로 한다. 슈베르트는 작곡뿐만 아니라 피아노 연주에도 능했던지라, 그의 음악에서는 피아노 파트가 독주 소나타처럼 음표도 많고 다양한 리듬으로 구사된다. 1827년은 그의 또 다른 대표작인 연가곡집《겨울 나그네》가 작곡된 해였고, 평생을 방황하고 외로워했던 그가 인생의 마지막엔 해피 엔드를 꿈꿨던 시기다.

베르디: 오페라 《리골레토》 중 〈여자의 마음〉

▶▶ ❚❚ ◀◀

Verdi: Rigoletto, Act III. La donna è mobile

"바람에 날리는 갈대와 같이 항상 변하는 여자의 마음"으로 시작하는 아리아를 들어본 기억이 나는가? 우리나라 초등학교 교과서에도 실린 〈여자의 마음〉이다. 이 아리아는 아주 가볍고 명랑하게 들리지만, 이 노래가 흐르는 오페라 《리골레토》는 베르디의 여러 걸작 가운데서도 가장 사회 비판적인 성격이 강한 작품이다. 그가 현실을 고발하는 사실주의 오페라(베리스모 오페라)의 주역임을 다시 기억하자. 오페라의 등장인물 바람둥이 만토바 공작이 자꾸 흔들리고 변하는 여성의 마음을 갈대에 비유하는데, 이탈리아어 가사에서는 '깃털'이었던 것이 우리말로 번역될 때 '갈대'가 되었다고 한다.

오페라 《리골레토》는 프랑스의 낭만주의 작가 빅토르 위고의 희곡 『왕의 환락』을 원작으로 한다. 프랑스어 대본을 이탈리아어로 바꾸고 베르디가 음악을 입혔다. 만토바 공작의 하수인이자 곱추 광대로 살아가지만, 한편으로는 딸을 지극히 사랑하는 다정한 아버지 '리골레토'와 사랑을 위해 목숨을 버리는 리골레토의 딸 '질다', 바람둥이지만 마냥 미워할 수 없는 '만토바 공작'이 주인공이다. 총 3막으로, 베르디의 오페라 중에서 가장 드라마틱한 작품으로 꼽힌다. 그의 중기 작품으로 비슷한 시기에 쓰인 오페라는 《라 트라비아타》, 《일 트로바토레》 등이 있다. 원작 〈왕의 환락〉은 초연을 올리자마자 하루 만에 상연이 금지되었지만 1851년 베네치아의 라 페니체 극장에서 올린 오페라의 초연은 대성공이었다.

만토바 공작이 제1막에서 노래하는 〈이 여자나 저 여자나〉, 질다가 부르는 아리아 〈그리운 그 이름〉, 제3막에서 만토바 공작이 노래하는 유명한 〈여자의 마음〉, 제3막의 4중창 〈언젠가 너를 만난 것 같다〉 등 대중적인 곡이 여럿 등장한다. 신나고 경쾌한 노래들이 흐르지만, 오페라는 비극으로 끝난다. 베르디 본인이 어린 두 자녀를 잃은 경험이 있기 때문에 누구보다도 자식을 잃은 슬픔을 절감했고, 그의 작품에서 딸을 잃은 아버지의 고통과 희생, 보호 본능을 자주 다루었다고 한다.

라벨:
〈죽은 왕녀를 위한 파반느〉

▶▶ ❚❚ ◀◀

118위

Ravel: Pavane pour une infante défunte, M.19

프랑스 작곡가 모리스 라벨이 세상을 뜬 날이다. 그는 평생 독신으로 살았지만, 그 누구보다도 인간에 깊은 애정을 가졌던 사람이다. 라벨은 성인이 되고 나서도 어머니를 극진하게 모셨고, 어머니가 돌아가신 후에도 평생 그녀를 그리워하며 살았다. 이러한 라벨의 감수성과 사랑은 주변인에게만 국한되지 않은 것 같다. 음악사에서 그림에서 영감을 받아 작곡된 대표적인 곡으로 라벨의 〈죽은 왕녀를 위한 파반느〉가 있다. 스페인의 궁정화가 디에고 벨라스케스의 작품 〈왕녀 마르가리타 테레사의 초상〉을 보고 작곡한 곡이다. 라벨의 이국적인 취향이

벨라스케스, 〈왕녀 마르가리타 테레사의 초상〉

물씬 드러난다. 1899년에 완성해 1900년에 출판되었지만 당시에는 큰 관심을 끌지 못했고, 스페인 출신의 피아니스트인 리카르도 비녜스(1875~1943)의 1902년 초연 이후 유명해졌다. 라벨에게 경제적으로 지원을 해준 폴리냑 공작부인에게 헌정되었다.

'파반느'는 궁정에서 추던 아주 느린 풍의 춤곡이다. 그림 속 왕녀가 생기발랄한 모습으로 되살아나 춤을 추는 장면이 상상된다. 3부 형식으로 시작부터 아주 고풍스런 분위기가 느껴지고, 처음과 끝의 멜로디가 반복된다. 원곡은 피아노 독주곡(M.19)이지만 라벨이 직접 1910년에 관현악곡(M.19a)으로 편곡하기도 했다. 어떤 버전이든 애절한 감성이 물씬 풍기는 감각적인 작품이다. 클래식인 줄 모르고 들으면 영화음악이나 드라마의 배경음악으로 착각할 정도다. 라벨은 이 곡을 연주하는 연주자에게 극단적으로 느린 템포를 요구했는데, 당사자가 막상 너무 느리게 연주하자 "죽은 왕녀를 위한 파반느이지, 왕녀를 위한 죽은 파반느는 아니다"라고 언급했다는 유명한 일화가 전해진다.

루빈시테인:
〈멜로디〉

▶▶ ❚❚ ◀◀

Rubinstein: Melody in F, Op.3, No.1

안톤 루빈시테인의 작품 중 가장 널리 알려진 작품, 〈멜로디〉다. 1840년대 말 루빈시테인이 20세 이전에 작곡한 것으로 추정된다. 원래 피아노 독주곡이었지만 지금은 바이올린, 첼로, 플루트 등 다양한 악기로 편곡되어 연주된다.

안톤 루빈시테인은 동생 니콜라이 루빈시테인(1835~1881, 러시아)과 함께 음악사에서 아주 중요한 인물로 꼽힌다. 당대 헝가리 출신 음악가 프란츠 리스트와 라이벌 관계였다

안톤 루빈시테인

고 한다. 간혹 폴란드 출신의 피아니스트 아르투르 루빈시테인(1887~1982)과 헷갈리는데, '루빈시테인'이라는 같은 성을 쓰는 것을 제외하면 전혀 다른 사람이다. 아르투르 루빈시테인은 쇼팽 전문 연주가로 아주 유명하고, 20세기를 대표하는 위대한 피아니스트 중 한 명이다.

안톤은 동생 니콜라이와 함께 1862년에 러시아 음악교육의 산실인 상트페테르부르크음악원을 설립했고, 나중에 니콜라이는 형으로부터 독립해 모스크바음악원의 초대 교장이 되었다. 상트페테르부르크음악원을 졸업한 대표적인 음악가로 차이콥스키가 있다. 차이콥스키는 졸업 후에 모스크바음악원의 교수로 일하기도 했다. 이 사실에서 짐작할 수 있듯, 차이콥스키와 루빈시테인 형제들의 관계는 매우 가까웠다.

브람스:
교향곡 2번 Op.73 3악장

▶▶ ‖ ◀◀

Brahms: Symphony No.2 in D Major, Op.73,
III. Allegretto grazioso

브람스가 작곡한 네 곡의 교향곡(Op.68, Op.73, Op.90, Op.98)은 모두 4악장으로 구성되고 연주 시간이 40~50분 사이로 긴 특징을 가진다. 그가 교향곡 1번을 작곡하는 데에만 무려 14년이 걸렸다. 2번의 초고는 1854년에 써서 본격적으로 1855년에 작곡하기 시작했지만 그로부터 20년도 더 지난 1877년에 완성했다. 이처럼 교향곡 1번과

레미히우스 하넌, 〈겨울 귀가〉

2번이 탄생하기까지 매우 오랜 시간이 걸렸지만, 그 이후부터는 브람스식의 교향곡을 연속으로 탄생시켰다.

　오늘의 음악인 교향곡 2번은 부드럽고 서정적인 분위기로 인해 '브람스의 전원 교향곡'이라고 불린다. 그가 그토록 존경했던 베토벤의 교향곡 6번 〈전원〉과 자주 비교된다. 네 개의 교향곡 중 가장 목가적이라는 평가를 받는다. 1877년 여름에 완성된 후 그해 12월 30일에 오스트리아 그라츠에서 초연되었다. 3악장은 5분 안팎의 짧은 악장으로, 플루트와 목관악기가 경쾌하고 우아한 춤곡 리듬의 멜로디를 연주한다. 중간에 템포가 빨라졌다 느려지기를 반복해 더욱 신선한 느낌이 든다.

베토벤: 교향곡 9번 《합창》 4악장 중 〈환희의 송가〉

3위

▶▶ ❚❚ ◀◀

Beethoven: Symphony No.9 in D Minor, Op.125,
Choral, IV. Ode to Joy

에드바르 뭉크, 〈태양〉

여기까지 온 여러분께 박수를 보낸다. 365일 매일매일 들은 그날의 음악이 하루의 에너지가 되어주었기를 바라며 피날레 곡을 소개한다. 베토벤의 교향곡 〈합창〉이다. 1989년 독일에서 연주된 이후 연말만 되면 전 세계에서 이 곡이 울려퍼지기 시작했다. 곡의 초고는 1824년에 완성되었고 몇 번의 개정을 거쳐 1824년 5월 7일에 초연을 올렸다. 악보의 초판은 1826년에 발행되었고, 프리드리히 빌헬름 3세(프로이센 왕)에게 헌정되었다.

〈합창〉은 모든 면에서 음악의 새로운 기준이자 혁신이었다. 연주 시간이 평균 1시간 20분 정도로 매우 길다. 웬만한 음악 애호가가 아니고서는 한자리에서 전곡을 듣는 이도 많지 않다. 따라서 베토벤의 음악을 제대로 음미하려면 우선 바쁜 일정을 모두 정리하고 심적으로도 여유를 갖춰야 한다. 2악장이 매우 빠른 스케르초고, 3악장이 아다지오 몰토 칸타빌레로 아주 느리게 연주된다. 마지막 4악장은 웬만한 초기 고전 교향곡의 전곡 길이와 비슷한 26분이고 우리에게 익숙한 〈환희의 송가〉는 4악장이 시작하고 8분 정도가 지난 뒤에야 등장한다.

베토벤의 교향곡 9번은 희망의 노래다. 저무는 한 해와 다가올 새해를 기대하며 우리는 그렇게 어둠 속에서 피어난 빛을 노래한다. 인생은 여전히 알기 어렵고 고단하지만, 감사하는 마음을 잃지 않고 베토벤처럼 순간순간 최선을 다해 열심히 살아낸다면 그 자체로 충분히 아름다운 삶이 될 수 있다.

KBS 클래식FM
〈한국인이 사랑하는 클래식〉 전체 순위

작곡가별 작품 찾아보기

365일 클래식이라는 습관

1판 1쇄 발행 2025년 10월 28일
1판 4쇄 발행 2026년 1월 30일

지은이 조현영
발행인 박명곤 **CEO** 박지성 **CFO** 김영은
기획편집1팀 채대광, 백환희, 이상지, 김진호
기획편집2팀 박일귀, 이은빈, 강민형, 박고은
기획편집3팀 이승미, 김윤아, 이지은
디자인팀 구경표, 유채민, 윤신혜, 권지혜
마케팅팀 임우열, 김은지, 전상미, 이호, 최고은

펴낸곳 (주)현대지성
출판등록 제406-2014-000124호
전화 070-7791-2136 **팩스** 0303-3444-2136
주소 서울시 강서구 마곡중앙6로 40, 장흥빌딩 10층
홈페이지 www.hdjisung.com **이메일** support@hdjisung.com
제작처 영신사

© 조현영 2025

"Curious and Creative people make Inspiring Contents"
현대지성은 여러분의 의견 하나하나를 소중히 받고 있습니다.
원고 투고, 오탈자 제보, 제휴 제안은 support@hdjisung.com으로 보내주세요.

현대지성 홈페이지

이 책을 만든 사람들

기획 이승미 **편집** 이지은, 이승미 **디자인** 윤신혜